物联网概论

主编　田景熙

参编（按姓氏笔画排序）

李海燕　陆　霞　洪　琢

东南大学出版社

·南京·

内 容 提 要

本书较全面地介绍了物联网的基本概念、基础架构、电子编码体系和相关技术等,以及物联网在精致农业、食品卫生、社会治安、智能楼宇、感知城市、智能交通、节能环保、旅游观光、生产监控、新型商务和医疗护理等众多重点生产与生活领域中的应用。

本书兼顾理论与实际,既介绍了物联网领域的基础知识,又列举了大量的应用实例。各章均配有学习目标和思考题,既方便教师教学,又能启发学习者运用基本知识和相关技术解决各类实际问题。

本书可作为高等院校物联网专业和信息、通信、计算机、工程、管理及经济等专业的教材,也可供各类培训机构使用。对企事业单位、政府机构等从事物联网开发、应用研究与管理的人员也有参考价值。

图书在版编目(CIP)数据

物联网概论/田景熙主编. —南京:东南大学出版社,2010.11(2014.8 修订)

ISBN 978-7-5641-2488-5

Ⅰ.①物… Ⅱ.①田… Ⅲ.①计算机网络—应用—物流 Ⅳ.①F253.9

中国版本图书馆 CIP 数据核字(2010)第 204576 号

东南大学出版社出版发行

(南京四牌楼 2 号 邮编 210096)

出版人:江建中

江苏省新华书店经销 丹阳兴华印刷厂印刷

开本:787mm×1092mm 1/16 印张:19.75 字数:490 千字

2010 年 11 月第 1 版 2014 年 8 月修订第 3 次印刷

印数:7001—10010 册 定价:39.00 元

(凡因印装质量问题,可直接向营销部调换。电话:025-83791830)

修订前言

经过前期的舆论宣传和技术准备，物联网正在向更理性、更实际和更扎实的应用方向发展，同时，物联网作为新兴战略产业的地位和作用仍然备受世人关注。我国政府将物联网列入《国家中长期科学和技术发展规划(2006—2020年)》，并发布了2050年国家产业路线图等，这都为促进物联网在我国的全面发展提供了有力的支持和保障。全国各地也都纷纷出台了物联网产业发展规划与扶持政策，加大了对物联网发展和应用推广的力度。

在物联网这个新领域中，我国的技术研发水平起点不低，发展并不落后，所以我们应有充分的信心抢占这一新一代信息技术革命的制高点，为中国经济的发展、产业结构调整和提挡升级作出新贡献。

科技发展，教育先行，推广普及物联网知识就是当前的要务之一。麦肯锡咨询公司认为，物联网将在信息采集分析、自动化与控制两大领域中，从精确跟踪、环境动态感知、传感驱动型决策控制、流程精优、优化资源消耗与复杂自治系统等六大方面发挥革命性的作用。可见，单从物联网涉及的知识范畴与结构来看，其涉及广泛而复杂的多学科领域，这也成为对物联网领域知识点进行综合性、交叉性、均衡性和全面性阐述的难点之一。

为此，本书立足于面向物联网基础知识和重点应用，理论结合实际，将内容分为两大部分：第一部分介绍物联网的发展背景、基本概念、知识架构、全球统一标识体系与自动识别技术、各种传感器的原理、微机电系统、近域通信与无线网络技术等。第二部分结合物联网的各项技术特性，介绍其在各行业各领域中的应用，所参考的大量文献资料均为各国各行业的最新动态与进展。

本次修订是根据各地使用教材的实际情况反馈，并在征求各界意见的基础上，对原书基本概念、基础知识、重要标准等方面作了部分充实。增加了其逻辑性与条理性，使读者对EPC编码、电子标签等物联网前端的数据记录、信息感知与处理等部分更容易了解。

本书由田景熙任主编并编写了第1章、第2章、第6章、第8章、第9章、第12章及第13章，洪琢编写了第4章、第5章、第11章及第14章，陆霞编写了第7章、第10章，李海燕编写了第3章。为方便教师使用课件授课，作者精心制作了本书配套使用的多媒体教学幻灯片PPT，授课教师可登录东南大学出版社网站(http://www.seupress.com)免费下载。

本书编写过程中得到了南京师范大学泰州学院信息工程学院崔海源院长及多位教师的大力支持，在此表示感谢！同时，因编者水平所限，本书难免会出现一些错误和不足，敬请读者批评指正！

联系方式：tjxok@yahoo.com

编　者

2014年7月28日

目　　录

1 物联网概述

［学习目标］

(1) 掌握物联网的定义与基本内涵，掌握传感网、泛在网、泛在计算与物联网之间的关系。

(2) 了解物联网的基本功能、特点与效益。

(3) 熟悉物联网的应用领域与发展前景。

1.1 物联网的发展历程

物联网是一个近年形成并迅速发展的概念，其萌芽可追溯到已故的施乐公司首席科学家 Mark Weiser，这位全球知名的计算机学者于 1991 年在权威杂志《科学美国》上发表了“The Computer of the 21st Century”一文，对计算机的未来发展进行了大胆的预测。他认为计算机将最终“消失”，演变为在人们没有意识到其存在时，它们就已融入人们的生活中的境地——“这些最具深奥含义的技术将隐形消失，变成‘宁静技术’(Calm Technology)潜移默化地无缝融合到人们的生活中，直到无法分辨为止”。他认为计算机只有发展到这一阶段时才能成为功能至善的工具，即人们不再要为使用计算机而去学习软件、硬件、网络等专业知识，而只要想用时就能直接使用；如同钢笔一样，人们只需拔开笔套就能书写，而无需为了书写而去了解笔的具体结构与原理等。

Weiser 的观点极具革命性，它昭示了人类对信息技术发展的总体需求：一是计算机将发展到与普通事物无法分辨为止，具体说，从形态上计算机将向“普物化”发展；从功能上，计算机将发展到“泛在计算”的境地。二是计算机将全面联网，网络将无所不在地融入人们生活中，无论身处何时何地，无论在动态还是静止中，人们已不再意识到网络的存在，却能随时随地通过任何智能设备上网享受各项服务，即网络将变为“泛在网”。

自 20 世纪 90 年代以来，计算机与网络飞速发展，不断地印证着 Weiser 的预言。图 1-1 所示的是国际电信联盟(ITU)在 2005 年对 60 多年来每年所销售的联网之物绘制的曲线图。图中表明：早期联网的主机(Mainframe，即一台计算机、许多人使用)在上世纪 70 年代经历了发展高峰后已趋消失；个人电脑(PC，一人一机)从 60 年代中期起经历了 30 余年的指数型增长后开始回落；而泛在计算(Ubiquitous Computing，一人多机)则从 80 年代末起到现在仍呈指数型高速发展中。

从微观上看，可按联网设备的主要形态分为 4 个阶段：第一阶段是主机、大型机的联网，其体积庞大，运行条件苛刻，专业人员操作且人机界面友好性差。第二阶段是体积大为减小的台式机、笔记本电脑联网，普通人经一定的培训即可操作。第三阶段是以手机为代表的各类移动设备的互联，绝大多数人无需培训就可操作使用，界面简单友好。第四阶段是各类嵌入式智能物件蓬勃发展的阶段，更多的与人类衣、食、住、行、育(教育)、乐(娱乐)、安(安全)等日常生活紧密相关的设备，包括汽车、住房、家用电器、安全与保健用品等都将进入相互感知、互联互

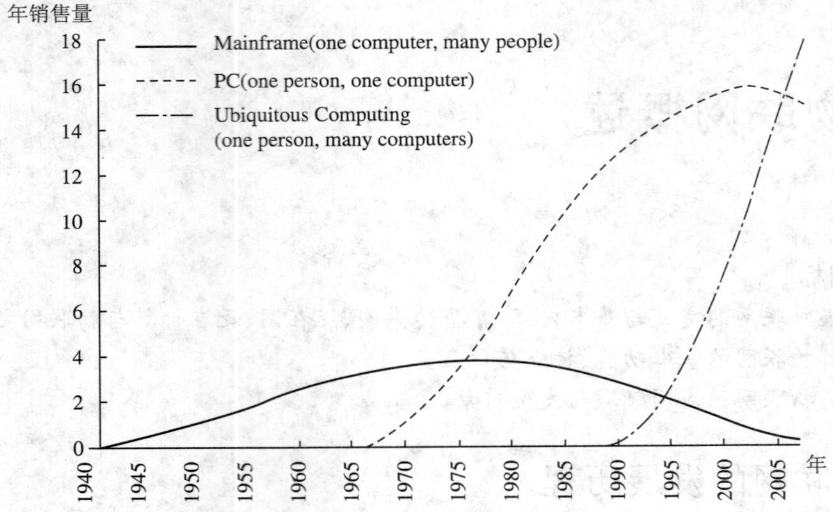

图 1-1　物联网发展趋势

通状态。人们无需关心联网设备的内部结构，界面十分简单，可通过遥控器、手机短信或语音指令等就能操作。

Weiser 预言的计算机"普物化"已毫无悬念地成为一种共识。正如 2010 年初，《福布斯》杂志邀请知名设计师、未来学家等共同预测人类 10 年后的生活状态时，他们普遍认为科技、计算机仍将是日常生活的主要部分，但它将"消失在人类的集体意识中"，人们将忘记计算机的存在，而将注意力转移到科技的人性面，科技本身在虚拟及真实世界中取得完美平衡。这正是物联网概念的核心内容。

1.2　物联网的定义及其相关概念

1.2.1　物联网概念的提出

尽管此前已有多种相关论述，但"物联网"这一概念比较正式的提出是 2005 年 11 月 17 日，在突尼斯举行的"信息社会峰会(WSIS)"上，国际电信联盟发布了《ITU 互联网报告 2005：物联网》。该报告指出：无所不在的"物联网"通信时代即将来临，世界上所有的物体(从轮胎到牙刷、从房屋到公路设施等)都可以通过互联网进行数据交换。射频识别技术(RFID)、传感器技术、纳米技术、智能嵌入技术等将得到更加广泛的应用。

根据国际电信联盟的描述，在物联网时代，通过在各种各样的日常用品中嵌入短距离移动收发器，人类在信息与通信世界里将获得一个新的沟通维度，从任何时间任何地点的人与人之间的沟通连接扩展到人与物和物与物之间的沟通连接。

1.2.2　物联网的定义

1）基本定义

物联网(The Internet of Things，IoT)的定义有多种，普遍认可的一种是：通过射频识别技术、红外感应器、全球定位系统、激光扫描器等信息传感设备，按规定协议，将任何物品通过有线与无线方式与互联网连接，进行通信和信息交换，以实现智能化识别、定位、跟踪、监控和管理的一种网络。

对“The Internet of Things”可理解为“物物相连的互联网”，但互联网原义是指计算机网络，所以“物联网”有两层含义：第一，物联网的基础和支撑仍是功能强大的计算机系统，它是以计算机网络为核心进行延伸和扩展而成的网络；第二，其用户端已延伸和扩展到了众多物品与物品之间，进行数据交换和通信，以实现许多全新的系统功能。

2）相关说明

物联网是个新兴领域，人们对它的认知还在不断充实与完善中。不同行业、不同部门从不同的技术视角出发，都有一些特定的陈述。

英文百科 Wikipedia 对其的定义较简单：The Internet of Things Refers to a Network of Objects，such as household appliances，物联网即“像家用电器一样的物体的互联网络”。另外，在不同场合中有不同的表述方式，如 M2M（Machine to Machine）、传感网（Sensor Networks）、普适计算（Pervasive Computing）、泛在计算（Ubiquitous Computing）、环境感知智能（Ambient Intelligence）等，各自从不同的侧面反映了物联网的一些特征。

1.2.3 物联网与传感网

“物联网”的概念是划时代的，它指出：物质世界自身正朝着信息系统方向发展，最终结果是信息世界与物质世界的统一。但要实现这一目标，必须有传感网的支持。传感网又称传感器网络，在物联网领域中，传感网中很大一部分是指无线传感器网络（Wireless Sensor Network，WSN）。

进入本世纪以来，微电子、计算机和无线通信等技术的进步，推进了低功耗多功能传感器的快速发展，使其能在微小体积内集成信息采集、数据处理和无线通信等多种功能。传感网就是由部署在一定范围内的大量的廉价微型传感器节点组成，通过无线与有线通信方式形成的一个自组织的网络系统，彼此协同地进行感知、数据采集和处理网络覆盖区域中感知对象的信息，并将结果发给观察者（或控制器）。传感器、感知对象和观察者（或控制器）构成了传感网的三要素。

如果说互联网构成了逻辑上的信息世界，改变了人与人之间的沟通方式，那么，传感网就将逻辑上的信息世界与客观上的物质世界融合在一起，改变人类与自然界的交互方式；而物联网的一部分就是互联网与传感网集成的产物。

另一方面，物联网用于标识与感知对象的手段除传感器之外，还有大量的二维条形码、一维条形码与 RFID 等，如采用二维条形码与 RFID 标签标识对象后，就可以形成物联网，但二维条形码、RFID 并不属于严格意义上的传感网范畴。

由于互联网技术经过数十年的发展已臻成熟，故传感网技术的突破和普及就对物联网的应用起至关重要的作用。正因如此，各国都高度重视传感网的研发与应用。

① 1999 年，我国中科院就启动了传感网的研究，并取得了一些科研成果，建立了一些适用的传感网。

② 1999 年，在美国召开的移动计算和网络国际会议上提出：“传感网是下一个世纪人类面临的又一个发展机遇”。

③ 2003 年，美国商业周刊和 MIT 技术评论在预测未来技术发展的报告中，将无线传感网列为 21 世纪改变世界的十大技术之首。

④ 2005 年，国际电信联盟发布了《ITU 互联网报告 2005：物联网》，正式提出了“物联网”的概念。

1.2.4 物联网与泛在网

1）泛在网的概念

Weiser 预测未来计算机发展时，强调了“无所不在的计算”（Ubiquitous Computing）的概念，指出计算机或终端设备最终将在任何地点均能联网计算，实现任何地方都可联结的信息社会。Ubiquitous 一词源于拉丁文，意指“无所不在”，即“泛在”之意，故 Ubiquitous Computing、Ubiquitous Network 就可称为“泛在计算”、“泛在网”，相关的技术即 Ubiquitous Technology 也因此称为“泛在科技”或“U 化科技”。

随着传感网的提出，泛在计算的技术内涵也逐渐清晰起来，图 1－2 从联网对象的多样性与协作性角度，描述了泛在网发展的三个历程。图中左下角为传统的计算机网络，联网对象仅为服务器、台式机和笔记本电脑。第二阶段仍以 PSP 即“计算机-服务器-计算机”为架构，但主网上的联结终端设备朝小型化发展，并扩展到上网本（Netbook）、移动电话、个人数字助理（PDA）等。同时，大量传感器、无线电子标签和其他智能设备也联结上网，使入网物体呈现高度的多样化。第三阶段代表所有物品均可入网互联，协同运行，实现泛在计算的境地。

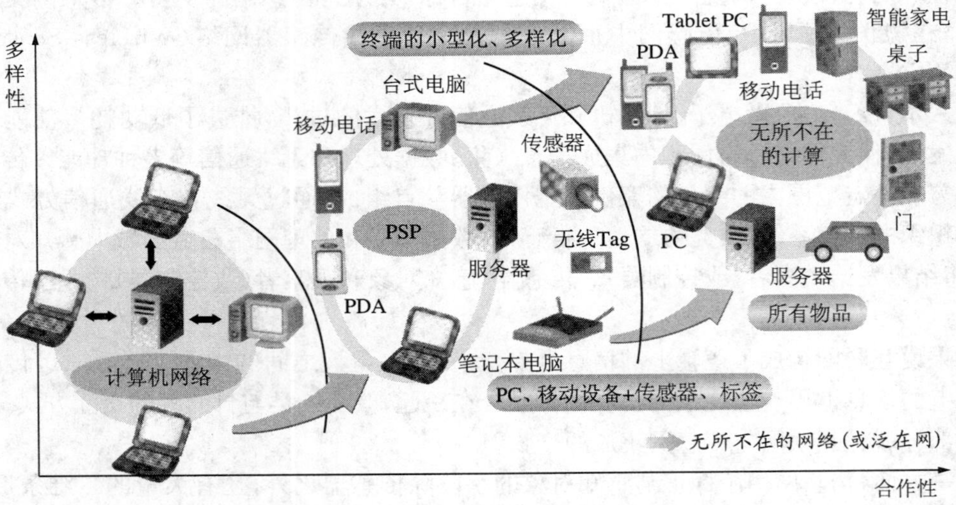

图 1－2 泛在计算示意图

可见，泛在网是从网络范畴与计算角度对物联网的另一种描述；“物联网”则从联网对象角度进行描述，两者实为一体两面。“泛在”强调的是物联网存在的普遍性、功能的广泛性和计算的深入性。因此，许多国家的“泛在化”战略、U 化战略等，内容中很大一部分就是其物联网的国家发展战略。

2）泛在网的全球发展

世界各国对信息化的发展战略均有不同的背景与侧重点，故对泛在网、泛在计算等的称呼与表述各有不同，主要分为欧洲、亚洲与美洲三大类。

(1) 泛在网在欧洲称为环境感知智能(Ambient Intelligence)，由于欧洲国家众多，信息化水平不一，故发展重点在强调联网对象的整合与资源网的汇聚上。技术重点包括微计算、联网物体的用户界面及泛在通信等三个主导领域的创新。

(2) 在亚洲，日本、韩国、新加坡和台湾地区等都将建设泛在网(Ubiquitous Network)基础设施，开发各领域的泛在应用，建立各地实验基地和扶持重点技术研发等列为 21 世纪国家或地区信息化发展战略，要将泛在技术广泛地用于产业竞争力提升、建立智能社会、改善民生、扩大就业等领域。

(3) 在北美，IBM 提出普适计算(Pervasive Computing)概念，其目标是“建立一个充满计算和通信能力的环境，同时使这个环境与人类逐渐地融合在一起，人们可以‘随时随地’和‘透明’地通过日常生活中的物体和环境中的某一联网的动态设备而不仅仅是计算机进行交流和协作”。这其中的关键是“随时随地”，指人们可以在工作、生活的现场就能获得服务，而不需离开现场去坐在计算机面前，即服务像空气一样无所不在；“透明”指获得这种服务时不需要花费很多注意力，即这种服务的获取方式是十分自然的甚至是用户注意不到的，即所谓蕴涵式的交互(Implicit Interaction)。

可见，尽管各国对有关物联网、泛在网、普适计算等概念的描述不尽相同，但殊途同归，都从不同方面阐述了物联网的相关特征。

1.2.5 物联网与 M2M

M2M(Machine to Machine)狭义上指机器设备之间通过相互通信与控制达到彼此间的最佳适配与协同运行，或者当某一设备出现异常时，其他相关设备将自动采取防护措施，以使损失降至最低；广义上则指任何物件与物件之间的彼此互联与互操作。

如在智能交通系统中，装有车载感测系统的车辆彼此间能通过 M2M 监测到对方的行车轨迹、瞬时方向和速度等，动态测算出双方的安全距离，一旦感测到对方的方向、轨迹和速度之一偏离既定的安全行车模型时，双方的车载系统都会通过 M2M 自动减速制动，同时发出警讯以提醒本车及对方驾驶者，同时找出安全的自动避让对策，以防任何一方司机因临时慌乱而误操作导致事故发生。

M2M 是物联网特有的性能之一，由于计算机对计算机的数据通信发展历程对 M2M 有良好借鉴，机器设备实际是通过嵌入式微电脑来进行数据通信的，有线、无线、移动等多种技术支撑了 M2M 网络中的数据传输。

M2M 由前端的传感器及设备、网络和后端的 IT 系统三部分构成。

1) 前端的传感器及设备

前端传感器及设备实现感知能力。它通过内置传感器获得数据，并通过 M2M 使设备或模块进行数据传输，这种 M2M 使设备或模块具有数据汇聚能力，能对多个传感器提供联网服务。

2) 网络

网络提供设备间互联互通能力。很多应用场合中的数据流量特征是固定时间间隔的短暂突发性流量，需要网络能够提供有效和经济的连接。要求是能利用固定、移动和短距离低功耗无线技术融合的应用，提供日趋泛在化的覆盖能力和可靠的服务质量。

3）后端系统

后端系统提供智能化支持。它可以是相关应用或管理系统，具有较高的安全性要求，可以实时收集、分析传感器数据，根据各种模型对机器设备的作业、状态和环境等进行动态比对与研判，发现异常时能及时报警，进行前端设备故障排障，或对其他相关设备发出指令，要求其作出响应等。

显然，M2M 是从联网对象的功能与运行控制的角度对物联网的一种描述。

1.2.6 物联网与微机电系统

微机电系统（Micro Electromechanical Systems，MEMS）是一种智能微型化系统，其系统或元件为毫米至微米量级大小，将光学、机械、电子、生物、通信等功能整合为一体，可用于感测环境、处理信息、探测对象等。如采用 MEMS 的胃肠道内窥检查系统，就是将照相机、光源、信号转换器和发射装置等集成在一个如感冒胶囊形状与大小的胶囊中，病人吞服后能对胃肠道内部进行检查，可连续拍摄下数万至数十万帧照片并将信号发送给接收端，供医生详细观察，病人毫无痛苦。

智慧灰尘（Smart Dust）则是 MEMS 技术应用的极致，它是美国加州大学伯克利分校开发的一种无线传感器联网技术。传感器尺寸可小如纽扣，最小可达米粒大小。智慧灰尘最初用在军事侦察上，通过无人飞机等将数以百计伪装过的智慧灰尘大范围地散布在侦察区域或军事重地，侦测数据可以是温度、湿度、声音、光线、压力、二氧化碳浓度等数据，能感知敌军动态，再通过红外线或无线电波等将搜集的信息回传到后方。智慧灰尘可随机播撒，散布在环境或物体上，各“灰尘”点随后就通过自组织及内建冗余来就地组网、彼此识别、自动路由、自行形成感测集群并向后方发送侦察数据等，可节省大量侦察兵力，得到更实时有效的信息，且因为传感器数量庞大，敌军不易清除。

智慧灰尘也在民用领域有广阔的应用空间，如美国已将 200 个智慧灰尘部署在金门大桥上。这些智慧灰尘联网后就能确定大桥从一边到另一边的摆动距离，由此可精确测量在强风中桥梁的变形情况。智慧灰尘检测出移动距离，就把该信息发送出去，信息最后汇集到功能强大的计算机中进行分析。任何与当前天气情况不吻合的异常读数都可能预示大桥存在隐患。

微机电系统可视为 M2M 的特殊应用范畴，详见第 3 章。

1.3 物联网的总体架构、特点与关键技术

1.3.1 物联网的总体架构

物联网是信息技术发展的前沿，是多领域高新技术的结合，其实施对一个国家具有基础性、战略性、规模性以及广泛的产业拉动性等特征，故物联网各类应用一旦推广后，将引发工农业生产与社会生活的深刻变革。因此，了解物联网应从总体架构入手，从国家信息化发展的宏观战略框架中，考虑其地位、作用、功能与运行环境等，才能了解其对国民经济各行业、公众社会生活各方面、科学技术各领域的贡献。物联网总体架构如图 1－3 所示。

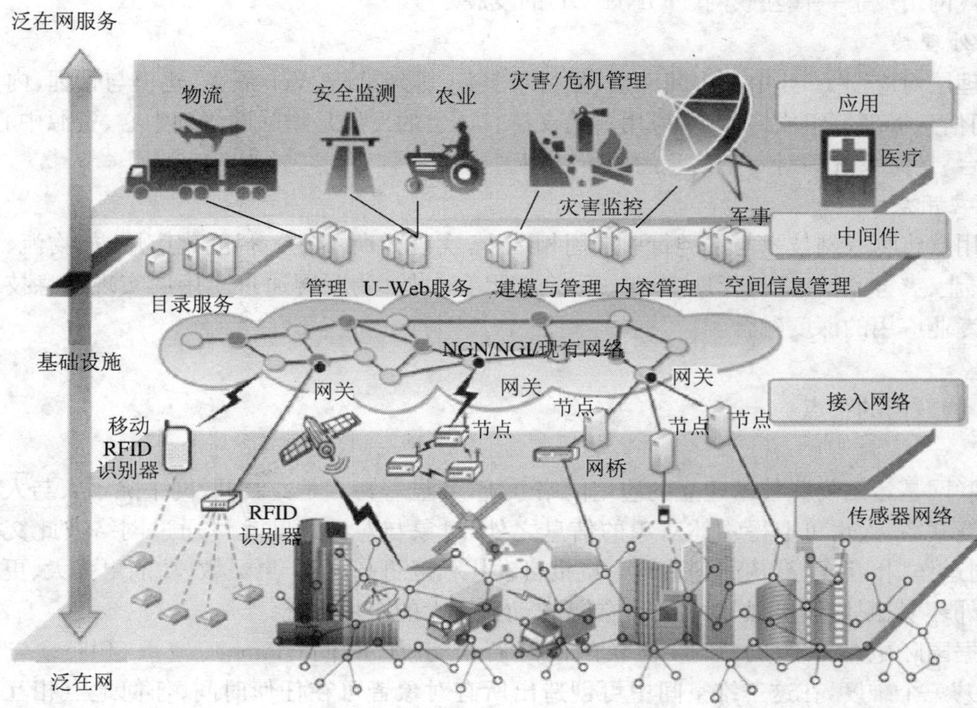

图 1-3　物联网总体架构示意图

图 1-3 从逻辑层面上说明了物联网总体架构，即其逻辑上可分为感知层、接入层、处理层与应用层等 4 个层面。可看出，与传统信息系统架构相比，基于物联网的信息系统多了一个感知层，也正因如此，导致目前对物联网的理解出现了广义与狭义之分，狭义理解就将本图中底层的传感器网络当作物联网；广义理解则将完整的 4 层架构理解为物联网，本书基于广义理解。

1）*感知层*

如图 1-3 所示，感知层是由遍布各种建筑、楼宇、街道、公路桥梁、车辆、地表和管网中的各类传感器、二维条形码、RFID 标签和 RFID 识读器、摄像头、GPS、M2M 设备及各种嵌入式终端等组成的传感器网络。

感知层的主要功能是实现对物体的感知、识别、监测或采集数据，以及反应与控制等。感知层是物联网的基础，也是物联网系统与传统信息系统最大的区别所在。感知层的发展，主要以更高的性能、更低的功耗、更小的体积、更低的成本提供更具灵敏性、可靠性和更全面的对象感知能力。感知层的出现，改变了传统信息系统内部运算处理能力高强但对外界感知能力低下的状况。这一改变，将给信息系统带来质的飞跃。

2）*接入层*

位于图 1-3 中第二层的是接入网络，它是各类有线与无线节点、固定与移动网关组成的各种通信网络与互联网的融合体，是相对成熟的部分。现有可用网络包括互联网、广电网络、通信网络等。但面临感知层采集的大量数据接入，并实现 M2M 应用的大规模数据传输时，仍需解决新业务模式对系统容量、服务质量的特别要求。传统网络是传感器网络成为普遍服务的基础设施，有待进一步突破的是其向下与感知层的结合，向上与应用层的结合以及网络自身向下一代网络或下一代互联网(NGN/NGI)的发展。

3) 处理层

处理层对应图 1-3 中的中间件层,由目录服务、管理、U-Web 服务、建模与管理、内容管理、空间信息管理等组成,实现对应用层的支持。该层的发展是物联网管理中心、资源中心、云计算平台、专家系统等对海量信息的分析处理。

4) 应用层

应用层将物联网技术与各类行业应用相结合,实现无所不在的智能化应用,如物流、安全监测、农业、灾害监控、危机管理、军事、医疗护理等领域。物联网通过应用层实现信息技术与各行业专业应用的深度融合。

1.3.2 物联网的特点

物联网是运用物联技术建立的应用网络系统,其显著特点是:在物联网中除了人与人之间可以相互联系、人也可取得物体对象的信息之外,对象与对象之间也可通过网络彼此交换信息、协同运作、相互操控,从而创造出一批批自动化程度更高、反应更灵敏、功能更强大、更适应各种内外环境、耐候性更强、对各产业领域拉动力更大的应用系统。

根据国际电信联盟的描述,物联网的运行可分为"时间(Time)、地点(Place)与物件(Thing)"三个维度,在这三维空间中可创造出所有对象皆可在任何时间、任何地点相互沟通的环境,如图 1-4 所示。

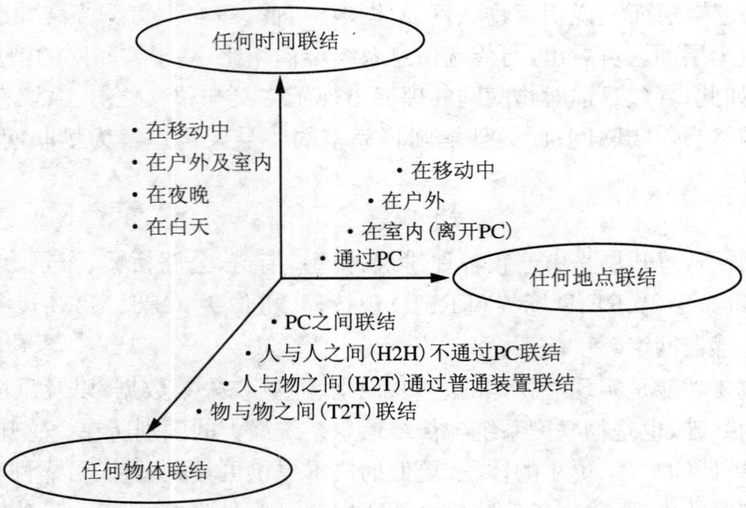

图 1-4 物联网运行的三个维度

图 1-4 从三个维度表示了任何时间、任何地点、任何物体间的互联进程,与传统信息系统相比,其特点就在任何物体之间的互联上:从早期的 PC 机之间互联,到人与人(H2H)的非 PC 方式互联,人与物(H2T)之间使用普通设备互联以及物与物(T2T)之间互联。

1.3.3 物联网涉及的关键技术

1）物联网发展的关键技术

为了创造人、事、时、地、物都能相互联系与沟通的物联网环境，以下几项技术将起关键作用，其发展与成熟程度也将左右物联网的发展。

(1) 射频识别(Radio-frequency Identification，RFID)技术　RFID技术是利用射频信号及其空间耦合和传输特性进行的非接触式双向通信，实现对静止或移动物体的自动识别并进行数据交换的一种识别技术。RFID系统的数据存储在射频标签(RFID Tag)中，其能量供应及与识读器之间的数据交换不是通过电流而是通过磁场或电磁场进行的。射频识别系统包括射频标签和识读器两部分。射频标签粘贴或安装在产品或物体上，识读器读取存储于标签中的数据。

RFID具有识读距离远、识读速度快、不受环境限制、可读写性好、能同时识读多个物品等优点。随着技术的发展，成本的不断降低，其普及面将越来越广。目前日常生活环境中已普遍存在RFID的相关应用，如公交月票卡、电子交通无人收费(ETC)系统、各类银行卡、物流与供应链管理、农牧渔产品履历、工业生产控制等。由于RFID技术相对成熟，在物联网的发展中扮演基础性的角色。

(2) 无线传感网(Wireless Sensor Network，WSN)　无线传感网是一种可监测周围环境变化的技术，它通过传感器和无线网络的结合，自动感知、采集和处理其覆盖区域中被感知对象的各种变化的数据，让远端的观察者通过这些数据判断对象的运行状况或相关环境的变化等，以决定是否采取相应行动，或由系统按相关模型的设定自动进行调整或响应等。无线传感网有极其广阔的应用空间，如环境监测、水资源管理、生产安全监控、桥梁倾斜监控、家中或企业内的安全性监控及员工管理等。在物联网中通过与不同类型的传感器搭配，可拓展出各种不同类型的应用。

(3) 嵌入式技术(Embedded Intelligence)　嵌入式技术是一种将硬件和软件结合、组成嵌入式系统的技术。嵌入式系统是将微处理器嵌入到受控器件内部，为实现特定应用的专用计算机系统。嵌入式系统只针对一些特殊的任务，设计人员能对它进行优化、减小尺寸、降低成本、大量生产。其核心是由一个或几个预先编程好的、用来执行少数几项任务的微处理器或者微控制器组成。与通用计算机上能运行的用户可选择的软件不同，嵌入式系统中的软件通常是不变的，故经常称为“韧件”。

嵌入式系统已有极广泛的应用，如工业控制领域中的过程控制、数字机床、电力系统、电网安全、电网设备监测、石油化工系统等；交通管理领域中的车辆导航、流量控制、信息监测与汽车服务等方面；信息家电领域中的冰箱、空调等的网络化、智能化等；各种类型的设备皆可通过嵌入式技术使其具备接收网络信息与处理信息的能力，或是附加强大的软件运算技术使其成为智能化的装置。在物联网的发展中，所有的对象都要具备接收、传递与处理信息的能力，因此嵌入式技术的发展日显重要。

(4) 纳米与微机电系统(Nanotechnology and Micro Electromechanical Systems)　为让所有对象都具备联网及数据处理能力，运算芯片的微型化和精准度的重要性与日俱增。在微型化上，利用纳米技术开发出更细微的机器组件，或创造出新的结构与材料，以应对各种恶劣的应用环境；在精准度方面，近年微机电技术已有突破性进展，在接收自然界的声、光、震动、温度等模拟信号后转换为数字信号，再传递给控制器响应的一连串处理的精准度提升了许多。由于纳米及微机电技术应用的范围遍及信息、医疗、生物、化学、环境、能源、机械等各领域，能发挥出电气、电磁、光学、强度、耐热性等全新物质特性，也将成为物联网发展的关键技术之一。

(5) 分布式信息管理技术　在物物相连的环境中，每个传感节点都是数据源和处理点，都有数据库存取、识别、处理、通信和响应等作业，需要用分布式信息管理技术来操纵这些节点。在这种环境下，往往采用分布式数据库系统来管理这些数据节点，使之在网络中连接在一起，每个节点可视为一个独立的微数据系统，它们都拥有各自的数据表、处理机、终端以及各自的局部数据管理系统，形成逻辑上属于同一系统，但物理上彼此分开的架构。

目前，支持物联网运行的分布式信息管理系统已成为信息处理领域的重要领域，它将解决以下一些问题。

① 组织上分散而数据需要相互联系的问题。比如智能交通系统，各路段分别位于不同城市及城市中的各个区段，尽管在交通流量监测时各节点需要处理各路段的数据，但更需要彼此之间进行交换和处理，动态预测各地的路况并发出拥堵预警信息，为每辆车提供实时优化的行车路线等。显然，这种需求下的各节点的运算量、后台数据中心的运算量都是极其庞大的。

② 如果一个机构单元需要增加新的相对自主的传感单元来扩充功能，则可在对当前系统影响最小的情况下进行扩充。

③ 均衡负载。数据传感和处理会使局部数据达到峰值，应使传感处理节点、副节点与数据汇聚节点之间的存储与处理能力达到均衡，并使相互间干扰降到最低。负载在各处理点之间均衡分担，以避免临界瓶颈。

④ 当现有系统中存在多个数据库系统，且全局应用的必要性增加时，就可由这些数据库自下而上地结合成分布式信息管理系统。

⑤ 不仅支持传统意义的分布式计算，还要支持移动计算到普适计算，保证系统具备高可靠性与可用性。

从分布式信息管理系统的发展上看，总体需求应能满足物联网的智能空间的有效运用(effective use of smart spaces)、不可见性(invisibility)、本地化可伸缩性(localized scalability)和屏蔽非均衡条件(masking uneven conditioning)。通过将计算基础结构嵌入到各种固定与移动物体对象中，一个智能空间(Smart Space)就将两个世界(指移动和固定空间)中的信息联系在一起。

2) 物联网关键技术的研发进程

物联网关键技术的研发，各国和地区都有相关的计划。如美国有“智慧地球”的概念框架，日本与韩国等有“U-Japan”、“U-Korea”等，而欧洲发布的《2020 年的物联网》，是目前涵盖周期最长的发展规划。

2008 年，欧洲智能系统整合技术平台-射频识别工作小组(European Technology Platform on Smart Systems Integration(EpoSS)- RFID Working Group)提出《2020 年的物联网》(Internet of Things in 2020)研究报告，将物联网的发展按每 5 年一个阶段分为 4 个阶段。2010 年前将 RFID 广泛应用于物流、零售和制药等领域，2011—2015 年实现物体互联，2016—2020 年物体进入半智能化，2020 年后物体进入全智能化。

每个阶段的社会愿景、人类、政策及管理、标准、技术愿景、使用、设备或装置、能源功耗等发展规划、需求及研究方向等如表 1 - 1 与表 1 - 2 所示。

表 1-1　欧洲物联网在研重点及发展趋势

规划内容	2010 年左右	2011—2015	2016—2020	2020 年以后
社会愿景	·全社会接受 RFID	·RFID 应用普及	·对象相互关联	·个性化对象
人类	·生活应用(食品安全、防伪、卫生保健) ·消费关系(保密性) ·改变工作方法	·改变商业模式(工艺、模式、方法) ·智能应用 ·泛在识卡器 ·数据存取权 ·新型零售及后勤服务	·综合应用 ·智能传输 ·能源保护	·周边环境高度智能 ·虚拟世界与物理世界融合 ·实物世界搜索(google of things) ·虚拟世界
政策及管理	·事实管理 ·保密立法 ·全社会接受 RFID ·定位文化范围 ·出台下一代互联网管理办法	·欧盟管理 ·频谱管理 ·可接受的能耗方针	·鉴定、信用及确认 ·安全、社会稳定	·鉴定、信用及确认 ·安全、社会稳定
标准	·RFID 安全和隐私 ·无线频率使用	·部分详细标准	·交互标准	·行为规范标准
技术愿景	·连接对象	·网络目标	·半智能化(对象可执行指令)	·全智能化
使用	·RFID 在后勤保障、零售、配药等领域的实施	·互动性增长	·分布式代码执行 ·全球化应用	·统一标准的人、物及服务网络产业整合
设备	·小型、低成本传感器及有源系统	·增加存储及感知容量	·超高度	·更低廉的材料 ·新的物理效应
能源	·低能耗芯片 ·减少能源总耗	·提高能量管理 ·更好的电池	·可再生能源 ·多能量来源	·能源获取元素

表 1-2　物联网的新需求及强化研究方向

内容	2010 年左右	2011—2015	2016—2020	2020 年以后
社会愿景	·RFID 使用范围的拓展	·对象的集成	·物联网	·完全开放的物联网
人类	·社会接受 RFID	·辅助生活 ·生物测定标识 ·产业化生态系统	·智能生活 ·实时健康管理 ·安全的生活	·人、物体、计算机的统一 ·自动保健措施
政策及管理	·全球导航 ·相关政策	·全球管理 ·统一的开放互联	·鉴定、信用及确认	·物联网的范围
标准	·网络安全 ·Ad-hoc 传感器网络	·协同协议和频率 ·能源和故障协议	·智能设备间的协作	·公共安全
技术愿景	·低能耗、低成本	·无所不在的标签、传感网络的集成	·标签及对象可执行命令	·所有对象智能化

续 表

内容	2010 年左右	2011—2015	2016—2020	2020 年以后
使用	·互通性架构 (协议和频率)	·分布控制与数据库 ·网络融合 ·严酷环境耐候性	·全球应用 ·自适应系统 ·分布式存储	·异构系统互联
设备	·智能多频带天线 ·小型与便宜的标签 ·高频标签 ·微型嵌入式阅读器	·标签、阅读器及高频范围的拓展 ·传输速率 ·芯片级天线 ·与其他材料集成提高速度	·执行标签 ·智能标签 ·自制标签 ·合作标签 ·新材料	·可分解的设备 ·纳米级功能处理器件
能源	·低功率芯片组 ·超薄电阻 ·电源优化系统(能源管理)	·电源优化系统(能源管理) ·改善能源管理 ·提高电池性能 ·能量捕获(储能、光伏) ·印刷电池	·超低功率芯片组 ·可再生能源 ·多种能量来源 ·能量捕获(生物、化学、电磁感应)	·恶劣环境下发电 ·能量循环利用 ·能量获取 ·生物降解电池 ·无线电力传输

1.4 物联网的效益与面临的问题

物联网作为一种全局性的应用技术，被公认为是继互联网之后的又一次重大的产业革命。物联网的发展，将推动人类进入智能化时代，人与人、人与物、物与物之间在任何时间、任何地点互联，实现智能互动，将对人类生产、生活、健康、安全、教育与娱乐等带来不可估量的现实意义。

正因如此，各国都十分重视物联网的研发与推广。

2009 年 1 月 28 日，奥巴马就任美国总统后，与美国工商业领袖举行了一次圆桌会议，作为仅有的两名工商界代表之一，IBM 首席执行官彭明盛首次提出基于物联网架构的“智慧地球”这一概念，建议新政府投资新一代的智慧型基础设施。IBM 希望“智慧地球”策略能掀起继互联网浪潮之后的又一次科技革命，而奥巴马对“智慧地球”也作出积极响应，使物联网再次引起全球的广泛关注。

2009 年 5 月，欧洲信息业、商业领域的科研人员、企业家和官员等聚集在欧盟总部布鲁塞尔，就物联网的发展前景进行了广泛的讨论，并向欧盟委员会、事理会、欧洲经济和社会委员会及地区委员会递交了《欧盟物联网行动计划》，目标是确保欧洲在构建物联网的过程中将起主导作用。该计划提出 14 项内容，涉及物联网的管理、隐私及数据保护、关键资源、标准化、研发、潜在危险、公私合营、“芯片沉默”的权利、创新、管理机制、国际对话、环境问题、统计数据和进展监督等。

2009 年 10 月，欧盟委员会以政策文件形式发布了物联网战略，提出要使欧洲在基于互联网上的智能设施建设领先全球，除了通过 ICT 研发计划投入 4 亿欧元、启动 90 多个研发项目、提高网络智能化水平外，欧盟委员会还将于 2011—2013 年间每年新增 2 亿欧元以进一步加强研发力度，同时拿出 3 亿欧元专款，支持物联网相关公私合营短期项目建设等。

2009年8月7日，中国总理温家宝在无锡视察中科院物联网技术研发中心时指出，“在传感网发展中，要早一点谋划未来，早一点攻破核心技术”，“在国家重大科技专项中，加快推进传感网发展”，“尽快建立中国的传感信息中心，或者叫‘感知中国’中心”，并要求把传感技术和TD的发展结合起来。

2009年11月，温家宝总理在北京发表了题为《让科技引领可持续发展》的讲话，指出要将物联网并入信息网络发展，并强调信息网络产业是世界经济复苏的重要驱动力。在《国家中长期科学和技术发展规划(2006—2020年)》和“新一代宽带移动无线通信网”重大专项中，均将传感网列入重点研究领域。

2009年11月19日，温总理在南京视察了中国RFID产业联盟应用示范基地，对RFID技术应用于智能交通、物流科技、医药管理及海关通关自动化等领域取得的成绩表示赞赏，并对国内尚未解决UHF超高频电子标签核心芯片做出重要指示：“一定要下大力气攻克这个难关。”

2009年11月，无锡国家传感网创新示范区(传感信息中心)获得国家批准。该区规划面积200万m^2，3年后将增长近6倍。到2012年完成传感网示范基地建设，形成全市产业发展空间布局和功能定位，产业规模达到1 000亿元人民币，具有较大规模各类传感网企业达500家以上，形成年销售额10亿元以上的龙头企业5家以上，培育上市企业5家以上，到2015年，产业规模将达2 500亿元。而江苏省已把传感网列为全省重点培育和发展的6大新兴产业之一，苏州、南京等市均重点投入，开展研发与产业化工作。

此外，浙江、福建、山东、北京、上海等省市都发布了相应的加快物联网发展计划。

1.4.1 物联网的效益

物联网应用涉及的软件、硬件与整合型技术范围相当广泛，遍及智能交通、环境保护、城市安全、精致农业、生产监控、医疗护理、远程教育等许多领域，将衍生出大规模的高科技市场。

据美国研究机构Forrester的预测，物联网所带动的产值将比互联网大30倍，将形成下一个万亿元级别的通信业务；此外，据物联网应用高峰论坛分析，物联网产业在未来的3～5年中市场规模将达到3 000亿元。物联网带来的社会效益更是无可估量。面对这个即将来临的市场机会，美国、欧盟、日本、韩国及中国等纷纷提出相关的发展策略规划并投入大量资源。近几年将是物联网快速发展时期，尽管整个物联网产业仍然处于环境的孕育和准备阶段，离大规模应用普及尚有一段距离，但未来不论在技术、芯片、产品和解决方案上都有相当多的应用与发展机会，值得各领域持续关注，做好准备。

可以预见，在物联网普及后，用于动植物产品、工业机器和人类衣食住行生活物品上的传感装置数量将成百倍地超过现有手机数量。按目前的需求，在近年内就需要数以亿计的各类传感器和电子标签，这将大大推进信息技术元器件的生产，同时大大增加就业机会。如数据显示，2008年全球RFID市场规模已从2007年的49.3亿美元上升到52.9亿美元，这个数字覆盖了RFID市场的方方面面，包括标签、阅读器、其他基础设施、软件和服务等。RFID卡和相关基础设施将占市场的57.3%，达30.3亿美元。来自金融、安全等各行业的应用将推动RFID相关市场的增长。

其他类型的设备市场也极其可观，如市场调查公司InStat估计，仅微机电系统在移动手持式装置中的市场2010年就将达10亿美元。

1.4.2 物联网发展面临的问题

物联网作为一个新兴产业，发展受到许多因素的制约，需要高度关注和亟待解决的有以下8个方面问题。

1）国家安全问题

2009年2月24日，IBM大中华区首席执行官钱大群在2009 IBM论坛上公布了名为“智慧地球”最新策略。针对中国经济的状况，钱大群表示，中国的基础设施建设空间广阔，而且中国政府正在以巨大的控制能力、实施决心以及配套资金等对必要的基础设施进行大规模建设，“智慧地球”战略将会产生更大的价值。

对此，原中国工信部部长李毅中在2010年4月表示，要警惕IBM的智慧地球陷阱。他认为，通过传感网和互联网的应用，“智慧地球”可极大提高效率，产生更大的效益，但美国试图利用其信息网络技术，控制各国的经济，我国发展战略性新兴产业时，必须提高警惕，不能受制于人。因此，我国要大力发展3G、物联网等新兴产业。但对于外国这些新的理念和新的战略，既要有所启迪，也要有所警惕。

在IBM的宣传中，“智慧地球”所包括的领域极为广泛，有电网、铁路、桥梁、隧道、公路、建筑、供水系统、大坝、油气管道等。这些领域涉及了民生基建和国家战略，甚至是军事领域的信息。专家认为，如果这些信息被国外IT巨头获取或被他国操纵，其后果是不可想象的。

同时，我国物联网研究与国际同步，我国的物联网研发和应用也有一定的基础，在国际水平线上，我国并不落后。因此，在建设和实施物联网系统中，如何保证企业、政府和国家信息安全，是第一位的战略性问题。

2）个人隐私问题

在物联网中，人们自身及其使用的各类物品都可能随身携带各类标识性电子标签，因而很容易在其未知的情况下被定位和跟踪，这势必会使个人行踪及相关隐私受到侵犯。因此，如何确保标签物的拥有者个人隐私不受侵犯就成为物联网推广中的关键问题之一。这不仅是技术问题，还涉及法律、道德与政治等问题。

3）物联网商业模式问题

物联网既涉及一批高科技产品的销售，更涉及这些产品所提供的服务项目与内容，而这些服务又往往通过电信或移动通信运营商的平台进行。因此，一条完整的产业链将涉及新产品研发、新服务创意、包装营销、上线运行、维护管理、收益分配等。如何建立一条满足各方利益、共赢发展的价值链，是确保这一产业蓬勃发展的前提。同时，物联网的产业化必然需要芯片制造厂商、传感设备生产厂、系统解决方案厂商、移动运营商等上下游厂商的通力配合，而在各方利益机制及商业模式尚未成型的背景下，必然影响到物联网的普及。

4）物联网相关政策法规

物联网的普及不仅需要各种技术，更牵涉到各个行业，各个产业乃至各家企业间的通力协作与力量的整合。这就需要国家在相关产业政策的立法上要走在前面，要制定出适合这个行业发展的政策法规，保证行业的正常发展。

5）技术标准的统一与协调

互联网的蓬勃发展，归功于其标准化问题解决得非常好，如全球传输与地址协议TCP/IP、路由器协议、终端的构架与操作系统等。物联网领域，传感、识别、通信、应用等各层面都会有大量的新技术出现，需要尽快统一各项技术标准。如目前Ipv4协议已不能满足互联网的需求，Ipv6的开发已成为行业发展的必然，但这又涉及大批的路由器将被更换；此外，物联网中大量无线设备的使用，又将带来频道拥堵问题，相关管理办法与标准也需制定。

我国成立了《传感器的网络标准工作组》，积极开展相关标准的研究与制定工作。中国三大电信运营商积极投入物联网的技术开发和应用工作，TD-SCDMA（Time Division-Synchronous Code Division Multiple Access，时分-同步码分多址存取）作为中国提出的第三代移动通信标准（简称3G），自1999年正式向国际电信联盟提交以来，已完成了标准的专家组评估、国际电信联盟的认可并发布、与3GPP（第三代伙伴项目）体系的融合、新技术特性的引入等一系列的国际标准化工作，从而使TD-SCDMA标准成为第一个由中国提出的，以我国知识产权为主的、被国际上广泛接受和认可的无线通信国际标准。这是我国电信史上重要的里程碑（注：3G共有4个国际标准，另外3个是美国主导的CDMA2000、WiMAX和欧洲主导的WCDMA）。

6）管理平台的开发

物联网时代，联网对象数量将数百倍地超过互联网，联网后的信息传输与处理量更是数以万倍地超过互联网，相应的管理平台是不可或缺的。因此，建立庞大的、综合性业务管理平台，提供从标识层、通信层、业务层、行业层到地域层等各方面的信息管理，是确保物联网正常运行的基础。

7）行业内的安全体系

除国家安全外，基于RFID传感技术的各类应用也涉及行业安全问题。如植入RFID芯片的物体，其中的数据有可能被任何识读器感知识读，这对物主的管理虽然方便，但也可能被其他人进行识读。对于涉及商业活动中的许多对象，如何防止其传输、应用中各种有价值的信息被竞争对手获取和利用，这就涉及行业安全体系的建立问题。

8）应用的开发

物联网可创造出许多前所未有的应用，并正在人们的生产与生活中普及。一些相关应用已经出现产品，但还仅停留在概念阶段，如美国通用汽车公司发布的物联网概念车等，进行实际应用的产品较少，一些应用仍处于运营商的体验厅的概念性产品阶段，相关的创新应用明显不足。物联网如同互联网一样，许多应用的开发需要进行大量的投入、尝试、调查、实证与评估。这些应用开发不能仅依靠运营商，也不能仅依靠物联网企业，还需要与大量的传统产业、传统应用、日常生活等结合，才能研发出既有实际意义，又有经济效益的应用来。

思考题

（1）简述物联网与泛在网的关系。

（2）简述物联网的特点。

（3）简述物联网的总体架构。

（4）简述智慧地球的内容及其对我国国家安全的影响。

（5）请进一步调查物联网的最新发展情况。

2 产品电子编码(EPC)基础

［学习目标］

(1) 了解 EPC 标准和全球统一标识系统。

(2) 了解 EPC 中间件框架。

(3) 了解 EPCIS 体系。

(4) 掌握 EPC 标准体系。

(5) 了解 EPC 编码策略和设计思想。

(6) 掌握 EPC 编码转换方法。

2.1 EPC 概述

2.1.1 EPC 产生的背景

物联网时代，联网物品的数量和种类呈爆炸性增长，大量对象要用代码来唯一标识。据估计，2025 年将有 500 亿件电子设备载有电子标签，全球互联物品将达千亿数量级。对象标识与识别是一种技术、一个海量数据体系、一类标准化对象和一套覆盖全球的管理制度。

要使物品在生产、流通、使用和服务中被标识和记录，通过网络传输，使世界的企业、商家、流通渠道、服务机构和用户能动态获取信息，传统商品条码只能识别至产品类目而无法识别类目下的每一件单品，不能满足物联网运行中对每件物品进行唯一识别、全程追踪管理之需。因此，EPC 技术、EPC 体系与 EPC 标准就应运而生。

EPC 技术由美国麻省理工学院的自动识别(Auto-ID)研究中心开发，目标是通过互联网平台，利用编码、RFID、无线数据通信等技术，构建全球物品对象标识体系，为每件物品在全球范围内赋予一个唯一的“身份证”。

2.1.2 EPC 的定义

EPC 英文是 Electronic Product Code，直译是“电子产品代码”，但这容易被误解为是电子类产品的代码，而 EPC 实际是针对所有产品的电子代码，故我国标准化管理机构将其定义为“产品电子代码”，同时，在分析其结构时，亦称“产品电子编码”。

之所以称为“电子代码”，是因为 EPC 的载体为一个面积不足 1 mm^2 的芯片，可实现二进制 128 字节的信息存储，标识容量上限为：全球 2.68 亿家公司，每公司生产 1 600 万种产品，每种产品生产 680 亿个单件。如此庞大的数据容量可逐粒标识全球每年生产的谷物，足够给全球每类产品中的每件单品都赋予一个唯一的代码，构成巨大的统一标识空间。完整的 EPC

标签由芯片和软天线组成，标签可在 1～6 m 的距离让读写器探测识读。标签可读写，价格低廉，仅 2006 年全球 EPC 标签的应用已达每年 600～800 亿片的数量。

2.1.3 EPC 管理体制

2003 年欧洲物品编码协会（European Article Number，EAN）和美国统一商品编码委员会（Uniform Commercial Code，UCC）联合成立全球产品电子代码中心（EPCglobal）来推进 EPC 工作（EAN 和 UCC 合并后改名为 GS1，称“全球第一商贸标准化组织”），搭建一个开放性全球标识体系，以使供应链各环节上的合作方都能了解物品信息，如其位置、生产企业、生产批次、生产日期、序列号等。

2.1.4 EPCglobal RFID 标准体系框架

EPC 作为一种编码体制，与合适的载体结合（如与 RFID 技术结合）能提供对象的标识与数据传输。EPCglobal 提出的“EPCglobal RFID”标准体系框架，是对 EPC 应用 RFID 技术建立规范化框架，包含以下 3 个方面标准化内容。

1）EPC 物理对象交换

用户与 EPC 对象交互。EPCglobal 系统的对象是物品，包括各类零部件和成品；用户是供应链上的各类成员。EPCglobal RFID 体系定义了 EPC 物理对象的交换标准，使当用户将对象数据提交给另一用户时，后者能确定对象的 EPC 编码，获取对象信息。

2）EPC 基础设施

EPCglobal 系统应能为新对象编码，各应用系统只需识读其中的 EPC 编码，将采集的标识数据发送到 EPC 基础设施网络中。EPCglobal RFID 体系框架定义了收集和记录 EPC 相关信息的设施接口标准，允许各系统据此构建其内部应用。

3）EPC 数据交换

用户通过相互交换数据，提高物品在供应链中的可视性。EPCglobal RFID 体系定义了 EPC 数据交换框架，为用户提供了一种端到端共享 EPC 数据的标准，并提供了用户访问 EPCglobal 核心业务和其他相关业务的共享方法。

EPCglobal 通过上述 3 个标准化领域，从数据、技术和管理上为 RFID 在对象标识领域实现规模化、规范化、有序化的编码应用提供保证。

2.2 EPC 系统架构

2.2.1 EPC 系统构成

EPC 系统由编码体系、EPC－RFID 和 EPC 信息网络系统（EPCIS）等构成，如表 2－1 所示。

表 2-1　EPC 系统构成

系统构成	名　称	说　明
EPC 编码体系	EPC 编码标准	识别目标的特定代码
EPC-RFID 系统	EPC 标签	附在物品上或内嵌物品中的电子标签
	识读器	可读写 EPC 标签的设备
EPC 信息网络系统	EPC 中间件/Savant 系统	EPC 系统的软件支持系统
	对象名解析服务(Object Naming Service, ONS)	物品及对象解析
	实体标识语言(Physical Makeup Language,PML)	提供物品实体信息接口,采用可扩展标记语言(XML)进行信息描述

表 2-1 中,EPCIS 是以 EPC-RFID 为中心,由 EPC 中间件/Savant 系统、ONS(对象名称解析服务)和实体标识语言(PML)等 3 部分逻辑架构组成。

2.2.2　EPC 中间件框架

EPC 系统需要 EPC 中间件的支持,其功能框架如图 2-1,描述了表 2-1 中诸对象的逻辑功能。核心是 n 个程序模块,用于 RFID 识读器和 EPC 服务器及后台数据库连接,再通过应用程序接口与各企业(或机构)的应用程序对接。EPC 中间件从一台或多台识读器接收 EPC-RFID 标签数据进行处理。在生产和零售领域,主要支持产品与商品管理。

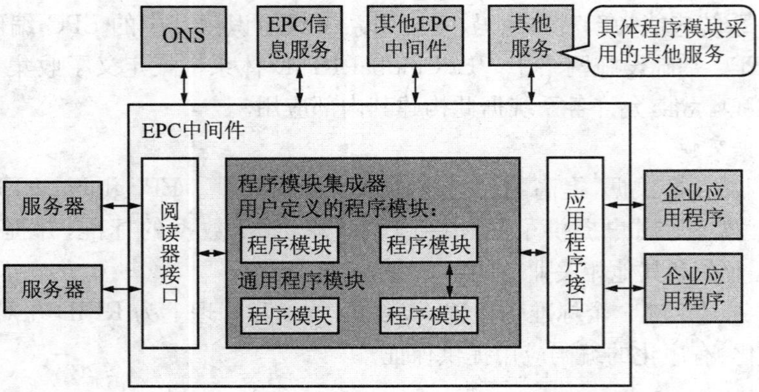

图 2-1　EPC 中间件功能架构

2.2.3　EPC 识读流程、关键技术

1) EPC 识读流程

EPC 系统由 EPC-RFID 标签、识读器、EPC 中间件、ONS 服务器、PML 服务器和 EPCIS 服务器及相关数据库组成。EPC 系统的工作流程如图 2-2 所示。

图 2-2 中,载有 EPC 标签的对象进入识读器阅读范围,识读器的感测元件读出 EPC-RFID 中信息。过程由识读器天线与标签天线之间形成磁场,标签通过磁场发送电磁波给识

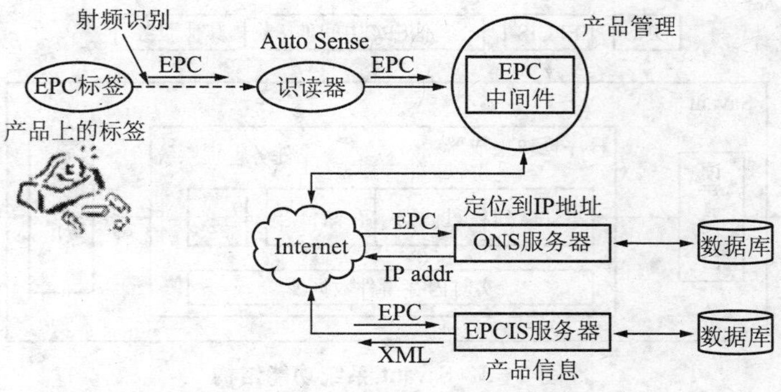

图 2-2　EPC 系统工作流程示意图

读器，返回标签中的 EPC 信息。这些信息经 EPC 中间件的处理，可从 ONS 服务器中查到 EPC 对应的 EPCIS 地址，获取匹配的业务信息；再从分布式 Savant 系统查到对应的 PML 数据，由 EPCIS 返回 PML 数据。新物品的 EPC 信息由 Savant 发布，进入 EPCIS 数据库。ONS 服务器为 ONS 查询提供初始点，授权本地 ONS 查找与处理等。

EPC 系统构成了物联网对象统一标识与感测的基础，主要特点为：① 与条码系统不同，EPC 系统在如产品进、销、存与流通各环节上不需要人员扫描识读，输入数据均通过自动传感识别驱动网络运行；② 可与各应用系统无缝链接；③ 能在静态与移动环境下操作；④ 与众多标识标准体系如 EAN/UCC、APICS、AMI、ISO/IEC 等兼容。

2）识读器关键技术

自动识读中需要解决识读器冲突、避免标签冲突和读取距离 3 个关键问题，具体如下。

(1) 避免识读器冲突

标签识读时，一个识读器发出的信号可能与另一识读器发出的信号区重叠干扰，产生识读器冲突。对此，可用时分多址（TDMA）机制来避免。即各识读器分不同时隙读取信息，保证它们间互不干扰。由于处于两个识读器重叠区的 RFID 标签都将被读取两次，故需要删除冗余信息。而监控多台识读器的运行，管理其配置等功能，为识读器管理，需要中间件等的支持。

(2) 避免标签冲突

如识读器在同一范围内读取多个 EPC 标签时，会有多个芯片向识读器返回信号，产生标签冲突，会使识读器不能判断对象。为此，识读器按第一位数的符合性进行区别。即，识读器提出要求："以 0 开头的 EPC 标签回应"，如超过一个标签回应，则继续要求："以 00 开头的 EPC 标签回应"，直到仅有一个回应为止。该过程迅速，可在 1 秒内区别 50 个标签。

(3) 读取距离

识读器读取标签的距离取决于其能量和频率。高频标签有更远的读取距离，但需识读器输出的电磁波能量更大。低频标签可在 1 英尺内读取，而超高频 UHF 标签可在 10～20 英尺的距离内读取。

2.2.4　Savant 系统

EPC 标签经识读后需要数据处理，由 Savant 系统执行，它是连接识读器和后台应用系统的纽带，其逻辑架构如图2-3所示。

作为中间件的一部分，Savant 与识读器和企业应用相连，核心功能如图中部框架所示，实

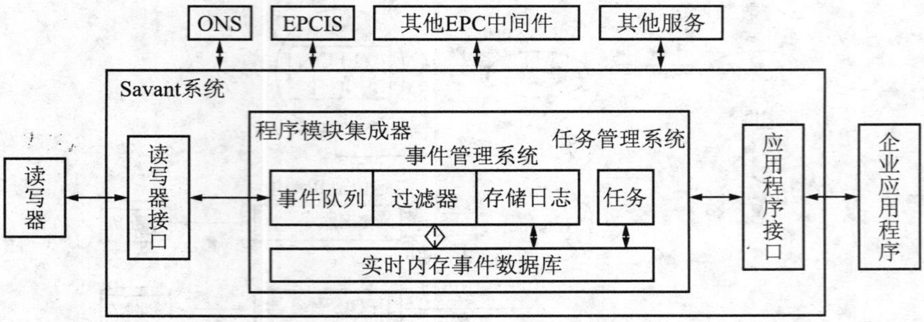

图 2-3　Savant 系统功能结构

现程序模块集成与任务管理，其主要特点如下。

1）分布式结构

Savant 采用分布式结构，分层次组织和管理 EPC 数据流。各层的 Savant 收集和处理数据并与其他 Savant 通信，实现数据校验、识读器协调、数据传送、存储和任务管理。

2）数据校对

Savant 在支持识读器信息交互时，会对所读取的数据进行校对。因并非每个标签每次都会被读到，且有时标签被误读，Savant 能利用适当算法校正这些错误。

3）阅读器协调

如两个识读器的辐射区域重叠读取标签时，会重复读取同一标签的信息，产生相同数据。Savant 的任务之一就是按不同识读器分析读取的标签信息，删除冗余数据。

4）数据传送

在每一应用层上，Savant 要决定什么数据要在具体应用中传输给不同对象。

5）数据存储

目前 EPCIS 系统尚不具备在一秒钟内处理超过数百条事务的能力，Savant 的另一任务是维护实时生成的数据，存储业务事件数据，供其他的应用访问。

6）任务管理

无论 Savant 处于系统何层级，都有任务管理系统（TMS），支持用户自定义任务来管理和监控数据。例如，商店的 Savant 可通过程序实现多项功能，如当货架上的产品数量降至一定水平时，会向供货员发出警报。

7）对象名解析服务（ONS）

识读器除读取的 EPC 信息外，系统还要一些将与 EPC 码匹配的信息组合到应用中的方法。该功能由对象名称解析服务（ONS）担当，它是一个网络服务系统，类于域名解析服务（DNS），DNS 是将一台计算机定位到互联网上的网络地点的服务。

8）服务过程

Savant 利用 ONS 对象名解析服务找到相应对象信息的存储位置。ONS 给 Savant 指示对象文件存储的服务器，传输对象相关信息，支持各类具体应用。

2.3　EPC 编码系统

EPC 是与 EAN/UCC 代码兼容的编码标准，与通用标识符（General Identifier，GID）、全球贸易货物代码（Global Trade Item Number，GTIN）、序列全球贸易货物代码（Serialized

Global Trade Item Number，SGTIN）、序列海运集装箱编码（Serial Shipping Container Code，SSCC）、统一资源标识符（Uniform Resource Identifier，URI）、全球位置码（Global Location Number，GLN）、序列全球位置码（Serialized Global Location Number，SGLN）、全球可回收资产标识符（Global Returnable Asset Identifier，GRAI）、全球个体资产标识符（Global Individual Asset Identifier，GIAI）等相结合，为不同实体或对象提供全球唯一的统一标识。。

2.3.1 EPC 编码特性与结构

1）EPC 编码特性

EPC 编码体系是 EPC 系统的核心，该编码体系具有以下特性：

（1）科学性　结构明确，易于使用、维护。

（2）兼容性　兼容了其他贸易流通过程的标识代码。

（3）全面性　可在贸易结算、单品跟踪等各环节全面应用。

（4）合理性　由 GS1、各国各地区编码组织、标识物品的管理者分段管理、共同维护、统一应用，具有合理性。

（5）国际性　不以具体国家、企业为核心，编码标准全球协调一致，具有国际性。

（6）无歧视性　编码采用全数字形式，不受地方色彩、语言、经济水平、政治观点的限制，是无歧视性的编码。

2）EPC-URI 通用编码结构

EPC 编码有多种形态，如使用最广的 GTIN、SSCC、GLN、GRAI 等；EPC 编码也有不同的长度，如使用最广泛代码是 96 位。

产业与经贸领域经常采用 EPC 与 URI 结合的 EPC-URI 编码，该体系用于大型系统，实现标识数据的定位与交换。为表明标签采用哪一种编码方式，编码结构采用了下列字符串形式：urn：epc：tag：EncName：EncodingSpecificFields，其中 EncName 就是用来表示标签采用的编码规范方式。EPC-URI 通用编码结构如表 2－2 所示。

表 2－2　EPC－URI 通用编码结构

编码序列	编码结构
1	urn：epc：tag：sgtin－64：FFF. PPP. III. SSS
2	urn：epc：tag：sscc－64：FFF. PPP. III
3	urn：epc：tag：sgln－64：FFF. PPP. III. SSS
4	urn：epc：tag：grai－64：FFF. PPP. III. SSS
5	urn：epc：tag：giai－64：FFF. PPP. SSS
6	urn：epc：tag：gid－96：MMM. CCC. SSS
7	urn：epc：tag：sgtin－96：FFF. PPP. III. SSS
8	urn：epc：tag：sscc－96：FFF. PPP. III
9	urn：epc：tag：sgln－96：FFF. PPP. III. SSS
10	urn：epc：tag：grai－96：FFF. PPP. III. SSS
11	urn：epc：tag：giai－96：FFF. PPP. SSS

表 2－2 中第四字段“EncName：”代表上述各种编码标识体系，常用的有 64 位与 96 位。如第 6 行中，MMM 表示公司代码；CCC 表示对象分类号；SSS 表示序列号；FFF 表示过滤值；

PPP 表示 EAN/UCC 体系中的公司代码;III 表示 SSCC 中海运集装箱序列号及 GRAI 中资产类型等。

3) EPC 编码信息

EPC 记录代码时,需要解决记录内容、资源定位和信息描述三个问题。

(1) EPC 信息内容　EPC 标签嵌入的信息越多,尺寸越大,成本也越高。对此,EPCglobal 建议最小化 EPC 编码中的信息量,使其成为指针,将更多的信息指向系统后台数据库。

(2) EPC 资源定位　互联网用 URI 定位信息源,再经 DNS 译成对应的 IP 地址。与此类似,EPCglobal 提供对象名解析服务(ONS),EPC 数据库储存了对象名解析信息,再由 IP 地址标识主机发送对象相关信息。ONS 是联系 EPC 中间件和 EPCIS 服务器的枢纽,且 ONS 设计与架构都以互联网 DNS(域名解析服务)为基础,实现 EPC 系统以互联网为依托迅速架构并延伸到全世界。

(3) 对象信息描述　EPC 系统中,对象信息描述采用一种标准计算机语言——物理标记语言(PML),它由可扩展标识语言(XML)演化而来。在 PML 文件中除产品信息外,还包括动态数据和随时间变化的数据(时序数据)。对象的 PML 文件存储在 PML 服务器中,向各种应用提供。

在维护机制上,产品 PML 数据由制造商维护,储存在其产品的文件中并发到网上。

2.3.2 EPC-RFID 系统

EPC-RFID 系统是 EPC 数据自动采集功能模块,RFID 标签是 EPC 载体,附着于待标识或跟踪的物品上。RFID 识读器与后台系统相连,读取标签的 EPC 代码并将其输入后台网络系统。EPC 标签与识读器之间以无线感应方式交换信息。

1) EPC 标签(Tag)

EPC 标签(Tag)的信息长度有 64 位、96 位、170 位、198 位、202 位等。为降低成本,通常用被动式射频标签,识读系统由标签天线、芯片、读写器耦合元件和内置天线等构成。

EPC 标签按功能级别分为 5 类,如图 2-4 所示,目前广泛采用的是 Class Ⅰ Gen2 标签。各类标签的主要参数为:Class 0/Class Ⅰ是 EPCglobal 批准的被动式识别标签,识读距离 3~6 m;Class Ⅱ为建议中的被动式识别加存贮功能的标签,识读距离 3~6 m;Class Ⅲ为半主动式电池标签,识读距离可达 100 m;Class Ⅳ为主动式电池标签,识读距离大于 100 m。

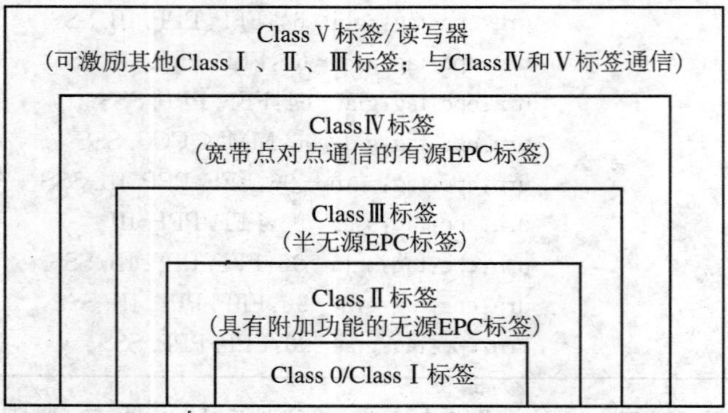

图 2-4　EPC 标签种类

由图 2－4 可见，EPC 标签的分级有着不同的定位，解决问题的层面也有所不同。

位于低层的 Class0/ClassⅠ标签的主要作用是标识每一个单件物品，其突出特点是强调基本标识作用与海量应用所必需的低价格。Class0 用于不可更改的只读 EPC 标签，ClassⅠ用于具有用户改写与保护的 WORM 型（写一次，读多次）只读 EPC 标签。显然，这种最廉价的 EPC 标签用于商品标识是最适合的。

2）识读器（Reader）

识读器又称读写器，是用来识别 EPC 标签的装置，与信息系统相连实现数据的交换。近距离读取被动标签最常用的方法是电感耦合方式。当靠近时，识读器天线与标签天线之间形成磁场，标签就利用该磁场发送电磁波给识读器，返回的电磁波被转换为数据信息，即标签中的 EPC 代码。

识读器软件提供了网络连接能力，包括 Web 设置、动态更新、TCP/IP 识读器界面、内建数据库引擎等。EPCglobal 提出的 EPC 识读器工作频率为 860～960MHz。

2.3.3 EPCIS 系统

EPCIS 由本地网和互联网组成，通过 EPC 中间件、ONS 和 XML/PML 实现全球商品互联。作为综合应用系统，它用 XML 描述对象、过程和环境等；同时，EPCIS 又是以 EPC 标识为中心的特殊应用系统，所用 XML 重点用于实体对象的标识、描述、传输与远程监控，故在物联网中演化为物理标记语言（PML）。具体用于存货跟踪、自动处理事务、供应链管理、机器控制和物对物通信等。

EPCIS 对中间件传输的数据按标准转换，通过认证或授权方式与企业内外的应用系统进行数据交换，符合权限的请求方可通过 ONS 定位对目标 EPCIS 查询。

具体而言，EPCIS 定义了一个数据模型和两个接口。EPCIS 数据模型表示实体对象的可视信息，涵盖了对象的 EPC 代码、时间、作业步骤、状态、识读点、交易信息等相关信息（概括为"何物"、"何地"、"何时"、"何因"）。随着实体对象状态、位置等属性的改变（称为"事件"），EPCIS事件采集接口负责生成上述对象信息；EPCIS 查询接口为内外系统提供数据库，查询对象的 EPC 的相关信息。

EPCIS 服务器通过发送 XML 文件与其他计算机或系统交换商品信息。由于对象标识与 EPC 版本的不同，不同标签间需要数据转换，EPCIS 也提供了一个能在 EPC 编码之间转换的文件，可使终端用户获取新的 EPC 格式。

2.4 EPC 标准体系

2.4.1 EPCglobal 标准

EPCglobal 标准以 EPCglobal RFID 标准为主，包括了数据采集、信息发布、信息资源组织管理、信息服务发现等，以及各种实体单元组成的分布式网络，如识读器、中间件，以及它们间的远程配置、状态监视、性能协调等接口。

1) EPC 标签数据(TDS)标准

该标准规定 EPC 的编码结构,包括所有编码方式的转换机制等,具体如通用识别符(GID)、全球贸易货物代码(GTIN)、系列货运集装箱代码(SSCC)、全球位置编码(GLIN)、全球可回收资产代码(GRAI)、全球个别资产代码(GIAI)的代码结构和编码方法,是一项基础的编码结构标准。

2) EPC 标签数据转换(TDT)标准

该标准提供一个可在 EPC 编码之间转换的文件,使终端用户的基础设施部件自动知道新的 EPC 格式。即 EPC 有不同的标签数据格式与级别,识读器(只读功能的读写器)必须依据该标准来确认 EPC 格式,并在不同级别的数据表示之间进行转换,还包括机读标准的说明文件的结构和原理细节,提供了在自动转换或验证软件中如何使用该标准的指南。

3) Class Ⅰ Generation 2 UHF 空中接口协议标准——“Gen2”

该标准通常称为 Gen2 标准,它规定了在 860～960 MHz 范围内操作的无源反射散射、应答器优先沟通(ITF)、RFID 系统的物理和逻辑要求。标准规范了电子标签与读写器之间的命令和数据交互,它与 ISO/IEC 18000－3《信息技术——物品管理的射频识别——第 3 部分:13.56 MHz的空中接口通信用参数》、18000－6《信息技术——物品管理的射频识别——第 6 部分:860 MHz 至 960 MHz 空中接口通信用参数》等对应。

4) 读写器协议(RP)标准

RP 标准是一个接口标准,提供读写器与中间件或应用程序间的数据与命令交互接口,与 ISO/IEC 15961《信息技术——物品管理用射频识别(RFID)数据协议:应用接口》、ISO/IEC 15962《信息技术——物品管理用射频识别(RFID)数据协议:数据编码规则和逻辑存储功能》类似。其目标是中间件或应用程序能独立于读写器、读写器与标签之间的接口协议,即适用于不同智能程度的 RFID 读写器、条码识读器,多种 RFID 空中接口协议、条形码接口协议等。该协议定义了一个通用功能集,但并不要求所有的读写器均实现这些功能。

5) 低层读写器协议(LLRP)标准

LLRP 标准为用户控制和协调读写器的空中接口协议参数提供通用接口规范,它与空中接口协议密切相关。可以配置和监视 ISO/IEC 18000－6 中防碰撞算法的时隙帧数、Q 参数、发射功率、接收灵敏度、调制速率等,可控制和监视选择命令、识读过程、会话过程等。在密集读写器环境下,通过调整发射功率、发射频率和调制速率等参数,可消除读写器之间的干扰等。它是读写器协议的补充,负责读写器性能的适配和控制,使得读写器协议专注于数据交换,生成准确、可操作的数据和事件。

6) 读写器管理(RM)标准

该标准是无线读写器管理协议,通过管理软件来控制符合 EPCglobal 要求的 RFID 读写器的运行状况,它规范了访问读写器配置的方式,比如天线数等;它规范了监控读写器运行状态的方式,比如读到的标签数、天线的连接状态等;还规范了 RFID 设备的简单网络管理协议 SNMP 和管理信息库 MIB。

7) 读写器发现配置安装协议(DCI)标准

本标准规定了 RFID 识读器及访问控制机和其工作网络间的接口,便于用户配置和优化识读器网络。

8) 应用级事件(ALE)标准

该标准提供一个或多个应用程序,向一台或多台读写器发出对 EPC 数据请求的方式等。

通过该接口，用户可以获取过滤后、整理过的 EPC 数据。该标准支持 Gen2 特点的 TID、用户存储器、锁定等功能，并可降低从识读器到应用程序的数据量，将应用程序从设备细节中分离出来，在多种应用之间共享数据。当供应商需求变化时可升级拓展，采用标准 XML 使网络服务技术则易于集成。

ALE 基于面向服务的架构（SOA）。可对服务接口进行抽象处理。应用可以通过 ALE 查询引擎，不必关心网络协议或者设备的具体情况。

9）产品电子编码信息服务（EPCIS）标准

EPCIS 标准为各类、产品、服务和资产在全球的移动、定位和部署提供可视化标识，是 EPC 体系的重要发展。EPCIS 为产品和服务生命周期的各阶段提供可靠、安全的数据交换。该标准由如下三部分组成。

（1）EPCIS 捕获接口协议　提供 EPCIS 事件的传输方式，包括 EPCIS 库、网络 EPCIS 访问程序，以及伙伴 EPCIS 访问程序。

（2）EPCIS 询问接口协议　提供 EPCIS 访问程序，从 EPCIS 库或 EPCIS 捕获应用中得到 EPCIS 数据的方法等。

（3）EPCIS 发现接口协议　提供锁定所有可能含有某个 EPC 相关信息的 EPCIS 服务。

10）对象名解析服务（ONS）标准

该标准规定了如何使用域名系统定位与一个 EPC 中 SGTIN 部分相关的命令元数据和服务。

11）谱系标准

谱系标准及其相关附件定义了供应链中参与各方使用的电子谱系文档的维护和交流架构。

12）EPCglobal 认证标准

该标准定义了实体在 EPCglobal 网络内 X. 509 证书签发及使用概况。其中定义的内容是基于互联网工程特别工作组（IETF）的关键公共基础设施（PKIX）工作组制定的两个互联网标准，这两个标准在多种环境中已经成功实施、部署和测试，用于验证系统用户身份等。

13）物理标记语言（PML）标准

PML 用来描述物品静态和动态信息，包括物品位置信息、环境信息、组成信息等。PML 相关标准是为物理实体的远程监控和环境监控提供一种简单、通用的描述语言，可广泛应用在存货跟踪、自动处理事务、供应链管理、机器控制和物对物通信等方面。

2.4.2　EPCglobal Gen2 标准

1）EPCglobal Gen2 标准简介

EPCglobal Class1 Gen2 标准（简称 Gen2）由 RFID、互联网和 EPC 技术组成，Gen2 主要涉及接口协议和设备性能。

（1）Gen2 空中接口协议　该接口标准演化为 C 类超高频 RFID 标准，后成为 ISO/IEC 18000－6 标准，成为 EPC-RFID 的基础标准之一。

（2）Gen2 终端用户设备规范　这是 RFID 硬件开发接口和协议的制定基础，为供应链中使用的超高频 RFID 提供标准。表 2－3 列出 Gen2 的部分特点与性能。

表 2-3 Gen2 的特点与性能

项目	Gen2 的特点与性能
无线电管理条例	符合欧洲、北美和亚洲等地区规定
存储器存取控制	32 位存取口令，存储器锁定
快速识读速度	>1 000 个标签/s
密集型识读器操作	密集型识读器操作模式
“灭活”安全	32 位“灭活”口令
存储器写入能力	>7 个标签/s 的写入速度
位掩码过滤	灵活选择命令
可选用户存储器	厂家可选
低成本	可从多个供应商采购
行业认证计划	EPCglobal 认证
认证产品	2005 年第二季度开始认证

2) Gen2 标准的优点

Gen2 标准支持高密度识读器工作，符合全球一致性规定，标签读取正确率较高，读取速度较快，安全性和隐私功能都有所加强。

(1) 开放的标准　EPCglobal 批准的 UHF Gen2 标准对 EPCglobal 成员和签订了 EPCglobal IP 协议的单位免收使用许可费，允许这些厂商生产基于该标准的产品，如标签和识读器等。

(2) 尺寸小、存储容量大、有口令保护　芯片尺寸较小，如可缝在衣服接缝里、夹在纸板中、成形于塑料或橡胶内、整合在包装设计中等，满足多种应用场合之需。

Gen2 标签芯片中有 96 字节(或更多)的存储空间，为更好地保护存储在标签和数据库中的数据，在公开(Unconceal)、解锁(Unlock)和灭活(Kill)指令中都设置了专门的口令，使标签具有更好的安全加密功能，保证了在识读器读取信息的过程中不会把数据扩散出去。

(3) 保证了各厂商产品的兼容性　EPCglobal 规定 EPC 标准采用 UHF 频段，即 860～960 MHz。UHF Gen2 协议标准的推出，保证了不同生产商的设备之间将具有良好的兼容性，也保证了 EPCglobal 网络系统中的不同组件(包括硬件部分)间协调工作。UHF Gen2 协议设计的工作频段分布较广泛，这一优点提高了 UHF 的频率调制性能，减少了与其他无线电设备的干扰问题，也解决了 RFID 在不同国家不同频谱的问题。

(4) 设置了“灭活”指令(Kill)　新标准使人们具有了控制标签的权力，即用户可以使用 Kill 指令使标签自行永久失效以保护隐私。如不想使用某种产品或是发现隐私安全问题，就可以使用此终止芯片的功能，以有效防止芯片被非法读取，提高数据的安全性，减轻人们对隐私的担忧。

(5) 良好的识读性　基于 Gen2 标准的识读器还具有较高的读取率和识读速度，比第一代识读器的识读速度快 5～10 倍，且每秒可读 1 500 个标签，这使得应用 RFID 标签可实现高速自动化作业。识读器还具有很好的标签识读性能，在批量标签扫描时能避免重复识读，且当标签延后进入识读区域时，仍能被识读，这是第一代标准所不能做到的。

由于 EPCglobal Gen2 协议标准具有以上优点，再加上免收使用许可费的政策，有利于 RFID 技术在全球的推广应用。

2.5 EPC 标准技术内容

EPC-RFID 是针对电子标签的应用系统。一般包括读写器、电子标签、天线以及应用接口程序等部分。这些设备及其工作条件构成了系统的技术环境，主要内容如下。

1）工作频率

EPC G2 UHF 标准规定的无线接口频率为 860～960 MHz。各国在确定自己的使用频率范围时，可根据自己的情况选择某段频率作为自己的使用频段。我国目前暂定的使用频段为 920～925 MHz。用户在选用电子标签和读写器时，应选用符合国家标准的电子标签及读写器。一般来说，电子标签的频率范围较宽，但读写器出厂时会严格按照国家标准来设定频率。

2）频道工作模式

标准规定为跳频扩频模式。读写器在有效的频段范围内，将该频段分为 20 个频道，在某个使用时刻，读写器与电子标签的通信只占用一个频道。为防止占用某个频道时间过长或该频道被其他设备占用而产生干扰，读写器会自动跳到下一个频道。

用户在使用读写器时，如发现某个频道在某地已被其他的设备所占用或某个频道上的信号干扰很大，可在读写器系统参数设定中，先将该频道屏蔽掉，这样读写器在自动跳频时，会自动跳过该频道，以避免与其他设备的应用冲突。

3）发射功率

读写器的发射功率是一个很重要的参数。读写器对电子标签的操作距离主要由该发射功率来确定，发射功率越大，则操作距离越远。我国的暂定标准为 2 W。发射功率可以通过系统参数的设置来调整，可分为几级或连续可调，使读写器能在用户设定的距离内操作。在能满足使用要求的情况下，将发射功率调到较小，以减少能耗。

4）天线

标准规定天线匹配电阻为 50 Ω，范围为 860～960 MHz。天线对读写器与电子标签的操作距离有很大的影响。天线的性能越好，则操作距离越远。天线的指标主要有使用效率（天线增益）、有效范围（方向性选择）、匹配电阻、接口类型等。

一个读写器可同时连接多个天线，在使用这种读写器时，用户需先设定天线的使用序列。

5）密集读写器环境（DRM）

在实用场合，可能会存在多个读写器同时运行的情况，此为密集读写器环境。各个读写器会占用各自的操作频道对自己的某类电子标签自行操作。用户使用时，应根据需要选用可在 DRM 环境下可靠运行的读写器。

6）数据传输速率

通常有高/低两种传输速率。一般的厂商默认选择为高速数据传输速率。

2.6 EPC 编码

2.6.1 EPC 编码原则

编码原则是从与具体应用系统无关的角度来考虑代码体系的结构形态与一般性编制规

则。EPC体系编码主要遵循原则如下：

1）唯一性(Uniqueness)

EPC向一个实体对象提供一个全球唯一的标识。为确保唯一性，EPCglobal采取了以下措施：

（1）足够的编码容量　从世界人口总数(约60亿)到大米总粒数(粗估约1亿亿粒)，EPC均有足够大的地址空间来标识所有这些对象。

（2）组织保证　为保证EPC编码分配的唯一性并避免编码冲突，EPCglobal通过全球各国(地区)编码组织来负责分配EPC代码，建立相应的管理制度。

（3）使用周期　对一般实体对象，使用周期和实体对象的生命周期一致。对特殊的产品，EPC代码的使用周期是永久的。

2）简单性(Simplicity)

以往的编码方案，很少能被全球各国各行业广泛采用，原因之一是编码规则复杂导致其不适用。而EPC的编码既简单又能同时提供实体对象的唯一标识。

3）可扩展性(Scalability)

EPC编码留有备用空间，具有可扩展性。

EPC地址空间是可发展的，具有足够的冗余，确保了EPC系统的升级和可持续发展。

4）保密性与安全性(Privacy and Security)

EPC编码与安全和加密技术相结合，具有高度的保密性和安全性。

保密性和安全性是配置高效网络的首要问题之一。安全的传输、存储和实现是EPC被广泛采用的基础。

2.6.2　EPC编码结构

从代码结构上看，EPC代码是由标头、管理者代码、对象分类代码、序列号等数据字段组成的一组数字。以较常用的96位EPC代码为例，其具体结构如表2-4所示。

表2-4　EPC编码结构(以96位码为例)

	标头	管理者代码	对象分类代码	序列号
96位EPC代码	36	8	28	24

表2-4中各部分的数字代表96位码的分配方案，其中，标头标识EPC的类型，它使随后的码段可有不同的长度；管理者代码是描述与此EPC相关的生产厂商的信息，例如“云南白药集团股份有限公司”；对象分类代码记录产品类型的信息，例如“中国生产16粒装保险子1粒的云南白药胶囊”；序列号唯一标识具体货品，它能精确识别究竟是哪一盒云南白药胶囊。

目前，EPC代码有64位、96位等。为保证所有物品都有一个EPC代码并降低标签成本，建议采用96位。

2.6.3　EPC编码策略

编码策略是将相关事物或对象赋予一定规律、一定结构与一定容量的数字或文字代码，供系统中的人或计算机等智能设备相互识别、交换信息、相互操作与控制的一种技术方案。

EPC 通过计算机网络来标识和访问单个物体，就如同在互联网中使用 IP 地址来标识、组织和通信一样。下面将具体介绍编码原则。

1）唯一标识(Unique Identification)

EPC 提供对象的唯一标识。首先，必须有足够的 EPC 编码容量来满足过去、现在和将来对物品标识的需要。其次，必须保证 EPC 编码分配的唯一性并避免编码冲突的方法。因此要由多个管理者(各国/地区的编码组织)分别管理 EPC 码段的一部分。最后，是 EPC 代码的使用期限和再利用问题。某些组织可能需要长期地跟踪某一产品，就不能将该产品的 EPC 代码重新分配给其他产品，故希望对此产品采用一个唯一的永久性标识。

2）生产商和产品(Manufactures and Products)编码

EAN/UCC 已拥有约 100 万个会员。目前世界上的公司估计超过 2 500 万家，10 年内该数目有望达 3 900 万家。这显然需要建立一套与此预期数量相一致的标准的编码系统。

每个公司都有一系列的产品和服务，产品数量的范围变化很大。值得注意的是目前任何一个组织的产品类型均不超过 10 万种。

3）集装箱(Containers)编码

物流管理中，货品、集装箱和托盘称为货物装载容器(简称容器)，都要按不同代码结构进行编码，例如 SSCC。在 EPC 结构中，企业可以沿袭原有的 SSCC，将其转换为相应格式的 EPC 编码(如 SSCC－96)。容器内的货品记录和货运数据存储在计算机网络中，自动与容器建立标识代码关联。

更进一步，运输集装箱的卡车、货车车厢、船舶或仓库等也可使用相应的 EPC 编码。图 2－5 是 EPC 层级图，描绘了物品货运情形。该图中容器的类型和数量会随着物流作业的时间而改变，这样，通过记录 EPC 结构以及转换次数，就可以记录产品的出货与运输全程中的变化情况。

当一个满载贴有 EPC 标签的货物的集装箱(集装箱上也有自己的 EPC 标签)通过装有识读器的门时，识读器会读到大量的 EPC 标签。识读器必须知道这些 EPC 代码所代表物品的层次才能准确有效率地读取。基于以上考虑，EPC 编码中设置了“分区值”这一可选字段，用于标识物品在物流货运上的层次。

这样通过 EPC 结构，物品货运的过程随着不同 EPC 代码的组合就记录了下来。

4）组合装置(Assembles，Aggregates and Collections)编码

EPC 除标识单个对象，还可以标识组合装置。如一台电脑，其主板、硬盘、CPU、显示屏等均有各生产厂的 EPC 唯一标识，它们是装配件；当它们被组装成电脑成品时，就是一台组合装置。EPCglobal 建议用 EPC 标识装配件和组合装置及单个货品，这样，就可以采用描述货运数据的方式来描述组合装置。传统上，组合装置是复杂的，连接着很多元器件的对象。实际上，就标识代码而言，集装箱和组合装置两者之间没有实质差别。无论哪种情况，集装箱和组合装置的结构都有类似于图 2－5 所描绘的层级。

除组合装置和集装箱外，对无装配关系的实体组成的组合体(如宴会礼品包)可以分配一个唯一的 EPC 代码。也就是说，拥有不同 EPC 代码的相同物体的集合也可分配一个 EPC 代码。

从以上可以看出，EPC 代码的总数通过各种组合会超出物理实体的数目，这就要求设计一个系统防止冗余码的出现。

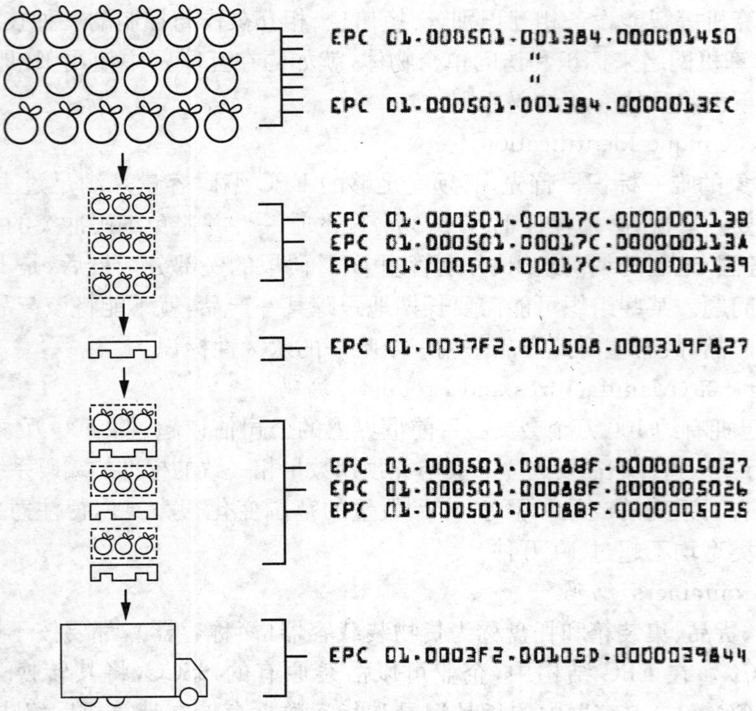

图 2－5　EPC 货运层级示意

5）嵌入信息（Embedded Information）

通用商品条形码中并无商品特性数据，而长码，如 EAN/UCC－128 应用标识符（AI）的结构中就可包含产品特征数据，如重量、尺寸、有效期、批次等。

EPCglobal 建议删除或最小化 EPC 中嵌入的此类对象特征属性描述的信息量，尽量利用计算机网络和信息资源库来存储数据，使 EPC 成为信息索引指针，使其拥有最小信息量和最稳定的信息内容，当然也要和实际要求相平衡，如易于使用、与系统兼容等。在已发布的标签规范中，Class Ⅰ—Class Ⅵ就不仅只含常规的 EPC 码，还允许用户编入自有信息。

6）分类（Categorization）

对相同特征对象进行分类或分组是智能系统的基本功能之一，也是减少数据复杂性的主要方法。但有效的分类往往存在许多困难，因为它与具体应用密切相关。

例如：一罐颜料对制造商而言可能是库存资产，对运输商则可能是“可堆叠的容器”，而回收商则可能认为它是有毒废品。在许多领域，分类是不同应用特点物品的集合，而不按物品的固有属性划分。因此，EPC 中取消或者最小化分类信息，而主张将这种功能移到网络上，通过进行数据采集和将物品转换为传统产品分类的软件来实现。

7）参考信息（Information Reference）

EPC 的首要作用是作为网络信息索引，即作为网上相关信息的“指针”。在互联网中普遍的参考信息就是统一资源标识符（URI），包括统一资源定位符（URL）和统一资源名称（URN）。这些标识符都被域名解析服务（DNS）翻译为网络 IP 地址。

同样，EPCglobal 提供的对象名解析服务（ONS）将 EPC 代码翻译成 IP 地址，其标识的后台就储存相关产品信息，再由 IP 地址主机向具体应用发送相关的产品信息。ONS 本质上相当于 EPC 编码和网络信息间的“胶水”，故亦称“胶码”，其编码结构应能促进主机地址查询。

8）标头（Header）

标头供识读器判断 EPC 的类型，便于对后续数据的类型和结构进行解码。标头不含对象标识过程的信息，也没有嵌入物品信息，是最小化的，仅标识编码内部结构并能满足未来扩展之需。

9）简单性（Simplicity）

EPC 要尽可能简单并能提供对象的唯一标识。

10）人机交互（Human Interaction）

除了简单性，许多编码系统是为人机交互设计的。为便于记忆，许多编码（如车牌号码和电话号码等）包括几个分区，各分区仅包含几个号码。这种分区格式是专为人们方便识读和数据采集而设计的。

11）可扩展性（Extensibility）

制定全球标准的难点之一是预计将来所有可能的应用，EPC 编码通过标头留出编码的扩展空间，并能保证对其他常用编码方案的兼容性。

12）媒介（ Media）

EPC 要存储到某类物理媒介，如存储芯片上。对所有媒介而言，存储和传输成本与数据量成正比，故 EPC 载体必须尽可能减小尺寸以降低成本和复杂性。

13）数据传输机制（Data Transmission Mechanisms）

在 EAN/UCC 编码中，设计一位校验码以保证数据在标签和扫描器之间正确传输。校验位、起始位、终止位和握手协议是数据通信中保证正确有效的常用方法，这些机制随数据传输方法和可靠性的变化而变化。

EPC 编码中不设计校验码，是考虑到与其在 EPC 中嵌入数据传输机制，不如在通信协议中对编码进行耦合。所有这些技术都应用于 EPC 数据的传输过程，而不是它的一部分。这种方法能将对象标识策略与数据传输分离开来。

14）保密性与安全性（Privacy and Security）

通过将标签中的 EPC 内容与数据传输两者分离，将前端标签中的密码与后端特殊算法相结合，实现安全技术和加密技术对 EPC 的数据内容耦合。保密性和安全性是配置高效网络的首要问题之一。安全传输和存储是 EPC 被广泛采用的基础。

15）批量产品编码（EPC for Batch Products）

工农业产品可大批生产，从经济性与合理性来看，有时没必要给批内每一件产品分配唯一的 EPC 编码，一批产品共用一个 EPC 编码，此时的 EPC 编码对应着批内的所有对象，这种情况就与传统的通用商品条码相同。

2.6.4 EPC 编码方案

EPC 编码的通用结构是一个比特串，由一个分层次、可变长度的标头以及一系列数字字段两部分组成，如表 2－4 所示。码的总长、结构和功能由标头的值决定。

1）标头

如前所述，标头定义了总长、识别类型（功能）和 EPC 编码结构。

标头是 8 位二进制值，值的分配规则已成标准，有 63 个可能的值（11111111 保留，以标示使用长度大于 8 位的标头）。EPC 的编码方案中，标头的代码及含义如表 2－5 所示。

表 2-5 EPC标头分配

标头值（二进制）	标头值（十六进制）	编码长度（位）	编码方案
0000 0000	00	未定义	未编码标签
0000 0001 0000 001x 0000 01xx	01 02,03 04,05,06,07	未定义	预留将来使用 预留将来使用 预留将来使用
0000 1000	08	64	预留作 64 位(SSCC-64)使用
0000 1001	09	64	预留作 64 位(SGLN-64)使用
0000 1010	0A	64	预留作 64 位(GRAI-64)使用
0000 1011	0B	64	预留作 64 位(GIAI-64)使用
0000 1100 至 0000 1111	0C 至 0F		用于 Gen1 的 64 位编码规则,预留作 64 位使用
0001 0000 至 0010 1110	10 至 2E	未定义	预留将来使用
0010 1111	2F	96	DoD-96
0011 0000	30	96	SGTIN-96
0011 0001	31	96	SSCC-96
0011 0010	32	96	SGLN-96
0011 0011	33	96	GRAI-96
0011 0100	34	96	GIAI-96
0011 0101	35	96	GID-96
0011 0110	36	198	SGTIN-198
0011 0111	37	170	GRAI-170
0011 1000	38	202	GIAI-202
0011 1001	39	195	SGLN-195
0011 1010 至 0011 1111	3A 至 3F		预留将来作标头值
0100 0000 至 0111 1111	40 至 4F		预留作 64 位使用
1000 0000 至 1011 1111	80 至 8F	64	预留作(SGTN-64)64 位使用(64 个标头值)
1100 0000 至 1100 1101	C0 至 8D		预留作 64 位使用
1100 1110	CE	64	预留作(DoD-64)64 位使用
1100 1111 至 1111 1110	CF 至 FE		预留作 64 位使用
1111 1111	FF	未定义	预留作将来大于 8 位的标头

2）通用标识符

通用标识符(GID-96)定义为一种 96 位的 EPC 通用标识，是一种基础的 EPC 标签数据标准，它由表 2-6 所示的 4 个字段组成。

表 2-6 通用标识符(GID-96)

结构	标头	通用管理者代码	对象分类代码	序列代码
长度	8	28	24	36
容量	00110101 (二进制)	268435456 (十进制容量)	16777216 (十进制容量)	68719476736 (十进制容量)

标头用于保证 EPC 命名空间的唯一性。通用管理者代码标识一个组织(如一个公司、管理者等),它负责维护后继字段即对象分类代码和序列代码的编号。EPCglobal 向全球各国/地区的编码管理组织分配通用管理者代码,确保每一个通用管理者拥有的代码是唯一的。

对象分类代码被用来识别物品的种类或类型,这些代码在每一个通用管理者代码之下必须是唯一的。例如消费性包装品(CPG)的库存单元(SKU)或高速公路系统中不同监测对象,如交通标志、灯具、桥梁等。

最后,序列代码在每一个对象分类代码集内是唯一的。换句话说,管理实体负责为每一个对象分类代码分配唯一的、不重复的序列代码。

2.6.5 EAN/UCC 系统标识类型

EPC 标签数据标准定义了 5 种商品类的 EPC 标识类型,下面分别进行介绍。

1) 序列化全球贸易标识代码(SGTIN)

SGTIN(Serialized Global Trade Identification Number)是一种基于 EAN/UCC 通用规范的全球贸易货物代码(GTIN)的扩展代码。GTIN 只能标识到一个对象类,为此,对 GTIN 增加序列代码后成为序列化 GTIN 即 SGTIN,就可识别每件物品(注:所有 SGTIN 均支持 14 位 GTIN 格式,即对应的标准版 EAN/UCC-13 条形码,但 EPC 不支持 EAN/UCC-8(即短条形码格式),仅支持 14 位 GTIN 格式,两者间有 1 位指示码之差别)。

(1) SGTIN 信息元素

① 厂商识别代码:由 EAN 或 UCC 分配给管理实体,在一个 EAN/UCC GTIN 十进制编码内,同厂商识别代码位相同。

② 项目参考(即货物)代码:由管理实体分配给一个特定对象分类。EPC 中的项目代码从 GTIN 中获得,通过连接 GTIN 的指示位和项目代码位,看作一个单一整数而得,如图 2-6 所示。

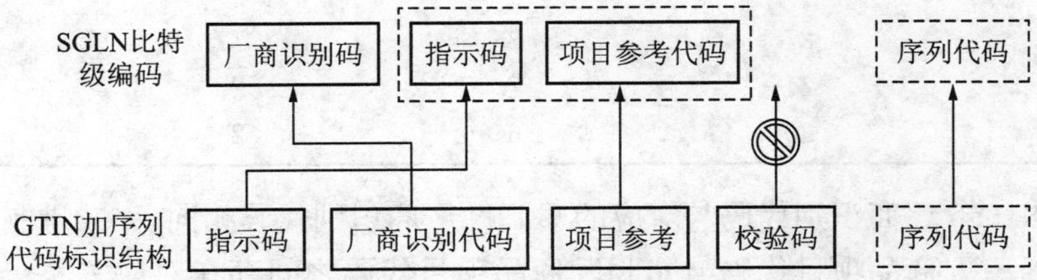

图 2-6 SGTIN 编码结构

③ 序列代码:由管理实体分配给一个单个对象。序列代码不是 GTIN 的一部分,但是 SGTIN 的组成部分。

SGTIN 的 EPC 编码方案允许 EAN/UCC 系统 GTIN 和序列代码直接嵌入 EPC 标签。

所有情况下，校验位不进行编码。

（2）SGTIN－96 代码结构　除标头外，SGTIN－96 还包括 5 个字段：滤值、分区、厂商识别代码、商品项目代码和序列号，如表 2－7 所示。

表 2－7　SGTIN－96 代码结构

结构	标头	滤值	分区	厂商识别代码	商品项目代码	序列号
长度	8	3	3	20～40	24～4	38
容量	00110000（二进制值）	参照表 2－8	参照表 2－9	999999～999999999999（最大十进制范围）	9999999～9（最大十进制范围）	274877906943（最大十进制值）

注：厂商识别代码和商品项目代码字段范围根据分区值的不同而变化。

① 标头 8 位，二进制值为 0011 0000。

② 滤值用来过滤和确定基本物流类型。SGTIN－96 的滤值见表 2－8。

表 2－8　SGTIN－96 滤值

类　　型	二进制值
所有其他	000
零售消费者贸易项目	001
标准贸易项目组合	010
单一货运或消费者贸易项目	011
不在 POS 销售的内部贸易项组合	100
保留	101
保留	110
保留	111

③ 分区指示随后的厂商识别代码和商品项目代码的分割位置，这个结构与 GS1 GTIN 中的结构相匹配。GTIN 厂商识别代码加上商品项目代码（包括指标符在内）共 13 位，形式上与 EAN/UCC 标准版通用商品条形码位数相同。其中，厂商识别代码在 6～12 位之间，商品项目代码（包括单一指标符）相应在 7～1 位之间。分区值以及厂商识别代码和商品项目代码两者长度的对应关系见表 2－9。

表 2－9　SGTIN－96 分区

分区值	厂商识别代码		指示符和商品项目代码	
	二进制	十进制	二进制	十进制
0	40	12	4	1
1	37	11	7	2
2	34	10	10	3
3	30	9	14	4
4	27	8	17	5
5	24	7	20	6
6	20	6	24	7

④ SGTIN－96 厂商识别代码与对应的 GTIN 厂商识别代码相同，以二进制方式表示。

⑤ SGTIN－96 商品项目代码与 GTIN 商品项目代码之间存在对应关系：连接 GTIN 的指示符和商品项目代码，将两者组合看做一个整数，编码成二进制作为 SGTIN－96 的商品项目代码字段。把指示符放在商品项目代码的最左侧可用位置。GTIN 商品项目代码中以“0”开头是非常重要的。例如，00235 和 235 是不同的。如果指示符为 1，GTIN 商品项目代码为 00235，那么 SGTIN－96 商品项目代码为 100235。

⑥ 序列号为一个数字。这个数字应在 GS1 系统规定的序列号有效值范围内，且序列号只能为整数。

2）系列货运包装箱代码(SSCC)

SSCC 是一种规范的 EAN/UCC 代码，其设计已经包含了个体对象，因此不需附加字段来作为一个 EPC 纯标识。

(1) SSCC 信息元素

① 厂商识别代码：由 EAN 或 UCC 分配给一个管理实体。厂商识别代码与 EAN/UCC 的 SSCC 十进制编码中的厂商识别代码相同。

② 序列代码：由管理实体分配给货运单元。EPC 编码的序列代码从 SSCC 中获取——通过连接 SSCC 的扩展位和序列代码位组成一个唯一的整数，如图 2－7 所示。

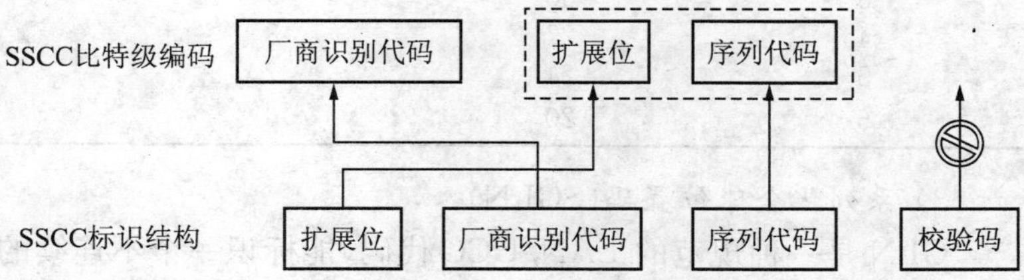

图 2－7　SSCC 编码结构

SSCC 的 EPC 编码方案允许 EAN/UCC 系统的 SSCC 代码直接嵌入到 EPC 标签中，校验位不进行编码。

(2) SSCC－96 代码结构　除标头之外，SSCC－96 还包括 4 个字段：滤值、分区、厂商识别代码和序列号，如表 2－10 所示。

表 2－10　SSCC－96 代码结构

结构	标头	滤值	分区	厂商识别代码	序列号	未分配
长度	8	3	3	20～40	38～18	24
容量	00110001 (二进制值)	参照 表 2－11	参照 表 2－12	999999～999999999999 (最大十进制范围)	99999999999～99999 (最大十进制范围)	未使用

注：厂商识别代码和序列号字段最大十进制范围根据分区字段内容的不同而变化。

① 标头 8 位，二进制值为 0011 0001。

② 滤值用来过滤和确定基本物流单元类型。SSCC-96 的滤值见表2-11。

表 2－11　SSCC－96 滤值

类　型	二进制值
所有其他	000
未定义	001
物流/货运单元	010
保留	011
保留	100
保留	101
保留	110
保留	111

③ 分区指示随后的厂商识别代码和序列号的分割位置。这个结构与商品条码 SSCC 的结构相匹配。在 SSCC－96 代码结构中，厂商识别代码在 6～12 位之间变化，序列号 11～5 位之间变化。表 2－12 给出了分区字段值及相关的厂商识别代码长度和序列号长度。

④ SSCC－96 的厂商识别代码是对商品条码 SSCC 厂商识别代码的逐位编码。

⑤ SSCC－96 的序列号由 SSCC 的序列号和扩展位组成。扩展位同序列号字段通过以下方式结合：扩展位放在 SSCC 序列号最左边的可用位置上，若 SSCC 序列号以零开头，仍需保留。由表 2－10 可见，SSCC－96 的序列号(不包括前置的一个扩展位)的数值范围在厂商识别代码为 12 位时的 99999 到厂商识别代码为 6 位的

99999999999之间。

未分配字段没有使用,用零填充。

表 2-12 SSCC-96 分区

分区值(P)	厂商识别代码		序列号和扩展位	
	二进制(M)	十进制(L)	二进制(N)	十进制
0	40	12	18	5
1	37	11	21	6
2	34	10	24	7
3	30	9	28	8
4	27	8	31	9
5	24	7	35	10
6	20	6	38	11

3) 系列化全球位置码(SGLN)

GLN是一种规范的EAN/UCC代码,能标识一个不连续的、唯一的物理位置,比如一个码头门口或一个仓库箱位,或标识一个集合物理位置,如一个完整的仓库等。此外,一个GLN能代表一个逻辑实体,比如一个执行某个业务功能(如下订单)的机构。

正因上述不同,EPC考虑仅仅采用GLN作为物理位置标识,其系列化编码就是SGLN。

SGLN的信息元素主要由:厂商识别代码、位置参考代码、扩展代码等组成,与SGTIN和SSCC代码类似,故此处不再赘述。

4) 全球可回收资产标识符(GRAI)

GRAI(Global Returnable Asset Identifier)在EAN/UCC通用规范中给出了定义。与GTIN不同的是,GRAI已是为单品分配的,因此不需要任何附加码段就可用做EPC标识。

GRAI包含的信息元素有:厂商识别代码、资产类型、序列号等,GRAI标识结构中的校验码同样不转入EPC码中。其他均与前三种编码方案相似,故不再介绍。

5) 全球单个资产标识符(GIAI)

GIAI(Global Individual Asset Identifier)也是一种规范的EAN/UCC编码,它原设计就用于标识单品,故无需增加任何码段就能转换为EPC标识。

GIAI包含的信息元素有:厂商识别代码、单个资产参考代码,其他均与前4种编码方案相似,故不再介绍。需特别指出的是,只有那些具有一个或多个数字、非零开头的单个资产项目代码可以转换使用。

思考题

(1) EPC的编码原则是什么?

(2) EPC的主要特性和优点有哪些?

(3) EPC编码由几部分组成?有几种类型?

(4) EPC-RFID系统由哪些部分构成,功能如何?

(5) 简述EPC信息网编系统?

(6) 简述EPC编码策略与编码体系。

(7) EPC系统架构与工作流程如何?

(8) EPC标准体系与技术内容是什么?

3 物联网技术基础

［学习目标］

(1) 掌握传感器的组成、结构与分类。
(2) 掌握 MEMS 概念及其应用。
(3) 了解无线网络技术及特点。
(4) 了解 3G、4G 通信的特点与相关标准。
(5) 掌握自动识别技术。
(6) 了解一维码和二维码的概念。
(7) 了解 RFID 技术及其应用。
(8) 了解室内外定位技术。

3.1 传感器技术

传感器是一种以一定精度将被测量(主要是非电量)转化为与之有确定关系、便于应用的某种物理量(主要是电量),并以电信号输出的装置,以满足信息系统中自动采集、处理、存储、显示和控制各类信息的需要。

传感器的英文是“Sensor”,有“感觉”或“知觉”之义。显然,传感器的定义受启发于生物体的感觉系统,是人类感官功能的延伸。国家标准 GB 7665－87 定义:传感器(Transducer/Sensor)为能感受规定的被测量并按一定规律转换成可用信号输出的器材或装置,通常由敏感元件和转换元件组成。

3.1.1 传感器的组成与结构

1) 传感器的组成

传感器主要由敏感元件、转换元件和变换电路,加上显示器、记录仪和数据处理模块等组成,如图 3－1 所示。

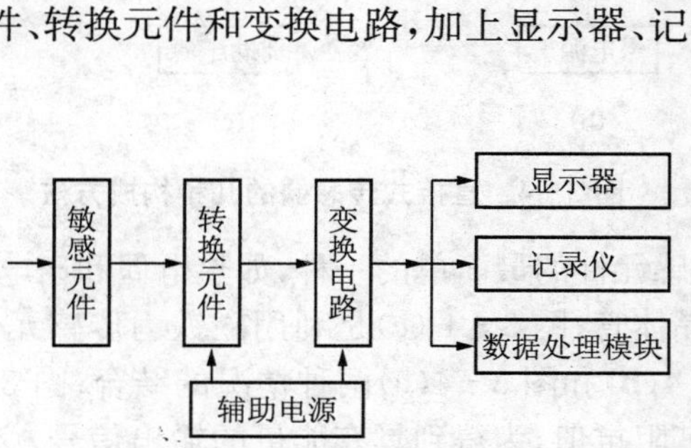

图 3－1 传感器的基本组成

(1) 敏感元件(Sensitive Element)　是指直接感受被测量，并输出与被测量成确定关系的某种物理量的元件。

(2) 转换元件(Transduction Element)　以敏感元件的输出为输入，将其转换成电信号输出。转换元件本身亦可作为独立传感器，这样的传感器称为元件式传感器，其结构如图 3-2 所示。

图 3-2　元件式传感器

图 3-3　结构式传感器

转换元件也可不直接感受被测量，而是感受与被测量有确定关系的其他非电量，再将其转换为电量。这时转换元件不作为一个独立传感器，而作为传感器的一个环节。在传感器中，还需一个非电量(同类或异类)之间的转化环节，转换由另外一些部件来完成，此类传感器亦称结构式传感器，如图 3-3 所示。传感器的转换元件决定了传感器的工作原理，以及测试系统的中间变换环节。

(3) 变换电路(Transduction Circuit)　将电路参数接入转换电路，转换为电量输出。有些传感器仅由一个敏感元件(兼做转换元件)组成，它感受被测量时直接输出电量，如热电偶等；有些传感器由敏感元件和转换元件组成，并无转换电路；有些传感器的转换元件中，要对信号多级转换放大。

2) 传感器的结构形式

传感器结构取决于其设计思想，而传感器设计的一个重点是信号选择方式，把所选信号的某方面性能在结构上具体化，以实现传感器的功能。

(1) 选择固定信号方式的传感器直接结构　固定信号方式是将被测量以外的变量固定或控制在某个定值上。例如电阻，是材料种类、纯度、尺寸、温度、应力等的函数，如仅选择温度变化作为信号时就可制成电阻温度计；如选尺寸或应力变化作为信号时就可制成电阻应变片。显然，对于确定的材料，在设计温度计时要防止应力的影响；在设计应变片时要防止温度变化的影响。所以测试中，控制前者的应力和后者的温度，就是选择固定的信号方式。

选择固定信号方式的传感器采用直接结构形式，它由一个独立的传感元件和其他环节构成，直接将被测量转换为所需输出量。直接式传感器的构成如图 3-4 所示。

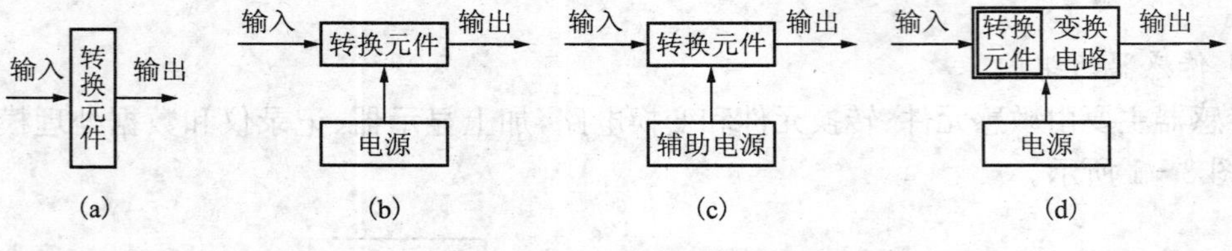

图 3-4　直接式传感器的几种构成方法

图 3-4 (a)是仅有传感元件的最简单的一种，如热电偶和压电元件；图 3-4 (b)是使用电源提供输出能量，如光敏晶体管；图 3-4 (c)是利用磁铁为传感元件提供能量，如磁电式传感器，霍尔传感器则是图 3-4(b)和图 3-4(c)两种情况的结合；图 3-4 (d)所示的传感元件是阻抗元件，输入信号改变其阻抗值，为得到具有能量的输出信号，必须设计包括元件在内的变换电路，如具有电桥电路的电阻应变传感器等。

(2) 选择补偿信号方式的传感器补偿结构　多数情况下，传感器受环境和内部因素的影响，会产生干扰，应采取措施消除其影响。在设计某些传感器时，往往面临两种变量：一个是被测量，一个是伴生出现的影响量(即干扰量)。设两个量都起作用时的变化关系为第一函数，仅干扰量起作用时的变化关系为第二函数。对于被测量，如果干扰量的影响是叠加的，则可取两函数之差；如果干扰量的影响是乘积递增的，则可取两函数之商，就可消除干扰量的影响。这种处理方式为补偿法，实现补偿信号的传感器结构是补偿式结构，如图 3－5 所示。

(3) 选择差动式信号方式的传感器差动结构　使被测量反向对称变化，干扰量向向对称变化，然后取其差，就能有效地将被测量选择出来，这就是差动方式，特点是在变换电路中，传感元件的输出对输入信号(被测量)反向变换，对环境、内部条件变化(干扰量)同向变换，并以两个传感元件输出之差为总输出。从而有效地抵消环境、内部条件变化带来的影响。

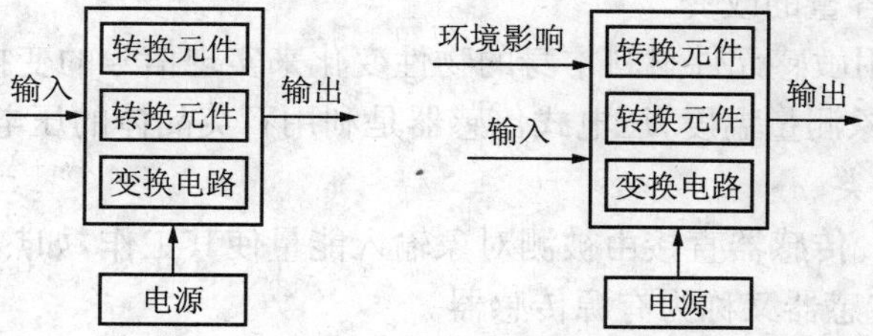

图 3－5　补偿式传感器的构成方法

(4) 选择平均信号方式的传感器平均结构　平均信号方式来源于误差分析理论中对随机误差的平均效应和信号的平均处理，在传感器结构中，利用 n 个相同的转换元件同时感受被测量，传感器的输出为各元件输出之和，随机误差则减小为单个元件的误差。

3.1.2　传感器的分类

传感器是系统自动获取信息的主要途径，其种类繁多，可从感测方式、感测对象、传感器结构等角度来进行以下分类：

1) 按感测元器件分类

按敏感元器件的感知功能可分为热敏元件、光敏元件、气敏元件、力敏元件、磁敏元件、湿敏元件、声敏元件、放射线敏感元件、色敏元件、真空度元件和味敏元件等，它们是传感器的核心部件。

2) 按感知外界的原理分类

(1) 物理类　基于力、热、光、电、磁、声等物理效应，诸如压电效应，磁致伸缩现象，离化、极化、热电、光电、磁电等效应，被测信号量的微小变化都将转换成电信号。

(2) 化学类　基于化学反应原理，包括那些以化学吸附、电化学反应等现象为因果关系的传感器，被测信号量的微小变化也将转换成电信号。

(3) 生物类　基于酶、抗体和激素等分子识别功能。具体是用生物活性材料(酶、蛋白质、DNA、抗体、抗原、生物膜等)与物理化学换能器有机结合形成的一种先进的检测与感知方法。

这种分类方法便于从原理上了解输入与输出之间的变换关系，有利于专业人员从原理、设计和应用上进行归纳分析与研究。

3) 按被测量分类

被测量的类型主要有：

(1) 机械量　如位移、力、速度、加速度、振动等。

(2) 热工量　如温度、热量、流量(流速)、压力(压差)、液位等。

(3) 物性参量　如浓度、黏度、密度、酸碱度等。

(4) 状态参量　如偏差、裂纹、缺陷、泄漏、磨损等。

4) 按测量原理分类

按传感器的测量工作原理,可分为电阻式、电感式、压电式、光电式、化学反应式、磁电式、光纤、激光、超声波等传感器。

5) 按信号转换特征分类

(1) 结构型　通过传感器结构参量的变化实现信号变换。例如,电容式传感器根据极板间距离的变化引起电容量的改变。

(2) 物性型　利用敏感元件材料本身的物性变化来实现信号的变换。例如水银温度计是利用水银热胀冷缩现象测量温度;压电式传感器是利用石英晶体的压电效应进行测量等。

6) 按能量关系分类

(1) 能量转换型　传感器直接由被测对象输入能量使其工作,如热电偶、光电池或传感器自带电池等,此类型传感器又称为有源传感器。

(2) 能量控制型　传感器从外部获得能量使其工作,由被测量的变化控制外部供给能量的变化。例如电阻式、电感式传感器等,必须由外部提供激励源,故又称为无源传感器。

7) 按工作原理分类

(1) 电学式传感器　电学式传感器是非电量测量技术中应用较广泛的一种,常用于电阻式、电容式、电感式、磁电式及电涡流式传感器等。

(2) 磁学式传感器　磁学式传感器是利用铁磁物质的物理效应制成的,主要用于位移、转矩等参数的测量。

(3) 光电式传感器　光电式传感器在非电量电测及自动控制中占有重要地位。它利用光电效应和光学原理制成,主要用于光强、光通量、位移、浓度等参数的测量。

(4) 电势型传感器　电势型传感器利用热电效应、光电效应、霍尔效应等原理制成,主要用于温度、磁通、电流、速度、光强、热辐射等参数的测量。

(5) 电荷传感器　电荷传感器利用压电效应原理制成,主要用于力及加速度的测量。

(6) 半导体传感器　利用半导体的压阻效应、内光电效应、磁电效应、半导体与气体接触产生物质变化等原理制成,主要用于温度、湿度、压力、加速度、磁场和有害气体等的测量。

(7) 谐振式传感器　利用改变电或机械的固有参数来改变谐振频率的原理制成,主要用于测量压力。

(8) 电化学式传感器　利用离子导电原理制成,根据其电特性的形成不同,可分为电位式传感器、电导式传感器、电量式传感器、极谱式传感器和电解式传感器等。

8) 按信号检测转换过程分类

根据传感器对信号的检测与转换过程,传感器可分为直接转换型传感器和间接转换型传感器两大类。

(1) 直接转换型　如图 3-6(a),输入给传感器的非电量一次性地变换为电信号输出,如光敏电阻受到光照射时,电阻值会发生变化,直接将光信号转换成电信号输出。

(2) 间接转换型　如图 3-6(b),输入给传感器的非电量先转换成另一种非电量,再转换成电信号输出。如采用弹簧管敏感元件制成的压力传感器就属于这一类,当有压力作用时,弹簧管形变，传感器再将变形量转换为电信号输出。

(a) 直接转换型　(b) 间接转换型

图 3－6　传感器的转换框图

9）按输出信号分类

按输出信号可将传感器分为如下 4 类：

(1) 模拟传感器　将被测量的非电学量转换成模拟电信号。

(2) 数字传感器　将被测量的非电学量转换成数字输出信号(包括直接和间接转换)。

(3) 膺数字传感器　将被测量的信号量转换成频率信号或短周期信号输出(包括直接或间接转换)。

(4) 开关传感器　当一个被测量的信号达到某个特定的阈值时，传感器相应地输出一个设定的低电平或高电平信号。

10）按所用材料分类

在外界作用下，所有材料都会作出相应的特征性反应，由此可选出那些对外界作用敏感、具有功能特性的材料来制作传感器的敏感元件。可将传感器分成下列几类。

(1) 按所用材料　分为金属传感器、聚合物传感器、陶瓷传感器、混合物传感器。

(2) 按材料的物理性质　分为导体传感器、绝缘体传感器、半导体传感器、磁性材料传感器。

(3) 按材料的晶体结构　分为单晶传感器、多晶传感器、非晶材料传感器。

11）按照制造工艺与结构

可以将传感器分为集成传感器、薄膜传感器、厚膜传感器、陶瓷传感器等。

12）按照用途分类

可分为压敏和力敏传感器、位置传感器、液面传感器、能耗传感器、速度传感器、加速度传感器、辐射传感器、热敏传感器，等等。

3.1.3　常见传感器及其应用

常见传感器包括温度、湿度、压力、光电、化学、生物、霍尔(磁性)传感器等。

1）温度传感器

常见的温度传感器包括热敏电阻、半导体温度传感器和温差电偶等，如图 3－7 所示。

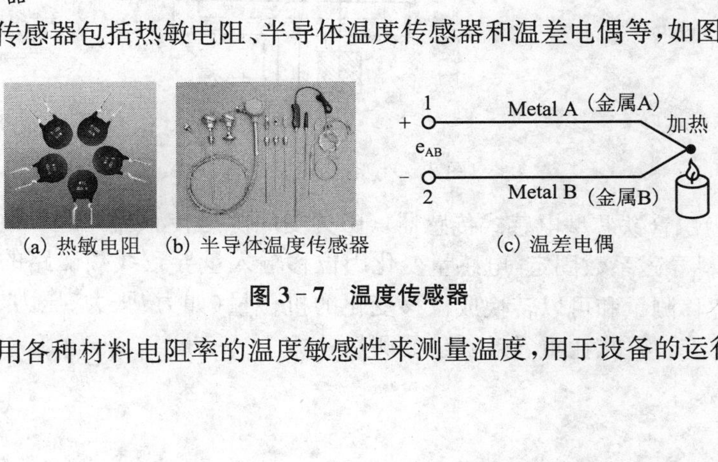

(a) 热敏电阻　(b) 半导体温度传感器　(c) 温差电偶

图 3－7　温度传感器

热敏电阻利用各种材料电阻率的温度敏感性来测量温度，用于设备的运行保护、温度报警等；半导体温度传感器利用半导体器件的温度敏感性来测量温度，成本低廉，线性度好；温差电偶则利用温差电现象，将被测端的温度转化为电压和电流变化，能在较大范围内测量温度，如－200～2000℃。

2）湿度传感器

湿度传感器主要有电阻式和电容式两类，如图 3－8 所示。

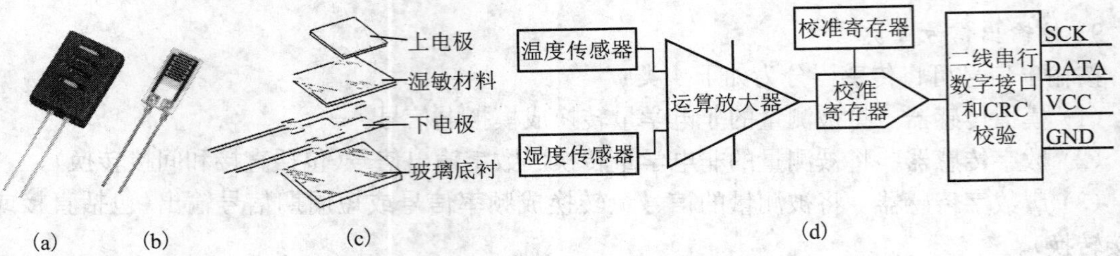

图 3－8 湿度传感器

图 3－8(a)、(b)为电阻式湿度传感器、电容式湿度传感器。电阻式湿度传感器亦称湿敏电阻，利用氯化锂、碳、陶瓷等材料的电阻率对湿度的敏感性来探测湿度。电容式湿度传感器亦称湿敏电容，利用材料的介电系数的湿度敏感性来探测湿度。湿敏电容的结构见图(c)，它由玻璃底衬、下电极、湿敏材料、上电极等组成。两个下电极与湿敏材料、上电极构成的两个电容成串联连接。湿敏材料是一种高分子聚合物，介电常数随环境的相对湿度变化而变化。当环境相对湿度增大时，湿敏电容量随之增大，反之则减小。转换电路把湿敏电容变化量转换成电压量变化，对应于相对湿度 0～100％RH 的变化，传感器的输出呈 0～1 V 的线性变化。图(d)为转移、放大、A/D 转换器与数字输出和校验模块等。

3）电感式传感器

利用电磁感应将被测的物理量如位移、压力、流量、振动等转换成线圈的自感系数和互感系数的变化，再由电路转换为电压或电流的变化量输出，实现非电量到电量的转换，其实物和原理如图 3－9 所示。

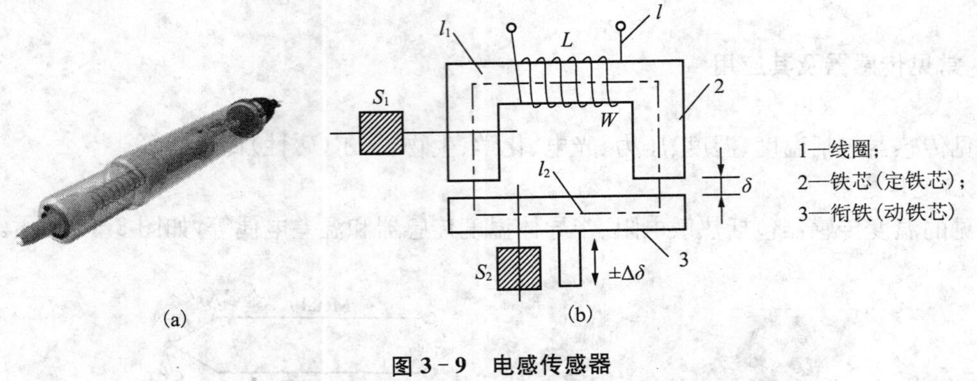

图 3－9 电感传感器

图 3－9(a)为螺管铁芯型电感式传感器，(b)为变间隙型传感器原理示意。电感式传感器的线圈匝数和材料导磁系数固定，电感量变化因位移输入量导致线圈磁路的几何尺寸变化而引起，主要用于位移测量和可以转换成位移变化的机械量(如力、张力、压力、压差、加速度、振动、应变、流量、厚度、液位、比重、转矩等)的测量。

常用的电感式传感器有变间隙型、变面积型和螺管插铁型等。皆为差动式，以便提高线性度和减小电磁吸力所造成的附加误差。

（1）变间隙型电感传感器　如图 3－9(b)中传感器的气隙 δ 随被测量的变化而改变，从而改变磁阻，其灵敏度和非线性都随气隙的增大而减小。

（2）变面积型电感传感器　这种传感器的铁芯和衔铁之间的相对覆盖面积（即磁通截面）随被测量的变化而改变，从而改变磁阻，其灵敏度为常数，线性度也很好。

（3）螺管插铁型电感传感器　由螺管线圈和与被测物体相连的柱型衔铁构成，工作原理基于线圈磁力线泄漏路径上磁阻的变化，衔铁随被测物体移动时改变了线圈的电感量。这种传感器的量程大、灵敏度低、结构简单。

4）压力传感器

它是使用最广的一类传感器。利用传感器件在受外部压力时产生一定的内部结构变形或位移，转化为电特性的改变，产生相应的电信号，此即压电效应，故亦称压电传感器。传统压力传感器以机械结构型器件为主，以弹性元件的形变指示压力，但其尺寸大、质量重，不能提供电学输出。半导体技术的发展促使半导体压力传感器产生，其特点是体积小、质量轻、准确度高、温度特性好。电容式压力传感器的原理和实例如图 3－10 所示。

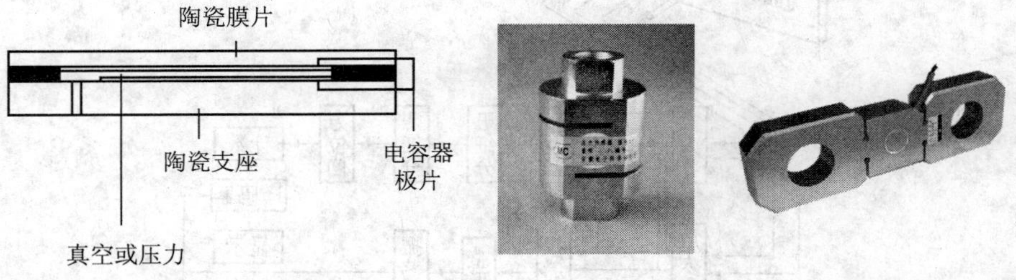

(a) 电容式压电元件结构　(b) 压力传感器　(c) 拉力传感器

图 3－10　压力传感器

5）光传感器

光传感器可分为光敏电阻及光电传感器两类。光敏电阻利用材料电阻率的光敏性来进行光探测。光电传感器则采用光电元件作为检测元件，它先将被测量的变化转换成光信号的变化，再利用光电元件将光信号转换成电信号。光电传感器由光源、光学通路和光电元件三部分组成，它具有精度高、反应快、非接触等优点，且可测参数多、结构简单，形式多样等，因此，光电式传感器在检测和控制中应用极广。

由光通量对光电元件的作用原理可制成不同的光控系统，如模拟式和脉冲（开关）式光电传感器。模拟式光电传感器将被测量转换成连续变化的光电流，按测量方法可分为透射（吸收）式、漫反射式、遮光式（光束阻挡）三大类。所探测光可以覆盖可见光、红外线（热辐射）、紫外线等波长范围的传感应用。

光敏传感器种类繁多，主要有：光电管、光电倍增管、光敏电阻、光敏三极管、太阳能电池、红外线传感器、紫外线传感器、光纤式光电传感器、色彩传感器、CCD 和 CMOS 图像传感器等，如图 3－11 所示。

6）光栅式传感器

光栅式传感器也是光电效应传感器，受光照后产生光电效应，将光信号转换成电信号输

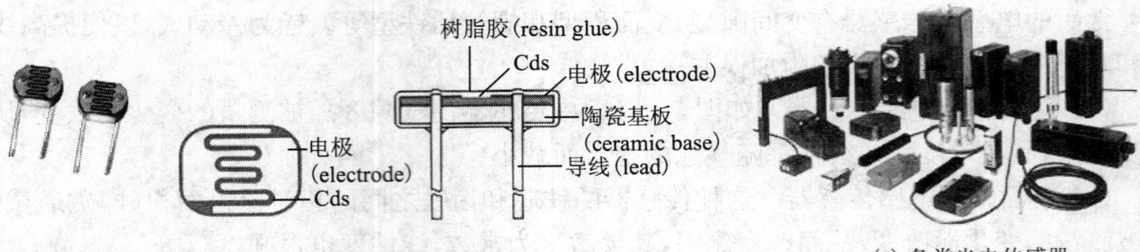

(a) 光敏电阻　　(b) 光敏电阻原理　　(c) 各类光电传感器

图 3-11　光传感器

出。它除能测量光强，还能利用光线的透射、遮挡、反射、干涉等测量多种物理量，如尺寸、位移、速度、温度等。光电测量时不与被测对象直接接触，在测量中不存在摩擦，对被测对象几乎不施加压力，因此在许多应用场合比其他传感器有明显的优越性。缺点是光学器件和电子器件价格较贵，且对测量环境的要求较高。图 3-12 是光栅式传感器的原理示意图。

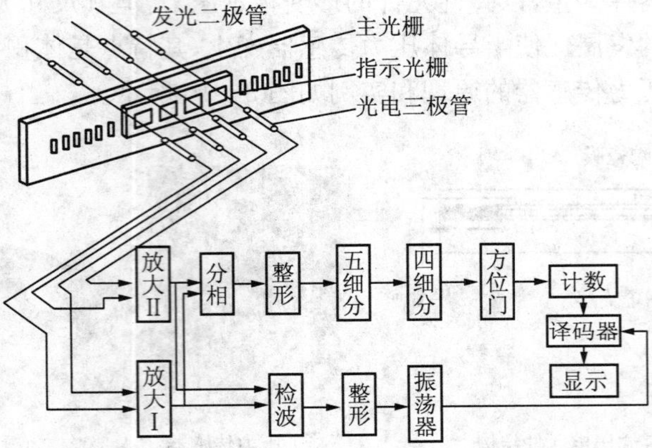

图 3-12　光栅式传感器原理

7）霍尔(磁性)传感器

霍尔传感器是利用霍尔效应制成的一种磁性传感器。霍尔效应如图 3-13 所示。将一个金属或半导体材料薄片置于磁场中，当有电流通过时，由于形成电流的电子在磁场中运动而受到磁场力的作用，会使材料中产生与电流方向垂直的电压差。可通过测量霍尔传感器产生的电压大小来计算磁场强度。

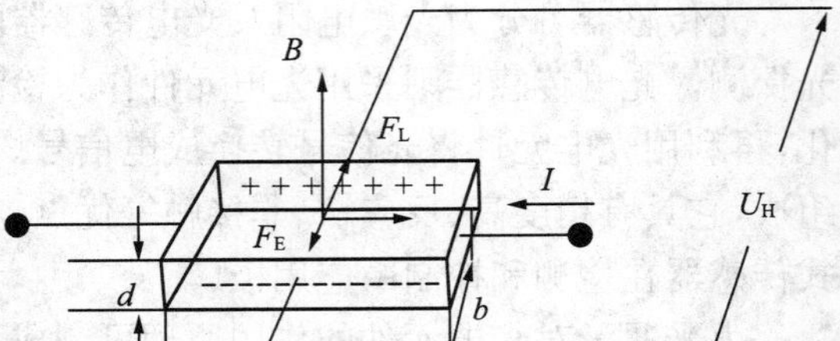

图 3-13　霍尔效应示例

霍尔传感器具有不同结构，能间接测量电流、振动、位移、速度、加速度、转速等，具有广泛的应用价值。图 3-14 为霍尔式转速传感器的结构示意。

8）化学传感器

是指对各种化学物质敏感并将其浓度转换为电信号的传感器。如 CO、CO_2、O_2、H_2S 传感器、PH 值传感器、酒精浓度传感器等。图 3-15 为化学传感器的结构；图 3-16 为化学燃烧式传感器结构与检测原理。

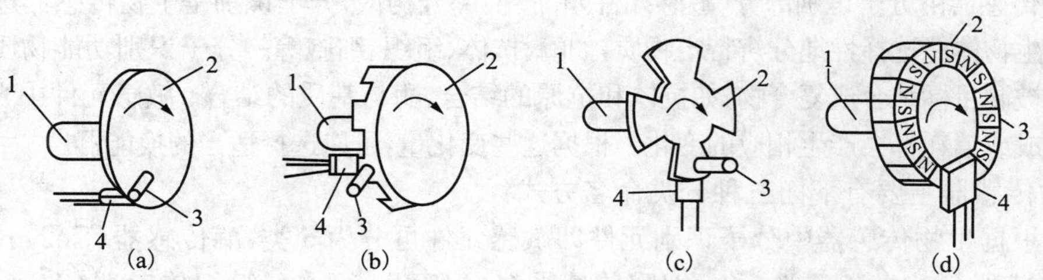

图 3-14　几种霍尔式转速传感器的结构

1—输入轴，2—转盘，3—小磁铁，4—霍尔传感器

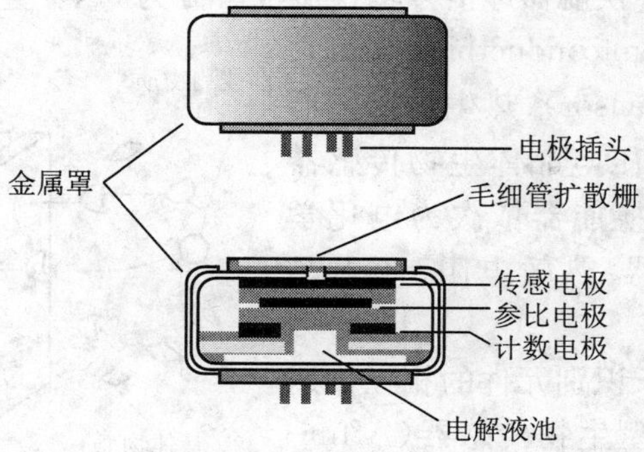

图 3-15　电化学传感器结构示意

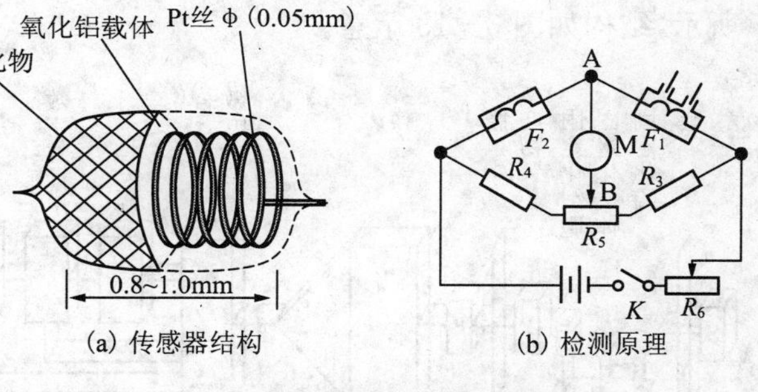

图 3-16　化学燃烧式传感器结构及原理

化学传感器随感测对象的不同而在原理、结构与功能上呈现较大差异。例如，电化学传感器通过与被测气体发生反应并产生与气体浓度成正比的电信号来工作。图 3-15 中，电解液池是化学反应的核心，它由薄电解层和传感电极隔开，反应气体经微毛细管扩散栅型孔与传感器作用，然后到达电极头。当气体与传感电极发生反应时，形成电信号输出。

化学燃烧式气体传感器是在铂电阻丝的表面制备耐高温的催化剂层，在一定的温度下，可燃性气体在其表面催化燃烧，燃烧使铂电阻丝温度升高，电阻变化，变化值是可燃性气体浓度的函数，再由传感器内集成的测量电桥将电阻变化转换成电信号输出。

9) 生物传感器

这是采用对生物敏感并能将其浓度转换为电信号检测的仪器。它是由生物敏感材料为元件(包括酶、抗体、抗原、微生物、细胞、组织、核酸等生物活性物质)与适当的理化换能器(如氧电极、光敏管、场效应管、压电晶体等)及信号放大器构成的分析工具或系统。

生物传感器由分子识别部分(敏感元件)和转换部分构成,分子识别是生物传感器选择性测定的基础。生物体能选择性地分辨特定物质,如酶、抗体、组织、细胞等。分子识别功能物质通过识别过程可与被测目标结合成复合物,如抗体和抗原的结合、酶与基质的结合。敏感元件中光、热、化学物质的生成或消耗都会产生相应的变化。根据这些变化量,可以选择适当的换能器。

生物传感器主要有下面三种分类命名方式:

(1) 根据生物传感器中分子识别元件即敏感元件可分为5类:酶传感器(Enzymesensor)、微生物传感器(Microbialsensor)、细胞传感器(Organallsensor)、组织传感器(Tis-suesensor)和免疫传感器(Immunolsensor)。所用的敏感材料依次为酶、微生物个体、细胞器、动植物组织、抗原和抗体等。

(2) 根据生物传感器中换能器即信号转换器也可分为5类:生物电极(Bioelectrode)传感器、半导体生物传感器(Semiconductbiosensor)、光生物传感器(Opticalbiosensor)、热生物传感器(Calorimetricbiosensor)和压电晶体生物传感器(Piezoelectricbiosensor)。换能器依次为电化学电极、半导体、光电转换器、热敏电阻、压电晶体等。

(3) 以被测目标与分子识别元件的相互作用方式进行分类有生物亲合型生物传感器(Affini-tybiosensor)等。

以上三种方法可互相交叉应用。生物传感器的原理如图3-17所示,结构如图3-18示意。

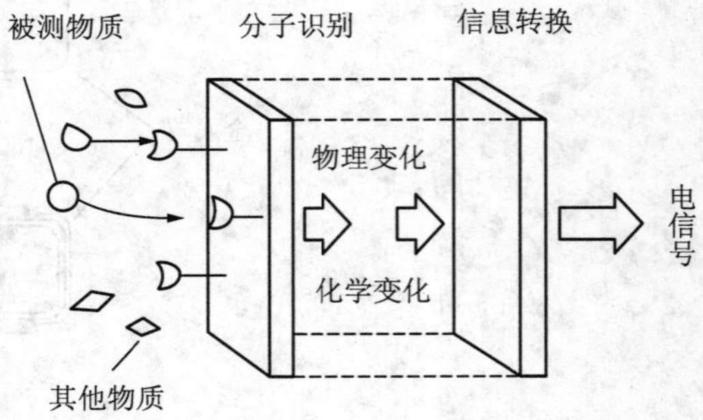

图3-17 生物传感器原理示意

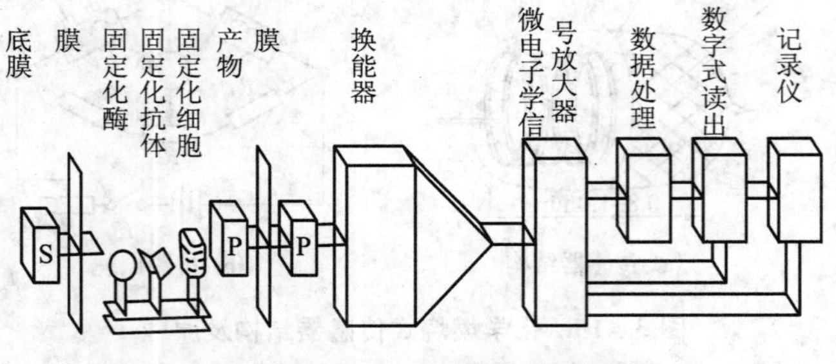

图3-18 生物传感器结构简图

10) 微波传感器

由发射天线发出的微波,遇到被测物体时将被吸收或反射,使功率变化。利用接收天线接收通过被测物体或由其反射的微波,将其转换成电信号,再经测量电路就实现了微波检测。图3-19为微波测厚仪原理图。

微波传感器主要由微波振荡器和天线组成,振荡器是产生微波的装置。构成微波振荡器的器件有速调管、磁控管或某些固体元件。振荡器产生的信号需用波导管传输,并由天线发射出去。为使微波具有一致的方向性,发射天线具有特殊的构造和形状,如图3-20所示。

图3-20所示的微波雷达主要有10、24、35和77 GHz等频段,其中24 GHz和77 GHz因在大气中衰弱不严重,所以常用于交通测速雷达、汽车变道辅助系统、水位计、汽车ACC(主动巡航控制系统,Adaptive Cruise Control)雷达巡航系统、汽车防撞、重地防入侵、自动门感应和

水龙头感应等等。汽车ACC系统用于定速巡航驾驶时的自动安全控制。如当司机设定某车速,系统就利用ACC雷达测得前车位置,如监测到前车减速或出现新目标,系统就会发信号给发动机或制动系统来降低车速使其保持安全的行驶距离。该系统还可鉴别靠近车辆的是自行车、汽车还是行人等,根据道路情况控制车辆行驶状态。

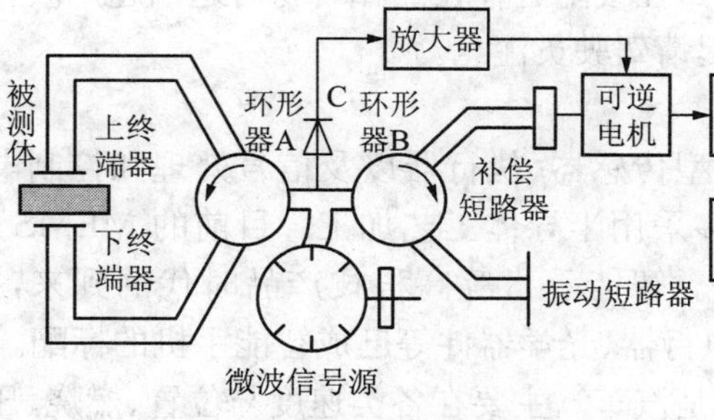

图3-19 微波测厚仪原理

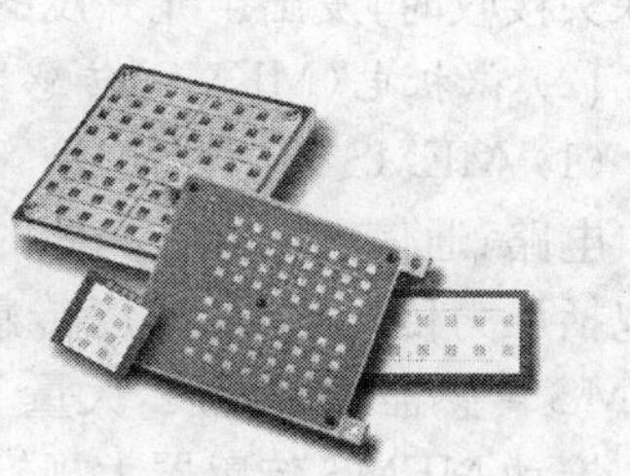

图3-20 24 GHZ微波雷达

11) 超声波传感器

人能听到的声音频率范围为20 Hz～20 kHz,超过20 kHz就为超声波。它在弹性介质中产生机械振荡,横向振荡和纵向振荡分别产生横与纵波,存在折射、反射和衰减现象。在空气中传播超声波的频率较低,一般为几十kHz且衰减较快,固体、液体中频率较高且衰减小,传播较远。用此特性可制成各种超声传感器,配上不同的电路与执行单元,在通信、医疗、家电、汽车和工业控制等领域广泛应用。

超声波传感器主要材料有电致伸缩及磁致伸缩两类。压电晶体组成的超声波传感器是一种可逆传感器,它可将电能转变成机械振荡而产生超声波;当它接收到超声波时,也能转变成电能,所以可分为发送器或接收器。有的超声波传感器既能发送,也能接收。

超声波应用有透射、分离与反射三种类型:透射型用于遥控器、防盗报警器、自动门、接近开关等;分离式反射型用于测距、液位或料位;反射型用于材料探伤、测厚等。根据应用之需,传感部件可有不同结构,有直探头(纵波)、斜探头(横波)、表面波探头(表面波)、兰姆波探头(兰姆波)、双探头(一探头发射、一探头接收)、三探头(一探头发射、二探头接收)等,外观如图3-21所示,超声波收发原理如图3-22示意。

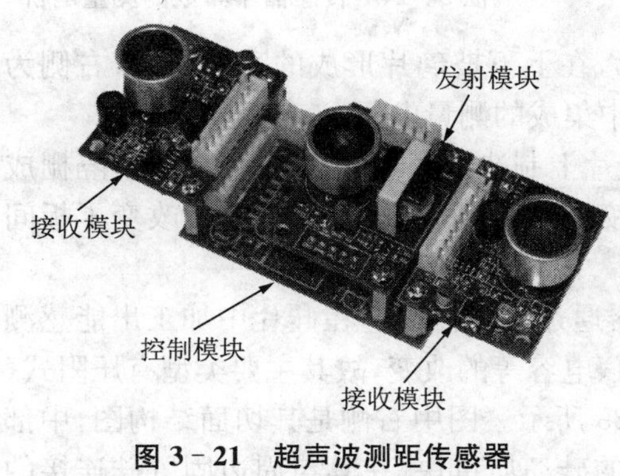

图3-21 超声波测距传感器

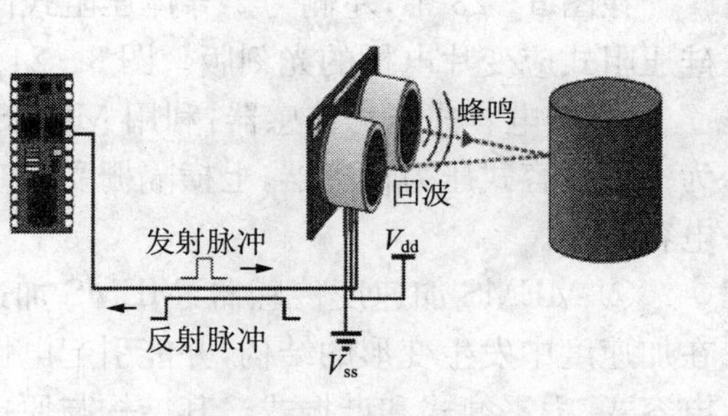

图3-22 超声波测距原理示意

图3-21为"一发二收"模式的传感单元,由发射模块、接收模块、控制部分与电源等部分组成。发射模块由发送器与陶瓷振子换能器组成,换能器将振子的电振动能量转换成超声波并发射;接收模块由陶瓷振子换能器与放大电路组成,换能器接收超声波产生机械振动,将其

变换成电能，作为传感器接收器的输出，从而检测发送的超声波。实用中，陶瓷振子既可用作发射传感器，也可用作接收传感器。控制部分主要对发送的脉冲链频率、占空比及稀疏调制、计数、探测距离等进行控制。

超声波传感器的常规应用之一是倒车雷达，其测距原理如图 3－22 示意。倒车雷达由超声波发生模块经发射探头发出超声波，当探测到路径或附近存在的障碍物时返回超声波，由接收探头接收时，发出声光并茂的视听警告信号，提请驾驶员注意。

12）微机电（MEMS）传感器

（1）MEMS 传感器简述　MEMS 是指集微型传感器、执行器以及信号处理和控制电路、接口电路、通信和电源于一体的微型机电系统，多采用半导体工艺加工。目前的 MEMS 传感器包括压力传感器、加速度传感器、微陀螺仪等。智能手机等高科技产品时代的到来，推动 MEMS 传感器的大发展，大量 MEMS 传感器、执行器、光学器件等已成智能手机的标配。

推动 MEMS 传感器大规模应用的另一领域是汽车。主要在各类速度与位置、燃烧、压力、温度、轮速测量、冷却系统压力、发动机油压和刹车压力等的传感测量上。

（2）各类 MEMS 传感器

① MEMS 压力传感器：采用类似集成电路（IC）设计制造工艺。其他压力传感器基于金属弹性体受力变形，不可能如 IC 那样微小、高精、智能、低成本和简单。MEMS 压力传感器有硅压阻式压力传感器和硅电容式压力传感器两种。

a. 硅压阻式压力传感器：采用半导体电阻应变片组成电桥测量力电变换，应变化版承受压力变化时电阻也会相应变化。其结构与原理如图 3－23 所示。

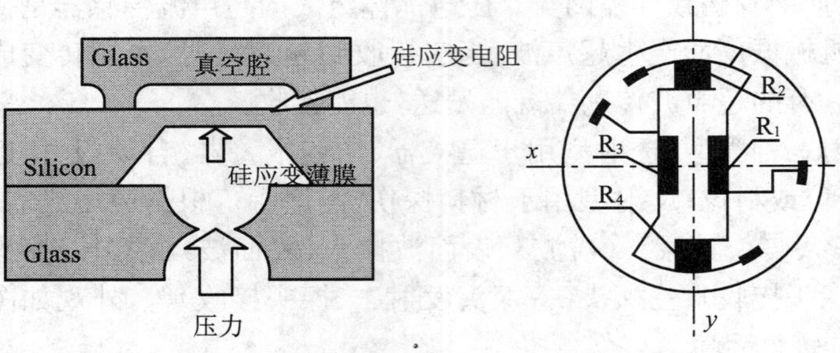

图 3－23　MEMS 硅压阻式压力传感器

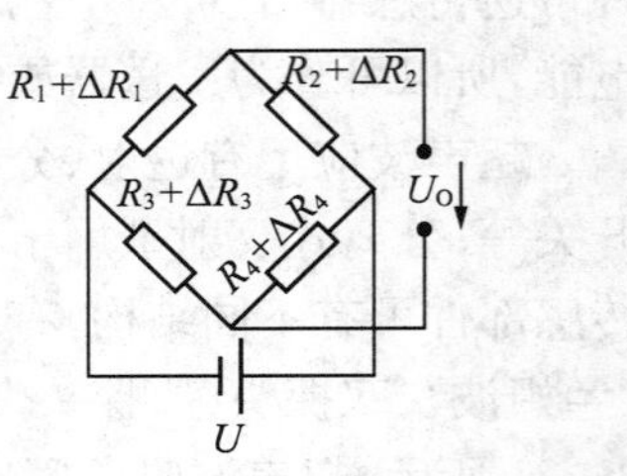

图 3－24　传感器中集成的测量电桥

在图 3－23 中，左侧为半导体压阻式硅应力膜片，在上下玻璃片形成的真空腔中，右侧为硅压阻式应变片电桥的光刻版。图 3－24 为传感器中集成的测量电桥。

b. 硅电容式压力传感器：利用 MEMS 技术在硅片上制造出横隔栅状，上下二根横隔栅成为一组电容式压力传感器，上横隔栅受压时下移，改变了上下横隔栅的间距，也就改变了板间电容量小。

② MEMS 加速度传感器：MEMS 加速度传感器通过半导体工艺在硅片中加工出能感测在加速度中发生变形的结构，并能引起电性能如电阻、电容等的改变，故其主要类型有压阻式、电容式、力平衡式和谐振式。其结构与原理如图3－25 所示。图中右侧是其切面结构图，中部是一块用 MEMS 技术制作的、可随运动力自由摆动的硅岛质量块，在其与周边固置硅连接的硅梁上刻制有一应变片，与另外三个刻制在固置硅上的应变片组成测量电桥。当质量块随加速度摆动时，测量电桥失去平衡，就输出一个与力大小成线性的变化电压，作为感测信号输出。

③ MEMS 陀螺：传统陀螺仪利用高速转动的物体具有保持其角动量的特性来测量角速

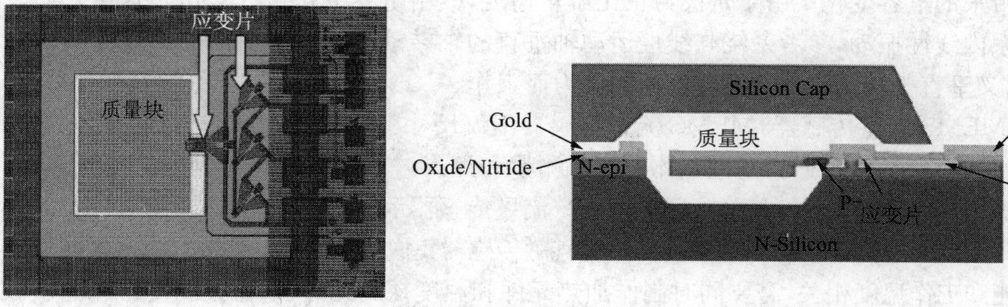

图 3-25　MEMS 加速度传感器构图与原理示意

度，结构复杂且成本高，仅适于导航并难在一般运动控制系统中应用。而 MEMS 陀螺中没有机械旋转器件，它主要利用振动来诱导和探测哥里奥利力，利用哥氏加速度对振动质量块的作用来检测惯性转动。如物体在圆盘上无径向运动，哥氏力不会产生。故在 MEMS 陀螺仪中，用质量块来回做径向运动或振荡，与此对应的哥氏力就不停地在横向来回变化。具体原理如图 3-26 所示。

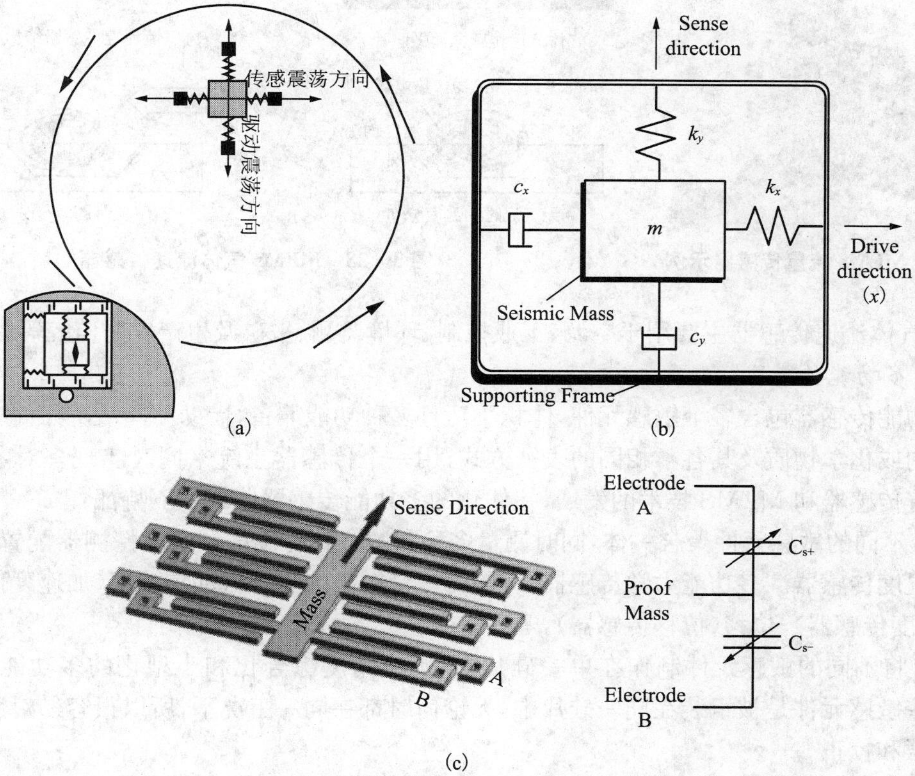

图 3-26　MEMS 陀螺仪原理

图 3-26(a)代表 MEMS 陀螺的核心部件振动质量块，它将物体的转动转化为振动块的传感振荡方向和驱动振荡方向；(b)图为支撑框中振动质量块 m，将惯性运动转换为二维方向的动量 k_y、k_x，并转化为移动电容 c_y、c_x；(c)图代表由振动质量块 m 构成的两个方向可移动的梳子式电容板，分别为 A、B，径向电容板加震荡电压使物体作径向运动；横向电容板测量因哥

氏运动带来的电容变化。由于哥氏力正比于角速度,故由电容变化可计算出角速度。质量块在参考系内线性振动,参考系统绕与线性运动轴垂直的轴转动。结果产生的力的方向既垂直于振动轴,又垂直于转动轴。传感器靠检测该力而工作。

④ MEMS 流量传感器:MEMS 流量传感器不仅尺寸小,能达到很低的测量量级,而且死区容量小,响应时间短,适合于微流体的精密测量和控制。其工作原理可分为热传导式、机械式和谐振式等 3 种。图 3-27 为一种 MEMS 流量传感器示例。

⑤ MEMS 气体流速传感器:主要满足对气敏传感器集成化的需求。例如许多气敏传感器的敏感性能和工作温度相关,需要同时制作加热元件和温度探测元件,以监控温度。MEMS 技术很容易将两者制作在一起。它采用硅衬底,敏感层为非硅材料,通过探测有无气流通过以及气流通过时产生的温度变化来间接探测气体流量。其结构与工作原理如图 3-28 所示。

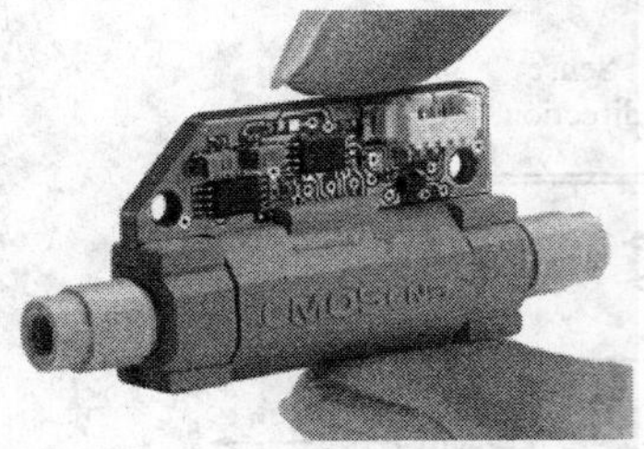

图 3-27　MEMS 流量传感器示例

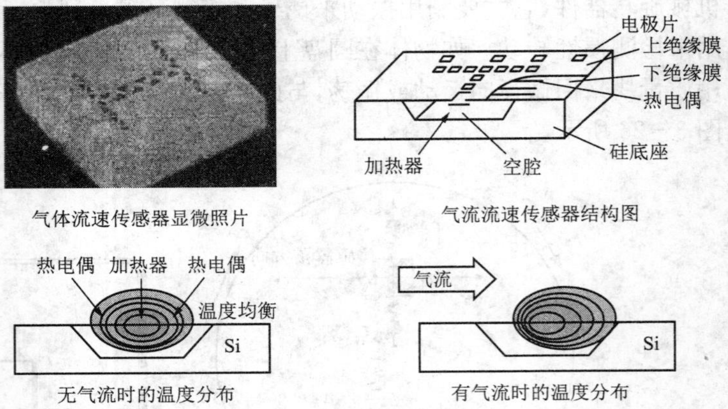

图 3-28　MEMS 气体流速传感器

MEMS 气体流速传感器主要用于空调、工业控制、环境监测、采矿及生产安防监控等领域。

13) 多功能传感器

多功能传感器包含多个敏感元件,体积小巧且多种功能兼备,借助不同敏感元件中不同的物理结构或化学物质及其各不相同的表征方式,用一个传感器系统来同时实现多对象传感功能。随着传感器和 MEMS 技术的发展,一体化的多功能传感器体现如下特征:

(1) 不同的敏感元件聚合一体,同时测量多种参数。如将温度和湿度探测器配置在一起,制成温湿度传感器。多功能力学传感器,可同时测量对象的三维振动加速度(加速度传感器)、速度(速度传感器)、位移(位移传感器),等等。

(2) 将不同的敏感元件制作在单一硅片中,构成高度综合化和小型化的多功能传感器。由于这些敏感元件是被组装在同一硅片中,无论何时都在同一工况下,所以很容易对系统误差进行补偿和校正。

(3) 借助同一传感器的不同效应获得不同信息。以线圈为例,它表现出的电容和电感是各不相同的。

(4) 在不同激励条件下,同一敏感元件将表现出不同特征。如在电压、电流或温度等激励条件均不相同时,由多种敏感元件组成的多功能传感器将实现多个不同传感器的功能。

多功能传感器是传感器技术发展的一个新方向,例如,为能以较高灵敏度和较小体积同时探测多种信号,微型数字式三端口传感器可同时采用热敏元件、光敏元件和磁敏元件,且不但能输出模拟信号，还能够输出数字信号等。

14）智能传感器

（1）智能传感器的特点：智能传感器（Intelligent Sensor 或 Smart Sensor）是带微处理机的，兼有信息检测、信息处理、信息记忆、逻辑思维与判断功能的传感器”等。智能传感器有如下特点：

① 提高了传感器的精度：智能传感器可修正各种系统误差（如输入输出的非线性误差、零点误差、正反行程误差等），还可适当补偿随机误差、降低噪声，提高了传感器精度。

② 提高了传感器的可靠性：集成传感器系统小型化，消除了传统结构的某些不可靠因素，改善了系统的抗干扰性。同时它有自诊断、校准和数据存储功能（对于智能结构系统还有自适应功能），具有良好的稳定性。

③ 提高了传感器的性价比：在相同精度的需求下，多功能智能传感器比单功能传感器的性价比明显提高。

④ 促成了传感器多功能化：智能传感器可实现多传感器多参数综合测量，扩大测量与使用范围，有一定的自适应能力，能根据检测对象或条件的改变，作出相应地改变；具有数字通信接口功能，可直接供远程计算机处理；具有多种数据输出形式，适配各种应用系统。

（2）智能传感器应用系统原理　如图 3－29 所示，在传统的传感器构成的应用系统中，传感器所采集的信号通常要传输到系统的主机中进行分析处理。而图 3－30 所示的智能传感器构成的应用系统中，其包含的微处理器能够对采集的信号进行分析处理，然后将处理结果发送给系统中的主机。

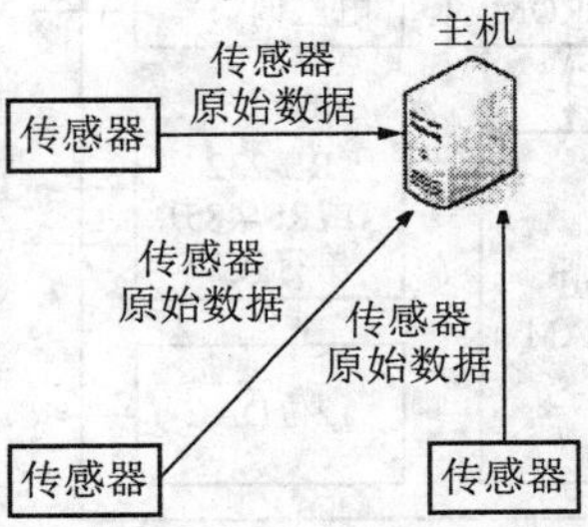

图 3－29　传统传感器构成的应用系统

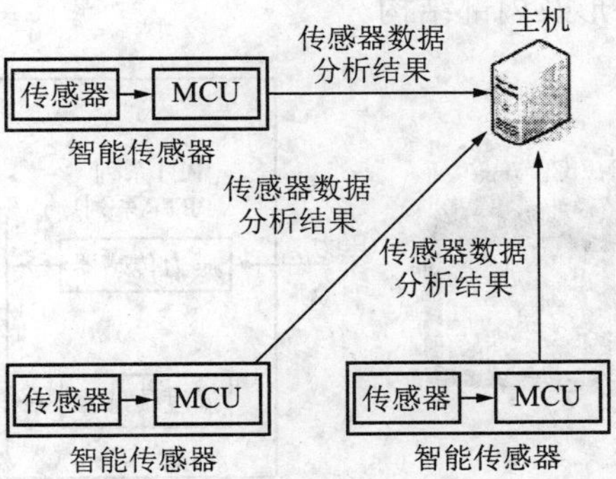

图 3－30　智能传感器构成的应用系统

智能传感器能显著减少传统传感器与主机间的通信量，简化主机软件的复杂程度，使包含多种不同类别的传感器应用系统易于实现。智能传感器的主要优点如下：

① 具有自校零、自标定、自校正功能。

② 具有自动补偿功能。

③ 能自动采集数据、存储、记忆并对其进行预处理。

④ 能自动检验、自选量程、自行诊断。

⑤ 具有双向通信、标准化数字输出或者符号输出功能。

⑥ 具有判断、决策处理功能，等等。

（3）智能传感器的核心功能结构　智能传感器的核心功能结构如图 3－31 所示。图 3－31 中，不同传感器 1，2，…，n 聚合一体，在电源和多路开关控制下执行多对象复合

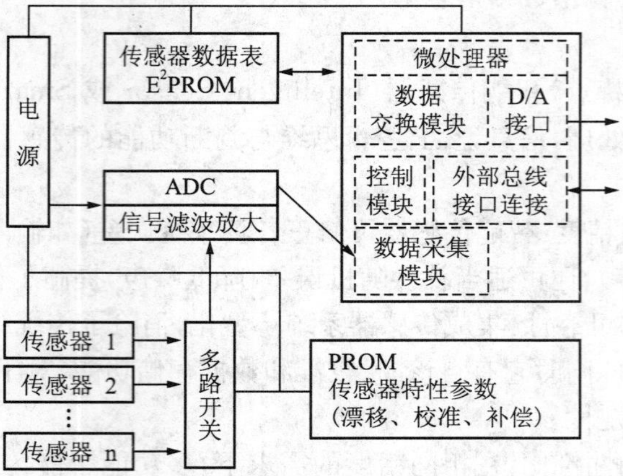

图 3-31　智能传感器结构原理

感测功能。PROM 通过测试数据传输或接收指令来实现各项功能，如增益设置、补偿参数的设置、内检参数设置、测试数据输出等。自诊断功能在电源接通时进行自检，以确定组件有无故障，并在使用时可以在线进行校正。微处理器利用存在 EPROM 内的计量特性数据进行对比校对。ADC 实现信号滤波放大功能。微处理器则因传感器与相应电路都集成到同一芯片上，使之具有较高信噪比，改善传感性能和信号规一化等优点。

(4) 几种智能传感器示例

① 智能压力传感器：图 3-32 所示的是 Honeywell 公司开发的 PPT 系列智能压力传感器的外形及内部结构。

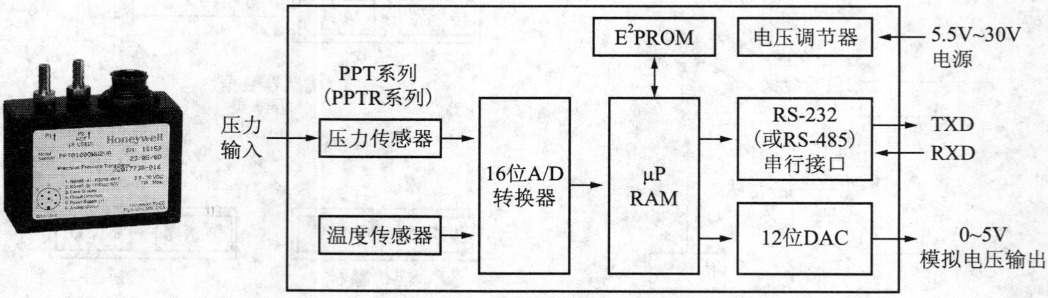

图 3-32　Precision Pressure Transducer 智能压力传感器外观及内部结构示意

② 智能温湿度传感器：图 3-33 为 Sensirion 公司推出的一种温湿度智能传感器的外形及内部结构。

③ 智能传感器的应用实例：飞利浦推出了一种基于多功能智能传感器的自动真空吸尘器，其外观的俯、侧视如图 3-34。图中可见，智能自动真空吸尘器是没有电线，其侧面有多达 32 个红外智能传感器形成了缓冲装置，结合智能自动吸尘器下面的红外线传感器能帮助吸尘器探测和自动回避墙壁和地面上的障碍物，避开楼梯区域，防止吸尘器跌落。

通过集成摄像装置、多种传感器探测与收集的信息和驱动程序，使其能综合绘制房间地图并合理设计清洁路线。有此地图，智能吸尘器能清楚其目前所处位置、过去所处位置以及需要前往的位置，从而有效地清洁地面。红外线传感器则用于探测障碍物，自动绕行，故它能在家中自由来去，不会绊倒老人与孩子等。

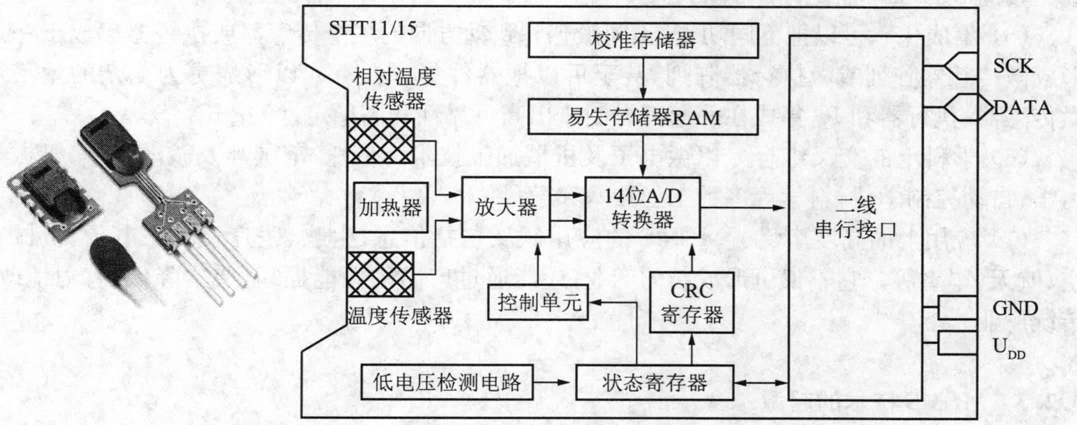

图 3-33　温湿度智能传感器外形及其内部结构图

图 3-34　基于智能传感器的自动真空吸尘器

3.2　MEMS 技术

3.2.1　MEMS 的基本概念

MEMS(Micro Electromechanical System,微机电系统)是指集微型传感器、执行器以及信号处理和控制电路、接口电路、通信单元和电源于一体的微系统,它不仅能采集、处理与发送信息或指令,还能按照所获取的信息自主地或根据指令采取行动。

3.2.2　MEMS 技术的基本特点

MEMS 技术的基本特点有:

(1) 微型化　MEMS 器件体积小、精度高、重量轻、耗能低、惯性小、响应时间短。其体积可达亚微米以下,尺寸精度达纳米级,重量可至纳克。

(2) 以硅为主要材料,机械电气性能优良　硅材料的强度、硬度和杨氏模量与铁相当,密度类似铝,热传导率接近钼和钨。

(3) 能耗低,灵敏度和工作效率高　很多的微机械装置所消耗的能量远小于传统机械的十分之一,但却能以十倍以上的速度来完成同样的工作。

(4) 可批量生产　用硅微加工工艺,在一片硅片上可以同时制造成百上千个微机械部件或完整的 MEMS,批量生产可以大大降低生产成本。

(5) 集成化　可以把不同功能、不同敏感和致动方向的多个传感器或执行器集成于一体,形成微传感器阵列或微执行器阵列,甚至可以把器件集成在一起以形成更为复杂的微系统。微传感器、执行器和 IC 集成在一起可以制造出高可靠性和高稳定性的 MEMS。

(6) 学科上的交叉综合　以微电子及机械加工技术为依托,范围涉及微电子学、机械学、力学、自动控制学、材料学等多种工程技术和学科。

(7) 应用上的高度广泛　MEMS 的应用领域包括信息、生物、医疗、环保、电子、机械、航空、航天、军事等。它不仅可形成新的产业,还能通过产品的性能提高、成本降低,有力地改造传统产业。

3.2.3　MEMS 技术的起源

MEMS 技术源于半导体和微技术加工领域的发展。半导体材料(特别是硅)对力、热、磁等多种信号有敏感特性,可用于开发集成电路的先进工艺技术。由于采用平面工艺,使之不断向微型化与集成化发展。而微机械加工(Micro Machining)技术的出现为 MEMS 奠定了基础,随加工技术不断扩充,水平不断提高,使制作硅微机械部件成为可能。

3.2.4　MEMS 制造工艺

微米/纳米技术包括了从亚毫米到亚微米范围的加工工艺和装置制造与集成,制造工艺包括光刻、刻蚀、淀积外延生长、扩散、离子注入、测试、监测与封装。纳米制造技术和工艺除了包括微米制造的一些技术(如离子束光刻工艺)外,还包括为利用材料特性而进行分子和原子级的加工与排列技术等。

与大规模集成电路一样,微机电系统与专用集成微仪器是利用微电子制造技术和工艺来批量制造的。大规模集成电路制造技术一直在追求高集成度的芯片,但当芯片线宽缩小至 150 μm 以下时,由于量子力学效应增强,原先的微电子技术理论将不再有效,而需研制利用电子波动的量子效应原理制作器件,即所谓量子器件或纳米器件。此外,在加工三维微型结构和系统组装时,传统方法也很受限制。而其他可能的制造方法包括 LIGA 工艺(光刻、电镀成形、铸塑)、声激光刻蚀、非平面电子束光刻、真空镀膜(溅射)、硅直接键合、电火花加工、金刚石微切削加工等新的加工方法还在不断探索中。

3.2.5　MEMS 加工材料

MEMS 所用材料一般为衬底材料和附加材料两类,目前衬底材料以硅为主。选用晶态半导体材料是因其具有性能优异、容易得到、有多种成熟的加工工艺、与晶面有关的各向异性使之适于微机械加工及具有集成有源电路等诸多优点。衬底材料也可是其他非半导体材料,包括金属、玻璃、石英、其他晶态绝缘体、陶瓷、塑料、高聚物以及其他有机和无机材料。起换能器作用的功能材料可加在衬底上或作为衬底。

沉积在衬底上的材料(薄膜)包括:硅(单晶硅、多晶硅、非晶态硅)、硅化合物(SiO_2、SiC 等)、金属和金属化合物(如 Au、Cu、Ni、Al、ZnO 、GaAs、CDS)、多种陶瓷材料、金刚石和有机材料(如高聚物、酶、抗体、DNA、RNA)等。将这些材料附加到半导体衬底材料上,还可以集成有源电路。

3.2.6 MEMS 器件的分类与应用

MEMS 的目标是系统集成,从传感器、微处理电路到执行器等集成一体(单片或多片 MEMS)。MEMS 器件大致分为力学换能器、热学换能器、光学换能器、电磁学换能器、化学与生物传感器及微流体器件等几类,分别介绍如下:

1) 力学换能器

力学换能器分为力学传感器、力学执行器和机械电路元件 3 种。

(1) 力学传感器　微机械力学传感器主要有以下几种:

① 速度传感器:是研究较早,也较成熟的 MEMS 器件。采用的检测原理有压阻式、压电式、电容式、谐振式、隧道式和热敏式等。

② 压力传感器:是体或表面微机械加工技术制作的硅膜片。具体形式有压阻式、压电式、电容式和谐振式等。

③ 应变传感器:主要用于传统应变计难以起作用的场合,如植入人体肌肉组织的微应变计。

④ 声音传感器:微拾音器实际是一种高灵敏度压力传感器,用于助听器及侦察应用等。

⑤ 触觉传感器:触觉传感器可以用于机器人手指对其握持物体的感应,可用于精密组装,通常以阵列形式应用。

(2) 力学执行器　根据实用原理,分为静电式、热学式和压电式等几种。

① 静电式:这种执行器利用带异性电荷的载体之间的静电引力来产生力和实现位移。采用这种方法制作的产品具有结构简单、功耗低、工艺简单的特点,所以在 MEMS 执行器中应用广泛。具体的形式有悬臂梁式、扭转式、梳状电极式静电执行器,静电式发动机以及静电式微夹钳等。

② 热学式:这种执行器主要有两种:一种是由两种热膨胀系数不同的材料黏合在一起,受热时该结构发生弯曲,或者利用材料受热时体积膨胀的特性来制作;另一种是采用形状记忆材料来制作。

③ 压电式:压电式执行器是利用逆压电效应,其特点是能够产生较大的应力,有很大的带宽,工作电压较静电式执行器而言要小得多。其典型的应用是隧道式扫描电镜中的在流尖端阵列,在压电的驱动下可以实现协同的扫描动作。

(3) 机械电路元件　机械电路元件包括采用微机械加工的方法制作的谐振器、通用继电器和射频开关等。

2) 光学换能器

光学换能器可分为传感器和执行器两类。其中传感器的种类很多主要是采用微机械加工技术制作的半导体光学传感器和传感器阵列(如 CCD 器件)。具体采用的效应有光电效应、光伏效应、光导效应和热电效应等。较早出现的光学执行器是微型发光器及其阵列(包括 LED、激光 LED、等离子光源、荧光光源)和液晶显示阵列。近年来又出现了几种新型微光学执行器,如光斩波器、光纤转换开关和数字微镜器件(Digital Mirror Device,DMD)等。DMD 实际上就是一个复杂的 MEMS,每一个像素由一个微型铝镜的偏转角决定,整个阵列的图像信息由一个 CMOS 存储阵列存储,其帧速率比一般的电视要高出几个数量级。

3）热学换能器

热学换能器也分为传感器和执行器。其中传感器主要有热电阻、热电偶原理和 PN 结效应制作的多种微型温度传感器、微型露点传感器、微型热量计等。由于体积小，其响应时间比传统的器件大大缩短。执行器有制冷器和 Peltier 效应热泵等。

4）电磁学换能器

（1）磁传感器　磁传感器主要包括霍尔效应传感器、磁敏电阻式传感器、真空电子式磁传感、磁通门式磁力计、隧道式磁力计和超导量子干涉磁力计等。其中霍尔效应传感器较为成熟，集成有处理电路的传感器已成为市场上的主要品种。超导量子干涉磁力计是其中灵敏度最高的。

（2）电磁执行器　目前已有采用磁致伸缩原理和传统电机驱动原理制作的执行器。为了能在微结构中产生磁场，可采用制作永磁薄膜和微型线圈的办法。目前制作微型线圈的方法有多种，但制成的线圈匝数和最大电流有限，产生的磁场较弱。

5）化学和生物传感器

化学和生物传感器主要用在医学诊断、植入式检测、环境监测和食品工艺检测等方面，基本还处在研究阶段。除了与宏观化学和生物传感器对应的微观器件外，这类传感器还包括基因芯片及各种可与生物神经系统接口的微电极阵列等。

6）微流体器件

微流体器件的种类很多，构成的系统具有体积小、功耗低、功能强、成本低、可集成信号处理电路等优点，主要有以下几种：

（1）流体传感器　包括检测流量、流速、密度和黏滞性等物理量的传感器。

（2）阀　微型阀根据有无动力执行机构可分为有源和无源两类。有源阀的开关动作执行机构可采用热膨胀、气动、压电静电和电磁等原理。

（3）泵　微流体泵可实现的功能有输送反应物或悬浮颗粒、产生压力差、使冷却水循环、产生推进力等。具体的形式有利用蒸汽泡破裂推送液体的气泡泵，靠变形产生推送力的膜片泵和张缩泵、旋转泵、超声泵和真空泵等。

（4）流体通道　流体通道是微流体系统的基本构件，采用包括硅在内的多种材料，运用体或表面微机械加工技术。流体通道可直接构成混合器，并实现放大的逻辑功能。

（5）集成的化学分析系统　这类实例包括气体和液体的色彩分析系统、细胞融合装置以及 DNA 放大分析系统等。

3.3　无线传感器网络

3.3.1　无线传感器网络概述

无线传感器网络（Wireless Sensor Networks，WSN，简称无线传感网或传感网）是信息科学领域中一个全新的发展方向，同时也是新兴学科与传统学科进行领域间交叉的结果。无线传感器网络经历了智能传感器、无线智能传感器、无线传感器网络 3 个阶段。智能传感器将计算能力嵌入到传感器中，使得传感器节点不仅具有数据采集能力，而且具有信息处理能力；无线智能传感器在智能传感器的基础上增加了无线通信能力，大大延长了传感器的感知触角，降低了传感器的工程实施成本；无线传感器网络将网络技术引入到无线智能传感器中，使得传感器不再是单个的感知单元，而是能够交换信息、协调控制的有机体，实现物与物的互联，把感知触角深入世界各个角落，成为下一代互联网及物联网的重要组成部分。

目前，无线传感网得到学术界、工业界和政界的广泛关注，成为在国防军事、环境监测和预报、健康护理、智能家居、建筑物结构监控、复杂机械监控、城市交通、空间探索、生产和仓库管理、机场、工业园区的监测管理等众多领域中最有竞争力的应用前沿技术。

随着微机电系统、片上系统(System on Chip，SOC)、无线通信和低功耗嵌入式技术的飞速发展，无线传感网将以其低功耗、低成本、分布式和自组织等特点带动信息感知的变革。

3.3.2 无线传感器网络的系统结构和传感网节点

1) 无线传感器网络结构

现代信息技术的基础是传感器技术、通信技术、计算机技术，分别完成信息采集、传输和处理。无线传感网将这些技术结合在一起，实现信息采集、传输和处理的一体化与自动化。

无线传感网由部署在监测区域内、具有无线通信与计算能力的大量的廉价微型传感器节点组成，通过自组织方式构成能够根据环境完成指定任务的分布式、智能化网络系统。无线传感网的节点间一般采用多跳(multi - hop)方式进行通信。传感网的节点协作监控不同位置的对象及环境状况(如温度、湿度、声音、压力或污染物等)。

传感网通过一组传感器以特定方式构成有线或无线网络，使各节点能协作感知、采集和处理网络覆盖范围内感知对象信息，并发布给观控者。典型的无线传感网系统结构如图 3 - 35 所示。

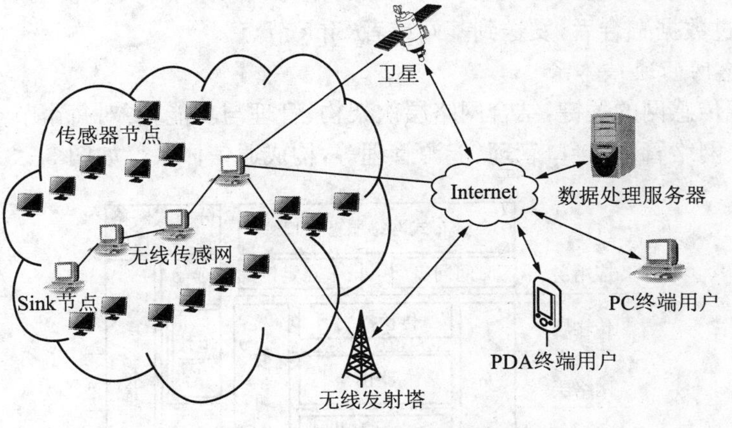

图 3 - 35　无线传感网的系统结构图

2) 传感器节点

无线传感网以各种节点为核心。网络的构建必须具备三个要素：

(1) 感知对象　需要被感知的任何事物或环境参数。

(2) 感知节点　既有感知功能，也有路由选择功能，用于检测周围事件或者环境参数。

(3) 汇聚节点　即 Sink，从传感器节点采集并处理检测数据。

传感网可在独立环境下运行，也可以通过网关连接到主干网络，通过自组织无线通信网络以多跳中继方式将所感知的信息传送到用户终端。

节点单元功能结构如图 3 - 36 所示，包括如下 6 个单元：

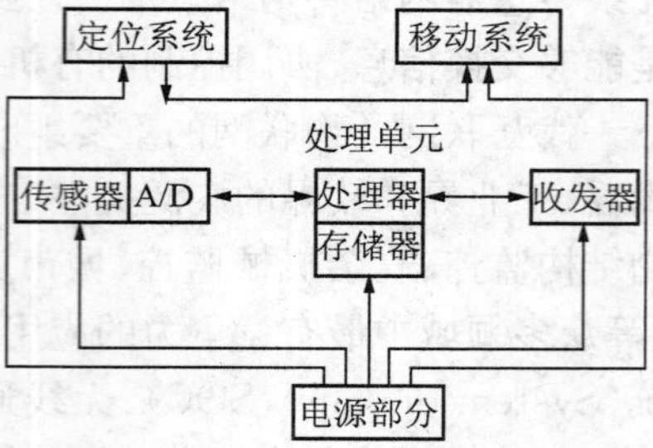

图 3－36　无线传感器网络节点单元功能结构示意

（1）感知单元　由传感器和 A/D 转换模块组成。用于感知、获取信息，将其转换为数字信号。

（2）处理单元　由微处理器、存储器、嵌入式操作系统等构成。负责协调节点各部分工作，如对感知单元获取的信息进行处理、保存，控制感知单元和电源的工作模式等。

（3）通信单元　由无线收发器构成，负责与其他传感器或收发器进行通信。

（4）电源部分　为传感器工作提供必要的能源。

（5）定位系统　用于观察者对传感器的位置进行跟踪。

（6）移动系统　用于在执行特定任务时，移动传感器节点。

节点在无线传感网中可作为数据采集者、数据中转站或者簇头节点。作为数据采集者，它收集周围环境数据，通过通信路由协议直接或间接地将数据传递给远方基站或 Sink 节点；作为数据中转站，它除了完成数据采集任务以外，还要接收邻居节点的数据，将其发送给距离基站更近的邻节点或直接发送到基站或 Sink 节点；作为簇头节点，负责收集该簇内所有节点采集到的数据，经过数据融合后，发送到基站或者 Sink 节点。

3）无线传感网的通信体系

通信是无线传感网的关键，结合网络层次架构、管理与功能，要对每个节点进行定位、数据传输、时间同步、网络管理、接口管理、能源管理等，构成通信体系。如图 3－37 所示。

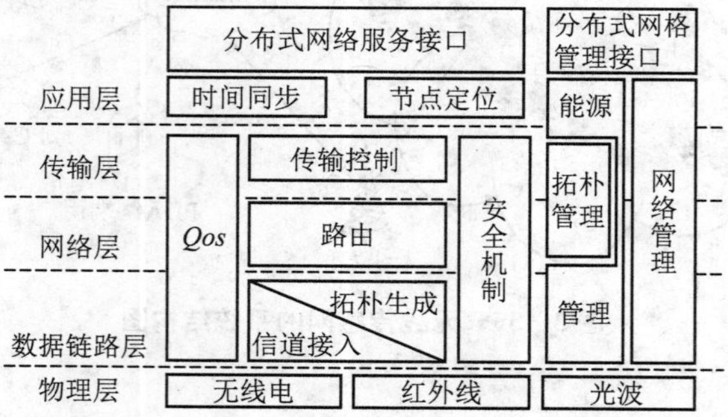

图 3－37　无线传感网络的通信体系结构

3.3.3　无线传感器网络结构和部署

1）无线传感器网络的拓扑结构

无线传感网的拓扑结构有三种：星状网、网状网和混合网。如图 3－38 所示。每种拓扑结构都有各自的优点和缺点，具体如下：

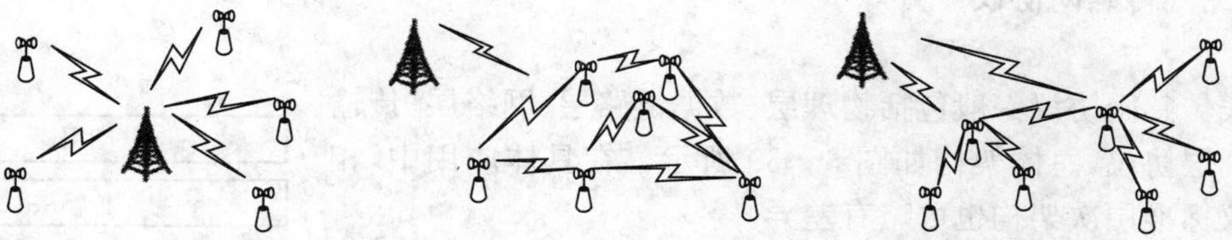

(a) 星状网络拓朴结构　　(b) 网状网络拓朴结构　　(c) 混合网络拓朴结构

图 3-38　无线传感器网络的拓扑结构

(1) 星状网　星状网的拓扑结构是单跳(single-hop)。在传统无线网络中，所有终端节点直接与基站进行双向通信，而彼此间不进行连接。基站节点可用一台 PC、专用控制设备或其他数据处理设备作通信网关，各终端节点也可按应用需求而各不相同。这种结构对传感网并不合适，因为传感器自身能量有限，如果每个节点都要保证数据的正确接收，则传感器节点需要以较大功率发送数据。此外，当节点之间距离较近时，会监测到相似或者相同的信息，这些不必要的冗余会增加网络负载。

(2) 网状(Mesh)网　网状网拓扑结构是多跳的结构，所有节点都可直接通信。通过一定的算法，网络选择一条或者多条路由进行多跳数据传输。由于每个传感器节点都有多条路径可到达基站节点，因此其故障修复能力较强，系统以多跳代替了单跳传输，减少了每一个传感器节点发送数据所需的功率。然而由于网络节点数量较多，分布随机且拓扑结构变化复杂，因此在网络中进行多跳路由查找以及路由维护和修复非常困难。同时，传感器节点必须时刻保持“监听”状态，相应增加了网络能耗，减少了网络寿命。

(3) 混合网　混合网拓扑结构力求兼具星状网的简洁、易控以及网状网的多跳和自愈的优点，使得整个网络的建立、维护以及更新更加简单、高效。其中，分层式网络结构属于混合网中比较典型的一种，尤其适合节点众多的无线传感网的应用。在分层网中，整个传感器网络形成分层结构，传感器节点通过基站指定或者自组织的方法形成各个独立的簇(Cluster)，每个簇选出相应的簇首(Cluster Head)，由簇首负责簇内所有节点的控制，并对簇内所收集的信息进行整合、处理，随后发送给基站。分层式网络结构既通过簇内控制，减少了节点与基站间远距离的信令交互，降低了网络建立的复杂度，减少了网络路由和数据处理的开销，同时又可通过数据融合降低网络负载，而多跳也减少了网络的能量消耗。

2) 无线传感器网络的部署

在传感网中，传感器节点可通过飞机播撒、人工安装等方式部署在感知对象内部、附近或周边等。这些节点通过自组织或设定方式组网，以协作方式感知、采集和处理覆盖区域内特定的信息，实现对信息在任意地点、任意时间的采集、处理和分析，并以多跳中继的方式将数据传回汇聚节点 Sink。它具有快速部署，易于组网、不受有线网络束缚、适应恶劣环境等优点。

通常，无线传感网的部署有两种：

(1) 随机性部署　以撒布方式部署，节点随机分布，以 Ad Hoc 方式进行工作。

(2) 确定性部署　预先确定部署方案和节点位置，路由预先选定。

无线传感网节点结构设计也可从以下两方面考虑：

(1) 同构　所有的传感网节点具有相同的运算、存贮能力和能量。

(2) 异构　传感网节点具有不同的能力和重要性。

3.3.4 无线传感网协议

无线传感网协议一般包括物理层、数据链路层、网络层、传输层和应用层协议，总体架构如图 3-39 所示。在具体应用中，相应的协议标准层次架构也可略有差异。

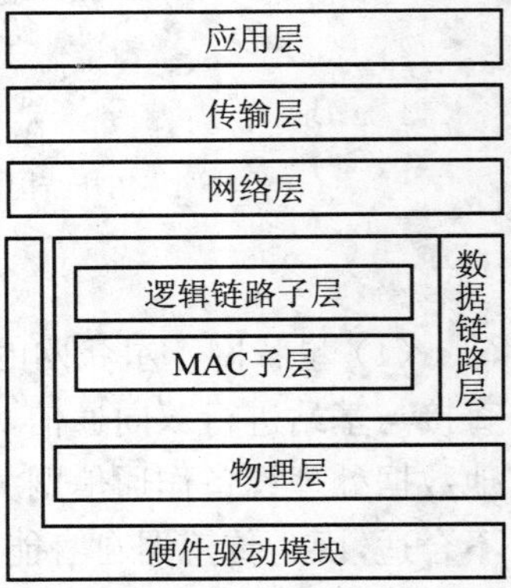

图 3-39 传感器网络协议栈

1）物理层

物理层通信协议主要解决传输介质、传输频段的选择，无线收发器的设计，调制方式等问题。传感网使用的传输介质主要包括无线电、红外线、光波等。无线电是最主要的传输介质，使用这种介质需要解决频段选择、调制方式选择等问题。

2）数据链路层

数据链路层分两为逻辑链路子层和 MAC 子层。

(1) 逻辑链路子层　这是数据链路层的上层部分，它为网络层提供统一接口。该子层通过在 IP 包上加了 8 位目的地址服务接入点和源地址服务接入点来保证在不同类型网络中传输。还有一个 8 位或 16 位的控制字段用于流控制等辅助功能。

(2) MAC 子层　传感网的 MAC 协议旨在为资源(特别是能量)受限的大量传感器节点建立具有自组织能力的多跳通信链路，实现公平的通信资源共享，处理数据包之间的碰撞，重点是如何节能。

数据链路层的 MAC 协议又包括以下工作方式：

(1) 基于随机竞争的 MAC 协议　这类协议为周期侦听/睡眠，节点尽可能处于睡眠状，降低能耗。通过睡眠调度机制减少节点空闲侦听时间；通过流量自适应侦听机制，减少消息传输延迟；根据流量动态调整节点活动时间，用突发方式发送信息，减少空闲侦听时间。

(2) 基于 TM(时分多址)的 MAC 协议　将所有节点分成多个簇，每簇有簇头，为簇内所有节点分配时槽，收集和处理簇内节点来的数据，发送给 Sink 节点。也可将一个数据传输周期分为调度访问阶段和随机访问阶段。前者由多个连续的数据传输时槽组成，每个时槽分给特定节点，用来发送数据；后者由多个连续的信令交换时槽组成，用于处理节点的添加、删除及时间同步等。

3）网络层路由协议

主要包括基于聚簇的路由协议、基于地理位置的路由协议、能量感知路由协议、以数据为中心的路由协议等。

(1) 基于聚簇的路由协议　根据规则把所有节点集分为多个子集，各集为一个簇，由簇头负责全局路由，其他节点通过簇头接收或发送数据。

(2) 基于地理位置的路由协议　在各节点都知道自己及目标节点的位置时的协议。

(3) 以数据为中心的路由协议　Sink 用洪泛方式将消息(监测数据)传播到整个或部分区内的节点。传播中，协议在每个节点上建立反向的从数据源到 Sink 的传输路径，再把数据沿已确定的路径向 Sink 传送。该类协议的能量和时间开销大。

(4) 能量感知路由协议　源节点和目标节点间建立多条通信路径，各路径具有一个与节点剩余能量相关的选择概率，当源节点向目的节点传输数据时，协议根据路径的选择概率选择一条路径传输。

在设计路由协议时要考虑节能与通信服务质量的平衡，如何支持拓扑结构频繁改变，如何面向应用设计路由协议、安全路由协议等问题。

4）传输层协议

此处与传统网络的传输层担负的任务大致相同，负责端到端的传输控制。无线传感网与互联网或其他网络相连时，传输层协议尤其重要。因无线传感网的能量受限性、节点命名机制、以数据为中心等特征，使其传输控制较困难，故其传输层需要特殊的技术和方法。

5）应用层协议

应用层位于模型的最高层，为各类应用软件提供各种面向作业的支持。相应的协议主要针对各网络节点与应用层软件之间的通信以及中间服务与应用层软件之间的通信，最终实现各种感知信息、应用信息、控制信息和管理信息等的有序使用。

3.4 无线网络技术

无线网络技术的涵盖范围很广，既包括允许用户建立远距离无线连接的全球语音和数据网络，也包括为近距离无线连接进行优化的红外线技术、射频技术以及各种传感器接入的技术。通常用于无线网络的设备包括便携式计算机、台式计算机、手持计算机、个人数字助理(PDA)、手机、智能设备和各种传感与控制装置等。

3.4.1 无线网络的类型

与有线网络一样，无线网络根据数据传输距离分为以下几种不同类型：

1）无线广域网

无线广域网(WWAN)技术可使用户通过远程公用网络或专用网络建立无线网络连接。通过无线服务提供商负责维护的若干天线基站或卫星系统，这些连接可以覆盖广大的地理区域，例如若干城市或者国家和地区。目前的 WWAN 技术被称为第二代移动通信技术(2G)系统。2G 系统主要包括移动通信全球系统(GSM)、蜂窝式数字分组数据(CDPD)和码分多址(CDMA)。现在正努力从 2G 网络向第三代移动通信技术(3G)过渡。一些 2G 网络限制了漫游功能并且相互不兼容；而 3G 技术将执行全球标准，并提供全球漫游功能。

2）无线城域网

无线城域网(WMAN)技术使用户可以在城区的多个场所之间创建无线连接(如在一个城市或大学校园的多个办公楼之间)，而不必花费高昂的费用铺设光缆、铜质电缆和租用线路。此外，当有线网络的主要租赁线路不能使用时，WMAN 还可以作备用网络使用。WMAN 使用无线电波或红外光波传送数据。为用户提供高速互联网接入的宽带无线接入网络的需求量正日益增长。尽管目前正在使用各种不同技术，例如多路多点分布服务(MMDS)和本地多点分布服务(LMDS)，但负责制定宽带无线访问标准的 IEEE 802.16 工作组仍在开发统一规范以便实现这些技术的标准化。

3）无线局域网

无线局域网(WLAN)技术可以使用户在本地创建无线连接(例如，在公司或校园的大楼里，或在某个公共场所，如机场、酒店、候车厅等)。WLAN 可用于临时办公室或其他无法大范围布线的场所，或者用于增强现有的 LAN，使用户可以在不同时间、不同地点工作。WLAN 以两种不同方式运行：在基础结构 WLAN 中，无线站(具有无线网卡或外置调制解调器的设备)连接到无线接入点；在点对点(临时)WLAN 中，有限区域(例如会议室)内的几个用户可以在不需要访问网络资源时建立临时网络，而无需使用接入点。

与有线网络相比，WLAN 具有安装便捷(免去或减少了繁杂的网络布线，通常只需安放一个或多个接入点(AP)设备就能建立覆盖整个建筑或工作区的局域网)、使用灵活(在无线网信号覆盖区域内任何一位置都可接入网络)、易于扩展(能支持几个用户到上千用户的小型到大型网络，并提供如漫游等有线网无法提供的特性)、经济节约(用户添加与网络扩展容易)等。

4) 无线个人网

(1) WPAN　无线个人网(Wireless Personal Area Network，WPAN)，又称无线个人局域网或个域网。该技术能为个人操作空间(POS，涉及以个人为中心，最大距离为 10 m 的空间范围)设备(如 PDA、移动电话和笔记本电脑等)创建临时无线通信，特点是实现活动半径小、业务类型丰富、面向移动个体、无线无缝连接，以有效地解决“最后几米接入”的问题。

支持无线个人网的通信技术包括：蓝牙、ZigBee、UWB、红外(IrDA)、NFC、HomeRF 等，它们在功耗、成本、传输速率、传输距离、组网能力等方面又各有特点。由于蓝牙数据可以穿过墙壁、口袋和公文包进行传输，所以目前该技术在无线个人局域网中使用较广。其实，每一项技术只有在 WPAN 的特定用途、应用程序及领域中才能发挥最适合的作用，并且有些技术被认为是相互竞争的，但又是常常互补的。

(2) 可穿戴式智能设备　在物联网技术中，个域网和穿戴式智能设备整合一体。穿戴式智能设备是应用穿戴式技术对个人用品进行智能化设计，开发出各类体积微小、具有感知、运算、显示与通信功能等的新颖物品，如眼镜、手套、手表、背心、鞋帽、手环、首饰等。随着物联网技术进步及用户需求的变迁，可穿戴式智能设备的研发与应用热点也在迅速升温。

典型的可穿戴产品如苹果的 iWatch 手表和谷歌 Project Glass 眼镜，如图 3－40 所示。iWatch 智能手表采用曲面玻璃，可平展或弯曲，内部拥有通信模块，能实现包括调整播放清单、查看通话记录和回复短信功能等。

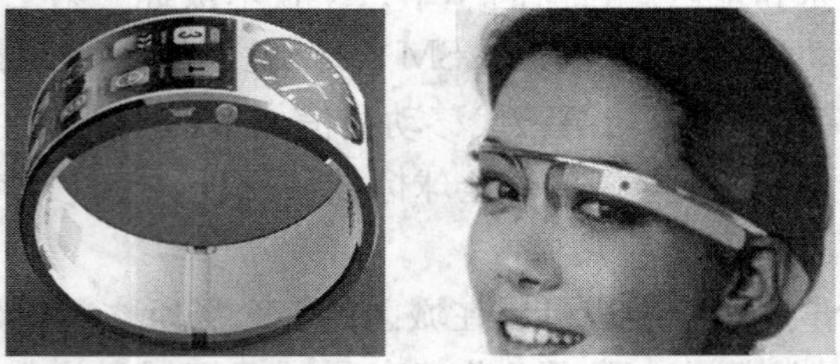

(a) iWatch　　(b) Project Glass

图 3－40　可穿戴式智能设备

谷歌 Project Glass 眼镜实现了将“微型投影仪＋摄像头＋传感器＋存储传输＋操控设备”的融合，并将眼镜、智能手机、摄像机等集于一体。用户只要通过眼部动作等就能拍照、录像、打电话，省去了从口袋中掏手机的麻烦，还能拍照上传、收发短信、查询天气路况等，并将地图叠加到用户的视野中；也可利用语音指令拍摄照片、摄制视频、与他人在网上互动等。

目前，还有智能头箍、手套手机、社交牛仔裤、卫星导航鞋、体态监测健身服等大批新产品出现。

可穿戴式设备必须能延续性地穿戴在人体上，带来智能化增强用户体验的效果。这种设备需要先进的微处理器、硬软件及能源支持系统，并在无线个人网中实现与其他设备互联。可穿戴式智能设备时代的来临，意味着人的智能化延伸，通过这些设备，人可以更好地感知外部与自身信息，能在计算机、网络等的辅助下更为及时与高效率地处理信息。

(3) 应用领域　与 WPAN 结合的可穿戴式设备的应用领域主要有如下两大类：

① 自我量化：又分两大应用领域：一是运动健身领域，一是医疗保健领域。前者主要有轻量化手表、手环、配饰等，实现运动或户外数据（如心率、步频、气压、潜水深度、海拔等指标）的监测、分析与服务；后者主要有：监测背心、腰带、植入式芯片等，提供血压、血糖、呼吸、心率等人体特征的检测与处理。

② 体外进化：这类设备主要协助用户提升信息感知与处理能力，应用于休闲娱乐、信息交流等，用户能通过多样化的传感、处理、连接、显示功能来实现自身技能的增强或创新。甚至不用依赖于智能手机或其他外部设备即可实现个体信息化。

3.4.2　无线网络常用设备

在线局域网中常见的设备有无线网卡、无线网桥、无线天线等。

1) 无线网卡

无线网卡的作用类似于以太网中的网卡，作为无线局域网的接口，实现与无线局域网的连接。无线网卡根据接口类型的不同，主要分为 3 种类型，如图 3－41 所示。

(a) CMCIA无线网卡　(b) USB无线网卡　(c) PCI无线网卡

图 3－41　无线网卡

(1) PCMCIA 无线网卡　仅适用于笔记本电脑，支持热插拔，可方便地实现移动无线接入。

(2) USB 接口无线网卡　适用于笔记本电脑和台式机，支持热插拔，如果网卡外置无线天线，那么 USB 接口就是一个比较好的选择。

(3) PCI 无线网卡　适用于台式计算机，它是在 PCI 转接卡上插入一块 PCMCIA 卡。

2) 无线网桥

用于连接两个或多个独立的网络段，这些独立的网络段通常位于不同建筑内，相距几百米到几万米，所以它可广泛地用于不同建筑物间的互联。根据协议不同，又可以分为 2.4 GHz 频段的 IEEE 802.11b 或 IEEE 802.11 g 以及采用 5.8 GHz 频段的 IEEE 802.11a 无线网桥。无线网桥有 3 种工作方式：点对点、点对多点、中继连接，特别适用于城市中的远距离通信。

在无高大障碍（山峰或建筑物）的条件下，一对速组网和野外作业的临时组网，其作用距离取决于环境和天线，限 7 km 的点对点微波互连。一对 27dbi 的定向天线可实现 10 km 的点对点微波互连。12 dbi 的定向天线可实现 2 km 的点对点微波互连。一对只实现到链路层功能的无线网桥是透明网桥，而具有路由等网络层功能、24 dbi 的定向天线可以实现异种网络互联的设备叫无线路由器，也可作为第三层网桥使用。

无线网桥通常用于室外，主要连接两个网络，无线网桥必需使用两个或以上，而无线接入点(AP)可以单独使用。无线网桥的特点是功率大、传输距离远(可达约 50 km)、抗干扰能力强等，配备抛物面天线可实现长距离的点对点连接。图 3-42 为无线网桥示例。

图 3-42(a)为自带天线的小型无线网桥，用于室内或近域组网，(b)为带蝶形与锅形天线的网桥，用于室外点对点及点对多点远程组网。图 3-43 为城市高层楼宇间点对多点的固定与移动网络的无线网桥接入方式示意图。

(a) (b)

图 3-42 室内及室外无线网桥

图 3-43 建筑物间无线网桥组网结构示意

3) 无线天线

当计算机与无线 AP 或其设备相距较远时，随着信号的减弱，传输速率会明显下降，或者根本无法实现它们之间的通信，此时，就必须借助天线对所收发的信号进行增益(放大)。

无线天线有多种类型，可分为室内与室外天线。室内天线的优点是方便灵活，缺点是增益小、传输距离短。室外天线的类型较多，包括内置微型、外置笔型、锅形或蝶形的定向天线和棒状全向天线等。室外天线的优点是传输距离远，锅形和蝶形天线适于远距定向传输。

3.4.3 无线网络的接入方式

根据不同的应用环境，无线局域网采用的拓扑结构主要有网桥连接型、访问节点连接型、HUB 接入型和无中心型 4 种。

1) 网桥连接型

该结构主要用于无线或有线局域网之间的互联。当两个局域网无法实现有线连接或使用有线连接存在困难时，可使用网桥连接型实现点对点的连接。在这种结构中局域网之间的通信是通过各自的无线网桥来实现的，无线网桥起到了网络路由选择和协议转换的作用。

2) 访问节点连接型

这种结构采用移动蜂窝通信网接入方式，各移动站点间的通信是先通过就近的无线接收站将信息接收下来，然后将收到的信息通过有线网传入到“移动交换中心”，再由移动交换中心传送到所有无线接收站上。这时在网络覆盖范围内的任何地方都可以接收到该信号，并可实现漫游通信。

3) HUB 接入型

在有线局域网中利用 HUB 可组建星形网络结构，同样也可利用无线 AP 组建星形结构的无线局域网,其工作方式和有线星形结构很相似,但在无线局域网中一般要求无线 AP 应具有简单的网内交换功能。

4) 无中心型

该结构的工作原理类似于有线对等网的工作方式,它要求网中任意两个站点间均能直接进行信息交换,每个站点既是工作站,又是服务器。

3.4.4 无线网络的特点

无线网络具有以下主要特点:

(1) 安装便捷　网络建设中,施工周期最长、对环境影响最大的就是网络布线施工。往往需要破墙掘地、穿线架管。而建设无线网络最大的优势就是免去或减少了网络布线的工作量,一般只要安装一个或多个接入点设备,就可建立覆盖整个建筑物或地区的局域网络。

(2) 使用灵活　在有线网络中,网络设备的安放位置受网络信息点位置的限制,而一旦无线网络建成后,在无线网的信号覆盖区域内任何一个位置都可以接入网络。

(3) 经济节约　由于有线网络缺少灵活性,要求网络规划者尽可能地考虑未来发展的需要,这就往往导致预设大量利用率较低的信息点,而一旦网络的发展超出了设计规划,又要花费较多费用进行网络改造,无线网络可以避免或减少以上情况的发生。

(4) 易于扩展　无线网络有多种配置方式,能够根据需要灵活选择。这样,无线网络就能胜任从只有几个用户的小型局域网到上千用户的大型网络,并且能提供像漫游(Roaming)等有线网络无法提供的特性。

(5) 更好的安全性　已经广泛应用于远程访问的 VPN 采用了多种安全机制,其中互联网协议安全(IPSec)规范是使用最广泛的一种。它能够确保只有授权用户可以访问网络,数据不会被截取。

无线网络多采用 IEEE 802.11 系列标准,通过 VPN 和 IPSec 的结合,解决了无线网络的安全性之需。无线接入点只需简单配置来支持开放访问,而无需任何 WEP(Wired Equivalent Privacy,有线对等加密)加密,因为 VPN 信道即可保证安全性(VPN 服务器提供对 WLAN 的鉴权和加密)。同时,通过使用数字证书,提供了系统鉴权能力(即使发生未经授权的访问,WLAN 通信也不会被读取或改写)。另外,与 WEP 和 MAC 地址过滤不同,此种解决方案可以扩展到很多用户,使组建 WLAN 更轻松与经济。

3.4.5 移动通信技术

1) 1G 移动通信

第一代移动通信系统采用频分多址(Frequency Division Multiple Access,FDMA)技术,将总带宽分隔成多个正交频道,每个用户占用一个频道。如将分配给无线蜂窝电话通信的频段分为 30 个信道,每一个信道都能够传输语音通话、数字服务和数字数据,解决了公用移动通信系统所需的大容量要求和频谱资源问题。该系统的主要缺点是频谱利用率低,信令干扰话音业务。

(1) 系统结构　每个蜂窝单元有一个基站接收该单元中的电话信息。基站连接到移动电话交换局(Mobile Telephone Switching Office,MTSO)。MTSO 采用分层机制,一级 MTSO

负责与基站间的直接通信；高级 MTSO 负责与低级 MTSO 之间的业务处理。

(2) 移交　当电话在蜂窝单元间移动时，基站间会通信，从而交换控制权，避免信道分配出错导致信号冲突。基站对移动电话用户控制权的转换也称为“移交”。

2) 2G 移动通信

2G 移动通信技术使用数字制式，支持传统语音通信、文字和多媒体短信，以及一些无线应用协议。其工作模式主要分以下两种：

(1) GSM 移动通信　全球移动通信系统 GSM(Global System for Mobile Communication)，是当前应用最广的移动电话标准，为全球 200 多个国家和地区超过 10 亿用户使用，工作在 900/1 800 MHz 频段，无线接口采用时分多址(Time Division Multiple Access，TDMA)的数字调制方式，核心网移动性管理协议采用 MAP 协议。

TDMA 是把时间分割成周期性的帧(Frame)，每帧再分割成若干个时隙向基站发送信号，在满足定时和同步条件下，基站可分别在各时隙中接收各移动终端的信号而不混扰。同时，基站发往多个移动终端的信号都按顺序安排在预定的时隙中传输，各移动终端只要在指定的时隙内接收，就能在合路的信号中把发给它的信号区分并接收下来。TDMA 提高了系统容量，并采用独立信道传送信令，使系统性能大为改善，但系统容量仍然有限，越区切换性能仍不完善。

(2) CDMA 移动通信　码分多址(Code Division Multiple Access，CDMA)在蜂窝移动通信网中的应用容量理论上可达到 AMPS 容量的 20 倍。它基于扩频技术，将要传送的具有一定信号带宽的信息数据，用一个带宽远大于信号带宽的高速伪随机码进行调制，使原数据信号的带宽被扩展，再经载波调制发送出去。接收端使用完全相同的伪随机码，与接收的带宽信号作相关处理，把宽带信号换成原信息数据的窄带信号即解扩，以实现通信。CDMA 是多路通信方式，即多路信号占用一条信道，不同用户传输信息所用的信号不是靠频率或时隙的不同来区分，而是用各自不同的编码序列来区分，或靠信号的不同波形来区分。如从频域或时域来观察，多个 CDMA 信号互相重叠。信道属于逻辑信道，它们从频域或时域来看都相互重叠。

CDMA 系统中，用户信息传输由基站转发和控制。为实现双工通信，正反向传输各使用一个频率，即频分双工。在正向与反向传输中，除传输业务信息外，还传输相应的控制信息。接收机从多个 CDMA 信号中选出其使用的预定码型的信号，其他不同码型的信号因其与接收机本地产生的码型不同而不能被解调。它们的存在类似于在信道中引入了噪声和干扰，称之为多址干扰。

CDMA 的特点为：抗干扰性好、抗多径衰落、保密安全性高、容量质量之间可权衡取舍、同频率可在多个小区内重复使用。

3) 3G 移动通信

第 3 代移动通信技术(3rd-Generation，3G)是指支持高速数据传输的蜂窝移动通信技术，它能同时传送语音和数据信息，速率在几百 kb/s 以上，可提供移动宽带多媒体业务，包括高速移动环境下支持 144 kb/s、步行和慢速环境下 384 kb/s、室内 2 Mb/s 的传输服务。

国际电信联盟(ITU)在 2000 年确定 W-CDMA、CDMA2000、TD-SCDMA 以及 WiMAX 为四大主流无线接口标准，写入 3G 技术指导性文件《2000 年国际移动通信计划》(简称 IMT—2000)。CDMA 是第三代移动通信系统的技术基础。

(1) 3G 技术标准

① W-CDMA：W-CDMA 全称为宽带码分多址(Wideband CDMA)，是一种利用码分多址

复用的宽带扩频 3G 移动通信标准，采用直序扩频码分多址(DS-CDMA)和频分双工(FDD)模式，支持移动/手持设备间的语音、图像、数据以及视频通信，速率可达 2 Mb/s(室内静止)或者 384 kb/s(户外移动)。输入信号先被数字化，然后在一个较宽的频谱范围内以编码扩频模式传输。窄带 CDMA 使用 200 kHz 带宽载频，而 W-CDMA 使用 5 MHz 带宽载频。

W-CDMA 源于欧洲的宽带 CDMA 技术，和日本的宽带 CDMA 技术基本相同，与 GSM 网络有良好的兼容性和互操作性。故该系统能架设在的 GSM 网络上，使系统提供商可较轻易地过渡，而在 GSM 系统相当普及的亚洲对其接受度较高，故其具有先天的市场优势。

② CDMA2000：CDMA 2000 是由窄带 CDMA 发展而来的 3G 移动通信框架标准，是 ITU 的 IMT－2000 标准认可的无线电接口，也称 CDMA Multi-Carrier，从窄频 CDMA One 标准衍生而来。它由美国高通公司主导提出，摩托罗拉、Lucent 和韩国三星等都参与其中，韩国现在成为该标准的主导者。

③ TD-SCDMA：TD-SCDMA 即时分－同步码分多址存取(Time Division-Synchronous Code Division Multiple Access)，是我国制定的 3 G 标准。该技术为我国自主知识产权，由于中国市场庞大，该标准受各大主要电信设备厂商的重视，全球主要的设备厂商都宣布支持该标准。其主要特点如下：

a. 在频谱利用率、频率灵活性、业务支持多样性及成本等方面有独特优势。

b. 采用时分双工，上行和下行信道特性基本一致，因此，基站根据接收信号估计上行和下行信道特性比较容易。此外，TD-SCDMA 使用智能天线技术有先天的优势，而智能天线技术的使用又引入了 SDMA 的优点，可减少用户间干扰，提高频谱利用率。

c. 同时具有 TDMA 的优点，可灵活设置上行和下行时隙的比例而调整上行和下行的数据速率的比例，特别适合互联网中上行数据少而下行数据多的场合。但这种上行下行转换点的可变性给同频组网增加了一定的复杂性。

d. 由于时分双工，不需要成对的频带。因此，和另外两种频分双工的 3G 标准相比，在频率资源的划分上更加灵活。

TD-SCDMA 由于采用智能天线和同步 CDMA 技术，能提高系统容量，CDMA 系统的容量能增加 50%，且降低了基站的发射功率，简化系统的复杂性，减少了干扰。TD-SCDMA 的软件无线技术使不同系统间的兼容性也容易实现。

由于我国拥有全球数量最多的移动用户数量，这为 TD-SCDMA 提供了最大的支持，加之政府引导，使其在我国有更大应用与发展空间。

④ 三种 3G 标准的技术比较：三种 3G 标准的主要技术差别如表 3－1 中所示。

表 3－1　三种 3G 标准的主要技术区别

标准	TD-SCDMA	W-CDMA	CDMA2000
信道带宽(MHz)	1.6	5/10/20	1.25/10/20
码片速率(Mb/s)	1.28	3.84	3.6864
基站间同步	异步/同步	同步/同步	同步
帧长(ms)	10	10	20
双工技术	TDD	FDD/TDD	FDD

续表

标准	TD-SCDMA	W-CDMA	CDMA2000
多址方式	TD-SCDMA	DS-CDMA	DS-CDMA 和 MC-CDMA
语音编码	固定速度	固定速率	可变速率

⑤ WiMAX：微波存取全球互通（Worldwide Interoperability for Microwave Access，WiMAX）是采用 IEEE 802.16 的无线城域网标准，是又一种为企业和家庭用户提供"最后一公里"的宽带无线连接方案。2007 年，经国际电信联盟（ITU）批准，WiMAX 成为继 WCDMA、CDMA2000 和 TD-SCDMA 之后的第 4 个全球 3G 标准。

图 3－44 为 WiMAX 室外天线与 PC 卡。

(a)　　(b)

图 3－44　WiMAX 室外天线与 WiMAX PC 卡

WiMAX 具体拥有以下诸优势。

a. 远距离传输：WiMAX 能实现 50 km 无线信号传输，远超无线局域网范围，覆盖面积是 3G 发射塔的 10 倍，只要少数基站就能全城覆盖，可大大扩展无线网络的应用范围。

b. 高速宽带接入：WiMAX 能提供的最高接入速率是 70 Mb/s，是 3G 宽带速率的 30 倍。

c. 优良的最后一公里网络接入：作为一种无线城域网技术，它可将 Wi-Fi 热点连接到互联网，也可作为 DSL 等有线接入方式的无线扩展，实现最后一公里的宽带接入。WiMAX 可为 50 km 线性区域提供服务，用户无需线缆即可与基站建立宽带连接。

d. 多媒体通信：WiMAX 较之 Wi-Fi 具有更好的可扩展性和安全性，从而能实现电信级的多媒体通信服务。

WiMAX 存在以下劣势：

a. WiMAX 技术不支持用户在移动中的无缝切换。支持速率只有 50 km/h，高速移动时，WiMAX 达不到无缝切换的要求，跟 3G 的前 3 个主流标准比，其性能相差较远。

b. WiMAX 严格讲不是一个移动通信系统的标准，是一项无线城域网技术。

c. WiMAX 要到 IEEE 802.16m 才能成为具有无缝切换功能的移动通信系统。WiMAX 阵营把解决该问题的希望寄托于此标准，而此标准的进展目前还存在不确定因素。

4）4G 移动通信

2013 年 12 月 4 日，工信部向中国移动、中国电信和中国联通发放了第四代移动通信（4G）业务牌照（TD-LTE 牌照），标志中国进入了第四代移动通信时代。

国际电信联盟（ITU）认为 4G 是基于 IP 协议的高速蜂窝移动网，要求 4G 的传输速率比现有网络高 1 000 倍，达到 100 Mb/s。ITU 定义 4G 技术为 IMT-Advanced（高级国际移动通信，International Mobile Telecommunications-Advanced)，而当前的W-CDMA、HSDPA(High Speed Downlink Packet Access，高速下行分组接入)等技术统称为IMT-2000技术，该技术继续依照3G标准组织制定的多项新标准延伸，如IP核心网、开放业务架构及IPv6等。ITU在2012年通过将LTE-Advanced和Wireless MAN-Advanced(IEEE 802.16 m)技术规范确立为IMT-Advanced国际标准，我国主导制定的TD-LTE-Advanced也同时成为4G国际标准。

4G通信技术是继3G以后的又一次无线通信技术演进，其开发更具有明确的目标性：提高移动装置无线访问互联网的速度。

(1) 4G通信特征　4G通信具有下面的特征：

① 通信速度更快：4G通信最主要的特征之一是具有更快的通信速度，可达10～20 Mb/s，最高达100 Mb/s。

② 网络频谱更宽：要使4G通信达到100 Mb/s，营运商要对3G网络进行大幅改造，使4G带宽比3G带宽高出许多。每个4G信道将占100 MHz的频谱，相当于W-CDMA 3G的20倍。

③ 通信更灵活：4G时代的手机早已超出打电话的范围，语音传输只是其小部分的功能之一，智能手机实际已是一个带有通信功能的小电脑。4G通信使人们不仅能随时随地通话，更可双向上传下载资料、图片、影像和在线游戏，网上定位系统可提供实时地图服务。

④ 智能性更高：4G移动通信的智慧性更高，不仅体现在4G终端设备的设计和操作更具智能化，还可实现许多新功能。

⑤ 兼容性能更平滑：4G的普及不仅应考虑其功能，还应考虑现有的通信基础条件，以便用户在投资最少的情况下能轻易过渡到4G。因此，4G移动通信系统应具备全球漫游，接口开放，能跟多种网络互联，终端多样化以及能过渡升级等特点。

⑥ 提供多种增值服务：4G不是3G系统的简单升级，其核心技术间有很大的不同。3G移动通信系统主要以CDMA为核心，4G移动通信系统则以正交多任务分频技术(OFDM)为核心，利用这种技术可实现如无线区域环路(WLL)、数字声讯广播(DAB)等方面的无线通信增值服务。

⑦ 实现更高质量的多媒体通信：4G系统提供的无线多媒体通信服务包括语音、数据、影像等大量信息，通过宽带信道传送，亦称多媒体移动通信。

⑧ 频率使用效率更高：4G是运用路由技术(Routing)的网络架构，由于采用了几项不同的技术，所以无线频率的使用比2G和3G系统有效得多。其有效性可支持更多用户使用与以前相同数量的无线频谱做更多的事情，且速度快，下载速率可达5～10 Mb/s。

⑨ 通信费用更加便宜：4G解决了与3G的兼容性，能让用户方便升级到4G，且4G通信引入了许多先进的通信技术，保证4G通信能提供灵活性高的系统操作方式。通信营运商们将考虑直接在3G通信网络的基础设施上，以逐步引入方式，有效降低运营商和用户的费用，4G的无线即时连接等某些服务费用将比3G更便宜。

(2) 4G核心技术　4G将采用一些不同于3G的技术，主要归纳如下：

① 正交频分复用(Orthogonal Frequency Division Multiplexing，OFDM)技术：OFDM是一种无线环境下的高速传输技术，在频域内将给定信道分成许多正交子信道，在每个子信道上使用一个子载波进行调制，各子载波并行传输。OFDM结合分集、时空编码、干扰和信道间干扰抑制及智能天线技术，能大幅提高系统性能。其中各载波相互正交，每个载波在一个符号时间内有整数个载波周期，每个载波的频谱零点和相邻载波的零点重叠，这便减小了载波间的干

扰。由于载波间有部分重叠，所以比传统的 FDMA 提高了频带利用率。

OFDM 可提供无线数据技术质量更高（速率高、时延小）的服务和更好的性能价格比，能为 4G 无线网提供更好的方案。

② 软件无线电：软件无线电的基本思想是将尽可能多的无线及个人通信功能通过可编程软件来实现，使其成为一种多工作频段、多工作模式、多信号传输与处理的无线电系统。可以说，是一种用软件来实现物理层连接的无线通信方式。

③ 智能天线技术：智能天线具有抑制信号干扰、自动跟踪以及数字波束调节等功能，是未来移动通信的关键技术。智能天线应用数字信号处理技术，产生空间定向波束，使天线主波束对准用户信号到达方向，旁瓣或零陷对准干扰信号到达方向，达到充分利用移动用户信号并消除或抑制干扰信号的目的。这种技术既能改善信号质量又能增加传输容量。

④ 多输入多输出（MIMO）技术：MIMO 是利用多发射、多接收天线进行空间分集的技术，它采用分立式多天线，能有效地将通信链路分解成许多并行的子信道，以大幅提高容量。信息论已证明，当不同的接收天线和不同的发射天线之间互不相关时，MIMO 系统能够很好地提高系统的抗衰落和噪声性能，获得大容量。在功率带宽受限的无线信道中，MIMO 是实现高数据速率、提高系统容量、提高传输质量的空间分集技术。

⑤ 基于 IP 的核心网：4G 系统的核心网是一个基于全 IP 的网络，能实现不同网络间的无缝互联。核心网独立于各种具体的无线接入方案，能提供端到端的 IP 业务，能与已有的核心网和 PSTN 兼容。核心网具有开放结构，允许各种空中接口接入。核心网能把业务、控制和传输等分开。采用 IP 后，所采用的无线接入协议与核心网络协议、链路层是独立的。IP 与多种无线接入协议兼容，因此在设计核心网络时有很大的灵活性，不需考虑无线接入究竟采用何种方式和协议。

(3) 4G 标准

① LTE：LTE（Long Term Evolution，长期演进）是 3G 的演进，它改进并增强了 3G 的空中接入技术，采用 OFDM 和 MIMO 为无线网络演进的标准。其主要目标是在 20 MHz 频谱带宽下提供下行 100 Mb/s 与上行 50 Mb/s 的峰值速率，比 3G 网络大幅提高了小区容量，并大大降低网络延迟（内部单向传输时延低于 5 ms，控制平面从睡眠状态到激活状态迁移时间低于 50ms，从驻留状态到激活状态的迁移时间小于 100 ms）。其标准是 3GPP（第三代合作伙伴计划 3rd Generation Partnership Project）长期演进（LTE）项目，其演进历程如下：

GSM→GPRS→EDGE→W-CDMA→HSDPA/HSUPA→HSDPA＋/HSUPA＋→FDD-LTE

由于 W-CDMA 的升级版 HSPA 和 HSPA＋均能够演化到 FDD-LTE，所以该 4G 标准获得了最大的支持，将成 4G 的主流标准。

② LTE-Advanced：LTE-Advanced 是 LTE 技术的升级版，它满足 ITU-R 的 IMT-Advanced 技术需求，是 3GPP 形成欧洲 IMT-Advanced 技术的一个重要来源。LTE-Advanced 是一个后向兼容技术，兼容 LTE。

图 3-45 从时间、移动性与传输速率结合的角度综合显示从 1G 到 4G 的发展历程。

(4) 4G 新型应用的特点　4G 移动通信系统是多功能集成的宽带移动通信系统，能在不同的固定和无线平台及跨频带网络运行中提供服务，比 3G 移动通信更适于个人通信，上网速度超过 3G 移动技术的 50 倍，可创生许多新型应用。加之其自适应资源分配，有很强的自组织性和灵活性，能根据网络动态和自动变化的信道条件，使低码率与高码率的用户共存，能支

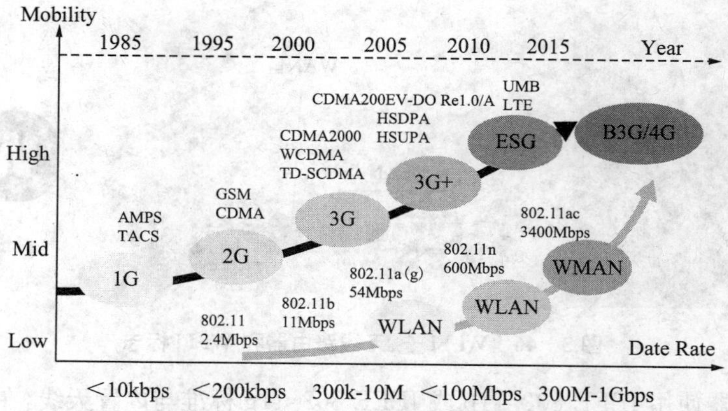

图 3-45　从 1G 到 4G 的发展历程示意

持多种交互式多媒体业务(如视频会议、无线互联网等),提供更广泛的服务和应用。

4G 系统可自动管理、动态改变自己的结构以满足系统变化和发展要求。用户可使用各种各样的移动设备接入 4G 系统,各种不同的接入系统能结合成一个公共平台,它们互相补充、互相协作以满足不同的业务要求。移动网络服务趋于多样化,演变为社会上多行业、多部门、多系统与人们沟通的桥梁。

3.4.6　Wi-Fi

1) 概述

Wi-Fi(Wireless Fidelity)原意为无线保真,是一种可将个人电脑、手持设备及打印机、扫描仪等以无线方式互相连接入网的技术。Wi-Fi 也是一个无线通信技术的品牌,由 Wi-Fi 联盟(Wi-Fi Alliance)持有。目的是改善 IEEE 802.11 标准的无线网络产品间的互通性。

Wi-Fi 上网,是目前使用最广的一种无线网络传输技术。它将有线网络信号转换成无线信号,如使用一个无线路由器,就可将有线信号转换为 Wi-Fi 信号,在其电波覆盖范围内都可入网;如无线路由器连接了一条 ADSL 线路或者其他网线,又被称为热点。

Wi-Fi 是一种短程无线传输技术,传输速率可达 54 Mb/s,符合个人和社会信息化之需。Wi-Fi 无需布线,适合移动办公和家庭用户等的需要,且发射信号功率低于 100 mW,小于手机发射功率。在信号弱或有干扰的情况下,带宽可自动调整为 5.5 Mb/s、2.4 Mb/s 和 1 Mb/s,以保障网络稳定性和可靠性。在开放区域,通信距离可达 300 m,在封闭区域,通信距离为 76～122 m,方便与现有的有线以太网整合,组网的成本更低。

2011 年,全球已有约 7 亿 Wi-Fi 用户,2012 年售出的 Wi-Fi 手机 5 亿余部,2014 年 90% 的智能手机都拥有 Wi-Fi 接口,2015 年,全球公共 Wi-Fi 热点数将增长 350%。

2) Wi-Fi 接入

Wi-Fi 热点通过在互联网连接访问点来创建,访问点将无线信号通过短程传输(一般覆盖 100 m)。当一台支持 Wi-Fi 的设备遇到一个热点时,就可通过无线路由器入网。大部分热点都位于供大众访问的场所,例如机场、咖啡店、旅馆、书店及校园等,许多家庭和办公室也拥有 Wi-Fi 网络。图 3-46 为 Wi-Fi 卡、无线路由器和 Wi-Fi 标志。

无线路由器结合了数字用户线调制解调器、电缆调制解调器和 Wi-Fi 接入点,提供互联网

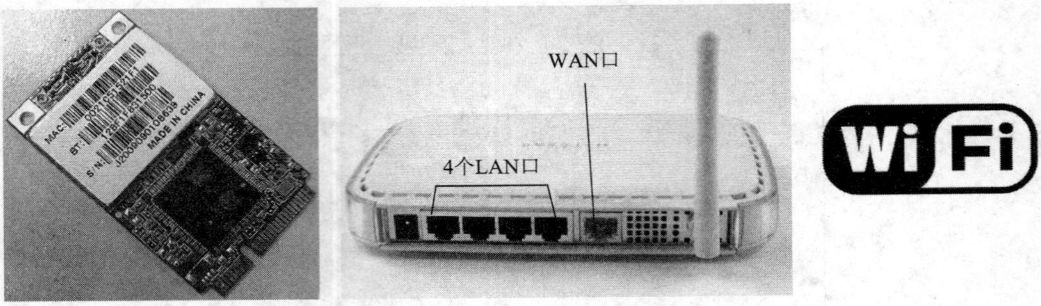

图 3-46　Wi-Fi 卡、无线路由器和 Wi-Fi 标志

接入。无线路由器使用 IEEE 802.11b 或 IEEE 802.11g 标准与内置天线，在无障碍物下的覆盖范围为：室内 50 m^2，室外 140 m^2。在 IEEE 802.11n 标准下可超过该范围两倍的距离，范围也随频率的波段而变。Wi-Fi 在 2.4 GHz 频段的速率可达 54 Mb/s(IEEE 802.11n 工作在 2.4 GHz或 5.0 GHz，最高速率达 600 Mb/s)，室外通过定向天线可提高到数公里范围。Wi-Fi 的频率由于电波传播的复杂性，特别是树和建筑物影响信号，并不适用于远距离使用。

全球 Wi-Fi 运作的频谱和配置并不一致。美国标准在 2.4 GHz 频带有 11 个通道；欧洲大部分地区有另外 2 个通道，即 13 个通道；日本再多一个通道，故显不一。

3）Wi-Fi 技术架构

（1）Wi-Fi 连接点的网络组成和结构

① 站点(Station)：网络最基本的组成部分。

② 基本服务单元(Basic Service Set，BSS)：网络基本的服务单元。最简单的服务单元可以只由两个站点组成，站点可以动态连接到基本服务单元中。

③ 分配系统(Distribution System，DS)：连接不同的基本服务单元。分配系统使用的媒介逻辑上和基本服务单元使用的媒介截然分开，尽管它们物理上可能是同一媒介，例如同一个无线频段。

④ 接入点(Acess Point，AP)：既有普通站点的身份，又有接入到分配系统的功能。

⑤ 扩展服务单元(Extended Service Set，ESS)：由分配系统和基本服务单元组合而成。该组合是逻辑的而并非物理的，不同的基本服务单元可能地理位置相去甚远。分配系统也可以使用各种各样的技术。

⑥ 关口(Portal)：逻辑成分，用于将无线局域网和有线局域网或其他网络联系起来。

（2）3 种媒介　包括站点使用的无线的媒介、分配系统使用的媒介以及和无线局域网集成一起的其他局域网使用的媒介。物理上它们可能互相重叠。

（3）任务　IEEE 802.11 定义了分配系统应该提供的服务。整个无线局域网定义了 9 种服务，5 种服务属于分配系统的任务，分别为连接(Association)、结束连接(Diassociation)、分配(Distribution)、集成(Integration)、再连接(Reassociation)；4 种服务属于站点的任务，分别为鉴权(Authentication)、结束鉴权(Deauthentication)、隐私(Privacy)、MAC 数据传输(MSDU delivery)。

4）WiFi 的优势与发展趋势

（1）Wi-Fi 的优势

① 覆盖范围广：基于蓝牙技术的电波覆盖范围小，半径约仅 15 m，而 Wi-Fi 的半径可达约

100 m。而最新技术的交换机,能将 Wi-Fi 无线网络的通信距离扩大到约 6.5 km。

② 传输速度快:虽然 Wi-Fi 技术的通信质量不是很好,数据安全性能比蓝牙差一些,传输质量也有待改进,但其传输速度快,能达 54 Mb/s;而 5G Wi-Fi 的传输速率可达 1 Gb/s,即每秒可传输约 125 MB 内容。

③ 进入门槛较低:只要在使用场所设置热点,接入互联网就可。热点可覆盖接入点半径近百米之处,用户只要将支持无线 LAN 的设备拿到该区域内,即可接入互联网。

(2) Wi-Fi 的发展趋势

Wi-Fi 是目前无线接入的主流标准,缺点也在改进中。在 Intel 等的支持下,Wi-Fi 正朝着与之兼容的 WiMAX 发展。WiMAX 具有更远的传输距离、更宽的频段选择以及更高的接入速度等,预计其会在未来几年间成为无线网络的一个主流标准。

(3) Wi-Fi 的普及

目前在国内外,大量的酒店、商场、机场、车站等公共场所都安装了 Wi-Fi 热点。2015 年,中国移动将部署 600 万个热点,全球 Wi-Fi 热点总数将达 710 万个,据预测,到 2018 年将增至 1 050 万个,主要推动因素是智能手机用户连接 Wi-Fi 的数据在急剧增加。

6) Wi-Fi 与 RFID 系统的结合

Wi-Fi 的普及,使其在物联网中获得广泛应用。图 3-47 为 Wi-Fi 在 RFID 系统中的应用架构。该图表示装有 Wi-Fi 模块的 RFID 识读器,与拥有 Wi-Fi 终端内的 RFID 标签构成一个自动识别系统,在定位系统的支持下,可实现许多场合下的物联网应用。

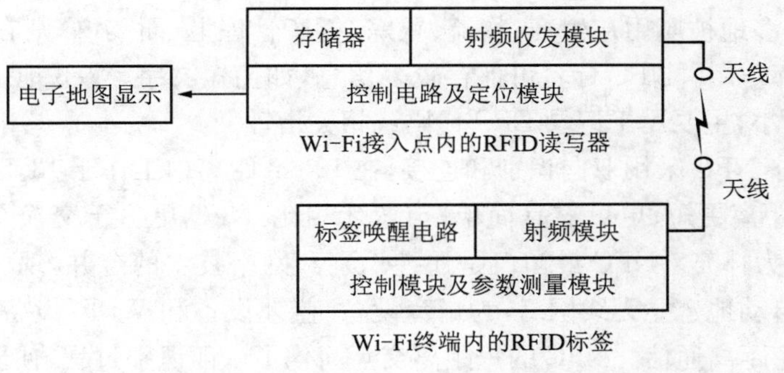

图 3-47 Wi-Fi 在 RFID 系统中的应用示意

3.4.7 近距离无线通信技术(NFC)

1) 概述

近距离或近场无线通信技术(Near Field Communication,NFC)。由飞利浦和索尼共同开发的一种非接触式识别和互联技术,可在移动设备、消费类电子产品、PC 和智能控件工具间进行近域无线通信,开展近场信息交换、内容访问与操控服务。

近距离无线通信是一种短距高频无线通信技术,允许电子设备间进行非接触式点对点(10cm 范围内)数据交换。该技术由免接触式射频识别技术演变而来,向下兼容 RFID。它将非接触式读卡器、智能卡和点对点(Peer to Peer)功能整合进一块芯片,提供应用开放接口,主要用于大量手持设备以及 M2M(Machine to Machine,设备对设备)的数据传输。

图 3-48 为 NFC 单元、装有 NFC 模块卡的手机及各类近域识别应用。由于现代社会手

机普及率极高，故手机与NFC的结合，可产生许多与公众、生产和社会密切的应用。如身份识别、企业出勤打卡、公交与地铁通勤刷卡、小额支付、物流管理、电子名片，等等。

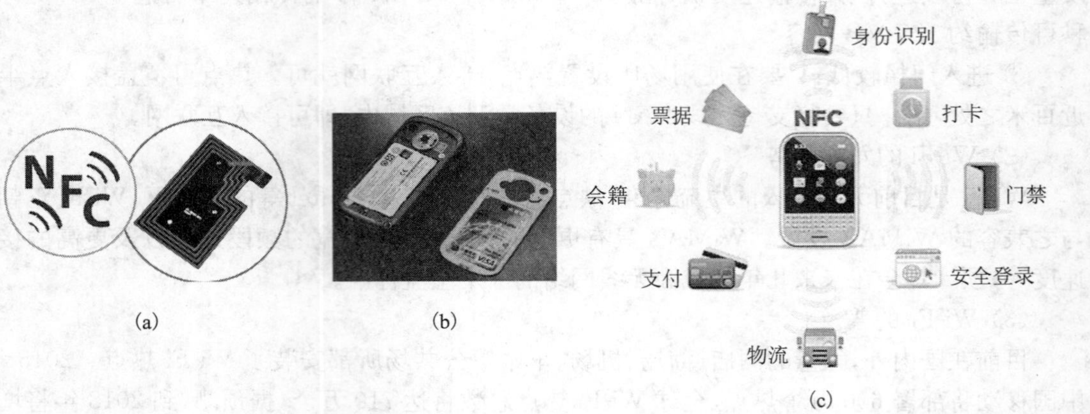

图3-48　NFC单元、装有NFC模块卡的手机和NFC应用示例

2) 技术特点

NFC技术由RFID技术演化而来，也是通过电磁感应耦合方式传输数据，但两者间仍存在较大区别。首先，NFC的传输距离比RFID小，NFC采取了独特的信号衰减技术，具有距离近、带宽高、能耗低等特点。其次，NFC与非接触式智能卡技术兼容，是一种近距离的私密通信方式。RFID更多地被应用在生产、物流、跟踪、资产管理上，而NFC则在如图3-48(c)所示应用领域中发挥作用。NFC标签可保存较多信息，如简短文字、Web地址、电子名片等；而RFID标签的容量小，主要用于记录EPC代码或相关指针。

与RFID不同，NFC采用双向识别和连接，在10 cm距离内工作于13.56 MHz频率范围。NFC比红外传输距离更短、更可靠且简单；与蓝牙相比，NFC更适于交换个人信息与敏感数据，且可与蓝牙互为补充。NFC最初仅是遥控识别和网络技术的合并，现已发展成无线连接技术。它能快速自动地建立无线网络，为蜂窝设备、蓝牙设备和Wi-Fi设备提供"虚拟连接"，实现电子设备间短距离通信。NFC的短距离交互简化了认证识别过程，使电子设备间的互相访问更直接、更安全和更清楚，不易受干扰。

NFC通过在单一设备上组合身份识别应用和服务，在保证数据安全的前提下，可实现数码相机、PDA、机顶盒、电脑、手机等之间的无线互联、交换数据。NFC手机内置NFC芯片，组成无线通信模块，可当电子标签使用——用来支付费用；也可当RFID读写器——用于数据读写与交换。NFC支持多种应用，包括移动支付、对等式通信及移动信息访问等。

3) NFC技术原理

(1) NFC设备的运行模式　NFC设备可采用主动模式或被动模式工作。在被动模式下，NFC发起设备(主设备)在通信过程中提供射频场(RF-field)。它选择106 kb/s、212 kb/s或424 kb/s中的一种速率，将数据发送到另一台设备。NFC目标设备或从设备不产生射频场，而使用负载调制(Load Modulation)技术将数据传回发起设备。通信机制与基于ISO 14443A、Mifare和FeliCa的非接触式智能卡兼容。

(2) NFC设备的基本架构　NFC是一种无源产品，其标签本身没有电源。为让NFC标签工作，通常由有源设备来让NFC线圈产生电流，方法是通过手机或其他设备中的线圈电流产生磁场，再感应到NFC线圈产生电流。因此，NFC只能在近距离使用，而不能长距离传输。

信号接收装置的工作原理与主动式基本相同，只不过方向相反。接收装置在有效距离内感应到了磁场信号就会产生相应电流并传输到对方设备中。相关电路都调到特定频率，以增加设备在特定频率下的敏感度。而伴随信号的传输将会形成相应的能量转移。

NFC由几部分组成：NFC模拟前端（NFC Controller与天线）、安全控制单元和处理器。根据应用需求，它们可以是SIM卡、SD卡、SAM卡或其他芯片，如图3－49所示。

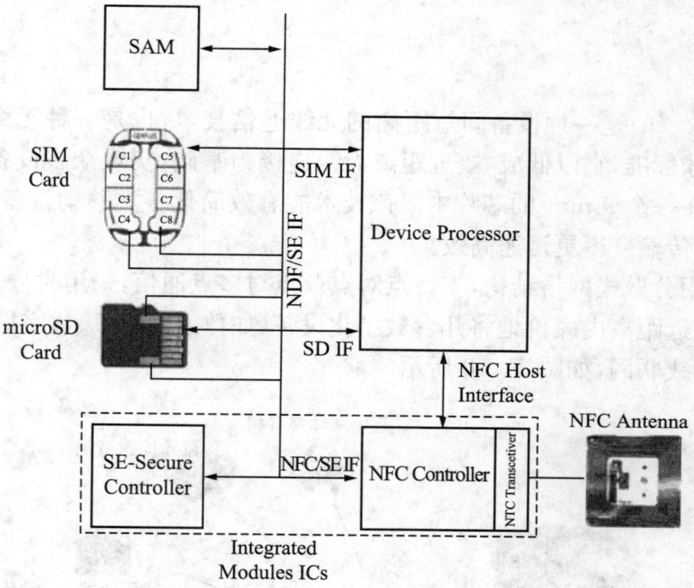

图3－49　NFC设备的基本架构

4）*NFC和其他近域通信技术的比较*

NFC优于红外和蓝牙的传输方式在于：作为面向公众的方便小额交易机制，NFC比红外更快、更可靠且更简单，无需如红外那样必须严格地对齐才能传输数据。与蓝牙相比，NFC更适于在近域交换财务信息或个人信息等重要数据，但蓝牙能弥补NFC通信距离过近，不适于在较长距离数据通信的场合。

5）*发展前景*

据市场研究机构HIS预计，2014年带有NFC功能的智能手机出货将达到4亿部，增长率为100%，2016年全球NFC应用市场规模有望达100亿美元，2011年至2016年的复合年均增长率近40%。而二维码、超声波等移动互联网交互技术只是NFC等近场支付方式全面推广前的过渡手段。

有四大因素促进国内NFC市场的快速增长：

（1）全国1 000多万台POS终端中支持NFC“闪付”功能的终端已达300万台，NFC的支付环境日益完善。

（2）中国移动将为每台NFC手机补贴30元，以激发NFC终端市场。

（3）中国移动确定4G卡默认绑定NFCSIM卡，以加速NFC的推广。

（4）2014年3月央行下发《中国人民银行关于手机支付业务发展的指导意见》，在以安全性为由暂停了二维码支付的同时，表示了对商业银行拓展NFC手机支付应用的鼓励。因此，国内 NFC 支付将在近期迎来爆发。

NFC 技术的普及，将在很大程度上改变人们使用信用卡、现金和钥匙的方式。NFC 克服了蓝牙技术协同工作能力差的弊病，但其目标并非是取代蓝牙、Wi-Fi 等技术，而是在不同场合、不同领域与它们相互补充。如 NFC 的传输速率仅为 212 kb/s，不适合诸如音视频传输等需要较高带宽的应用。

3.4.8 蓝牙

1）概述

蓝牙(Blue Tooth)是一种设备间短距离的无线通信技术，也是一种无线数据与语音设备通信的开放性全球标准，它以低成本、近距离无线连接为基础，实现众多设备间的无线信息交换。蓝牙程序写在一个 9 mm^2 的芯片中。该技术能有效简化各类移动设备间、设备与互联网间的通信，使数据传输变得更迅速高效。

蓝牙技术采用分散式网络结构，支持点对点及点对多点通信，采用时分双工传输方案实现全双工传输，能在近距离内廉价地将几台数字化设备(如数字照相机、数字摄像机，各种家电与自动化设备等)无线联网，如图 3－50 所示

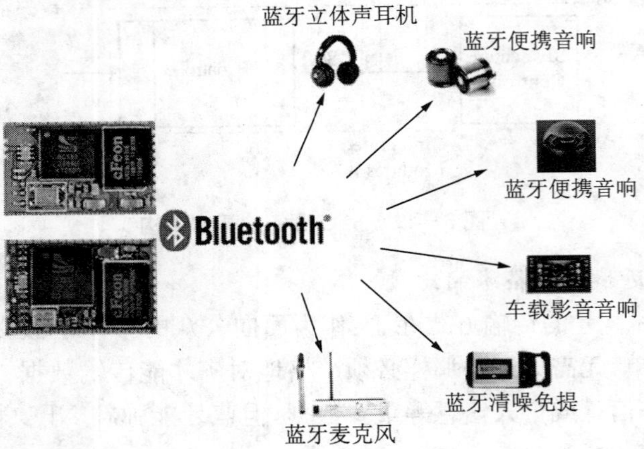

图 3－50 蓝牙模块、标志及电子设备联网示意

蓝牙是由东芝、爱立信、IBM、Intel 和诺基亚于 1998 年提出的近距离无线数字通信技术标准，目标是实现最高数据传输速度 1 Mb/s(有效传输速率 721 kb/s)、最大传输距离 10 m，其上可设立 79 个带宽为 1 MHz 的信道，用每秒钟切换 1 600 次的频率、滚齿方式的频谱扩散技术来实现电波收发。

2）蓝牙的技术优势

(1) 全球可用　蓝牙已全球普及，许多制造商都在其产品中积极采用。蓝牙运行的 2.4 GHz波段为无需申请许可证的波段，其使用不需支付相关费用。

(2) 设备多样　集成蓝牙的产品从手机、汽车到医疗设备等；用户从消费者、服务机构到生产企业等。低功耗，小体积及低成本的芯片解决方案使其可用于微小设备中。

(3) 易于使用　蓝牙是一项即时技术，它不要求固定的基础设施，易于安装设置。用户只需检查配置，将其连接至使用同一配置文件的蓝牙设备即可，后续 PIN 码流程就如操作 ATM

机一样简单。用户可以个人局域网(PAN)方式与设备和其他网络连接。

(4) 规格通用　蓝牙是当今市场上支持最广、功能最丰富且安全的无线通信方式,全球范围内的认证程序可测试各成员的产品是否符合标准。

3) 蓝牙的应用场所

(1) 居家　蓝牙设备可使居家办公更轻松,还能使家庭娱乐更便利:用户可在10m内无线控制PC或iPod中的音频文件。蓝牙还可用在适配器中,实现从相机、手机、PDA等向电视发送照片等。

(2) 办公室　传统办公室中各种电线纠缠不清,工作环境杂乱。蓝牙技术可使室内各类设备无线连为一体,用户启用蓝牙设备能创建即时网络,连接各种设备,创建智能办公环境。

(3) 途中　蓝牙手机、PDA、iPod和音视设备等均能在汽车旅途中免费通信,让用户在热点范围或有线连接之外仍能与互联网连接。各类便携设备通过蓝牙手机,通过移动网络连接到互联网,即使在途中也能高效工作。目前应用最广的如手机蓝牙耳机、车载免提蓝牙话筒等。同时,蓝牙耳机的电磁波比手机低,减少了电磁波对人体的影响。

(4) 娱乐　内置蓝牙技术的游戏设备,能让用户在如在地下通道、机场、公交车上或在起居室中开展游戏竞技,欣赏音视频等。

4) 蓝牙技术规范与特点

蓝牙的标准是IEEE 802.15,工作在2.4 GHz的ISM频段,带宽为1 Mb/s,以高速跳频和时分多址方式进行全双工通信,其基带协议是电路交换和分组交换的组合。一个跳频频率发送一个同步分组,每个分组占用一个时隙,使用扩频技术也可扩展到5个时隙。同时,蓝牙技术支持1个异步数据通道或3个并发的同步话音通道,或1个同时传送异步数据和同步话音的通道。每1个话音通道支持64 kb/s的同步话音;异步通道支持最大速率为721 kb/s,反向应答速率为57.6 kb/s的非对称连接,或是432.6 kb/s的对称连接。

依据发射输出电平功率不同,蓝牙传输有3种距离等级:Class 1为100 m左右;Class 2约为10 m;Class 3为2～3 m。一般情况下,其正常工作半径为10 m的圆形区域,在此区域内,可进行多设备间的互联。

5) 蓝牙匹配规则

蓝牙设备通信前,必须进行匹配,以使其中一个设备发出的数据信息只会被允许的另一个设备所接收。蓝牙技术将设备分两种:装有主蓝牙模块的设备和装有从蓝牙模块的设备。

主蓝牙设备有输入端,匹配时,用户通过输入端输入随机的匹配密码来匹配两个设备。蓝牙手机、装有蓝牙模块的PC等都是主设备。例如,蓝牙手机与蓝牙PC匹配时,用户可在蓝牙手机上任意输入一组数字,再在蓝牙PC上输入相同的一组数字,实现两设备间的匹配。

从蓝牙设备一般不具备输入端。设备出厂时,在其蓝牙芯片中,固化一个4或6位数字的匹配密码。蓝牙耳机、UD数码笔都是从设备。例如,蓝牙PC与UD数码笔匹配时,用户将笔上的蓝牙匹配密码输入到蓝牙PC上,实现两者间的匹配。

主-主设备之间,主-从设备之间可匹配,但从设备间无法匹配。一个主设备可匹配一至多个从设备,如一个蓝牙手机可匹配7个蓝牙设备;而一台蓝牙PC可匹配十多个蓝牙设备。同一时间,蓝牙设备间只支持点对点通信。主-从蓝牙模块间的匹配流程如图3-51。

6) 蓝牙的市场

1999年至2014年4月,蓝牙产品总出货量已超过90亿件,且市场成长加速,预计2018年总出货量将达320亿件。除键盘、耳机、音箱等传统蓝牙周边产品外,各种心率监测计、运动

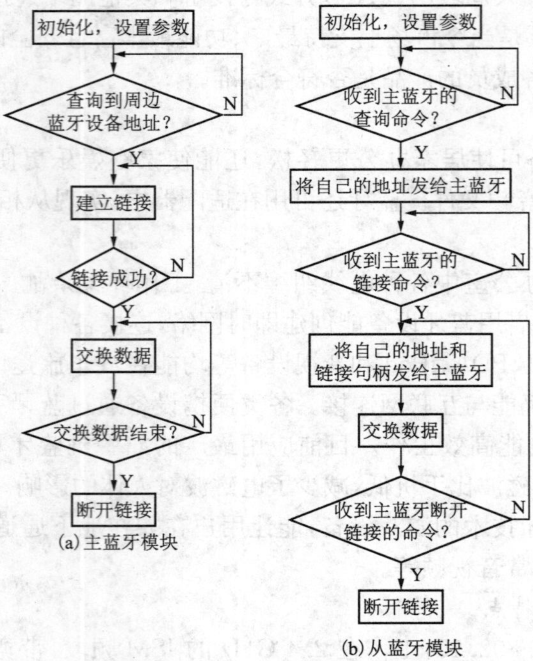

图 3-51　蓝牙主从模块间的匹配流程

腕带、活动监测计和计步器等运动保健及个人便携医疗电子产品，都可通过智能手机、平板电脑等智能终端来控制，成为新型周边设备。蓝牙正是这些新产品与智能终端的主要连接方式。

3.4.9　ZigBee

1）ZigBee 概述

ZigBee 这一名称源于蜜蜂以 Zigzag 舞来传递消息，故又称"紫蜂"。ZigBee 是一种近距离、低成本、低复杂度、低功耗、低速率、高可靠的无线数据传输技术，适用于自动控制和远程控制领域，可嵌入各种设备，支持地理定位功能。

ZigBee 以 IEEE 802.15.4 协议为基础，采用调频和扩频技术，可在全球免费的 2.4 GHz、868MHz（欧洲）和 915MHz（北美）这三个频段上。且在这三个频段上分别具有 250 kb/s、20 kb/s和 40 kb/s 的最高数据传输速率。在 2.4 GHz 频段，ZigBee 的室内传输距离为 10 m，室外可达 200 m 至数千米；使用其他频段时，室内传输距离为 30 m，室外可达 1 000 m，实际传输距离将根据发射功率的大小而定。

ZigBee 是一个由可多达 65 000 个无线数据传输模块组成的一个无线网络平台，在整个网络范围内，每个网络模块间可以相互通信。由于采用较低的传输率和容量更小的单元，且ZigBee模块在未使用时呈休眠状，能总体降低功耗。ZigBee 节点模块如图 3-52 所示。

2）ZigBee 架构

ZigBee 组网方式类似于移动通信 GSM 网或 CDMA 网，其数据传输模块类似于移动网络基站。在网络内，它们间相互通信，ZigBee 网络还可以与其他网络连接。而与 GSM 网或CDMA网不同的是，ZigBee 网主要是为自动感测与控制数据传输而建立的，它必须简单、方便、可靠且价廉；而 GSM 网或 CDMA 网主要是为语音通信建立的，每个基站价值一般都在百万元人民币以上，而每个 ZigBee“基站”却不到 1 000 元人民币。

ZigBee 网络节点（FFD）不仅本身可以与监控对象（例如传感器）连接进行数据采集和监控，还可以中转别的网络节点传过来的数据资料。此外，ZigBee 网络节点还可在自己信号覆盖范围内，与多个不承担网络信息中转任务的孤立子节点（RFD）无线连接。

每个 ZigBee 网络节点（FFD 和 RFD）可以支持多到 31 个传感器和受控设备，每一个传感器和受控设备可以有 8 种不同的接口方式，可以采集和传输数字量和模拟量。

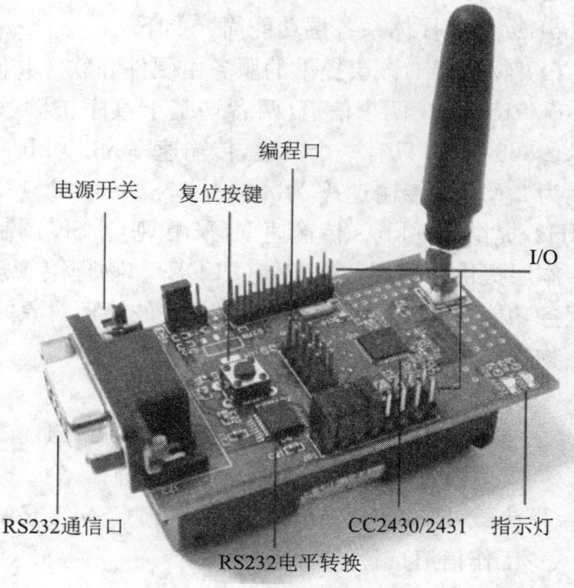

图 3－52　ZigBee 节点模块

3）ZigBee 读写设备

ZigBee 读写器是短距离、多点、多跳无线通信产品，能简单、快速地为串口终端设备增加无线通信能力，最高识别速度可达 200 km/h，可同时识别 200 张标签，具有性能稳定、工作可靠、信号传输能力强、使用寿命长等优势。

4）ZigBee 的自组织网络通信方式

自组织网络可举例说明：当一队伞兵空降后，每人持有一个 ZigBee 模块终端，只要他们彼此在模块的通信范围内，通过模块间彼此自动寻找与识别，很快就可形成一个互联互通的 ZigBee 网络。随着伞兵队的移动，队员间的联络还会变化，模块间还可通过重新搜索通信对象，重建彼此间的联络，刷新原有网络并保持其通信，这就是自组织网络。

5）ZigBee 协议栈架构

ZigBee 协议栈采用 OSI 分层结构，包括物理层、媒体接入层、链路层、网络层、应用层（或应用汇聚层）、用户应用程序层。ZigBee 协议栈的体系结构各层的分布如图 3－53 所示。

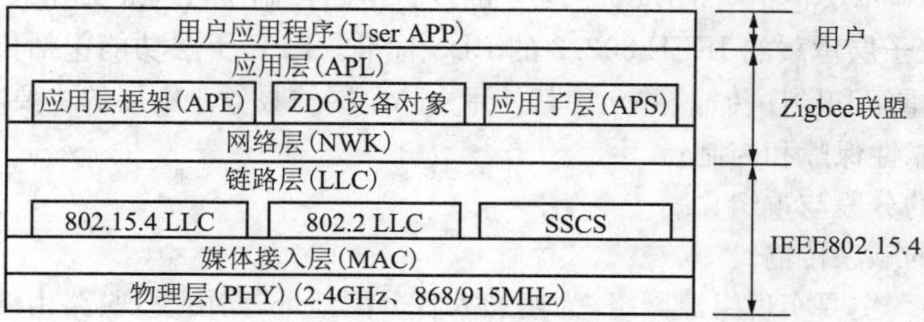

图 3－53　ZigBee 协议栈体系结构

图 3－53 协议栈各层中，每层之间通过服务访问点 SAP(Service Access Point)连接，每一

层都通过 SAP 调用下层为本层提供服务，并通过本层与上层的 SAP 为上层服务。结合本图对 ZigBee 协议栈体系各层功能简介如下。

(1) 物理层　该层提供的服务由硬件和软件共同实现。IEEE 802.15.4 定义了 2.4 GHz 和 868/915 MHz 两个信道，两者均基于直序扩频(Direct Sequence Spread Spectrum, DSSS)技术。868 MHz 只有一个信道，传输速率为 20 kb/s；902～928 MHz 频段有 10 个信道，信道间隔为 2 MHz，传输速率为 40 kb/s。2.4～2.483 5 GHz 频段有 16 个信道，信道间隔为 5 MHz，提供 250 kb/s 传输速率，采用 O-QPSK 调制。

本层提供物理层数据实体(PLDE)和物理层管理实体(PLME)。通过该接口能唤醒层管理服务功能，同时也维护与物理层相关的管理对象的数据库(PIB)。

物理层主要完成如下任务：

① 无线收发机的激活与关闭。

② 当前信道的能量检测(Energy Detect, ED)。

③ 接受数据包的链路质量标识(LQI)。

④ 为载波侦听多路访问/冲突防止(CSMS- CA)提供空闲信道评估(CCA)。

⑤ 工作信道选择。

⑥ 数据发送和接收。

(2) MAC 层　MAC 层即媒体接入层，包括 MAC 层管理实体(MLME)和 MAC 层数据实体(MLDE)。MLME 提供可以唤醒 MAC 层管理服务的接口，同时也维护一个与 MAC 层相关的管理对象数据库(MIB)。

MAC 层功能包括设备间无线链路的建立和拆除，确认帧传送与接收，信道接入控制、帧校验、预留时隙管理和广播信息管理。具体如下：

① 当 ZigBee 节点为网络协调器时，产生信标(beacon)帧。

② 在信标帧之间进行同步。

③ 支持网络协调点的关联与解关联。

④ 支持节点安全机制。

⑤ 对信道接入使用 CSMA-CA 机制，以检测和避免数据传输冲突。

⑥ 处理和维护有保证的时隙(GTS)，即在保证时隙内发送数据，其他时隙休眠的机制。

⑦ 在两个对等的 MAC 实体间提供可靠链接。

MAC 和物理层协议是网状网络的应用基础，高容错和低功耗的特点能保证网状网络所必须考虑基于拓扑控制和功率控制的网络自组织特性。

(3) 链路层　本层包括 IEEE 802.15.4 的逻辑链路控制层(Logic Link Control, LLC)和业务相关的会聚子层承载的 IEEE 802.2 的 LLC 标准。LLC 子层功能包括传输可靠性保障、数据包的分段、重组和顺序传输，并允许其使用 MAC 层的服务。本层的主要功能包括：

① 传输可靠性保障和控制；

② 数据包的分段与重组；

③ 数据包的顺序传输。

(4) 网络层　主要实现组建网络，为新加入者分配地址、路由发现、路由维护等，提供一些必要的函数，确保 MAC 层正常工作，并为应用层提供合适的服务接口，从而使网状(Mesh)网络的应用能够实现。

网络层管理实体提供如下服务：

① 配置一个新设备：保证设备有足够的堆栈，以满足配置之需。配置包括对 ZigBee 协调器和连接现有网络设备的初始化操作；

② 加入或离开网络：具有连接或者断开网络的能力，以及建立一个 ZigBee 协调器或路由器，具有要求设备与网络断开的能力；

③ 寻址：ZigBee 协调器和路由器具有为新加入网络的设备分配地址的能力；

④ 邻居发现：具有发现、记录和汇报相关的邻居设备信息的能力；

⑤ 接收控制：具有控制设备接收机接收状态的能力，即控制接收机什么时间接收。接收时间长短，以保证 MAC 层的同步或者正常接收等。

(5) 应用层　应用层由 3 部分组成：应用支持子层（Application Support Layer -APS）、ZigBee 设备对象（ZigBee Device Object -ZDO）和应用对象（App Obj）。本层主要规定了一些应用相关的功能，包括端点（Endpoint）、绑定（Binding）、服务发现和设备发现等。

应用支持子层（APS）是网络层和应用层的接口，可调用一系列被 ZDO 和用户自定义应用对象的服务。APS 的任务包括维护绑定表和绑定设备间消息传输。所谓绑定，指根据两个设备提供的服务和它们的需求将两个设备关联起来。

ZigBee 设备对象（ZDO）是一种通过调用网络和应用支持子层原语来实现 ZigBee 规范中规定的 ZigBee 终端设备，ZigBee 路由器以及 ZigBee 协调器的应用。ZDO 的主要功能为：

① 对 APS 子层、网络层、安全服务模块（SSP）以及相关设备层的初始化；

② 集成终端应用的配置信息，实现设备服务发现、网络管理、网络安全、绑定和节点管理等功能。

应用对象（App Obj）规定了设备绑定、设备发现和服务发现在 ZDO 中的实现方式，包括：(a) 设备和服务发现；(b) 终端设备绑定请求过程；(c) 绑定和接触绑定过程；(d) 网络管理。

6）ZigBee 网络拓扑结构

ZigBee 网络支持 2 种物理设备；全功能设备（Full Function Device，FFD）和精简功能设备（Reduced Function Device，RFD）。FFD 提供全部 MAC 服务，能充当任何 ZigBee 节点，发送和接收数据，具备路由功能，可充当网络协调器，接收子节点。RFD 只能充当终端节点，不能充当协调器和路由节点，只将采集的数据发送给协调器和路由节点，RFD 间的通信必须通过 FFD 才能完成。同时，RFD 仅使用较小的存储空间，很容易组建低成本和低功耗的无线通信网络。

ZigBee 标准定义了 3 种节点：ZigBee 协调点（Coordinator）、路由节点（Router）和终端节点（End Device），也定义了三种网络拓扑形式：星形、树形和网状，如图 3-54。

(1) 星形网络　星形网最简单，由协调器和一系列的 FFD/RFD 构成，节点间的数据传输都要通过协调器转发。节点间的数据路由只有唯一路径，没有可选路径，假如链路中断，则中断节点间的通信也将中断，故协调器可能成为全网瓶颈。

(2) 树形网络　树形网中，FFD 可包含子节点，而 RFD 只能作为 FFD 的子节点。树形网中，每个节点都只能和父、子节点通信，即当从一个节点向另一节点发送数据时，信息将沿树径向上传递到最近的协调器节点，再向下传递到目标节点。这种拓扑结构的缺点就是信息只有唯一的路由通道，信息路由完成由网络层处理，对应用层是全透明的。

(3) 网状（Mesh）网络　网状网除允许父子节点间的通信，也允许通信范围内具有路由能力的非父子关系的相邻节点通信。与树形网不同，网状网是一种特殊的、按接力方式传输的点对点的网络结构，路由可自动建立与维护，并具有强大的自组织、自愈功能。网络可通过“多级

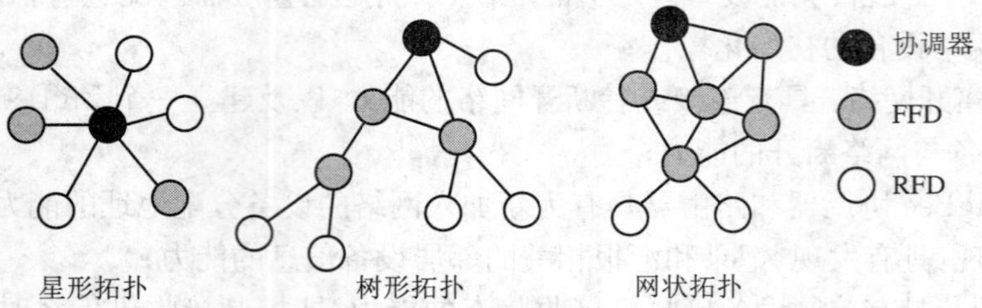

图 3－54　ZigBee 网络的三种拓扑形式

跳”方式通信，可以组成复杂网络，具有很大的路由深度和节点规模。该拓扑结构的优点是减少了消息延时，增强了网络可靠性，缺点是需要更多的存储空间。

7）ZigBee 组网技术

只有协调点才可建立新网络。当建新网络时，首先扫描寻找网络中的空闲信道，如找到了合适信道，协调点会为新网络选择一个唯一的 16 位个域网标识符（PAN ID）。选定了 PAN ID，就意味着建立了网络。此后，如果另一个协调点扫描该信道，该协调点就会响应并声明它的存在。PAN ID 也是其网络地址。

网络中的所有节点都有一个 64bit 的扩展地址和一个 16bit 网络地址，网络地址在整个网络中是唯一的，也就是 MAC 短地址。当协调点选定网络地址后，就可接受新节点入网。当一个节点要求入网时，它先会扫描信道来搜索周围的网络，当找到网络时，会关联加入，但只有具备路由功能的节点才允许别的节点通过它关联入网。如网中的节点与网络失去联系后要求重新加入，可按孤立节点申请重新关联入网。网中每个具备路由功能的节点都维护一个路由表和一个路由发现表。

8）ZigBee 传输数据

ZigBee 网络中传输的数据可分 3 类：

（1）周期性数据　如传感器网传输的数据，此类数据的传输速率由不同的应用确定。

（2）间歇性数据　如电灯开关数据，此类数据的传输速率按应用或由外部激励确定。

（3）反复性的、反应时间低的数据　例如无线鼠标传输的数据，此类数据的传输速率是根据时隙分配而确定的。

9）ZigBee 的技术优势

ZigBee 网络具有以下几个优点：

（1）低功耗　ZigBee 的传输速率低，传输数据量小，且采用休眠模式，故设备省电。据估算，ZigBee 设备仅靠两节 5 号电池就可以维持 6 个月到 2 年的使用时间。同样条件，蓝牙能工作数周，Wi-Fi 仅能工作数小时。

（2）低成本　由于采用大幅简化的协议（不到蓝牙的 1/10），降低了对通信控制器的要求。ZisBee 模块在国内目前已降至 10 元人民币左右，国外亦至 1.5 美元，且 ZigBee 协议免专利费，目标价格将至几美分。

（3）时延短　ZigBee 的响应速度快，从休眠转入工作状态只需 15 ms，搜索设备时延约 30 ms，活动设备信道接入时延 15 ms。相比而言，蓝牙需要 3～10 s、Wi-Fi 需要 3 s。

（4）网络容量大　可采用星状、树状和网状结构，一个主节点管理若干子节点，最多可达 254 个子节点；主节点还可由上一层网络节点管理，可组成最多达 65 000 个节点的网络。

（5）可靠性高　为避开发送数据冲突，采取碰撞避免策略，并为需要固定带宽的业务预留了专用时隙。MAC层采用完全确认的数据传输模式,每个发送的数据包都需等待接收方的确认,如果传输中出现问题则需重发。

(6) 安全性好　ZigBee提供了基于循环冗余校验(CRC)的数据包完整性检查功能,支持鉴权和认证,采用特定加密算法来保护数据并防止攻击者冒充合法设备。

10) ZigBee适用的技术特性

ZigBee技术主要用于短距离无线网络通信。如符合以下条件,就可考虑采用:

(1) 需要数据采集或监控的网点较多。

(2) 传输数据量不大,而要求节点成本低。

(3) 要求数据传输的可靠性与安全性较高。

(4) 节点体积小,不便于放置较大的电池或者电源模块。

(5) 地形复杂,监测点多,需要较大的网络覆盖。

(6) 现有移动网络存在覆盖盲区。

(7) 使用现存移动网络进行低数据量传输的遥测遥控系统。

(8) 使用GPS效果差,或成本太高的局部区域移动目标的定位应用。

11) ZigBee的应用前景

ZigBee的应用主要包括如下:

(1) 智能家居和楼宇自动化　通过ZigBee网络,可远程控制家中电器、门窗以及水、电、气的远程自动抄表等;也可通过ZigBee遥控器控制各家电节点,如电灯开关、烟火检测器、抄表系统、无线报警、安保系统、HVAC、厨房机械等。

(2) 消费和家用自动化　可通过ZigBee联网的家用设备有电视、录像机、无线耳机、PC外设、运动与休闲器械、儿童玩具、游戏机、窗户和窗帘及其他家用电器等。

(3) 工业自动化领域　工业自动化利用传感器和ZigBee网络,使数据的自动采集、分析和处理更容易,可作为自控辅助系统。例如,危险化学成分检测、火警检测和预报、高速机器的检测和维护等。

(4) 医疗监控　借助各种传感器和ZigBee网络,准确实时地监测病人的血压、体温和心率等,减少医生查房的工作负担,有助于及时反应,特别是对危重病者的动态监护。

(5) 农业领域　传统农业使用孤立、无通信能力的机械设备,依靠人力监测作物的生长状况。采用ZigBee传感网,农业可转向以信息和软件为中心的生产模式,使用更多的自动化、网络化、智能化的远程控制设备来耕种。传感器可收集土壤湿度、氮浓度、PH值、降水量、温湿度和气压等信息,这些信息和相应的位置通过网络传递到中央控制设备,供农民参考,这样就能及早且准确地发现问题,提高农作物产量。

3.4.10 红外通信技术

1) 简介

自然界一切温度高于绝对零度(摄氏−273.16)的物体都会不断辐射红外线,该现象称为热辐射。红外线是不可见光波,其光谱分为4个波段:近红外(0.76～3 μm)、中红外(3～6 μm)、中远红外(6～20 μm)和远红外(20～1000 μm)。红外通信是一种利用红外线进行无线数据通信的技术。目前广泛采用IrDA(Infrared Data Association,红外数据组织)提出的技术标准。

红外通信距离一般在 0～1 m 之间，传输速率可达 16 Mb/s，通信介质是波长为 900 nm 左右的近红外线，是目前被广泛使用的一种无线连接技术。红外通信已被众多的硬软件平台所支持；通过数据脉冲和红外光脉冲间的相互转换实现无线数据收发，用来取代点对点的线缆连接；新通信标准兼容早期的通信标准；小角度（30°锥角以内）、短距离、点对点直线数据传输，保密性强；传输速率较高，目前 4 Mb/s 速率的 FIR(Fast InfraRed)技术已被广泛使用，16 Mb/s 速率的 VFIR(Very Fast InfraRed)技术也已经发布。

2）分类

红外系统按工作原理分为主动式和被动式。主动式系统自带红外光源照射目标，被动式系统则探测目标的红外辐射，可制造如热成像系统、搜索跟踪系统、红外辐射计和警报系统等。按信息提供方式，可分为成像和点源系统。按工作方式，还可分为扫描和非扫描系统，扫描系统又分为光机扫描和电子扫描系统等。

3）红外通信技术的组成和工作原理

（1）工作原理　红外系统的外观、基本模型如图 3－55 所示。

图 3－56(a)为红外对射监测仪，为主动式红外系统，(b)为野生动物红外监测摄像仪，为被动式红外感测系统，能将感测到的移动生物的红外影像自动摄取下来，并以邮件或多媒体短消息实时对外发送。红外光学系统的结构，一般可分为反射式、折射式和折反射式 3 种。红外接收与发射器系统的逻辑功能框图 3－56 所示。

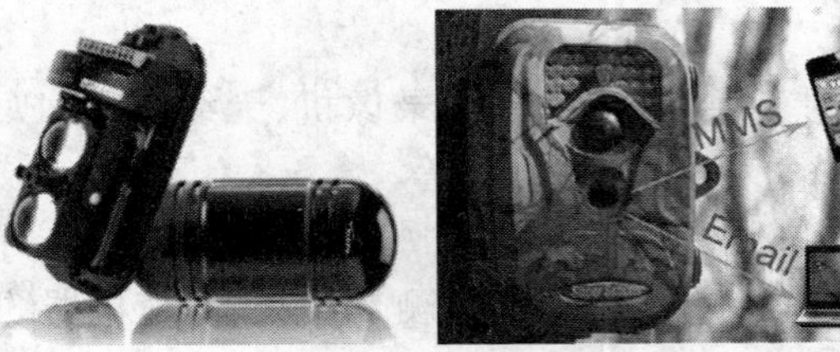

(a)　　(b)

图 3－55　红外监测仪、野生动物红外监测摄像仪

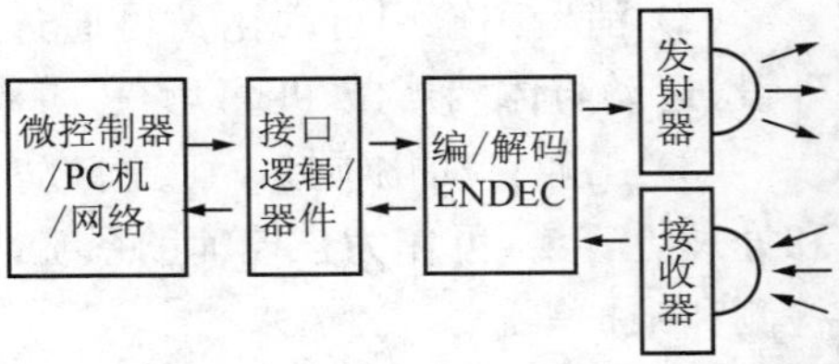

图 3－56　红外数据传输系统基本模型

（2）系统组成　系统由红外光学系统、红外探测器、信号放大和处理、显示记录系统等组成，功能如下。

① 红外光学系统：将目标的红外辐射集聚到红外探测器上，并以光谱和空间滤波方式抑制背景干扰。

② 红外探测器：一般有光探测器、热释电探测器、热敏探测器、电荷耦合器件和红外电真空器件等。

③ 信号放大和处理：置于探测器前的光学调制器，对目标辐射进行调制编码，从背景中提取目标信号或空间位置信息。前置放大器将探测器输出的微弱信号进行初级放大，并提供给探测器。信号处理系统将前置放大器输出的信号进一步放大和处理，提取控制装置或显示记录设备所需的信息。

④ 显示记录系统：信号经放大和处理后，发送给控制和跟踪执行机构或送往显示记录装置。

4）IrDA 红外通信标准

红外通信早期存在多个通信标准，它们间不能互相通信。为此，多家大厂商发起成立了红外数据协会,统一标准,即目前广泛使用的 IrDA 红外数据通信协议及规范。

IrDA 的主要优点是无须申请频率的使用权,故其通信成本低廉。还有移动通信所需的体积小、功耗低、连接方便、简单易用等特点。此外,红外线发射角度较小,传输安全性高。IrDA 的不足在于它是一种视距传输,即两个通信设备间不能受其他物体阻隔,因而该技术只用于两台设备间的数据连接。

5）红外通信技术的应用

目前,红外通信的软硬件技术都很成熟。当今出厂的 PDA、手机、笔记本电脑、打印机等都支持 IrDA。目前,红外通信技术在智慧城市物联网的许多领域都有广泛应用,如各种水电表、温湿度计、设备自动控制等的有线与无线监测传感网中。

3.4.11 UWB

1）概述

2002 年,美国 FCC 批准将超宽带 UWB(Ultra Wideband)技术用于民用,规定 7.5 GHz 为其所用频率,使其发展步伐逐步加快。图 3－57 为 UWB 模块元件与 UWB 定位设备。

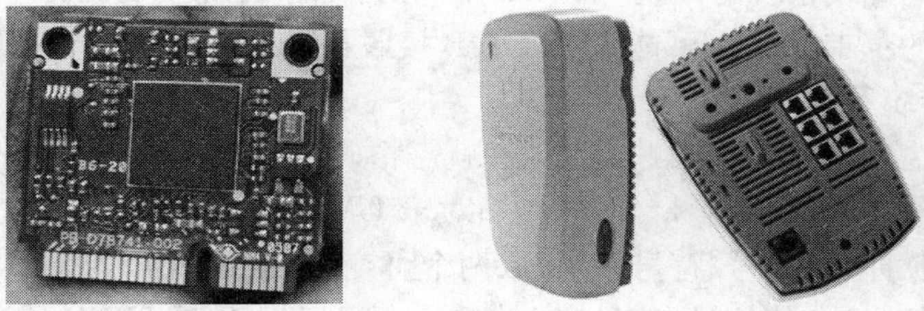

(a)　　(b)

图 3－57　UWB 模块元件与 UWB 定位设备

超宽带不同于传统的窄带和宽带,其频带更宽。窄带是指相对带宽(信号带宽与中心频率之比)小于 1%,相对带宽在 1%～25%之间的被称为宽带;相对带宽大于 25%,且中心频率大于 500 MHz 的被称为超宽带。

时域上,传统通信系统通过发送射频载波进行信号调制,而 UWB 是一种无载波通信技术,利用纳秒至微微秒级的非正弦波窄脉冲传输数据。UWB 利用起、落点的时域脉冲(几十纳秒)直接实现调制,超宽带的传输将调制信息过程放在一个极宽的频带上进行,且以该过程持续的时间来决定带宽所占据的频率范围。通过在较宽的频谱上传送极低功率的信号,UWB 能在 10 m 左右的范围内实现每秒数兆比特至数千兆比特的数据传输速率。

2）UWB 的技术特点

(1) UWB 的优点　与蓝牙和 ZigBee 等带宽相对较窄的通信系统不同,UWB 拥有如下优点,因而成为无线局域网和个人局域网等的通信解决方案。

① 抗干扰性能强:UWB 采用跳时扩频信号,系统具有较大的处理增益,在发射时将微弱的无线电脉冲信号分散在宽阔的频带中,输出功率甚至低于普通设备的噪声。接收时将信号能量还原出来,在解扩过程中产生扩频增益。因此,与 IEEE802.11a、IEEE802.11b 和蓝牙相比,在同等码速条件下,UWB 具有更强的抗干扰性。

② 传输速率高:UWB 的数据传输速率可达每秒数百亿比特,有望高于蓝牙 100 倍,也高

于 IEEE802.11a 和 IEEE802.11b。

③ 带宽极宽：UWB 带宽在 1 GHz 以上。系统容量大，并能和目前的窄带通信系统同时工作而互不干扰。在频率资源日益紧张的今天，开辟了一种新的时域无线通信资源。

④ 消耗电能小：无线通信系统通信时一般要连续发射载波，要消耗能量。而 UWB 不用载波，只是发出瞬间脉冲电波，即直接按 0、1 发送，并在需要时才发送，故能耗较小。

⑤ 保密性好：UWB 的保密性体现在两个方面：一是采用跳时扩频，接收机只有已知发送端扩频码时才能解出发射数据；二是系统的发射功率谱密度极低，传统接收机无法接收。

⑥ 发送功率极小：UWB 系统发射功率很小，通信设备可用小于 1 mW 的功率实现通信。低发射功率延长了电源工作时间，且发射功率小，其电磁辐射对人体影响也较小。

⑦ 穿透力较高：UWB 有高穿透力，其纳秒级的高速脉冲可穿透墙壁和物体，如雷达一样工作。故 UWB 除用于通信，还用于定位、测距、透视等领域，并将诸功能集于一体。

(2) UWB 的局限性　影响 UWB 使用的主要问题就是干扰，具体如下：

① UWB 对其他无线系统的干扰：UWB 用极宽的带宽来收发信号，其中有部分频带与航空、军事、安全、天文等领域的无线通信系统使用的频带重叠，甚至会对 GPS 等其他窄带无线通信造成干扰。

② UWB 受其他无线系统的干扰：如果 UWB 信号低于传统接收机的门限值成立的话，那么传统发射机发射的窄带信号也可能大于 UWB 接收机的门限值，因此在 UWB 接收机的频带内，就极易受到传统窄带通信机的干扰。

③ 由于脉冲持续时间短，要检测接收脉冲就需精确定时。同时，微控制器也会产生噪声。如对传统的收发信号机，只需抑制带外噪声，而对于 UWB 则不可行。

④ UWB 用窄脉冲(高信号/符号率)获取两个可变量：带宽和信噪比(S/N)。而信号在高带宽上会降低平均信噪比，使信号/符号率和信道容量下降。如果 UWB 的目标是得到高信道容量或高数据速率，就可通过将平均脉冲频率提高到 2 GHz 以上，或提高发送功率的方法来达此目的，这就与常规无线通信系统一样，即 UWB 系统也要在带宽效率、发送峰值功率、复杂度、灵活支持多速率和用误码率(BER)表示的性能之间取得平衡。

目前，主流的短距离无线通信标准各有千秋，它们间存在相互竞争而在某些领域又相互补充。故单纯地说“UWB 或取代某种技术”并不合适，它们各有最适用的应用领域。

图 3-58 从传输距离与传输速率上对 UWB 与其他无线通信技术进行了比较。

4) UWB 的应用

UWB 主要应用于个人局域网、室内通信、高速无线 LAN、家庭网络、无绳电话、安全检测、位置测定、雷达等领域，其用途主要分为军用和民用两方面。

军用主要有：UWB 雷达、战术手持或 PL I/D 电台、警戒雷达、UAV/UGV 数据链、探测地雷、检测地下埋藏的军事目标或以叶簇伪装的物体等；民用方面主要包括 3 个方面：地质勘探及可穿障传感器成像、汽车防撞系统、家电及便携设备之间的无线通信与测量系统。

现以地理定位和家庭数字娱乐中心这两个领域为例进行介绍。

(1) 精确定位　UWB 的一个重要应用是精确定位，如三维地理定位。该系统由无线 UWB 塔标和无线 UWB 移动漫游器组成，通过漫游器和塔标间的包突发传送完成航程时间测量，再经往返(或循环)时间测量值的对比分析，得到目标的精确定位。系统使用 2.5 ns 的 UWB 脉冲信号，峰值功率为 4W，工频范围为 1.3～1.7 GHz，相对带宽为 27%，符合 FCC 对 UWB 信号的定义。如果使用小型全向垂直极化天线或小型圆极化天线，其视距通信可超过

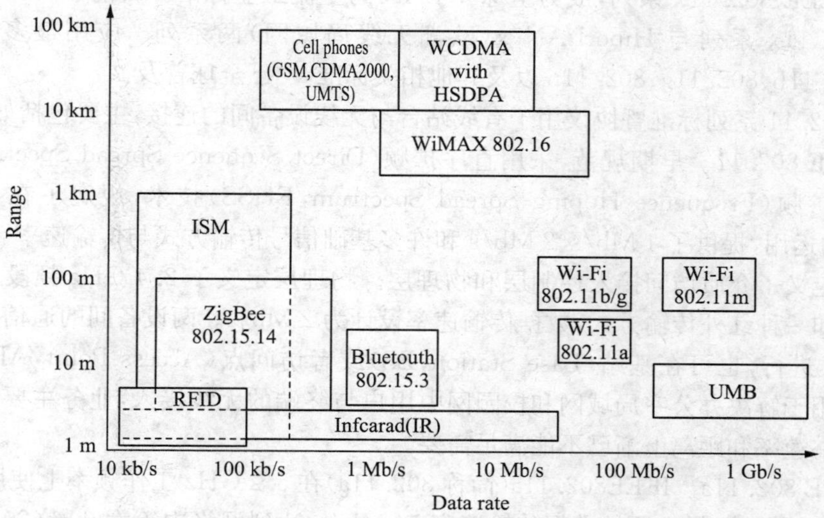

图 3-58　UWB 与其他无线通信技术的传输距离与传输速率的比较

2 km。在建筑物内部，由于墙壁和障碍物对信号的衰减作用，系统通信距离约 100 m 以内。

该技术最初应用在军事上，目的之一是士兵在城市环境下能以 0.3 m 的分辨率来测定自身位置。目前主要的商业用途之一是路旁信息服务系统，它能提供高达 100 Mb/s 的突发信息服务，内容包括路况、建筑物、天气预报和行驶建议，还可用作紧急援助事件通信。

(2) 家庭数字娱乐中心　家庭数字娱乐中心是指：将住宅中的 PC、娱乐设备、智能家电和互联网等连接在一起，人们储存的视频可在 PC、DVD、TV、PDA 等设备上共享观看，可与互联网交互信息，可遥控 PC，让它控制信息家电，使其按设定模式工作；也可通过互联网用无线手柄结合音像设备开展虚拟游戏等。如何把这些相互独立的信息产品连接一体，是建立家庭数字娱乐中心的关键，而 UWB 的技术特点使其成为一个很好的解决方案。

随着公众移动通信网络向无线宽带网的演进和物联网应用的普及，加速了蓝牙、WiFi、UWB、RFID 和 ZigBee 等短距离无线技术的互补和融合，越来越多的业务将应运而生。当前的发展趋势正朝着各种短距离无线技术取长补短、互补互融的方向发展，相应的硬件与软件也呈现集成化发展。

3.4.12　无线网络标准与协议

1) IEEE 简介

IEEE(Institute of Electrical and Electronics Engineers，电子和电气工程师协会)是 1963 年由 AIEE(美国电气工程师学会)和 IRE(美国无线电工程师学会)合并而成，是世界上最大的专业技术组织之一，拥有来自 175 个国家的 36 万会员。IEEE 定位在“科学和教育，并直接面向电子电气工程、通信、计算机工程、计算机科学理论和原理研究的组织，以及相关工程分支的艺术和科学”。IEEE 定义的标准对全球工业界、特别是电子电气与电工领域等有举足轻重的影响。

2) IEEE 802.11 系列

IEEE 802.11 是 IEEE 为无线局域网定义的无线网络通信标准。此后不断补充、细化与完善，形成 IEEE 802.11x 系列，成为全球 WLAN 的主流工业标准。目前，WLAN 领域主要是 IEEE 802.11x 系列与 HiperLAN/x（欧洲无线局域网）两系列。应用最多的是 IEEE 802.11a、802.11b、802.11g、802.11n 以及其他相关标准，均已全球普及。

IEEE 802.11 系列标准暨协议用于有线站台与无线设备间的连接，主要包括如下：

（1）IEEE 802.11　早期规范，采用直序扩频（Direct Sequence Spread Spectrum，DSSS）技术或跳频扩频（Frequence Hoping Spread Spectrum，FHSS）技术，规定了在 RF 射频段 2.4 GHz上的运用，提供了 1 Mb/s、2 Mb/s 和许多基础信号传输方式与传输速率。

第一版定义了介质访问接入控制层和物理层。物理层定义了 2.4 GHz 频段上的两种无线调频方式和一种红外传输方式，数据传输速率设计为 2 Mb/s。两设备间的通信可以自由直接（ad hoc）式进行，也可在基站（Base Station，BS）或者访问点（Access Point，AP）协调下进行。该标准用于解决办公室局域网和校园网中用户与终端的无线接入，业务主要限于数据访问，其后，它在速率和距离上渐已不能满足需要。

（2）IEEE 802.11a　IEEE802.11a（简称 802.11a）在 5.2 GHz 工作频率上使用 52 个正交频分多路复用副载波，最大原始数据传输速率 54 Mb/s，达到网络中等吞吐量（20 Mb/s）的要求。数据传输速率可为 48 Mb/s、36 Mb/s、24 Mb/s、18 Mb/s、12 Mb/s、9 Mb/s 或 6 Mb/s，拥有 12 条不相互重叠的频道，8 条用于室内，4 条用于点对点传输。传输距离室内约 30 m、室外约 45 m。

但 802.11a 不能与 802.11b 互操作，除非设备同时支持这两种标准。虽然 2.4 GHz 频带已被普遍使用，采用 5 GHz 频带可让 802.11a 具有更少冲突，但高载波频率也有缺点。802.11a几乎被限制在直线范围内使用，导致其必须使用更多的接入点；同样还意味着 802.11a 不能传播得像 802.11b 那么远，因其更容易被吸收。

尽管美国和日本已认可并支持 802.11a，美国 FCC 还为 802.11a 提供更多的频谱，但不同国家仍有不同的规定，如欧洲使用 HiperLAN 标准，于是欧盟禁止 802.11a 在欧洲使用。

（3）IEEE 802.11b　IEEE 802.11b（简称 802.11b）与 802.11a 同年发布，它定义了 2.4 GHz频段上速率为 11 Mb/s 的物理层，传输距离室内约 30 m、室外 100 m。由于该频段在绝大多数国家通用，故其成为时下无线局域网普及率最广的标准，已有超过3 000万个无线基站应用。速率上，当射频情况变差时，数据传输速率可动态降为 5.5 Mb/s、2 Mb/s 和1 Mb/s。802.11b 确保设备间互操作，用户可选择多种可互操作、低成本、高性能的无线设备，使个人与机构都可无线接入局域网。

802.11b 与 IEEE 802.3 以太网原理类似，都采用载波侦听方式来控制网络中的信息传输。不同处是以太网采用 CSMA/CD（载波侦听/冲突检测）技术，即所有工作站都侦听网络中有无信息发送，当发现网络空闲时即发出信息，如同抢答一样，只能有一台工作站抢到发言权，其余工作站则需等待。而 802.11b 则引进了冲突避免技术，可大幅度提高无线网络效率。同时它也采用数据包确认机制，能提供可靠的数据传送和网络带宽。

（4）IEEE 802.11c　辅助标准，在媒体接入控制/链路连接控制（MAC/LLC）层面上进行扩展，为无线桥接运作提供规范，后将其追加到 802.1 中，成为 802.1d。

（5）IEEE 802.11e　IEEE 802.11e 是为满足服务质量（QoS）要求而制订的标准。在语音、视频等传输中 QoS 是核心指标。在 802.11 的 MAC 层，802.11e 加入 QoS 功能，其分布式控制模式可提供稳定合理的服务质量，而集中控制模式可灵活支持多种服务质量策略，让影音传输能及时、定量、保证多媒体的顺畅应用。

(6) IEEE 802.11f　该标准追加了 IAPP(Inter-Access Point Protocol)协定，确保用户端在不同接入点之间漫游，实现访问区域间的平滑切换，以及自同一网络的接入点登陆后，从一个点切换到另一个点时的信息交换。

(7) IEEE 802.11g　　802.11a 与 802.11b 虽能满足大部分应用需求，但它们的优缺点是：802.11a 的传输速率快(最高 54 Mb/s)且受干扰少，但价格相对较高；802.11b 价格低廉，但速率较低(最高 11 Mb/s)。为取两者之长，IEEE 制定了 IEEE 802.11g。

首先，802.11g 实现了低价、高速率的产品。它虽也运行于 2.4 GHz，但使用与 802.11a 相同的调制方式 OFDM(正交频分复用技术)，可达 54 Mb/s 的传输速率，而其产品价格也只略高于 802.11b 产品，从而提供了高性能、低价格的无线网络。

其次，随着用户与应用的增加，网络性能成为制约瓶颈，必将对大量选用了 802.11b 的网络升级。802.11g 为升级用户提供了可保留原有投资的解决方案，它使用 OFDM 作为调制方式以提高速率，同时保留了 802.11b 的调制方式，故 802.11g 可向下兼容 802.11b。

802.11g 产品在市场上已成主流，其价格、传输速率和距离都受消费者的欢迎。802.11g 作为混合标准，既适应 802.11b 在 2.4 GHz 下提供 11 Mb/s 的传输速率，也符合 802.11a 在 5.2 GHz 下提供 54 Mb/s 的传输速率；传输距离室内约 30 m、室外约 100 m。

(8) IEEE 802.11i　本标准是 IEEE 为弥补 802.11 的安全加密功能(WEP，Wired Equivalent Privacy)而制定的，其中定义了基于 AES 的加密协议 CCMP(CTR with CBC-MAC Protocol)，以及向前兼容 RC4 的加密协议 TKIP(Temporal Key Integrity Protocol)。

(9) IEEE 802.11k　此为 WLAN 的信道选择、漫游服务和传输控制的标准。它实现无线资源管理，让频段(Band)、通道(Channel)、载波(Carrier)等更灵活地调整与调度，提升有限频段的整体效用。在 WLAN 内，每个设备通常连接信号最强的接入点。这可能导致对一个接入点的过度需求并降低其他接入点的利用率，从而降低网络性能。802.11k 将依据接入用户数目及其位置进行协调，如最强信号的接入点以其最大容量加载，而一个设备连接到一个利用率较低的接入点，即便其信号可能弱，但总体吞吐量还能支持，就使网络资源得到更有效的利用。

(10) IEEE 802.11n　本标准是工作在 2.4 GHz 与 5 GHz 频段，速率高达 600 Mb/s，传输距离室内 70 m、室外约 250 m 的规范。它增加了 MIMO(multiple-input multiple-output)标准，能用多个发射和接收天线来实现更高的传输率，MIMO 使用了新编码方案增加了传输范围。

802.11n 是为 WLAN 实现高带宽、高质量服务，使其达到以太网的性能水平而制定的。Wi-Fi 联盟试图通过速率更快的 802.11n 取代当前主导的 802.11g，使其作为新一代的 Wi-Fi 标准提供更高的连接速率，将 WLAN 传输速率提升 10 倍，支持高质量的语音、视频传输。它采用智能天线，通过多组独立天线组成阵列，可动态调整波束，保证让用户接收到稳定信号，减少其他信号的干扰。其覆盖范围扩大到好几平方千米，WLAN 的移动性极大提高。

802.11n 采用了软件无线电技术，它是个可编程的硬件平台，不同系统的基站和终端都可在此平台实现不同软件的互通和兼容，使 WLAN 不但能实现 802.11n 的前后向兼容，还可实现其与无线广域网络的结合。所以 802.11n 的应用，对业界和公众生活息息相关。

(11) IEEE 802.11p　又称车载无线接入 WAVE(Wireless Access in the Vehicular Environment)标准，用于短距离通信(Dedicated Short Range Communications，DSRC)，是车联网的基础。该标准由美国交通部依据车辆通信网，特别是电子道路收费系统、车辆安全服务与车上商务交易系统等应用发展的中长距离继续传播空间接口(Continuous Air interfaces - Long and Medium Range,CALM)系统规划提出的。目标是建立实现车辆与路边无线收发器或其他车辆间通信的网络。

802.11p的应用面包括高速车辆间、车辆与ITS路边基础设施间的数据交换,是针对汽车通信的特殊环境制定的。最初设定是在300 m距离内达到6 Mb/s的传输速率,工频5.9 GHz,应用于自动收费站、行车安全保障、汽车电子商务等应用。802.11p对802.11进行了多项特殊改进,如热点间切换更先进、支持移动环境、增强了安全性、快速身份认证等。

这些应用要求802.11p对无线短距离网络技术加以扩展,包括:更先进的切换机制、移动操作、强化安全、对象识别、对等网络认证、不同厂商产品间的互通性等。802.11p有望降低部署成本、提高带宽、实时收集交通信息、支持动态快速对象识别等。

(12) IEEE 802.11r　该标准着眼于减少漫游认证时间,支持语音实时应用等,使移动话务用户能从一个接入点断开后即连接到另一个接入点,切换时延不超过50毫秒,这是人耳能感觉到的时延间隔。以往802.11网络的漫游时均延迟约几百毫秒,有明显断续感。802.11r改善了移动客户端设备在接入点间运动时的切换过程。协议允许一个无线客户机在切换之前,就建立起与新接入点之间安全且具备QoS的状态,将连接损失和通话中断减到最小。

(13) IEEE 802.11s　支持实现网状(Mesh)网,提供自主性组态(self-configuring)与自主性修复(self-healing)等能力。它可将多个无线局域网连在一起从而能覆盖一个大学校园或整个城市。当一个新接入点加入时,它可以自动完成安全和服务质量方面的设置。整个网状网的数据包会自动避开繁忙的接入点,找到最好的路由等。

(14) IEEE802.11ac　5G(第5代)Wi-Fi将传输速率提升到1 Gb/s,即每秒可传输约125 MB数据。以对传输带宽要求最高的高清电影为例,所需数据流通常在30～45 Mb/s,甚至更高。5G Wi-Fi不仅能满足多部高清电影传输,也意味着它可容纳更多的用户与更复杂多样的应用。

2012年年底,全球最大的WLAN无线互联芯片提供商美国博通公司推出了5G Wi-Fi芯片,此处所称5G,是因其在IEEE 802.11系列中第5个推出,被命名为IEEE 802.11ac。

IEEE802.11ac采用工频5 GHz的芯片,覆盖5 GHz和2.4 GHz两频段。除了更快,还改善了无线信号覆盖范围小的问题,虽然5 GHz比2.4 GHz更难绕过障碍物,但因其覆盖范围更大,信号会产生折射,新标准反而更容易使各角落都能收到信号。它的另一优点是节能,能效是前一代的6倍。因单位时间传送的内容多,设备也能更快进入低功率的省电模式。

3) 其他相关标准

除IEEE 802.11系列,IEEE还发布了其他与物联网密切相关的标准,如无线个人局域网和无线城域网接口标准等,简介如下:

(1) IEEE 802.15.4

① 个人局域网简介 随着人们对自身几米范围内通信需求的迅速发展,出现了个人局域网络(Personal Area Network,PAN)和无线个人局域网络(Wireless Personal Area Network,WPAN)。WPAN为近域设备建立无线连接,将几米范围内的多个设备以无线方式连接,相互通信并接入LAN或Internet。IEEE 802.15致力于WPAN物理层(PHY)和媒体访问层(MAC)的标准化,为个人操作空间(Personal Operating Space,POS)内通信的无线设备提供通信标准。POS范围指用户附近10 m左右的空间,该范围内的用户可以是固定或移动的。

(2) LR-WPAN网络　LR-WPAN是低速无线个人局域网络(low-rate wireless personal

area network)，是一种结构简单、低成本的无线通信网络，实现低能耗和低吞吐量应用中的无线连接。与 WLAN 相比，LR-WPAN 只需很少的基础设施，甚至不需要基础设施。IEEE 802.15.4为 LR-WPAN 制定了物理层和 MAC 子层协议。LR-WPAN 具有如下特点：

a. 在不同的载波频率下实现 20 kb/s、40 kb/s 和 250 kb/s 三种传输速率。

b. 支持星形和点对点两种网络拓扑结构。

c. 有 16 位和 64 位两种地址格式，64 位地址是全球唯一的扩展地址。

d. 支持冲突避免的载波多路侦听技术(Carrier Sense Multiple Access with Collision Avoidance，CSMA-CA)。

e. 支持确认(ACK)机制，保证传输可靠性。

(3) 网络节点　IEEE 802.15.4 规定的 LR-WPAN 网络是在一个 POS 内使用相同无线信道并相互连接的一组设备集合。该网络中，根据设备通信能力，分为全功能设备(Full Function Device，FFD)和精简功能设备(Reduced Function Device，RFD)。FFD 设备之间、FFD 与 RFD 设备之间都可通信；RFD 设备间不能直接通信，只能与 FFD 设备通信，或通过一个 FFD 设备向外转发数据，与 RFD 相关联的 FFD 设备称为 RFD 的协调器(Coordinator)。RFD 设备主要用于控制应用，如灯开关、被动式红外线传感器等，传输数据较少，对传输和通信资源占用不多，故 RFD 设备可采用廉价的实现方案。

网络中还有 PAN 网络协调器(PAN Coordinator)的 FFD 设备，是 LR-WPAN 的主控制器。PAN 网络协调器除直接参与应用，还要完成身份管理、链路状态信息管理以及分组转发等任务。无线通信信道的特征是动态变化的，节点位置或天线方向的微小改变、物体移动等环境的变化都可能引起通信链路信号强度和质量的剧烈变化，因而无线通信的覆盖范围不是确定的。这就造成了 LR-WPAN 网络中设备的数量以及它们间关系的动态变化。

(2) IEEE 802.16

① 无线城域网标准　IEEE 802.16 标准主要支持宽带无线城域网(MAN)WiMAX，作用是在用户站点和主干网之间建立通信路径，提供用户设备与基站收发机之间的无线接口。

IEEE 有 3 个任务组(TG)制定相关标准：TG1：研制点对多点的宽带无线访问系统标准，频带范围为 10～66 GHz，标准包含介质访问控制(MAC)和物理层 (PHY)。TG2：制定宽带无线接入系统共存方面的标准。TG3：对许可和未许可波段(2～11 GHz)应用制定无线接口标准。

② IEEE 802.16 结构　标准对网络中传输大数据块的无线传输地址做了规定，协议按 3 如下三层结构组织：

a. 物理层：本层主要关于频道带宽、调制模式、纠错技术及发射机与接收机之间的同步、数据传输率和时分复用结构等。对用户到基站的通信，标准运用按需分配多路寻址-时分多址(DAMA-TDMA)技术。DAMA 是按多站点间的容量需求不同而动态分配信道容量的技术；TDMA 将一个信道分成一系列的帧，每帧包含很多的小时间单位，即时隙；TDMA 按各站点之需为其在每帧中分配一定数量的时隙来组成各站点的逻辑信道。DAMA-TDMA 技术可使每个信道的时隙分配动态改变。

b. 数据链路层：位于物理层上，用户所需功能包括在介质访问控制(MAC)层中，它将数据组成帧格式来传输并对用户接入到共享无线介质进行控制。MAC 协议对基站或用户在何时以何种方式来初始化信道做出规定。MAC 上的一些层需要提供质量服务(QoS)，故协议必须能分配无线信道容量。TDMA 帧中的多个时隙组成逻辑信道，而 MAC 帧则通过该逻辑信道来传输。802.16.1 规定每个单独信道的数据传输范围从 2～155 Mb/s。

c. 会聚层：位于 MAC 层上，按服务不同提供不同功能。802.16.1 提供的服务包括数字音视频广播、数字电话、异步传输模式 ATM、互联网接入、电话网中无线中继和帧中继。

③ IEEE 802.16 与 WiMax　IEEE 批准 802.16m 为 WiMax 标准，支持超过 300 Mb/s 的下行速率，该标准也称为 WirelessMAN-Advanced 或 WiMax2，是继 802.16e 后的第 2 代移动 WiMax 国际标准。4G 网络的运营商选择 LTE 技术，它与 WiMax 有部分共同点，但由不同标准机构制定。

(3) IEEE 802.20　802.20 指移动宽带无线接入（Mobile Broadband Wireless Access，MBWA），它提供基于 IP 的全移动网络，以满足高速移动数据接入之需。目标是在列车行驶中（时速达 250 km/h）能提供高达 1 Mb/s 的接入速率，并能持续在线。提供包括浏览网页、E-mail、文件上传和下载、流媒体、IP 多播、远程信息处理、定位服务、VPN 连接、即时通信和多人在线游戏以及 VoIP 话音服务等。802.20 具有很高的频谱利用率，适于分组数据业务突发的特点。

IEEE 802.20 系统在数据优化上具有以下优势：

① 基于 IP 设计。将现有 IP 网络简单地扩展到无线终端，形成移动的、无处不在的网络接入，透明地支持各种网络应用业务。

② 使用标准的 IP 网络部件，无需额外增加网络设备。

③ 以数据为中心的物理层和 MAC 层，具有高吞吐量和最小冗余并能利用新技术的特点。

802.20 在 MAC 层上可同时传输数据、语音和视频，并定义了不同的 QoS 级别。MAC 层不仅具有网络的基本功能，还具有控制一些建立信道的分组包的能力，并能通过定义双向原语（MAC 层与物理层）来触发切换，同时还定义了定时参数和允许原语的时延。

为支持移动网络，MBWA 采用 IPv6 技术。在网络控制的切换中，网络决定移动节点的连接点；在移动节点控制的切换中，网络决定了新的连接点。MBWA 采用移动节点控制的切换方式。

802.20 的出现顺应了网络向全 IP 网络过渡的大趋势，它将有广阔的市场前景。

4) 小结

无线网络的技术、标准、演进历程、传输速率与覆盖范围可归纳如图 3－59 所示。

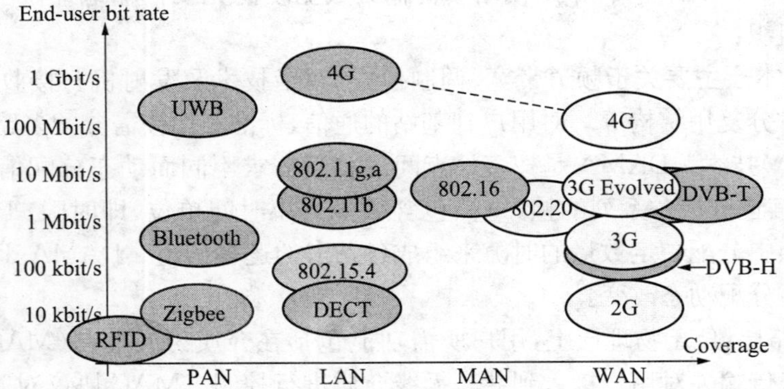

图 3－59　无线网络标准与技术演进示意

3.5 自动识别技术

自动识别技术是运用一定的识别装置,自动获取被识别对象的相关信息,供系统完成相关处理与控制的一种技术,是以计算机和通信技术为基础的综合技术,它是数据自动识读、自动输入系统的重要方法和手段,也是物联网系统的基础技术之一。

自动识别技术近几十年在全球范围内迅猛发展,不仅解决了传统数据输入的诸多麻烦,识别对象和领域也极大扩展,形成了一个包括条形码、磁卡、IC 卡、光学符号识别、射频识别、生物识别技术等在内的,集计算机、光、磁、物理、机电、生物、通信技术等为一体的高新技术领域。

3.5.1 自动识别系统与相关技术

1) 自动识别系统模型

自动识别管理信息系统包括自动识别系统(Auto Identification System, AIDS)、应用程序接口(API)或中间件和应用系统软件。也就是说,自动识别系统完成系统数据采集和存储,应用系统软件对系统采集的数据进行处理,而应用程序接口则提供自动识别系统和应用系统软件间的通信接口和数据格式,将自动识别系统采集的数据转换成应用软件系统可以识别和处理的信息并进行传递。图 3-60 为自动识别系统的简单模型。

图 3-60 自动识别系统模型

2) 自动识别系统技术体系

自动识别系统技术是一个发展迅速的领域,从传统的一维条形码、二维条形码、光学符号识别(OCR)、磁卡、IC 卡、射频识别,直到生物识别法(包括指纹识别、声音识别、面部识别、虹膜识别、DNA 识别等)等,形成各具特色、各有所长的技术体系。

3.5.2 条形码技术

条形码技术是在计算机应用中产生并发展起来的广泛应用于商业、邮政、图书管理、仓储、工业过程控制、交通管理等领域的一种数据记录技术,具有输入速度快、准确度高、成本低、可靠性强等优点。

1) 一维条形码

(1) 条形码的作用　条形码中,“条”指光线反射率低的部分,“空”指光线反射率高的部分,这些条和空组成的符号代表特定的信息,并能用专门设备识读,转换成供计算机处理的二进制和十进制信息。当条形码表示的数据传入计算机时,由应用程序对数据操作和处理。普通一维条形码在使用中仅作为标识数据,作用是通过系统数据库提取信息供进一步处理。

(2) 条形码的码制　条形码码制指条形码中条和空的排列规则,因规则不同,相应的条形码就不同。常用的一维条形码包括:EAN/UPC 码(即通用商品条形码)、39 码、25 码、交叉 25 码、128 码、93 码、Codabar(库德巴码)等,不同的码制有其各自的应用领域。

① EAN/UPC 码：是国际通用的商品条形码，是一种长度固定、内容为数字的应用于全球商品标识的条形码。

② 39 码和 128 码：39 码为企业内部自定义码制，可按需要确定条形码的长度和信息，其编码内容可以是数字、字母和特殊符号，如空格、$、%、+、-、·、/等，主要应用于工业生产线领域、质量管理、图书管理等。128 码包含的字符集比 39 码更多，容量也更大。

③ 93 码：是一种类似于 39 码的条形码，但其密度更高，能替代 39 码 25 码，主要应用于包装、运输以及国际航空系统的机票顺序编号等。

④ Codabar 码：应用于血库、图书馆、包裹等的跟踪管理。

(3) 条形码符号结构　条形码符号结构次序为：静区(前空白区)、起始符、数据符、中间分隔符(如 EAN/UPC 码中)、校验符(如 EAN/UPC 码中)、终止符、静区(后空白区)。图 3-61 代表 39 条形码符号表示的“12345”示例。

图 3-61　表示“12345”的 39 条形码符号示例

① 静区：又称空白区，指条形码符号左右两端外侧与空的反射率相同的限定区域，它使阅读器进入准备识读的状态，当两个条形码符号相距较近或条形码符号与包装上其他字符或图案相距较近时，静区用于区分它们，静区的宽度通常应不小于 6 mm(或 10 倍模块宽度)。

② 起始/终止符：指位于条形码符号开始和结束的若干条与空，标志条形码符号的开始和结束，同时提供了码制识别信息和阅读方向的信息。

③ 数据符：位于条形码符号中间的条、空结构，包含条形码表达的特定信息。

(4) 条形码识别系统

① 条形码识别系统组成：为读出条形码代表的信息，需要条形码识别系统，它由条形码扫描器(阅读器)、放大整形电路、译码接口电路和计算机系统等部分组成。

② 条形码的识读原理：条形码识读原理如图 3-62 所示。由于不同颜色物体反射的可见光波长不同，故当条形码扫描器光源发出的光经光阑(图中未标示)及透镜 1 照射到黑白相间的条形码符号上时，反射光经透镜 2 聚焦后，照射到光电转换器上，光电转换器将接收到与白条和黑条对应的强弱不同的反射光信号，并转换成相应的电信号输出到放大整形电路。条形码符号中条和空的宽度不同，相应的电信号持续时间长短也不同。由光电转换器输出的与条形码的条和空相应的电信号一般仅 10 mV 左右，不能直接使用，因而要先将光电转换器输出的电信号送入放大器。放大后的电信号是一个模拟信号，为避免由条形码中的疵点和污点导致误读信号，在放大电路后需加一整形电路，把模拟信号转换成数字信号，再经译码电路鉴别码制，再进入系统中判读处理。

(5) 条形码阅读器简介　常用的条形码阅读器有 3 种：光笔条形码阅读器、CCD 条形码阅读器、激光条形码阅读器。

① 光笔：光笔是最早的一种手持接触式条形码阅读器。使用时，操作者将光笔接触到条形码表面，通过光笔的镜头发出一个很小的光点，从左到右划过条形码进行识读。

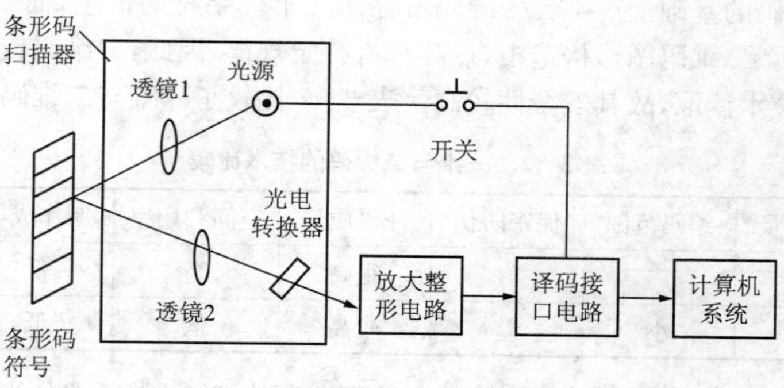

图 3-62　条形码识读原理

光笔的优点是阅读条形码的长度不受限制；比其他阅读器成本低；内部无移动部件，比较坚固。缺点是只能在平坦表面上阅读指定密度、打印质量好的条形码，同时它必须接触阅读，当条形码有损坏或其上有保护膜时，光笔都不能用。最后，光笔的首读成功率低且误码率高，故目前已很少在常规应用中使用。

② CCD识读器：CCD为电子耦合器件(Charg Couple Device)，适于近距离阅读。CCD识读器使用多个LED，发出的光线能覆盖整个条形码。条形码图像被传到一排光探测器上，被每个LED采样，将黑、白条或空单元转换成可译码的电信号。

CCD识读器的优点：价格比激光识读器低廉，且阅读条形码的密度广泛，重量比激光识读器轻，且不像光笔一样只能接触阅读。缺点是：阅读景深和宽度有限，阅读弧面条形码时有困难；不适于远距识读，条形码长，超出扫描头的阅读范围就不可读；CCD识读器的首读成功率和误码率均次于激光识读器。

③ 激光识读器：基本工作原理为：识读器通过一个激光二极管发出激光束，照到一个旋转或摆动棱镜上，反射后生成多条光线穿过阅读窗照到条形码，再经条或空的反射后返回阅读器，进行采集、聚焦、光电转换，经译码软件译码。

激光识读器分手持式与固定式：前者方便简单、使用灵活；后者适于阅读频次和数量大、条形码多款多样的场合。激光识读器的优点是：可非接触扫描，在距离超过30 cm时是唯一的选择；可阅读条形码的密度范围广，并可阅读不规则的条形码并穿过玻璃或透明胶纸等。由于识读器发出多条激光束，并有先进的阅读及解码系统，首读成功率高、识别速度比光笔及CCD识读器快，对印刷质量不好或模糊的条形码识别效果好；误码率极低(1/300万以下)。缺点是其价格高于CCD识读器。

2) 二维条形码

一维条形码的信息量小，如通用商品条形码仅有13位数字，商品信息依靠后台数据库，故其应用范围受到了一定的限制。因此，人们迫切希望新型形码具有信息容量大、可靠性高、保密防伪性强、易于制作、成本低等优点。

(1) 简介　二维条形码(简称二维码 2-dimensional bar code)采用特定的几何图形按一定规律在平面上分布的黑白相间的图形记录数据符号。二维码能在横向和纵向同时表达信息；在代码编制上巧妙地利用构成计算机内部的“0”、“1”比特流的概念，使用若干与二进制对应的几何形体来表示数字与文字，通过图形输入设备或光电扫描设备自动识读以实现信息自动处理。它具有条形码技术的共性：每种码制有对应的字符集；每个字符占有一定的长宽度；具有一定的校验功能等；同时还具有对不同行的信息自动识别、处理图形旋转变化等功能。

二维码在一维码的基础上产生。一维码可存储几十位字符的信息，而二维码携带的信息量可达数千个字符。二维码图形构造中，点阵都有特定规律，因此，二维码较难伪造，特别是其加密后，需要特定技术读取，故其安全性较高。表 3－2 比较了一维与二维码技术特征。

表 3－2　一维与二维码的技术比较

比较内容	信息容量	编码范围	保密防伪	译码质量	空间利用率	制作成本	形状可变
二维码	大	广	好	很高	高	低	可变
一维码	小	小	差	较高	低	低	不可

（2）二维码的码制　二维码由不同编码方法即码制构成，码制通常分为堆叠式/行排式和矩阵式。堆叠式/行排式二维码由多行短截的一维码堆叠而成；矩阵式二维码按矩阵组成，在矩阵相应元素位置上用“点”表示二进制“1”，用“空”表示二进制“0”，元素按矩阵排列组成码符。

① 堆叠/行排式二维码：堆叠/行排式二维码在码制设计、校验原理、识读方式等方面继承了一维码的诸多特点，识读设备与条码印刷与一维码兼容。但由于行数的增加，要对行进行判定，译码算法与软件也不同于一维码。代表性堆叠/行排式二维码有：Code 16 K、Code 49、PDF417 等。

② 矩阵式二维码：矩阵式二维码简称矩阵码，是在一个矩形平面中通过黑、白元素按特定规则分布编排。以点（方、圆或其他形状）元素代表二进制“1”、空元素表示“0”，其排列组合模式确定矩阵码的含义。矩阵码运用图像处理、组合编码等新技术与算法进行图形符号识读与数据处理。代表性矩阵码有：Code One、Maxi Code、QR Code、Data Matrix 等。

（3）主流二维码　全球一维、二维码超过 250 余种，常见的有 20 余种。国内二维码多源自于国外技术，如美国的 PDF417 码、日本的 QR Code 码、韩国的 DM 码等，目前应用最广的是 QR 码。我国自行研发的有 GM 码和 CM 码。各国的主流二维码特点如下。

① 美国：以 PDF 417 码为主，该码是美国讯宝科技公司（Symbol）研发的堆叠式二维码标准，全称 Portable Data File 即“便携数据文件”，示例如图 3－63 所示。

图 3－63　PDF 417 码

图 3－64　QR 码

② 日本：以 QR Code 码为主　该码是日本 Denso 公司研制的矩阵码，全称为 Quick Response Code，意为快速响应码。它是目前日本主流的二维码，除可表示日语中假名和 ASCII 码字符集外，还可高效地表示汉字。由于该码的发明企业放弃专利权，故其已成为目前全球使用最广的二维码，示例如图 3－64 所示。

③ 韩国：以 DM 码为主　全称 Data Matrix，意为数据矩阵。DM 采用复杂的纠错技术，具有较强的抗污染性能。该码因纠错力强成为韩国二维码的主流，示例如图 3－65 所示。

④ 中国：GM 和 CM 码　两者均由原中国信息产业部作为行业标准发布。

a. GM 码：为网格矩阵码（Grid Matrix Code），编码元素是正方形宏模块，每个宏模块由 6×6个单元组成。该码提供 5 个可选的纠错等级，示例如图 3－69 所示。

图 3-65　DM 码　　图3-66　GM 网格矩阵码　　图 3-67　CM 紧密矩阵码

b. CM 码：为紧密矩阵码（Compact Matrix）。采用齿孔定位和图像分段技术，通过分析齿孔定位信息和分段信息可完成二维码的识别处理，示例如图 3-70 所示。

（4）QR 码的优点　目前国内外市场主导的是 QR 码。现已普遍应用于各种海报、手册、传单、折扣券、票证、电视广告、各种移动应用等，成为手机用户登录网站以及获得信息的便捷的方式。全球智能手机都具有 QR 码识别功能。QR 码可记录字母、数字、汉字、图形图像等信息，相当于便携式数据库标贴。如用一维码与二维码表示同样信息，QR 码所占面积仅只是一维码的 1/11。

QR 码比其他二维码具有识读速度快、数据密度大、占用空间小等优势，具体如下：

① 寻像方便：QR 码的 3 个角有 3 个特有的寻像小矩形，参见图 3-64。用识读设备来探测码的位置、大小、倾斜角度并加以解码，实现 360°高速识读。

② 数据密度大：一个 QR 码中可放入 1 817 个汉字、7 089 个数字、4 200 个英文字母。QR 码用数据压缩方式表示汉字，仅用 13bit 即可表示一个汉字，比其他二维码表示汉字的效率提高了 20%。

③ 可靠性高：QR 码有 4 个等级的纠错功能，即使其图形破损或局部污染也能识读。QR 码的抗弯曲性强，通过码中每隔一定的间距配置校正图形，从码的外形来求得推测校正图形中心点与实际校正图形中心点的误差来修正各模快的中心距，故识读可靠性高。

④ 可识读性强：即使将 QR 码贴在弯曲物品上也能快速识读。一个 QR 码可分割成 16 个 QR 码，能一次性识读数个分割码，适于印刷面积有限及窄小空间印刷之需。

⑤ 适用性强：微型 QR 码能在 1 cm^2 空间内放入 35 个数字、9 个汉字或 21 个英文字母，适于小型电路板对 ID 号码标识识别之需。

⑥ 高速识读性：每秒可识读 30 个含 100 个字符的 QR 码。这是其区别于 PDF 417 码、DM 码等二维码的主要特性。在识读 QR 码时，整个码符中信息的读取是通过对符号的位置探测，用硬件实现的。因此，识读过程时间很短，具有高速识读的特点，使其能广泛应用于工业自动化生产线管理等领域。

⑦ 能表示中文汉字、日本汉字与假名：QR 码用特定的数据压缩模式表示中文和日文汉字，而 PDF 417、DM 码等并无汉字表示模式，只能采用字节模式，用 16bit（2 字节）表示一个汉字。

（5）QR 码字符

① QR 码的编码字符集　主要有：数字（数字 0～9）；字母型数据（字母 A～Z，9 个其他字符：space，$，%，*，+，-，.，/，:）；8 位字节型数据；日文汉字字符；中文字符（GB 2312 中的汉字和非汉字字符）。

② QR 码符的基本特性

a. 符号规格有 21×21 模块（版本 1）、177×177 模块（版本 40）（每 1 规格：每边增加 4 个模块）。

b. 数据类型与容量（指最大规格符号版本 40-L 级），具体为：数字数据：7 089 个字符；字母数据：4 296 个字符；8 位字节数据：2 953 个字符；中文汉字、日文汉字数据：1 817 个字符。

c. 数据表示法：深色模块表示二进制“1”，浅色模块表示二进制“0”。

d. 纠错能力：QR 码有四级纠错能力：a. L 级：约可纠错 7%的数据码字；b. M 级：约可纠错 15%的数据码字；c. Q 级：约可纠错 25%的数据码字；d. H 级：约可纠错 30%的数据码字。

e. 结构链接（可选）：可用 1～16 个 QR 码符号表示一组信息。

f. 掩模（固有）：可使符号中深色与浅色模块的比例接近 1∶1，使因相邻模块的排列造成译码困难的可能性降为最小。

（6）二维码的应用　二维码与手机和其他智能设备结合，构成商用和民用领域的各种应用。主要有：① 物流运输行业应用；② 身份识别卡；③ 文件和表格内容记录；④ 资产跟踪；⑤ 产品（含零件、组件与总成）标识与识别；⑥ 公共事务管理；⑦ 医疗保健；⑧ 金融与保险，等等。

（7）手机二维码应用　手机二维码应用是基于移动通信网络及庞大的客户群开发的多种服务。用户用手机扫描二维码，获取其中信息，上网、发短信、资料交换、自动文字输入等。我国从 2006 年就推出手机二维码应用，2010 年上海世博会引进了二维码门票，全国几大航空公司也推出手机二维码电子登机牌等。如南方航空公司于 2012 年推出二维码电子登机牌，登记着乘客的姓名、航班号、登机口、座位号等信息。乘客凭此可通过识读器扫描登机，如图 3-68 所示，省去纸质登机牌，实现了节能环保。

手机二维码应用有识读与被读两种模式，具体如下：

① 被读业务：手机二维码被读业务是以手机为载体存储二维码电子凭证，通过扫描设备识读，以完成相关应用。电子凭证如回执、机票、门票、证照、优惠券等，均可由手机通过移动通信网来获取。由于电子票证具有一定的防伪性和安全性，因此要对编码信息加密处理。

② 识读业务：识读业务用手机采集应用对象上的二维码，经解码识读软件，触发应用软件业务，流程如图 3-69 所示。识读业务又分为直接和间接识读两类，直接识读业务只是手机本地应用，间接识读业务需要将译码得到的信息发给网络，在网上系统控制下进行。

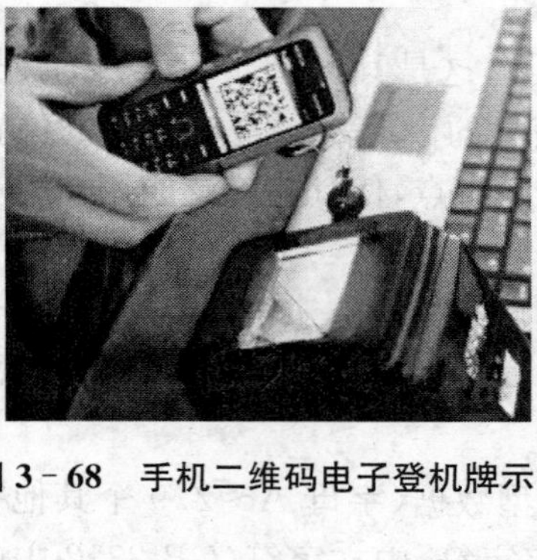

图 3-68　手机二维码电子登机牌示意

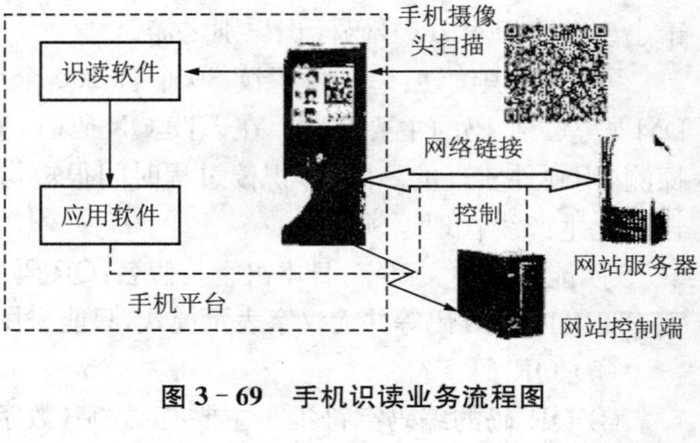

图 3-69　手机识读业务流程图

3.5.3　智能卡技术

1）简介

智能卡（Smart Card）亦称智慧卡、IC 卡，是一个将专用集成电路芯片封装于符合 ISO 7816标准的塑料片中，或做成其他如钥匙、饰物等特殊形状。在计算机和通信技术支持下，用户可进行身份识别、门禁开关、资金结算、考勤和一些控制操作，目前已在银行卡、门禁、购物、娱乐、会议、停车、巡更、办公、收费服务等活动中广泛应用。

智能卡系统有良好的人机界面、强大的读写能力、足够的安全技术、大容量的存储能力和方便的携带性等，在许多领域作为数据载体、交易媒介和安保工具。智能卡的应用领域正不断扩大，一些大容量、高速率数据传输、内嵌电源和接口、内嵌生物特征识别传感器以及可下载内容的智能卡用于物联网系统。但因智能卡的资源有限，设计的初衷是作为一个被动认证设备，数据只能单向流动，小额消费时不能实现双向支付，只能在有专用读写设备的场合下使用等，这些对其应用和发展造成一定的限制。

2）智能卡结构

智能卡的核心是IC芯片以及相关的数据读写与通信设备。图3－70(a)为典型智能卡的封闭管脚示例。

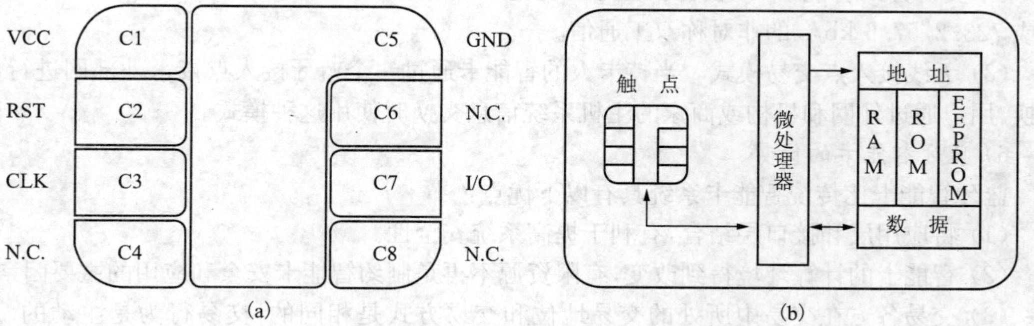

图3－70 典型智能卡封装管脚及其硬件结构

3）智能卡应用系统

智能卡应用系统由智能卡、终端（如PINpads、PC读卡机、读写器IFD、销售点终端EFT－POS、ATM等）、网络和主机系统组成。系统通常分为以下3层：

(1) 管理层 由服务器、PC机等组成主机系统。在后台管理系统控制下，对整个系统实施监视、控制和维护（如发卡、身份认证、充值、数据处理、挂失或失效登录等）。

(2) 接口层 由读写设备（接口设备、应用设备）和通信网络构成，负责智能卡和主机间的信息传输，包括卡的读写、电源和与主机系统通信，是卡和系统间的交互界面。

(3) 应用层 相关应用由智能卡与系统构成，在此体系架构下，智能卡通过接口层与主机系统进行通信。

4）基于蓝牙技术的智能卡应用系统

此类智能卡系统由蓝牙智能卡（Bluetooth Smart Card，BSC）、蓝牙局域网接入点（Bluetooth LAN AP，BLAP）和主机组成，是将蓝牙和智能卡技术的结合。

BSC能直接入网络，也可通过BLAP入网。BLAP是集中和大量交易的接入设备，用于连接BSC和公共网络。系统硬件包括蓝牙模块、天线、放大模块、微控单元（MCU）、加密协议处理器、存储器、接口电路和其他辅助电路（液晶显示、软键盘和电源）等。其中，加密协议处理器、存储器和MCU等完成普通智能卡读写器的功能，蓝牙按协议将数据格式转换后发送。持卡人通过PIN码等鉴别技术确认，业务双方就可由任何一方启动蓝牙智能卡。启动业务方充当读写器的功能，另一方充当卡的功能，交易认证过程和结果可直接显示，交易结果在双方卡中备份。

BLAP 的接口和软件功能更强大。包括 PSTN、互联网、LAN 接口，还可包括 R232、USB、UART(通用异步收发器)和 I2C 等。通过接口，BLAP 可和外界公共服务网连接，并通过蓝牙部分和 BSC 无线连接，完成交易管理并控制网络中的 BSC。

5) 蓝牙智能卡交易模式

蓝牙智能卡系统中 BSC 和 BLAP 的应用模式有点对点交易、集线器交易和无线接入点交易模式；还可按是否和主机实时通信分为离线和在线交易模式。

(1) 点对点交易模式　两张蓝牙智能卡在认证基础上进行交易，不和主干网络直接相连，交易结束时两张卡存储的交易数据一并对应增减，再定期和主干网相连与发卡机构通信，完成交易金额的增减。该模式适于临时、随机、离线、便捷的小额交易。

(2) 集线器交易模式　该模式是持卡人和集中交易方(如商家)通过各自的智能卡进行交易，集中交易方的智能卡可以联机，也可以脱机。传输数据时，蓝牙以 433.9 kb/s 的对称全双工或 723.2/57.6 kb/s 的非对称双工通信。

(3) 无线接入点交易模式　当持卡人的智能卡通过一个蓝牙接入点接入外部网进行信息交换、用户通过外网和机构或商家的主机系统信息交换时使用这种模式。

6) 蓝牙智能卡的优势

蓝牙智能卡比传统智能卡系统具有以下优点：

(1) 将应用层和接口层结合，有利于提高系统安全性。

(2) 智能卡的计算环境得到改变，有限资源不再是制约智能卡安全和应用的主要因素。

(3) 交易各方在交易中所处的交易地位和交易方式是相同的，交易行为是主动的、双向的，因而可以实现随时随地交易，实现交易的电子现金化。

(4) 智能卡的应用不再受到专有设备的限制，有利于拓展智能卡的应用领域。

3.5.4　光学字符识别技术

1) OCR 技术简介

光学字符识别(Optical Character Recognition, OCR)是一种基于图形识别的计算机识读文字技术。OCR 电子设备(如扫描仪或数码相机)检查印刷字符，通过检测暗、亮模式确定其形状，再用字符识别软件将字符形状变换成计算机文字码。衡量 OCR 系统的性能指标有：拒识率、误识率、识别速度、用户界面友好性、稳定性及易用性等。

2) OCR 识别系统处理流程

主要过程是：扫描或拍摄输入待识别的文字块，作图像前处理、文字特征抽取、比对识别，再经校正后更正错误文字，输出结果。技术处理如下：

(1) 图像输入、预处理　不同的图像格式有不同的存储格式与压缩方式，预处理主要包括二值化、噪声去除、倾斜较正等。

① 二值化：扫摄采集的文字块为彩色图像，信息量大，为使计算机更快更准地识别文字，简单地定义前景信息为黑色，背景信息为白色，此即二值化处理，以降低处理信息量。

② 噪声去除：不同文档对噪声的定义不同，根据噪声特征进行去噪处理。

③ 倾斜较正：原始采集图像不可避免地会产生倾斜，要用文字识别软件较正。

④ 版面分析：将文档图像分段、分行的过程为版面分析处理。

⑤ 字符切割:因印刷及拍照所限,常造成字符粘连、断笔,限制了系统识别性能,需要文字识别软件具有字符切割功能。

(2) 字符识别　早期有模板匹配,后来以特征提取法处理文字的位移、笔画的粗细、断笔、粘连、旋转等。

(3) 版面恢复　识别后的文字应仍像原文档排列,段落、位置、顺序不变,输出为 Word 或 Pdf 文档等,此为版面恢复过程。

(4) 后处理、校对　对识别结果进行较正就是后处理。

3) OCR 应用领域

该技术主要应用于文字资料的自动输入,以及名片输入、票据输入、无纸化评卷等。

3.5.5 RFID 识别技术

1) 基本概念

RFID(Radio Frequency Identification,无线射频识别技术)是一种非接触式自动识别技术,基本原理是利用射频信号和空间耦合(电感或电磁耦合)或雷达反射的传输特性,实现交换数据并对被识别物体的自动识别。

2) RFID 的分类

RFID 按工作频段的不同,分为低频(LF)、高频(HF)、超高频(UHF)和微波等几类。按能源供应,可将 RFID 分为无源、有源和半有源方式。无源 RFID 读写距离近、价格低;有源 RFID 提供更远的读写距离,适用于远程应用场合。

3) RFID 系统的基本组成

RFID 系统由标签(Tag)、识读器和数据处理系统 3 部分组成。标签由芯片、耦合元件和天线组成,每个标签具有唯一的电子编码,附着在物体上标识目标对象。识读器是数据读取/写入标签信息的设备。数据处理系统接收识读器发送来的数据并进行各种处理。

3.5.6 RFID 标签

RFID 标签是射频识别系统的数据载体,它将记录数据的芯片及天线封装在标签中,标签可接收识读器发出的信号或发信号给识读器。标签拥有识别号以及应用对象的标识或业务信息(如 EPC 代码、客户号)等。标签可有多种形式,如,封装在塑料、纸卡或标贴等中。

RFID 标签具有存储数据量大、种类多、外形多样化、能穿透接收信息、抗污染和数据持久等特点。以下分析 RFID 标签,简称标签。

1) 标签基本结构

标签由天线、集成电路、连接线、附着体等 4 部分构成,如图 3－71。图中跑道状或环状物为天线,中部黑点为集成电路芯片,两者互连,依附体各式各样,特殊形态标签可置于物体内部作为防伪标识或可溯源数据载体。标签有无线收发、数据存储、前端处理等功能。

2) 标签工作模式

从识读方式来分,标签可以是主动、被动或半被动式的;对应于 3 种能量供应方式,即有源、半无源及无源标签。

主动标签即有源标签,能量由内部电池供给,所供能量也部分地转换为标签与阅读器通信

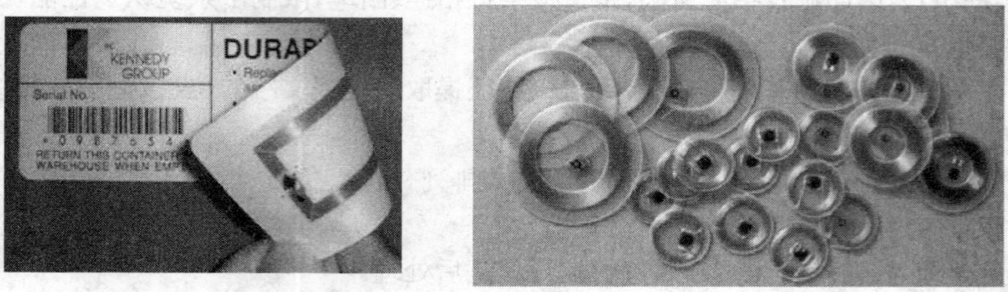

图 3-71　RFID 标签

所需的射频能量。

半无源标签的电池仅对需要供电维持数据的电路或者芯片工作提供辅助支持，向耗电很少的标签电路供电。标签未进入工况前休眠，相当于无源标签，电池能耗很少，可维持几年，甚至更长。当标签进入识读器的读出区域，受其射频信号激励进入工况时，标签与识读器之间信息交换的能量以识读器供应的射频能量为主（反射调制方式），标签内电池主要在于弥补标签位置的射频场强不足，其能量并不转换为射频能量。

无源标签（被动标签）无电池，在识读器的读出范围内时，标签从识读器发出的射频能量中提取其所需电源。无源标签一般采用反射调制方式完成标签信息向识读器的传送。

两种标签的特点如下：

(1) 有源标签自带电池，读/写距离较远（100～1 500 m），体积较大，与被动标签相比成本更高，能量耗尽后需更换电池。

(2) 无源标签一般可免维护，成本低，使用寿命长，比主动标签更小更轻，读写距离近（1～30 mm）。在识读距离及适应物体运动速度方面略有限制。

3）标签读写模式

对于只读 RFID 系统，标签数据主要是简单数码，可在加工芯片时写入，以后不能再变；与此相反，可写式标签能通过读写器或专用编程设备写入数据。

4）标签数据记录

标签数据存储采用 3 种方法：EEPROM、FRAM、SRAM。一般系统使用可擦写可编程的只读存贮器（EEPROM）为主。缺点是写入过程功耗较大，使用寿命一般为写入 10 万次。也有厂家使用铁电随机存取存贮器（FRAM），其写入功率消耗减少 100 倍，写入时间减少 1 000 倍。但 FRAM 由于生产中的问题未获广泛应用，它属于非易失类存贮器。微波系统还使用静态随机存取存贮器（SRAM），能很快写入数据。为永久保存数据，要用辅助电池不中断供电。

5）标签读写模式

对可编程标签，须由数据载体的内部逻辑控制对标签的写/读操作以及对写/读授权的请求。最简单情况下，可由一台状态机来完成。使用状态机可完成复杂的过程。但其缺点是修改编程缺乏灵活性，这意味着要设计新芯片，由于这些变化要修改硅芯片上的电路，所需花费大。微处理器的使用改善了这种情况。在芯片生产时，将用于管理应用数据的操作系统，通过掩膜方式集成到微处理器中，这种修改成本不高。此外，软件还能调整以适合各种专门应用。

此外，还有利用各种物理效应存贮数据的 RFID 标签，其中包括只读的表面波（SAW）标签和通常能去活化（写入“0”）以及极少的可以重新活化（写入“1”）的 1bit 标签。

6）标签频率

(1) 概要　标签的工作频率也就是 RFID 系统的工作频率，它不仅决定系统的工作原理

(电感耦合还是电磁耦合)、识别距离,还决定标签及读写器实现的难易和成本。

工作在不同频段或频点的标签有不同的特点,国际上也有标准划分,即位于 ISM 波段(Industrial Scientific Medical Band),此频段开放给工业、科学、医学 3 领域,无需授权许可,只需遵守一定的发射功率(低于 1 W,且不能对其他频段造成干扰)之中。工作频率有:125 kHz、133 kHz、13.56 MHz、27.12 MHz、433 MHz、902～928 MHz、2.45 GHz、5.8 GHz 等。

(2) 低频标签　典型工作频率为 125 kHz、133 kHz。低频标签一般为无源标签,能量通过电感耦合方式从识读器耦合线圈的辐射近场中获得。低频标签与识读器间传送数据时,需位于识读器天线辐射的近场区内。低频标签的阅读距离一般小于 1 m。低频标签的典型应用有:动物识别、容器识别、工具识别、电子闭锁(带有内置应答器的汽车钥匙)等。与低频标签相关的国际标准有:ISO 11784/11785(用于动物识别)、ISO 18000－2(125～135 kHz)。

低频标签的优势为:芯片采用普通的 CMOS 工艺,省电、廉价;可穿透水、有机组织、木材等;适合近距离、低速率、数据量要求较少的识别应用等。

低频标签的劣势为:标签存贮数据量少;只适于低速、近距离识别应用;天线比高频标签匝数多,成本更高一些。

(3) 中高频标签　典型工作频率为 13.56 MHz,工作原理也采用电感耦合方式,宜将其归为低频标签类。但按无线电频率的划分,此频段又称为高频,亦称高频标签。此处只需将高、低理解成为一个相对概念,不至于造成理解混乱。为便于叙述,将其称为中频射频标签。

中频标签一般也采用无源设计,工作能量与低频标签一样,也是通过电感(磁)耦合方式从识读器耦合线圈的辐射近场中获得。标签与识读器交互时,必须位于识读器天线的辐射场内,识读距离一般也小于 1 m。中频标签的基本特点与低频标签相似,因工作频率的提高,数据传输速率也相应提高,天线设计相对简单。

中频标签可做成卡状,典型应用如:电子车票、电子身份证、电子闭锁(电子遥控门锁控制器)等。相关国际标准有:ISO 14443、ISO 15693、ISO 18000－3(13.56 MHz)等。

(4) 超高频与微波标签　超高频与微波标签的工作频率为:433.92 MHz、862(902)～928 MHz,2.45 GHz、5.8 GHz。超调频标签较多采用 902～928 MHz 工作频段;2.45 GHz 和 5.8 GHz射频识别系统多以半无源微波标签产品面世。

超高频(UHF)的 RFID 系统具有操作距离远、通信速度快、成本低、尺寸小等优点,更适于生产管理、物流、供应链等领域的应用,是当前 RFID 系统发展的重点。

工作时,标签位于识读器天线辐射的远区场内,与识读器的交互为电磁耦合方式。识读器天线一般为定向天线,在其波束范围内的标签可被读/写。由于识读距离的增加,应用中可在同一识读区域中同时出现多个标签的应用,产生多标签同时读取的需求。目前,先进的 RFID 系统均将多标签识读功能作为其一项重要特征。

微波标签的特点主要在是否无源、天线读写距离、是否支持多标签读写、是否适合高速识别、读写器的发射功率、标签及读写器的价格等。标签的识读距离为 3～5 m,甚至 10 m 以上。对于可写式射频标签,写入距离小于识读距离,因其写入时要求更大的能量。标签的数据存储容量一般在 2 kbits 以内,从应用角度看,微波标签并不适于作大容量数据载体,主要功能在于标识物品和无接触识别。典型的数据容量有:64 bit、128 bit、1 kb 和 2 kb 等。

标签的典型应用包括:移动车辆识别、电子身份证、仓储物流应用、电子闭锁(电子遥控门锁控制器)等。相关国际标准有:ISO 10374,ISO18000－4(2.45 GHz)、－5(5.8 GHz)、－6(860～930 MHz)、－7(433.92 MHz),ANSI NCITS256－1999 等。

7）特殊标签容量

标签数据量通常在几个到几千个字节之间。但有一个例外，这就是1bit射频标签，仅作判定使用。它使识读器能作出两态的判断："电磁场中有RFID标签"或"电磁场中无RFID标签"。这对于实现简单的监控或信号发送功能是完全足够的。因为1bit标签不需要电子芯片，所以标签成本很低。因此，大量1 bit的标签在商场中用于商品防盗系统。当有人带着未付款的商品离开时，安装在出口的识读器就能识别出"在电磁场中有RFID标签"的状况，并引起相应的反应。对已付款商品，1 bit标签可在付款处被除掉或者去活化。

8）标签封装形态

如前所述，标签依据封装形式和应用的不同，可分为：信用卡标签、线形标签、纸状标签、玻璃管标签、圆形标签、金属标签及特殊用途的异形标签等。按用途又可分为：车辆标签、吊牌标签、动物标签、托盘标签、门票标签、行李标签、图书标签，等等。

9）标签天线(Antenna)

标签天线的功能是使标签能发送和接收数据。被动、低频和高频标签通常拥有螺旋天线，与识读器的天线形成磁场，识读器发射的无线频率能量被天线接收以驱动标签上的微型芯片。

3.5.7 标签识读器(Reader)

RFID标签识读器(简称"识读器")又称为读出装置、扫描器、解读器、读写器(取决于该设备是否能改写标签中的数据)等。通过天线与标签的通信，实现对标签识别码和内存数据的读出或写入操作。识读器包含高频模块(发送器和接收器)、控制单元及识读器天线。

1）识读器工作原理

RFID系统包括可编程标签、读写单元以及处理数据计算机等3部分。标签也就是射频卡，具有读写及加密通信的能力。识读器由射频收发模块、控制模块、通信接口模块和电源模块等4部分组成。

实际应用中，标签附在待识别物体的表面，其中存储了约定格式的数据。识读器通过调制的RF通道，以一定频率的射频信号向标签发出请求信号，当标签进入磁场时产生感应电流，利用此能量发出自身编码等信息，标签回答识别信息，然后识读器读取信息并解码后传送至主机并进行相关处理，达到自动识别物体的目的。其原理如图3-72所示。

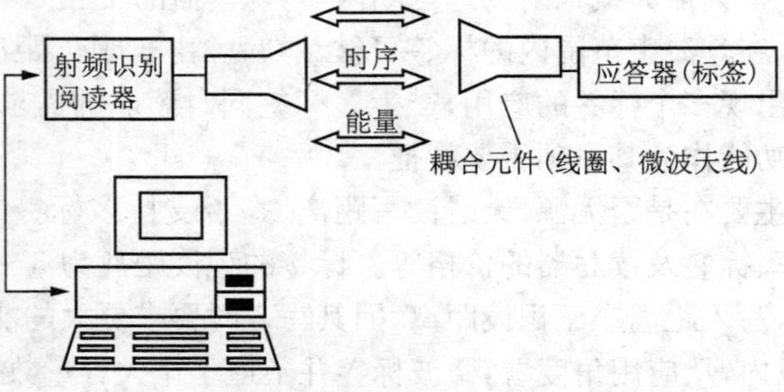

图3-72　射频识别过程

2）标签识读的工作方式

RFID系统的工作方式分为全双工(Full Duplex)、半双工(Half Duplex)以及时序(SEQ)

系统。全双工表示标签与识读器之间可在同一时刻互相传送信息；半双工表示标签与识读器之间可双向传送信息，但在同一时刻只能向一个方向传送信息。

(1) 在全双工和半双工系统中，标签的响应是在识读器发出的电磁场或电磁波的情况下发送的。因为与识读器的信号相比，标签信号在接收天线上是很弱的，必须用合适的方法把标签信号与识读器信号区别开来。实用中，人们对从标签到识读器的数据传输一般采用负载反射调制技术将标签数据加载到反射回波上(尤其是针对无源射频标签系统)。

(2) 时序方法则与之相反，识读器辐射的电磁场短时间周期性地断开，间隔被标签识别，并用于从标签到识读器的数据传输；其实，这是雷达工作方式。时序方法的缺点是：在识读器发送间歇时，标签的能量供应中断，就需要辅助电容或辅助电池补偿。

3) 射频信号耦合类型

识读器和标签之间射频信号的耦合类型有以下两种：

(1) 电感耦合　变压器模式，通过空间高频交变磁场实现耦合，依据的是电磁感应定律，如图 3－73(a)所示。

(2) 电磁反向散射耦合　雷达原理模式，发射出去的电磁波碰到目标后反射，同时携带回目标信息，依据的是电磁波的空间传播规律，如图 3－73(b)所示。

电感耦合一般适合于中、低频工作的近距离射频识别系统，典型的工作频率有：125 kHz、225 kHz 和 13.56 MHz，识别作用距离小于 1 m。电磁反向散射耦合方式一般适合于高频、微波工作的远距离射频识别系统，典型的工作频率有：433 MHz、915 MHz、2.45 GHz、5.8 GHz，识别作用距离大于 1 m，典型作用距离为 3～10 m。

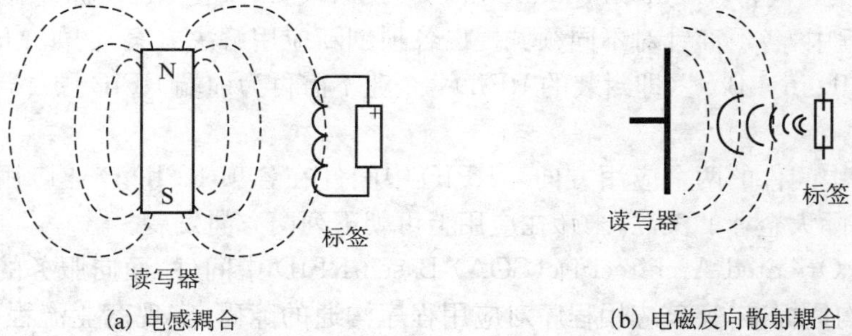

(a) 电感耦合　　(b) 电磁反向散射耦合

图 3－73　射频信号耦合类型

4) 识读器类型

识读器分为手持式和固定式两类，外观示例如图 3－74 所示。

(a) 手持式　　(b) 固定式

图 3－74　RFID 识读器

3.5.8 RFID 系统中间件

RFID 的应用范围遍及制造、物流、医疗、运输、零售、国防等各领域。Gartner Group 认为,RFID 成功的关键除了标签价格、天线的设计、波段的标准化、设备的认证之外,还要有关键应用软件的支持才能迅速推广。而 RFID 中间件(Middleware)就是 RFID 的系统中枢。

(1) RFID 中间件简介

针对各式各样 RFID 的新型应用,用户最关心的是如何将其引入到他们现有的系统中。这就需要解决各种应用系统与 RFID 应用的接口问题。因此,通透性是整个应用的关键,它指正确地获取数据、确保数据读取的可靠性以及有效地将数据传送到后端系统等。传统应用程序与应用程序之间的数据通透是通过中间件架构解决,并发展出各种 Application Server 应用软件。因此,中间件的架构设计解决方案便成为 RFID 应用的核心。

(2) RFID 中间件的三个发展阶段

① 应用程序中间件(Application Middleware)发展阶段:RFID 初期的发展多以整合、串接 RFID 读写器为目的,本阶段为 RFID 读写器厂商提供简单 API,供企业将后端系统与 RFID 读写器串接。此时企业的导入须花费许多成本去处理前后端系统连接的问题。

② 架构中间件(Infrastructure Middleware)发展阶段:本阶段是 RFID 中间件成长的关键阶段。本阶段 RFID 中间件的发展不但已经具备基本数据搜集、过滤等功能,同时也满足企业多设备对多应用(Devices to Applications,DZA)的连接需求,并具备平台的管理与维护功能。

③ 解决方案中间件(Solution Middleware)发展阶段:未来在 RFID 标签、读写器与中间件发展与成熟过程中,各厂商针对不同领域提出各项创新应用解决方案,例如 Manhattan Associates 提出"RFID in a Box"(即封装的 RFID),企业不需再为前端 RFID 硬件与后端应用系统的连接而烦恼。

(3) RFID 中间件的两个应用方向　RFID 中间件在各项 RFID 产业应用中居于神经中枢,特别受到国际大企业的关注,未来在应用上可朝下列两方向发展。

① Service Oriented Architecture(SOA) Based RFID 中间件:面向服务的架构(SOA)的目标就是建立沟通标准,突破应用程序对应用程序沟通的障碍,实现商业流程自动化,支持商业模式的创新,让 IT 变得更灵活,从而更快地响应需求。因此,RFID 中间件在未来发展上,将会以面向服务的架构为基础,提供更弹性灵活的服务。

② Security Infrastructureb RFID 中间件:RFID 应用最让外界质疑的是其后端系统所连接的大量厂商数据库可能引发的商业信息安全问题,尤其是消费者的信息隐私权。通过大量 RFID 读写器的布置,人类的生活与行为将因 RFID 而容易追踪,Wal-Mart、Tesco 初期 RFID 试点项目都因为用户隐私权问题而遭受过抵制与抗议。为此,飞利浦半导体等厂商已经开始在批量生产的 RFID 芯片上加入"屏蔽"功能。RSA Security 也发布了能成功干扰 RFID 信号的技术"RSA Blocker 标签",通过发射无线射频扰乱 RFID 读写器,让 RFID 读写器误以为搜集到的是垃圾信息而错失数据,达到保护消费者隐私权的目的。目前 Auto-ID Center(EPCglobal)也正在研究安全机制以配合 RFID 中间件的工作,构建安全性基础设施。

(4) RFID 中间件原理　RFID 中间件扮演 RFID 标签和应用程序之间中介的角色,从应用程序端使用中间件提供通用的应用程序接口(API),即能连到 RFID 读写器,读取 RFID 标签数据。这样,即使存储 RFID 标签信息的数据库软件或后端应用程序增加或改由其他软件取代，或者 RFID 读写器种类增加等情况发生时，应用端不需修改也能处理，省去多设备对多应用连接的维护复杂性问题。

还可利用 RFID 中间件来管理系统。RFID 中间件是一种面向消息的中间件(Message-Oriented Middleware，MOM)，信息以消息(Message)的形式，从一个程序传送到另一个或多个程序。信息可以以异步方式传送，所以传送者不必等待回应。面向消息的中间件包含的功能不仅是传递信息，还必须包括解释数据、安全性、数据广播、错误恢复、定位网络资源、找出符合成本的路径、消息与要求的优先次序以及延伸的除错工具等服务。

(5) RFID 中间件分类　RFID 中间件从架构上可分为两种。

① 以应用程序为中心(Application Centric)：这一架构的设计理念是通过 RFID 识读口厂商提供的 API，以 Hot Code 方式直接编写特定识读口读取数据的接口，并传送至后端系统的应用程序或数据库，从而达到与后端系统或服务串接的目的。

② 以架构为中心(Infrastructure Centric)：这一架构的出现是随着企业应用系统的复杂度增高，企业无法承担以 Hot Code 方式为每个应用程序编写接口。同时，面对对象标准化等问题，企业可以考虑采用厂商所提供的标准规格 RFID 中间件。这样一来，即使存储标签信息的数据库软件改由其他软件代替，或读写器种类增加等情况发生时，应用端不做修改也能应付。

(6) RFID 中间件的特征　一般来说，RFID 中间件具有下列的特征：

① 独立于架构(Insulation Infrastructure)：RFID 中间件独立并介于读写器与后端应用程序之间，并能与多个读写器以及多个后端应用程序连接，以减轻架构与维护的复杂性。

② 数据流(Data Flow)处理：RFID 的主要目的在于将实体对象转换为信息环境下的虚拟对象，因此数据处理是 RFID 最重要的功能。RFID 中间件具有数据的搜集、过滤、整合与传递等特性，以便将正确的对象信息传到企业后端的应用系统。

③ 支持处理流(Process Flow)：RFID 中间件采用程序逻辑及存储再转送的功能来提供顺序的消息流，具有数据流设计与管理的能力。

④ 标准性(Standard)：RFID 涉及数据自动采集与自动识别技术的应用。EPCglobal 提出了为各种产品提供全球唯一识别号码的通用标识标准，即 EPC。EPC 在供应链系统中，以一串数字来识别一项特定的商品，通过无线射频辨识标签由 RFID 读写器读入后，传送到计算机或是应用系统中的过程称为对象名解析服务(Object Name Service，ONS)。ONS 系统会锁定网络中的固定点获取有关商品的消息。EPC 存储在 RFID 标签中，被 RFID 读写器读出后，即可提供追踪 EPC 所代表的物品名称及相关信息，并立即识别及分享供应链中的物品数据，有效率地提供信息透明度。

3.5.9　RFID 标签通信所需协议

RFID 标签与读写器之间的数据交换构成了一个无线数据通信系统。由于采用无接触方式通信，还存在一个空间无线信道。在这样的数据通信系统模型下，RFID 标签是数据通信的一方，读写器是通信的另一方。要实现安全、可靠、有效的数据通信目的，数据通信的双方必须遵守相互约定的通信协议。没有这样一个通信双方公认的基础，数据通信双方互相听不懂对方在说什么，步调也无从协调一致，造成数据通信无法进行。

RFID 标签通信涉及的协议包括：时序系统协议；通信握手协议；数据帧协议；数据编码协

议;数据完整性协议;多标签读写防冲突协议;干扰与抗干扰协议;识读率与误码率协议;数据加密与安全性协议;读写器与应用系统之间接口协议等。

3.5.10 RFID 应用领域

RFID 技术有着极其广阔的应用前景。就目前而言,下列领域已是较为成熟的应用领域:物流业、零售业、制造业、服装业、医疗业、身份识别、防伪领域、资产管理、交通管理、食品安全、动物识别、图书资料、汽车工业、航空领域、军事领域等。

3.5.11 RFID 和条码技术的比较

条形码和 RFID 都不仅可应用于产品,还可用于更广阔的标签对象,如人员、资产、过程等。因此,可从更一般性角度对两者作如下比较。

(1) 快速扫描　条形码阅读器一次只能扫描一个条形码;而 RFID 识读器可同时识读数个 RFID 标签。

(2) 体积小型化、形状多样化　RFID 标签在读取上并不受尺寸大小与形状限制,不需为了读取精确度而配合纸张的固定尺寸和印刷品质。此外,RFID 标签更可往小型化与多样形态发展,以适用于不同的对象。

(3) 抗污染能力和耐久性　传统条形码的载体是纸张,因此容易受到污染,但 RFID 标签对水、油和化学药品等物质具有很强抵抗性。此外,由于条形码是附于塑料袋或外包装纸箱上,所以容易受到折损;RFID 标签将数据存在芯片中,可免受污损及机械性损伤。

(4) 可重复使用　条形码印刷后无法更改,读写式 RFID 标签则可以重复地新增、修改、删除 RFID 标签内储存的数据,方便信息的更新。

(5) 穿透性和无障碍识读　在被覆盖的情况下,RFID 识读器能穿透纸张、木材和塑料等非金属或非透明的材质,进行穿透性通信。而条形码扫描机必须在近距离且无阻挡的情况下,才可辨读条形码。

(6) 数据的记忆容量大　一维条形码的容量约为 50 bit 左右,二维条形码最大的容量可储存 2 至 3 000 个字符,RFID 最大的容量可达数兆字节。随着记忆载体的发展,数据容量也不断扩大。未来物品所需携带的资料量越来越大,对标签扩容的需求也相应增加。

(7) 安全性　RFID 承载的是电子信息,其数据内容可用密码保护,使其内容不易被伪造及变更。近年来,RFID 因具备远距离读取、高储存量等特性而备受瞩目。不仅可以帮助企业大幅提高货物、信息管理的效率,还可让销售企业和制造企业互联,从而更准确地接收反馈信息,控制需求信息,优化供应链等。

3.5.12 生物识别技术简介

生物识别技术是指利用可测量的人体生物学或行为学特征,与计算机、光学、声学、生物传感器和生物统计学技术等结合来区分、识别与核实个人身份的一种自动识别技术。能用来鉴别身份的生物特征应具有广泛性、唯一性、稳定性、可采集性等特点。可利用的人体固有的生理特征大致有:指纹、指静脉、人脸、虹膜、视网膜、基因等,行为特征有:笔迹、声音、步态等。

由于人体特征具有不可复制的唯一性以及被识别者的现场参与(不可替代性)为前提,且这些生物特征不会失窃或被遗忘,故利用生物识别技术进行身份认定具有安全、可靠、准确等特点。而常见的口令、IC卡、条形码、磁卡或钥匙则存在着丢失、遗忘、复制及被盗用诸多不利因素。

所有的生物识别都包括原始数据获取、抽取特征、比较和匹配鉴别等4个步骤,下面结合几类具体技术介绍。

3.5.13 指纹识别技术

1) 指纹特点

指纹是指人的手指末端正面皮肤上凸凹不平产生的纹线,有断点、起点、终点、结合点、分叉点、分歧点、孤立点、环点、短纹和转折点等,这些就形成了指纹的细节特征点,也成为指纹唯一的确认信息。特征点的参数包括:方向(节点可朝一定的方向)、曲率(描述纹路方向改变的速度)、位置(节点的位置通过x/y坐标来描述,可以是绝对的,也可以是相对于三角点或特征点的)等。

由于每人的指纹终身不变,就是同一人的十指指纹也有区别,因此指纹可用于身份鉴定,且具唯一性、稳定性和方便性,通过将指纹和预先保存的指纹信息进行比较,就可验证其身份,这就是指纹识别技术。

指纹具有三大固定特性。

(1) 确定性　每人的指纹结构恒定,自从形成后终生不变。

(2) 唯一性　两个完全一致的指纹出现的概率极小,不超过10^{-36}。

(3) 可分类性　可按指纹的纹线走向进行分类。

2) 指纹识别模式与流程

指纹识别系统具有典型的模式识别流程,包括指纹图像获取、处理、特征提取和比对等过程,具体如下:

(1) 指纹图像获取　指纹采集仪用指纹传感器按采集方式分为划擦式和按压式;按信号采集原理有光学式、压敏式、电容式、电感式、热敏式和超声波式等。也可用扫描仪、数字相机等获取指纹图像。对分辨率和采集面积等技术指标,按采集指纹面积可分滚动捺印指纹和平面捺印指纹等。大容量的指纹数据库须经压缩后存储。

(2) 指纹图像处理　包括指纹区域检测、图像质量判断、方向图和频率估计、图像增强、指纹图像二值化和细化等。预处理对含噪声及伪特征的指纹图像采用特定算法加以纹线清晰化、特征突出化处理,以改善指纹图像质量,提高特征提取的准确性,如图3-75所示。

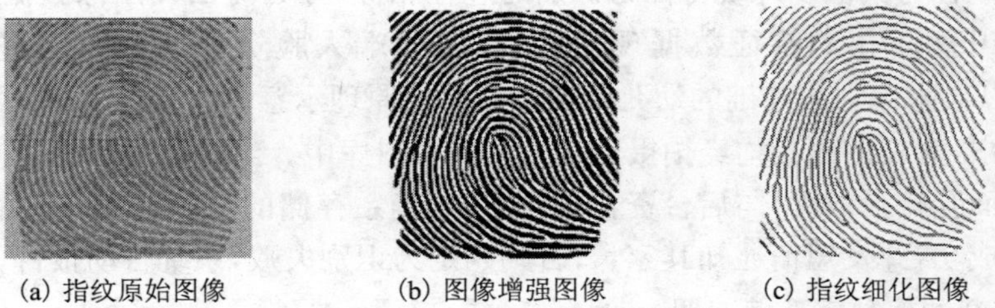

(a) 指纹原始图像　(b) 图像增强图像　(c) 指纹细化图像

图3-75　指纹预处理过程各步骤的图像

(3) 指纹特征提取　从预处理后的图像中提取指纹的特征点信息(端点、分叉点、孤立点、短分叉、环、终结点等),信息主要包括类型、坐标、方向等参数。

(4) 指纹匹配　将所采集的指纹特征与指纹库中的指纹特征进行比较,判断其是否属于同一指纹。指纹对比有两种方式:① 一对一比对:从指纹库中检索出待对比的用户指纹,再与新采集的指纹进行比对;② 一对多比对:新采集的指纹和指纹库中的所有指纹逐一比对。

指纹识别流程如图 3－76 所示。

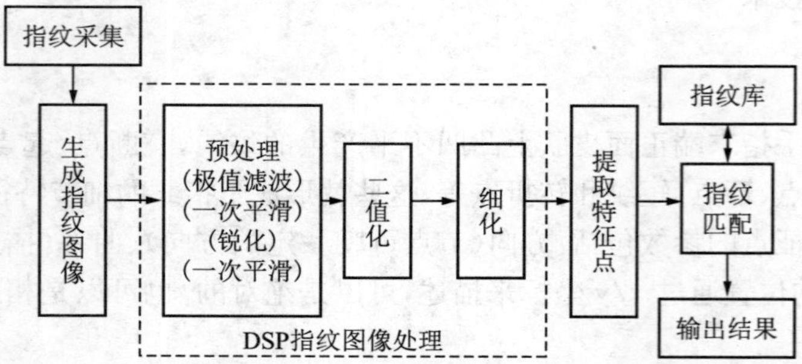

图 3－76　指纹识别流程

3) 指纹识别的优缺点

指纹是人体独一无二的特征,其复杂度足以用于鉴别个体特征;如需增加识别可靠性,只需登记更多指纹,鉴别更多的对象手指;指纹采集方便,指纹采集头可更加小型化,且价格会更低廉。指纹识别的缺点是:某些人或群体的指纹特征少,难成像。每一次使用时都会在指纹采集头上留下用户的指纹印痕,存在被复制的可能性。

3.5.14　面部识别技术

1) 系统简介

面部识别系统通过对人的面部特征和它们之间的关系来进行识别,人脸因具有不可复制、采集方便、不需要被拍者的配合而具有广泛应用前景。

标准视频技术通过摄像头获得面部图像或一系列图像,获取后记录一些核心节点,主要是:眼间距离、鼻子宽度、眼窝深度、颧骨、下颌轮廓、下颚等。测量的目的在于产生一系列数字代码,它在数据库中代表该面孔,该代码称作面纹。面纹就成为人脸识别的数据模板。

2) 面部识别技术流程

面部识别流程与其他以外观特征为识别的过程相似,分为对面孔图像数据采集并存入人脸数据库,对识别面孔的特征数据现场提取,与后端人脸资料库的数据进行比对识别。图 3－77表示以人脸识别为基础的幼儿接收系统工作原理示意。

图 3－77 中,家长的面孔均经拍摄后存入人脸资料库中。当有人到幼儿园接小孩时,识别系统先采集其面孔特征数据,与后台资料库比对,如确系存储的与该孩童相关的人物面孔时,系统判定识别成功,并发短信通知其家长;否则判定为识别失败,系统自动报警。

3) 面部识别的优缺点及其应用

(1) 优点　面部识别是非接触的,用户不需要和设备直接接触。

(2) 缺点　需要比较高级的高清摄像头才能高速有效地捕捉行进中的人面图像,采集图

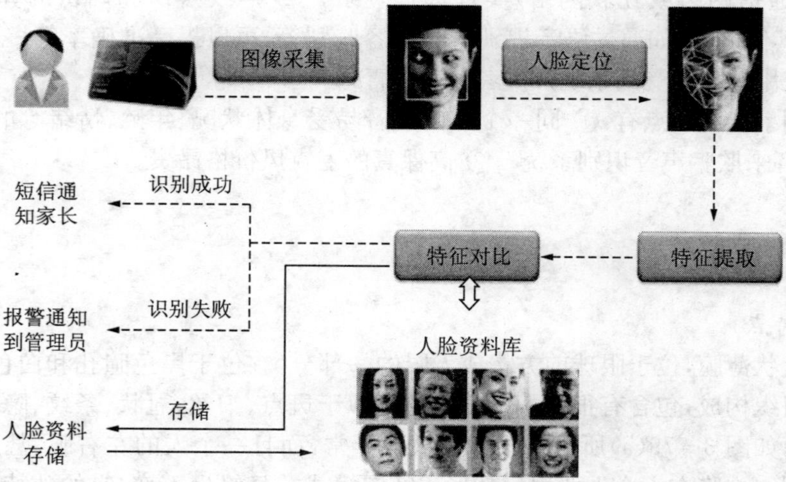

图 3－77　人脸识别幼儿接收系统工作原理

像的设备较昂贵。被采集者的面部位置与周围光环境都会影响采集质量，该技术尚需特征提取与比对技术的提高。

面部识别系统应用广泛：如消除各种现场欺诈、取款身份验证、计算机安全防护等。

3.5.15　声音识别技术

1）*声音识别*

声音识别亦称声纹(Voiceprint)识别，声纹是用电声学仪器记录并显示言语信息的声波频谱。人在讲话时使用的发声器官——舌、牙齿、喉头、肺、鼻腔在尺寸和形态方面差异很大，所以任何两个人的声纹图谱都有差异。每人的语音声学特征具有相对稳定性，因此在一般情况下，人们能区别不同人的声音或判断是否是同一人的声音。

2）*声音识别系统*

声音识别系统主要环节分为：对待检测者的声音作语音输入，经端点检测、噪声消除后作声学特征分析与提取，对声纹进行注册。使用时，按语音参考模板作测度估计，对声纹模型进行声纹匹配，将所供声音与语音库进行判定识别，并将结果输出。其原理如图 3－78 所示。

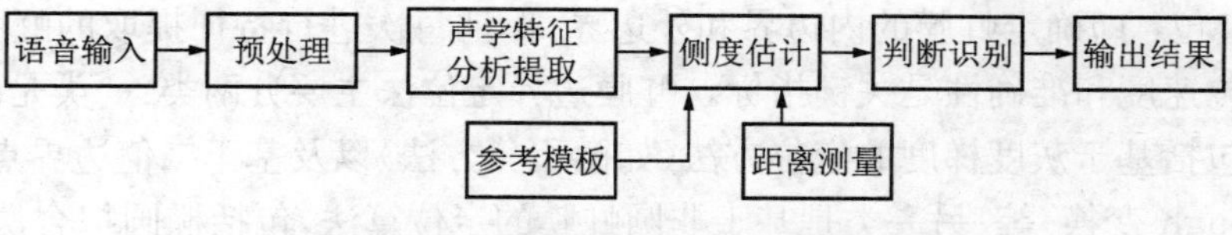

图 3－78　语音识别系统基本原理示意

3）*声音识别系统的优缺点*

声音识别可用声音指令实现非接触式数据采集，与其他生物特征相比，声纹识别应用有 5 项特殊优势。① 蕴含声纹特征的语音获取方便、自然，声纹提取可在不知不觉中完成，因此使用者的接受程度也高。② 获取语音的识别成本低廉，使用简单，一个麦克风即可，在使用通信设备时更无需额外的录音设备。③ 适合远程身份确认，只需要一个麦克风或电话、手机就可以通过网路(通信网络或互联网络)实现远程登录。④ 声纹辨认和确认的算法复杂度低。⑤ 配合一些其他措施,如通过语音识别进行内容鉴别等,可以提高准确率等。这些优势使得声纹识别的应用越来越受到系统开发者和用户青睐。

声音识别系统的缺点有:① 同一个人的声音易受身体状况、年龄、情绪等的影响而变化。② 可能用录音来欺骗声音识别系统。③ 高保真的麦克风价格昂贵。

3.5.16 虹膜识别技术

1) 虹膜特点

虹膜是盘状薄膜,位于眼球前方构成人眼的一部分,它位于黑色瞳孔和白色巩膜之间,由复杂的纤维组织构成,包含有很多相互交错的类似于斑点、细丝、冠状、条纹、隐窝等的细节模式,极其复杂,如图 3-79(a)所示。不但因人而异常,而且一个人的左右眼、甚至双胞胎的虹膜都互不相同。虹膜在一个人两岁后就形成特定模式并且终生不变,它的独特形态特征就可唯一地标识一个人的身份,而其验证能力仅次于 DNA 序列。

2) 虹膜识别系统

虹膜识别系统主要包含:虹膜图像采集,虹膜图像预处理,虹膜图像的特征提取及编码,虹膜图像的匹配与识别等 4 个主要部分。

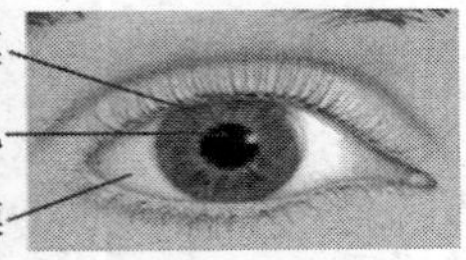

(a)

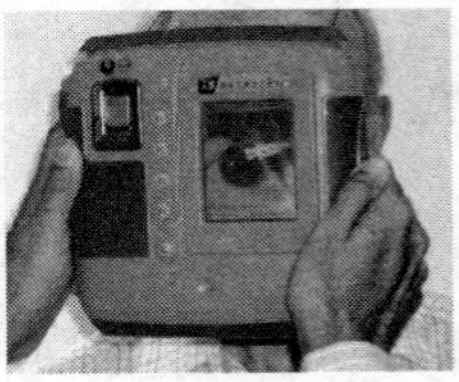

(b)

图 3-79 虹膜与虹膜采集

(1) 虹膜图像采集 虹膜是个相对较小的器官,直径约十几毫米,不同人种的虹膜颜色有着很大的差别,必须采用专门的虹膜图像采集装置才可拍摄出纹理丰富的虹膜图像。采集时用户需站在离采集设备 10～50 cm 的范围内,睁大眼睛注视采集窗口,才能采集清晰的虹膜图像,如图 3-79(b)。

(2) 虹膜图像预处理 本步骤包含虹膜定位、归一化和图像增强 3 部分。

① 虹膜定位:即确定虹膜的内边界和外边界,保证每次进行特征提取的虹膜区域不存在较大偏差,定位速度和准确性是关键指标。虹膜边界定位法主要分两类:一类是基于圆形虹膜的定位算法,包括基于灰度梯度的定位方法(如微积分方法)以及基于二值边界点的方法(如最小二乘法、Hough 变换)等;另一类是基于非圆虹膜的定位算法,包括椭圆拟合法、动态轮廓线法等。

② 虹膜归一化:在获取虹膜图像的过程中,受焦距、人眼的大小、眼睛的平移和旋转以及瞳孔的收缩等因素的影响,所得虹膜图像不仅大小不同而且存在旋转、平移等现象。为便于比较,要对虹膜进行归一化处理,将每幅原始图像调整到相同的尺寸和对应的位置,消除平移、缩放和旋转对虹膜识别的影响。

③ 虹膜图像增强:采集设备自身的原因会使虹膜图像光照不均,需作均衡化处理;采集

过程中还存在各种噪声干扰，通过同态滤波去除反光噪声。如采集的虹膜图像模糊不清，会影响识别系统的识别性能，通常利用基于重建的超分辨率方法改善图像。总之，图像增强就是减小光照不均、噪声等因素对虹膜识别系统的影响。

(2) 虹膜特征提取及编码　依靠相应的算法对虹膜图像中独特的细节特征进行提取，并采取适当的特征记录方法，构成虹膜编码，最后形成特征模板或模式模型，该环节关系到虹膜识别的准确率。特征提取涉及一些特殊的解析法、编码法与算法等。

(3) 匹配与识别　虹膜识别是典型的模式匹配问题，即将采集图像的特征与数据库中的虹膜图像特征模板进行比对，判断两个虹膜是否属于同一类。一是将待识别特征与存储的所有特征模板进行比对，从多个类中找出待识别模式，是一对多的比对；二是进行认证，把待识别特征与用户模板进行比对，根据比对结果判断是否属于同一模式，完成一对一的比对。认证相对于识别来说范围要小得多，速度要快得多。

3) 虹膜识别的优缺点

虹膜识别的优点主要体现在：方便易行，是最可靠的生物识别技术之一，无需物理接触等方面。虹膜识别的缺点主要是：难将图像获取设备小型化，需要昂贵的摄像头，镜头可能产生图像畸变而使识读性降低，黑眼睛难于读取，等等。

3.6　定位技术

1) 概述

定位技术属于“基于位置服务”(Location Based Services，LBS)领域，通常由卫星定位技术与地理信息系统(GIS)结合，加上电信运营网络并通过相应核心技术与支撑技术等获得移动终端、用户或实体的实际位置，如其经纬度坐标数据或电子地图上的标示点位，提供给移动用户或他人及通信设备，实现各种与位置相关的服务。该领域中，“位置”这一概念包括：① 地理位置(空间坐标)；② 对象处在该位置的时刻(时间坐标)；③ 处在该位置的对象(身份与标识信息等)。

物联网时代，定位技术除涉及 GPS 接收装置、手机等移动设备，更有越来越多载有电子标签的人、物与建筑物等为可定位对象。这一领域技术的使用将大大提高其在人身与财产安全、城市管理、公共服务、安全防恐、医疗护理、物流与供应链管理等领域的应用。

2) 定位方法与系统

定位服务主要涉及以下几种方法：

(1) AOA(Angle of Arrival，到达角度定位)　指通过两个基站的交集来获取移动台(Mobile Station，MS，即接收机)的位置。

(2) TDOA(Time Difference of Arrival，到达时差定位)　工作原理类似于 GPS，通过一个移动台和多个基站交互的时间差来定位。

(3) Location Signature(位置标记定位)　对每个位置区进行标识来获取对象位置。

(4) 卫星定位。

定位技术涉及核心技术、支撑技术和应用系统三方面。

(1) 核心技术　如基于 GPS、A－GPS 的定位导航技术，WLAN 的无线通信及定位技术，基于 RFID 等的身份识别与定位导航技术，基于 WSN 的探测、定位及跟踪报警技术以及位置服务中间件技术(多模式定位导航协同技术，多模式切换与平滑过渡技术)等。

(2) 支撑技术　如嵌入式系统技术,数据库管理技术,AdHoc 及 Mesh 网络技术,局域网及互联网技术,MIS 技术等。

(3) 应用系统　目标识别与跟踪导航服务系统,自动电子导航服务系统,智能建筑的应急联动管理系统,关键区域入侵防护与遥测预警系统,复杂建筑的三维地理信息及导航系统等。

3.6.1　GPS 全球定位系统

1) GPS 系统构成

全球定位系统(Global Positioning System,GPS)由空间部分、地面控制系统和用户设备(接收机部分)三部分组成。

(1) 空间部分　由 24 颗卫星组成,均匀分布在 6 个轨道面上,轨道倾角 55°。卫星的分布使得全球任何地方、任何时间都可观测到 4 颗以上的卫星,并能在卫星中预存导航信息。

(2) 地面控制系统　由监测站(Monitor Station)、主控制站(Master Monitor Station)、注入站和地面天线所组成。一个主控制站,三个注入站,五个监控站。地面控制站负责收集由卫星传回的信息,并计算卫星星历、相对距离、大气校正等数据。

(3) 用户设备部分　即 GPS 信号接收机。功能是能捕获到按一定卫星截止角所选的待测卫星。当接收机捕获到卫星信号后,就可测出接收机至卫星的伪距离和距离变化率,解调出卫星轨道参数等数据。据此,接收机的微处理器就可按定位解算方法定位,计算出用户所在地理位置的经纬度、高度、速度、时间等信息。GPS 系统结构如图 3－80 所示。

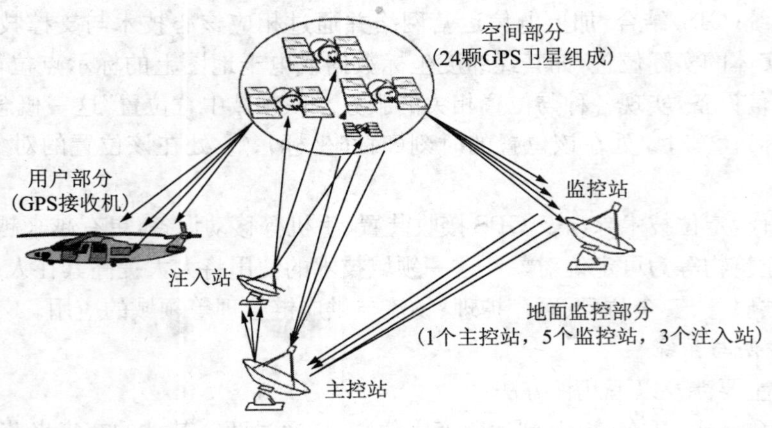

图 3－80　GPS 系统结构

2) GPS 系统工作过程

GPS 导航系统的基本原理是测量出已知位置的卫星到用户接收机之间的距离,再综合多颗卫星的数据就可知道接收机的具体位置,如图 3－81 示意。

卫星位置可根据星载时钟记录的时间在卫星星历中查出。接收机到卫星的距离通过记录卫星信号传播到接收机的时间再乘以光速得到。由于大气层电离层的干扰以及接收机与卫星间的时钟误差,该距离并非两者间的真实距离,而是伪距(PR)。

卫星以二进制码元组成的伪随机码(简称伪码)不断地发射导航电文,其中包括卫星星历、工况、时钟改正、电离层时延修正、大气折射修正等信息。接收机收到导航电文,提取卫星时

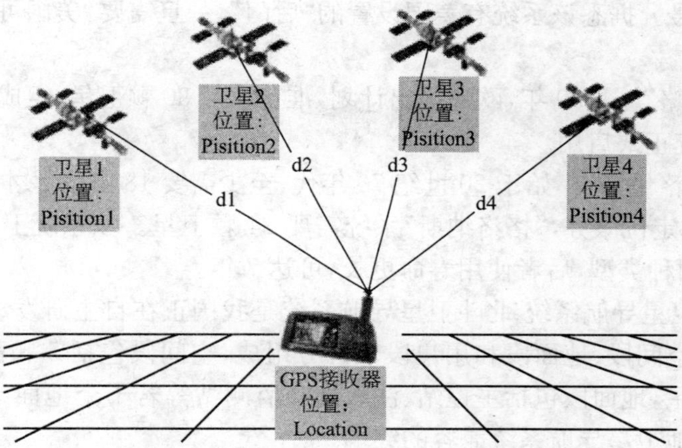

图 3-81　GPS 卫星信号接收工作原理

间,用导航电文中的卫星星历数据推算出卫星发射电文时所处位置,并将其与自己的时钟对比,再用用户在 WGS-84 大地坐标系中的位置速度等信息便可得知自动的位置。

由于用户接收机的时钟与卫星时钟不可能总是同步,所以除接收机的三维坐标 X、Y、Z 外,还要引进 Δt(即卫星与接收机之间的时间差)作为未知数,再用 4 个方程解出这 4 个未知数。故如想知道接收机的所处位置,至少需要接收到 4 个卫星的信号。

用户接收机对码的量测可得其到卫星的距离(伪距),对 OA 码测得的伪距称为 OA 码伪距,精度约为 20 m,对 P 码测得的伪距称为 P 码伪距,精度约为 2 m。

3) GPS 定位计算

GPS 定位是根据卫星瞬间位置为起算数据,采集空间距离,确定待测点的位置。如图 3-82所示,假设 t 时刻在地面待测点的 GPS 接收机,可测定卫星信号到达接收机的时间 Δt,再加上接收机收到的卫星星历等数据,可确定图 3-82(a)中的 4 个方程式。

公式中 X、Y、Z 和 t 为待测接收机的空间坐标,X_i、Y_i、Z_i($i=1$、2、3、4)为 4 颗卫星在时刻 t 的空间坐标,由卫星导航电文求得;t_i($i=1$、2、3、4)是与 4 颗卫星钟的钟差,从卫星星历提供,c 为 GPS 信号传播速度(即光速)。由以上 4 个方程可解算出待测点的坐标和接收机的钟差。

$$P_1 = \sqrt{(X-X_1)^2+(Y-Y_1)^2+(Z-Z_1)^2}+c(dt_1-dt)$$
$$P_2 = \sqrt{(X-X_2)^2+(Y-Y_2)^2+(Z-Z_2)^2}+c(dt_2-dt)$$
$$P_3 = \sqrt{(X-X_3)^2+(Y-Y_3)^2+(Z-Z_3)^2}+c(dt_3-dt)$$
$$P_4 = \sqrt{(X-X_4)^2+(Y-Y_4)^2+(Z-Z_4)^2}+c(dt_4-dt)$$

(a)

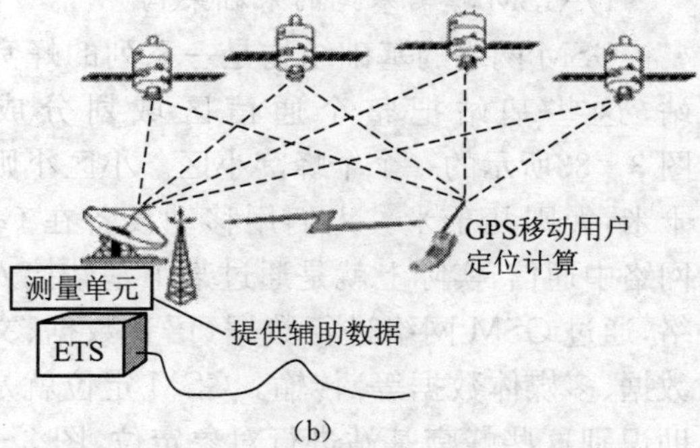

(b)

图 3-82　GPS 计算及定位示意

4) 全球四大 GPS 系统

联合国卫星导航委员会认定我国的北斗卫星导航系统、美国的 GPS、俄罗斯的格洛纳斯系统和欧盟伽利略定位系统为全球卫星导航系统的四大核心服务系统。

(1) 美国 GPS　1994 年,美国宣布在 10 年内向全世界免费提供 GPS 使用权,但只向外国提供低精度卫星信号。据悉该系统有美国设置的“后门”，一旦需要，美国可以关闭对某地区的信息服务。

(2) 欧盟“伽利略”　1999 年，欧洲提出计划，准备发射 30 颗卫星，组成“伽利略”卫星定位系统，2009 年该系统正式启用。

(3) 俄罗斯“格洛纳斯”　始于 20 世纪 70 年代，至少需要 18 颗卫星才能保证覆盖俄罗斯全境；如要提供全球定位服务，“格洛纳斯”系统需要 24 颗卫星。该系统卫星分为“格洛纳斯”和“格洛纳斯-M”两种类型，后者使用寿命更长，可达 7 年。

(4) 中国北斗卫星导航系统 北斗卫星导航系统是我国正在自主研发、独立运行的全球卫星导航系统。它由空间段、地面段和用户段 3 部分组成，空间段包括 5 颗静止轨道卫星和 30 余颗非静止轨道卫星，地面段包括主控站、注入站和监测站等若干个地面站，用户段包括北斗用户终端以及与其他卫星导航系统兼容的终端。

系统地面段由主控站、注入站、监测站和用户段等组成，功能如下：

① 主控站：用于系统运行管理与控制，主控站从监测站接收数据并进行处理，生成卫星导航电文和差分完好性信息，再交由注入站执行信息的发送。

② 注入站：用于向卫星发送信号，对卫星进行控制管理，在接受主控站的调度后，将卫星导航电文和差分完好性信息向卫星发送。

③ 监测站：用于接收卫星的信号，并发送给主控站，可实现对卫星的监测，以确定卫星轨道，并为时间同步提供观测资料。

④ 用户端，即信号接收机，也可是同时兼容其他卫星导航系统的接收机。接收机需要捕获并跟踪卫星的信号，根据数据按一定方式进行定位计算，得到用户的经纬度、高度、速度、时间等信息。

3.6.2 蜂窝基站定位

蜂窝基站定位(Global System for Mobile Communications，GSM)具有定位快速、省电、低成本、应用范围限制小的特点，适于在一些精度要求不高的场合应用。

1) GSM 蜂窝基站的基础架构

GSM 网络的基础结构是一系列的蜂窝基站，这些基站把整个通信区域划分成如图 3-83所示的一个个蜂窝小区。小区小则几十米，大则几千米。人们用移动设备在 GSM 网络中通信，实际上就是通过某个基站接入网络，通过 GSM 网络进行数据(语音数据、文本数据、多媒体数据等)传输。GSM 定位就是借助识别这些蜂窝基站进行对象定位，图 3-83 中 MSC 是移动交换中心，通过公共电话交换网(PSTN)与主干网互联。

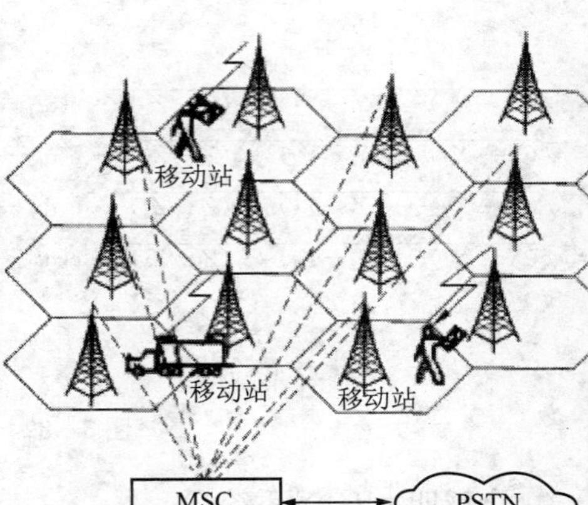

图 3-83　蜂窝基站

2) COO 定位

蜂窝小区(Cell of Origin，COO)是 GSM 网获取位置信息来实现位置服务的主要定位技术。COO是一种单基站定位，即根据接收机当前连接的蜂窝基站的位置（在各电信运营商的网络中，每个基站都有唯一的标识号与位置）来确定其当时位置。显然，定位精度取决于蜂窝小区的半径。基站密集的城市，通常采用多层小区，小区划分得很小，其定位精度可达到50 m以内。而在其他地区，基站分布分散，小区半径较大，可达几千米，也就意味着这一方法定位精度只能粗略到几千米。

可见，COO定位精度不太确定，但却是GSM网络中的移动设备最快捷、最方便的定位方法，因为GSM网络端以及设备端都不需要任何的额外硬件投入。只要电信运营商支持，GSM网络中的设备都可以获取当前基站的一个唯一代码，称之为基站ID，或Cell ID。

3.6.3 七号信令定位

该技术以信令监测为基础，能对移动通信网中特定的信令过程（如漫游、切换以及与电路相关的信令过程）进行过滤和分析，并将监测结果提供给业务中心，以实现对用户的个性化服务。该技术通过对信令进行实时监测，可定位到一个小区，也可定位到地区。故适于对定位精确度要求不高的业务，如漫游用户问候服务、远程设计服务、平安报信和货物跟踪等。

3.6.4 TOA/TDOA定位

基于距离的TOA定位（Time of Arrival，到达时间），基于距离差的TDOA定位（Time Difference of Arrival，到达时间差）都是基于电波传播时间的定位方法，同时也是三基站定位法，两者的定位都需要同时有三个位置已知的基站合作进行，如图3-84。

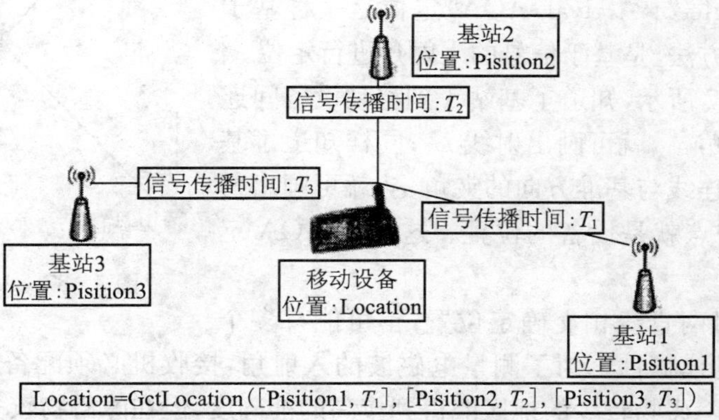

图3-84 三基站定位法

TOA/TDOA定位方法均通过三对[Pisition i, T_i]($i=1,2,3$)来确定接收机的位置Location。两者的不同只是算法上的不同。TOA电波到达时间定位基本原理是得到T_i($i=1,2,3$)后，由$T_i \times c$得到设备到基站之间的距离R_i，再按几何原理建立方程组并求解，从而求得Location值，如图3-85所示。

由于图中距离计算完全依赖于时间，故TOA算法对系统时间的同步要求很高，任何很小的时间误差都会被放大很多倍，同时由于多径效应的影响又会带来很大的误差，因而单纯的TOA在实际中应用很少。

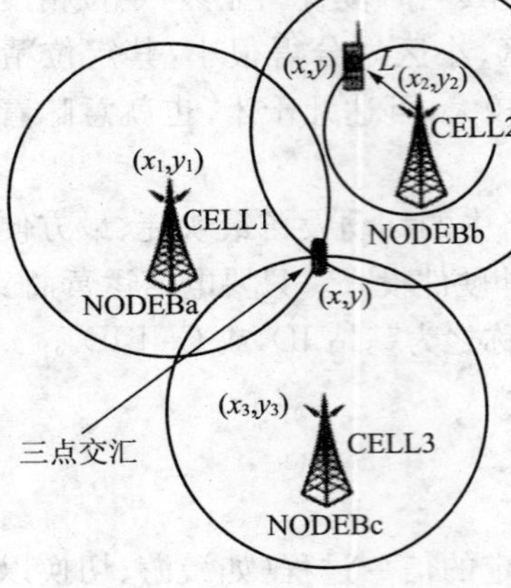

图 3-85　TOA 定位方法示意

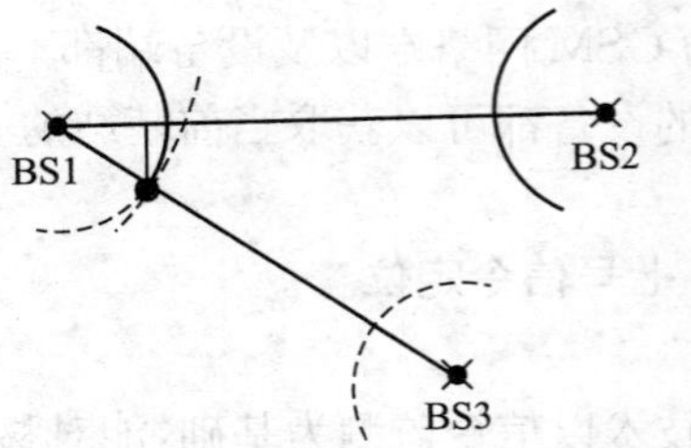

图 3-86　TDOA 定位方法示意

TDOA 电波到达时间差定位是对 TOA 定位的改进，与 TOA 的不同之处在于，得到 T_i 后不是立即用 T_i 去求距离 R_i，而是先对 T_1、T_2、T_3 两两求差，再通过一些算法建立方程组并求解，得到 Location 值，如图 3-86 所示。

TDOA 由于其中设计的求差过程会抵消很大一部分的时间误差和多径效应带来的误差，可以大大提高定位的精确度，再因其对网络的要求相对较低，目前已成为研究的热点。

3.6.5　AOA 定位

到达角度（Angle of Arrival，AOA）定位是一种基于方向的两基站定位方法，是基于信号的入射角进行定位。

原理如图 3-87 所示，知道了基站 1 到移动设备间连线与基准方向的夹角 α_1，就可画出射线 L_1；同样知道了基站 2 到移动设备间连线与基准方向的夹角 α_2，就可画出射线 L_2，L_1 与 L_2 的交点就是设备的位置。这就是 AOA 定位的基本数学原理。

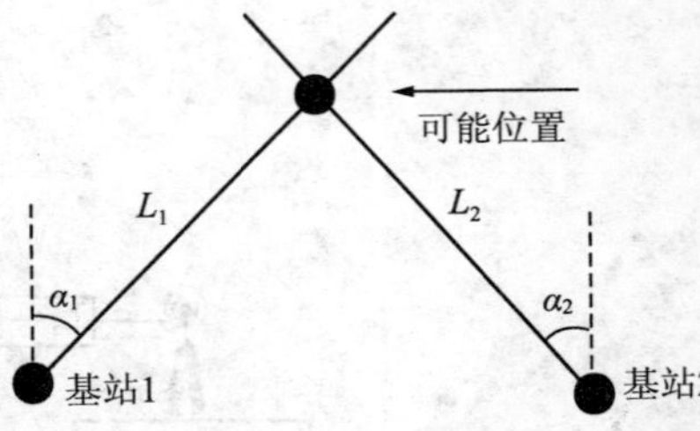

图 3-87　AOA 定位法原理

AOA 定位通过两直线相交确定位置，不可能有多个交点，避免了定位的模糊性。为了测量电磁波的入射角，接收机必须配备方向性强的天线阵列。采用此方法在障碍物较少的地区能得到较高的准确度，但在障碍物较多的环境中，由于无线传输存在多径效应，则误差增大。位置测定精度依赖于发送器相对于接收器的位置。如发送器恰好处在两个接收器之间的直线上，则 AOA 法无法锁定目标位置。此时需采用多于两个基站来保证定位精度。

混合定位即同时使用两种以上的定位方法，如蜂窝基站定位、七号信令定位、TDOA 或 AOA 定位等。各种定位方法间结合使用，互补短长，以达到更高的定位精度。

3.6.6 AGPS 定位

AGPS(Assisted GPS,A-GPS)网络辅助 GPS 是一种新型的定位技术,它结合了 GPS 定位和蜂窝基站定位的优势,借助蜂窝网络的数据传输功能,可达很高的定位精度和很快的定位速度,在移动设备尤其是手机中被越来越广泛的使用。

1) AGPS 定位

按定位媒介,定位技术包含基于 GPS 的定位和基于蜂窝基站的定位两类。GPS 定位的弱点主要是:一是硬件初始化(首次搜索卫星)时间较长;二是 GPS 卫星信号穿透力弱,易受建筑物、树木等的阻挡而影响定位精度。AGPS 定位技术通过 GSM 网络等的辅助,成功地解决或缓解了这两个问题。

对第一个问题,首次搜星慢是因 GPS 卫星接收器需要进行全频段搜索寻找 GPS 卫星所致。在 AGPS 中,通过从蜂窝网络下载当前地区的可用卫星信息(包含当地区可用的卫星频段、方位、仰角等信息),能避免全频段大范围搜索,使首次搜星速度大为提高。

对第二个问题,是因 GPS 卫星信号本身性质所定。但在 APGS 中,通过蜂窝基站参考 GPS 的辅助,或是借助 GSM 定位中 Cell-ID 定位(COO 定位)方法的辅助,缓解了在 GPS 信号不良的情况下定位的问题,有效提高了在此情况下的定位精度。

2) AGPS 定位流程

AGPS 中从定位启动到 GPS 接收器找到可用卫星的基本流程如图 3-88。

(1) 移动设备从蜂窝基站获取到当前所在的小区位置(即一次 COO 定位)。

(2) 移动设备通过蜂窝网络将当前蜂窝小区位置传送给网络中的 AGPS 位置服务器。

(3) APGS 位置服务器根据当前小区位置查询该区域当前可用的卫星信息(包括卫星的频段、方位、仰角等相关信息),并返回给设备。

(4) GPS 接收器根据得到的可用卫星信息,可快速找到当前可用的 GPS 卫星。

至此,GPS 接收器已经可正常接收 GPS 信号,GPS 初始化过程结束。AGPS 对定位速度的提高就主要体现在此过程中。

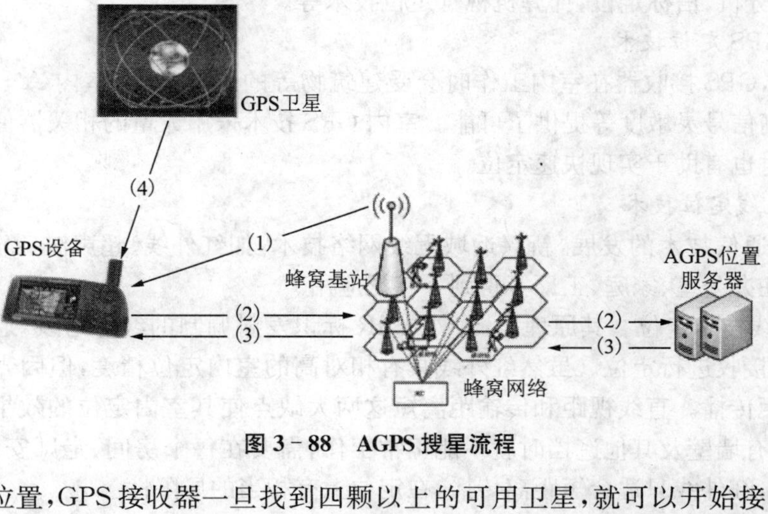

图 3-88 AGPS 搜星流程

其次计算位置,GPS 接收器一旦找到四颗以上的可用卫星,就可以开始接收卫星信号实现定位。接下来的过程根据位置计算所在端的不同，通常有两种方案：在移动设备端进行计算的 MS - Based 方式和在网络端进行计算的 MS - Assisted 方式。

MS - Based 方式中，后续过程与传统 GPS 定位完全相同：GPS 接收器接收原始 GPS 信号，解调并进行一定处理，根据处理后的信息进行位置计算，得到最终的位置坐标。

MS - Assisted 方式中，解调并处理后，后续流程如图 3 - 89 所示。

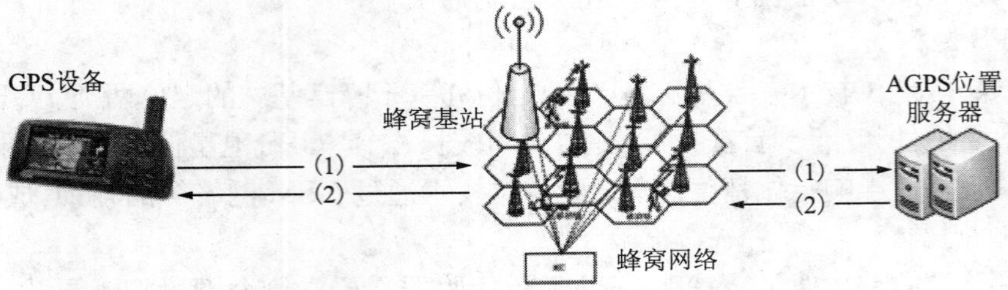

图 3 - 89　AGPS 定位流程

(1) 设备将处理后的 GPS 信息（伪距信息）通过蜂窝网络传输给 AGPS 位置服务器。

(2) AGPS 服务器根据伪距信息，并结合其他途径（蜂窝基站定位、参考 GPS 定位等）得到的辅助定位信息，计算出最终的位置坐标，返回给设备。

由于辅助定位信息的加入，能取得更高的定位精度；可在很大程度上克服弱 GPS 信号情况下的无法定位或精度降低的问题；将复杂计算转移到网络端，也可减小设备的电耗。

3.6.7　无线室内环境定位

物联网应用将有很大一部分是在室内，如机场、展厅、仓库、超市、图书馆、停车场、矿井、车间、酒店、教学楼以及摩天大楼等建筑物中，需要确定移动终端、载有电子标签的物品或人员、设施与装备等在一幢建筑物内的位置信息。但受定位时间、定位精度以及复杂室内环境等条件之限，任何一种定位技术均未达到尽善尽美。因此，专家提出了多项技术解决方案，如 A - GPS 定位、超声波定位、蓝牙技术、红外线技术、射频识别技术、超宽带技术、无线局域网、光跟踪定位及图像分析、信标定位、计算机视觉定位技术等。

1) 室内 GPS 定位技术

如前所述，GPS 接收器在室内工作时会受建筑物等的影响较大，室内 A - GPS 技术为解决此问题、提高信号灵敏度等提供了可能。室内 GPS 技术采用大量的相关器件并行搜索可能的延迟码，同时也有助于实现快速定位。

2) 室内无线定位技术

随着无线通信技术的发展，新兴近域无线网络技术，如红外线、超声波、ZigBee、蓝牙和超宽带等技术，在办公室、家庭、工厂等得到了广泛应用。

(1) 红外线技术定位　其原理是：红外线 IR 标识发射调制的红外射线，通过安装在室内的光学传感器接收进行定位。虽然红外线具有相对高的室内定位精度，但因光线不能穿过障碍物，仅能视距传播。直线视距和传输距离短这两大缺点使其室内定位的效果较差。当标识放在口袋里或有墙壁及其他遮挡时就不能正常工作，需要在每个房间、走廊安装接收天线，造价较高。因此，红外线只适合短距离传播，在定位上有相当的局限性。

(2) 超声波技术定位　超声波测距主要采用反射式测距法，通过三角定位等算法确定物体位置，即发射超声波并接收被测物的回波，根据回波与发射波的时间差计算出待测距离，有的则采用单向测距法。

超声波定位系统可由若干个应答器和一个主测距器组成。主测距器放置在被测物体上，在微机指令信号的作用下向位置固定的应答器发射同频率的无线电信号，应答器在收到无线电信号后同时向主测距器发射超声波信号，得到主测距器与各个应答器之间的距离。当同时有3个或以上不在同一直线上的应答器回应时，可根据相关计算确定被测物体所在的二维坐标系的位置。

超声波定位整体定位精度较高，结构简单，但受多径效应和非视距传播影响很大，同时需要大量的底层硬件设施投资，成本高。

(3) 蓝牙技术定位　蓝牙技术通过测量信号强度进行定位。在室内安装适当的蓝牙局域网接入点，把网络配置成基于多用户的基础网络连接模式，并保证蓝牙局域网接入点始终是这个微微网(Piconet)的主设备，就可获得用户的位置信息。

蓝牙室内定位技术最大的优点是设备体积小、易于集成在PDA、PC以及手机中，容易推广普及。理论上，对持有集成了蓝牙功能移动终端设备的用户，只要设备的蓝牙功能开启，蓝牙室内定位系统就能够对其进行位置判断。采用该技术作室内短距离定位时容易发现设备且信号传输不受视距的影响。其不足处在于蓝牙器件和设备的价格比较昂贵，且主要应用于小范围定位，对于复杂的空间环境，蓝牙系统的稳定性稍差，受噪声信号干扰大。

(4) RFID技术定位　利用射频方式进行非接触式双向通信能达到识别和定位，其作用距离短，一般最长为几十米。但它可以在几毫秒内得到厘米级定位精度的信息，且传输范围大，成本较低。同时由于其非接触和非视距等优点，可望成为优选的室内定位技术。目前，RFID研究的热点和难点在于传播模型的建立、用户的安全隐私等问题。其优点是标识的体积较小，造价较低，但是作用距离近，不具通信能力，不便于整合到其他系统之中。

(5) UWB技术定位　UWB可用于室内精确定位，与传统的窄带系统相比，具有穿透力强、功耗低、抗多径效果好、安全性高、系统复杂度低等优点。因此，可用于室内静止或者移动物体以及人的定位跟踪与导航，且能提供十分精确的定位精度。

(6) Wi-Fi技术定位　无线局域网络(WLAN)可实现复杂的大范围定位、监测和追踪任务，而网络节点自身定位是大多数应用的基础和前提。Wi-Fi定位采用经验测试和信号传播模型相结合的方式，易于安装，需要很少基站，能采用相同的底层无线网络结构，系统总精度高。

Wi-Fi定位精度约在120 m的范围内，它比蜂窝网络三角测量定位方法更精确。但如果定位的测算仅仅依赖于哪个Wi-Fi的接入点最近，而不是依赖于合成信号强度计算，则在楼层定位上易出错。目前，它适于小范围室内定位。无论是用于室内还是室外定位，Wi-Fi收发器都只能覆盖半径90 m内区域，且易受其他信号干扰而影响精度，定位器的能耗也较高。

(7) ZigBee技术定位　ZigBee是一种新兴的短距离、低速率无线网络技术，它介于射频识别和蓝牙之间，也可用于室内定位。它有自己的无线电标准，在数千个微小的传感器之间相互协调通信以实现定位。这些传感器只需要很少的能量，以接力的方式通过无线电波将数据从一个传感器传到另一个传感器，所以它们的通信效率非常高，其技术特点是低功耗和低成本。

除上述诸项定位技术，还有基于计算机视觉定位、光跟踪定位、磁场定位及信标定位。

不管GPS定位技术还是利用无线传感器网络或其他定位手段进行定位都有其局限性，故室内定位技术的趋势是卫星导航技术与无线定位技术相结合，发挥各自的优点，则既可提供较好的精度和响应速度，又可覆盖较广的范围，实现无缝的、精确的定位。

上述各种定位技术、定位精度与定位范围与适用领域的比较如图 3－90 所示。这些技术都能在物联网中应用，可按图示选择最适合的定位距离与技术。

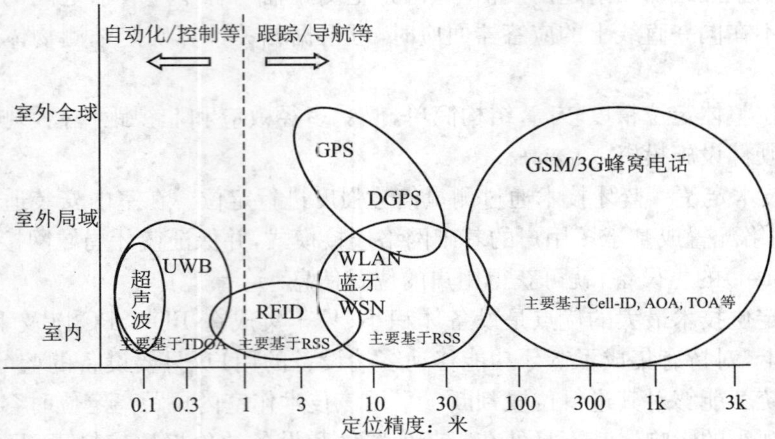

图 3－90　定位技术、定位精度与适用范围的比较

思考题

(1) 简述无线传感器的概念。

(2) 简述微机电系统的构成。

(3) 什么是自动识别技术？主要技术有哪些，各自特点如何？

(4) 简述二维码的特点及其应用。

(5) 生物识别法主要有几种，各自特点如何？

(6) 简述无线定位技术的基本原理。

4 物联网在精致农业领域的应用

[学习目标]

(1) 了解精致农业的基本内涵。

(2) 了解物联网在精致农业中的应用。

(3) 了解物联网在精致农业应用的基本技术构架。

4.1 精致农业与物联网

4.1.1 精准农业

当今世界,人口持续增加,土地已成为稀缺资源。我国是世界第一人口大国,地少人多的矛盾从未缓解过,随着各地城市化建设的加速,可耕地面积减少,灌溉用水和生态与环境压力将持续加大。因此,转变传统农业耕作方式,减少浪费,降低成本,尽可能提高每一寸土地、每一滴水的利用率和产能,发挥机械化、自动化、信息化的作用,就成为国内农业发展面临的大课题。同时,机械化、自动化和信息化在农业中的应用,也有一个交替发展的过程。

早在20世纪70年代第一次中东石油战争之后,发达国家就意识到石油危机将深刻地影响到农业耕作方式和世界农产品价格。此时,微电机技术的发展推动了农业工程的长足进步,美国等开始在农业机械中推广光机电一体化的分析装置和控制技术,使农田灌溉与农肥农药的受控喷施等在硬件上成为可能,大型农机作业可变得精细化。所缺的就是引导这些机械进行精准作业的“眼睛”以及指挥对各土壤点喷施多少水、肥、药,使各点作物生长达到最佳的“大脑”。

80年代,计算机技术起飞,微处理器成本不断下降而功能日益强大,各种大型农机设备的专用计算机得以普及,实现了对各作业点测量数据的量化分析并能结合各种优化模型进行多因素比较,为科学农耕作业提供了聪明的“脑袋”。

90年代,美国克林顿政府倡导“信息高速公路”,全球进入信息技术与互联网高速发展时代。海湾战争后,GPS技术民用化,戈尔提出创建1 m分辨率的“数字地球”,立刻在农业地理信息学界引起了热烈响应,因其为卫星土壤分析、引导农机精准作业去除了最后一道政策屏障。各大农机厂商纷纷向市场提供了装有GPS定位和探测作物生长传感器的联合收割机,它能在作业过程中自动采集12～15m^2 单元内的小面积土壤和农作物位置坐标,通过模糊聚类分析软件生成农田内作物长势分布图,以定量方式分析各田块的作物状况,将各块间的差异与坐标数据结合,指挥农机对各块进行优化调控作业,为农机作业提供了“眼睛”。

这就是“精准农业”(Precision Agriculture)的基本内涵,它一出现就引起各国政府的高度重视。如美国国家研究委员会为此曾专门立项并邀请多学科的著名专家对其开展研究,成果经美国科学院、工程院和医学科学院院士组成的联合评估组审议后，于 1997 年发表了《21 世纪的精准农业——地理空间与信息技术应用于作物管理》(Precision Agriculture in the 21st Century-Geospatial and Information Technologies in Crop Management)的专著，全面阐述了美国农业面临的压力，信息技术将为改进作物生产管理和提升农业产能与经济效益提供的巨大潜力，正式提出了"精准农业"技术体系的研究现状、面临课题及产业开发与应用的时机，阐述了精准农业的概念、总体功能和发展前景等。

精准农业是现代农业与信息化融合的产物，也是尖端军事科学在民用领域应用的典型。它将传统作物学、农艺学、土壤学、植保学、资源测量学和优化控制技术等集成在农机装备上，与田间信息采集技术、优化与决策支持技术等融为一体，在 3S(即 GPS 空间定位系统、GIS 地理信息系统、RS 遥感监测系统)技术的支持下，实现小范围农田定位，控制现代农业机械，实测作物生长情况和土壤条件等的差异，动态修改对定位单元范围内作物的分析，按土壤的需要变化进行施肥、病虫害管理、植物保护等方面的作业，形成所谓"处方式耕作"方式，使美国农业步入高科技耕作时代。

4.1.2 从"精准农业"到"精致农业"，从 3S 技术到物联网

精准农业的兴起，引起各国与地区的关注，在其东渐的过程中，内涵也发生了一定的变化。美国农业生产的基本模式是大农庄，土地广袤，大型农机耕作，单一作物播种面积大，故农耕信息化的需求首先是对耕作的精准定位上；而我国及日、韩等东亚国家历来以精耕细作为特点，多季粮食，多种经济作物，追求单位面积产值，但各农场面积普遍远不及美国，不以大型农机粗放式耕作为主，对作业定位与分析要求更加精细。对此而言，目前开放民用的 GPS 定位精度仍不足，特别是在一定微环境中可监测的相关参数仍偏少。

21 世纪，信息技术进一步发展，各类应用门槛大大降低；物联网的出现，使原先以定位为主的功能扩展到自动识别、农产品流通跟踪、环境感测、耕作优化、辅助决策等领域，从而极大地丰富了精准农业的技术内涵与应用，并孕育着划时代的农业革命。在微观上，它通过分布在田间或大棚内的多种传感器，自动感测与跟踪控制作物的生长态势并进行最佳管理；而在禽蛋畜牧业中，要求能识别并跟踪每头牲畜的成长情况，甚至给每只蛋打上激光标识，实现农产品从田间和饲养棚场到采摘、储藏、保鲜、加工、分级、运输，再到店铺零售直至消费者餐桌上的全程记录跟踪，确保食品生产管理的可溯源化，极大地提高了公众卫生与食品安全水平。在宏观上，物联网将促进农业从单纯的生产导向转向"生产、生活、生态"的"三生并重"导向的绿色环保农业。其内涵已不仅包含农田种植，还扩展到园艺经营、集约化养殖、产品加工及主副食品的生产管理，涌现出越来越多的创新性应用，极大地丰富了精准农业的技术内涵与应用领域，昭示其美好的前景和无尽的发展空间。

正因为物联网与现代农业的结合能带来划时代的变革，美国、以色列、荷兰、丹麦、日本、韩国、台湾等发达国家和地区政府对此给予高度重视。如台湾的经济发展战略中就将其和生物科技、观光旅游、绿色能源、医疗护理和文化创意产业等一道列为让台湾"从制造业转型为创新服务业经济"的六大新兴主导产业，并要求在其推广发展中，与民众的生活休闲、城乡美化、旅游体验等功能结合，拓展农业经营范畴，提高农业附加值等。故从这一发展趋势来看，称"精致农业"或"精细农业"更能反映物联网时代农业信息化的特征。

4.1.3 无线传感网在精致农业中的基础作用

精致农业的实现，关键技术是无线传感网(WSN)的应用，它将布置在一个特定区域内的许多传感器以无线通信方式相互连接组成网络，形成精致农业管理信息系统的基础架构，用于监测环境的变化、对象定位、观察特定参量等，进而做出相应操作、传输数据以及其他辅助作业。

1) 农业领域的无线传感网结构

在农业领域，无线传感网的发展主要分两个方向：Wi－Fi 遵循 IEEE 802.11(IEEE 1999b)通信协议，ZigBee 遵循 IEEE 802.15.4 (IEEE 2003)通信协议。前者以日本农业总合研究所创建的田间服务器(Field Server, FS)为代表，后者以美国柏克利大学的以 Mote 为基础的 WSN 和 NASA 喷射引擎实验室(JPL)的感测网为代表。

Wi－Fi 为 Wireless Fidelity 的缩写，是无线数据传输技术协议，目前普遍使用。IEEE 对无线网络制定了 802.11 标准协议，包括不同无线 AP 之间传输器的 802.11f(用于漫游)，以及不同传输频率和速度的 802.11(a,b,g)。802.11b 有两种运作模式，一种是无线网卡和 AP 之间建立网络；另一种是称为 Ad Hoc 的客户端对客户端的传输模式，在这一模式中，每组使用无线网卡的客户端均需要在对方的信号范围内。

ZigBee 遵循 IEEE 802.15.4 协议，是一种新的短距离无线通信标准，最大优势在于低成本、低耗电及应用范围广。主要用于改善蓝牙的缺点，因蓝牙技术只能撷取 7 个无线设施，而 ZigBee 却能控制 6 万多个；且从开启蓝牙耳机到接收蓝牙手机的信号约需 3～4 s，Wi－Fi 系统也如此，但 ZigBee 接口传输仅要 30 ms。802.15.4/ZigBee 可以设置在手机或遥控器上，在一个空间内可迅速抓取各个配备同样接口的无线设施信号，故应用面非常广泛。

Mote 是无线传感节点，极小尺寸的就是智能灰尘(Smart Dust)，特征是具有智能性与极小尺寸。Mote 的相关产品均使用柏克利大学研发的 TinyOS 和 TinyDB 为操作系统与数据库系统；田间服务器(FS)与 Mote 已成工业标准，已被企业界广泛使用，且随着田间服务器的日益缩小和 Mote 的功能日趋强大，两者间的区别也在缩小。图 4－1 为一款用于植物生长环境监测的无线传感节点(Mote)示例。

图 4－1 无线传感节点示例

2）无线传感网在农业上的应用

在农作物培育的空间应用上，无线传感网可与田间服务器、智能灰尘等结合，在农业大棚作业、气象预报与防灾上有广阔的应用，能对温度、湿度、二氧化碳、通光量、土壤含水率、土壤养分等进行动态监测，并能定时或根据感测信号做逻辑判断进而控制通风设备、加热系统、灯光与光照系统、加湿机、灌溉设备、警报器等运行，并发送监控短信、现场图像与视频给远程管理者等。

在农产品生长的时间管理上，主要用于农产品生产履历跟踪记录、农业环境信息跟踪收集、温室与种苗花卉生产的远程监控、农作物虫害疫病分析预警、鱼塘养殖远程监控管理、粮仓远程监控管理、养鸡场远程监控管理、畜牧场远程监控管理、污染防制点远程监控、野生动物调查、农民生产实时咨询、农产品物流运输等领域。

3）无线传感网农业应用的意义与面临的问题

无线传感网的农业应用发展很快，不单改变了原有精准农业的观念，而且通过越来越多的高科技感测与识别技术的引进，将为农业生产管理带来如丰田式的“精实生产（Lean Production）”模式。

无线传感网在农业的大规模应用仍面临一些问题。一是农业生产多在室外，大雨或雷电等均易导致系统受损（包括硬件与通信质量），故环境耐候性将是首要问题；二是能源保证，虽然无线传感网感测节点或传输节点一般干电池可支持数月至一年，但有地点偏远及实施面积较大的问题，更换电池或重新启动休眠不起的节点均会造成困扰。

总体而言，无线传感网在农业领域的应用是大趋势，技术的完善也很快，上述问题均能较快克服，且这一领域的应用正处萌芽期，如能有效结合农、林、牧、渔等专业领域的需求，新的应用将层出不穷，也会给农业生产经营产生强大的产业竞争优势。

4.2　物联网在精致农业领域的应用案例

4.2.1　无线传感网用于作物生长与环境监测

1）农作物长势监测应用

农作物长势与环境监测是农业管理的第一要务，各国政府和研究机构都致力于物联网技术在这一领域的应用研究。荷兰政府近期支持一项农业研究，其中就有作物生长监测。具体内容是在一块马铃薯实验田中安置 150 个温湿度感测器和 30 个信息发射器组成一个小型无线感测网，以监测马铃薯的长势、疫病霉变的发生，以期今后在农业中投入规模化应用。美国爱荷华州立大学也开发了约 5 cm×10 cm×2 cm 大小的无线感测组件，埋在约 30 cm 深的田地里，用此无线感测组件来持续地探测土壤的湿度、温度和养分等。

2）局部环境监测

农作物与养殖业中，周边局部环境的监测也很重要。台湾海洋大学组成一个由养殖、食品科学与系统工程综合组成的团队，实验小型的无线感测器来动态测量养殖池的水温、pH 值、温度和环境湿度、照度等，并设计了由 ZigBee（紫蜂）与 GPRS 做近端与远距传输的网关器，可让监测数据通过互联网传输到数据服务器进行分析处理，并将结果动态发布给养殖场主、技师等，如图 4－2 所示。

图 4－2 中以温度探测为例，左下部分代表发射器、热电偶、RFID 单元、ZigBee 模块、实时时钟（RTC）等组成的系统；右则为部署在水中各处的热电偶，RFID 标签可打在鱼身上，鱼游

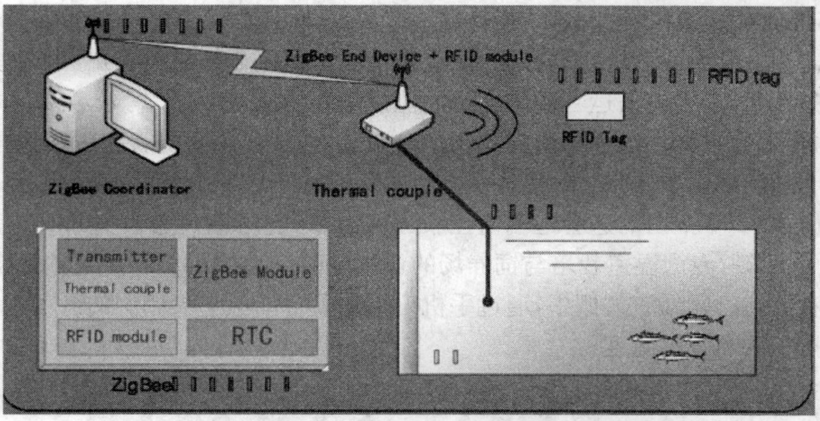

图 4-2　采用 ZigBee 和 RFID 技术的鱼塘养殖动态监测系统

动时可感测池塘各处的水温，温度值和 RFID 标签数据发送到接收 ZigBee 接收器，并通过网关汇集到监控服务器上。

3）农业生产微气候监测

农业生产进入知识密集型竞争产业时代后，就需要标准作业流程来扩大产量与保证农产品质量，而流程的执行要有良好环境控制系统，这就是微气候监测与控制领域，它由感测系统、环境控制设备与控制模型三要素组成。原始数据来自感测系统收集的环境参数，根据微气候侦测系统提供作物生长及环境参数就可拟定控制模型，通过环境控制设备执行。

微环境监测仍通过多种传感空间布局进行，被控制的对象有温度范围、湿度范围、光照度及土壤成分（包含水量、土壤温度及电导率等）等；无线通信规则多采用 IEEE 802.15.4、Auto-routing、Muli-Hop，远程通信可用 GPRS、互联网等；记录系统为微气候变化数据库、作物生长履历数据库；应用软件为监测数据电子表格、微气候变化与作物生长时间曲线等，用户通信为短信、电子邮件或异常警报等，并可整合环境控制系统、微气候自动化调控等，用于如温室栽培、森林监测、产销履历等。

微环境监测系统架构如图 4-3 所示。

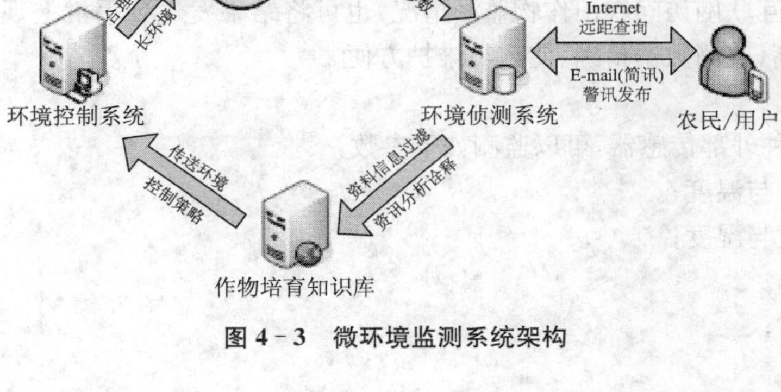

图 4-3　微环境监测系统架构

4）微环境远程感测控制应用

微环境监测的结果除系统自动控制外，更多情况下需要通知相关农户，由于这类服务日益具有公众服务性质，需要电信运营商的支持才能以廉价方式大面积普及。如韩国电信看到这一市场，就为各地农户提供远程感测与控制信息服务，使农户用手机就能观察到自家温室或田间中的温度、湿度、降雨量、降雪量、通光量、土壤含水率、土壤养分等情况。

韩国电信2005年推出的这套远端监控服务称为“绿色网络”，综合了RFID、无线传感网、ZigBee、移动电话等，专为温室栽培与饲养场的业主随时随地提供微环境监测服务，如图4-4所示。图中农户在一间温室大棚中，通过手机可得知另一间温室大棚中的各项参数，并可进一步通过手机指令调控其温湿度。

图4-4　韩国电信提供的服务

4.4.2　ēko农作物远程监测系统架构

上一节从不同侧面介绍了物联网的几种局部性应用。对于适用性更广、功能更强、内容更全的系统，可通过对美国克尔斯博科技公司研发的ēko系列田间农作物监测的专业无线网状（Mesh）网络系统的分析获得进一步的理解。该系统用户可通过互联网浏览器远程动态监测农作物生长情况的实时数据，为物联网技术在精致农业领域的应用提供了一则较全面的解决方案。

1）系统概况

该系统结构与功能界面如图4-5所示。图中上半部分为一批ēko传感器节点MEP600（图左上角）组成的无线网状传感网络，用于动态监测田间各种作物生长参数，所有数据均发送到一台Web服务器中（图右下角）。图中下半部分左侧为各种参数跟踪监测趋势分析界面，右侧为用户自定义的地图界面。

用户可通过互联网访问农田作物监测情况，也可将结果发送到手机上观看。整个系统安装简便、可靠性高、监测数据精确、使用与维护方便。

2）系统功能

（1）支持多种外部传感器，可以监测如下参数：

① 土壤湿度与温度；

② 环境温度与湿度；

③ 叶面水分；

④ 太阳辐射；

图 4-5　远程感测与监管田间作物的系统与界面

⑤ 气象变化(降雨量、风速与风向);
⑥ 水量与压力;
⑦ 水流量。
(2) 用户设置
① 用户可自定义网络节点地图;
② 可为节点和传感器命名;
③ 可查看每个节点详细数据;
④ 可设置报警级别,并可以短信和邮件形式通知用户;
⑤ 可监测网络性能以及每个节点的运行状态;
⑥ 用户可选择时间跨度绘制多个监测节点中的数据趋势图;
⑦ 可管理用户自定义图表。
3) 系统硬件设备及参数
(1) 传感器
① 每个节点可连接 4 个传感器;
② 可直接插入 2～3 个传感器;
③ 外部传感器总线(ESB)可以连接其他类型的传感器。
(2) ēko 网关与数据
① 基站使用 2.4 GHz 射频收发器;
② 基于 Web 的可视化数据分析界面;
③ 基于 XML 格式远程数据服务;
④ 天线接口可以连接外部室外天线。
(3) 射频芯片及通信性能

① 室外传输距离 500～1 000 m(可视距离)；

② 2.4 GHz 频段，IEEE 802.15.4，FCC 认证。

(4) 能源

① 太阳能供电 NiMH AA 蓄电池；

② 没有阳光的情况下，节点可以工作 3 个月。

(5) 机械性能

① IP66 级防水封装；

② 尺寸：130 mm × 21 mm × 91 mm；

③ 重量：160 g。

(6) 工作环境

① 温度：－25～ 55℃；

② 湿度：0 ～ 100％。

(7)接口

① 1 个 RJ45 以太网口；

② 2 个 USB 2.0 host(兼容 USB 1.0/1.1)。

(8) 能源

① 电压：5 V；

② 功率：～4 W。

4) 系统安装设置

(1) 几个小时内可安装成功，自动进行节点配置。

(2) 可快速扩展网络范围，自动检索新节点。

(3) 通过 Web 浏览器对网络进行实时监测，无需软件配置。

(4) 系统采用具有自愈合功能的无线网状网络技术。

从本系统的功能与相关性能可看出，物联网技术在精致农业领域的应用已经成熟，其大面积推广主要与系统成本、用户信息技能与社会信息化环境等相关。

4.2.3 RFID 在蝴蝶兰温室盘床管理上的应用

1) 需求背景

台湾兰花全球知名，而出口价值最高的是蝴蝶兰。蝴蝶兰的栽培面积虽仅占兰花总面积的 33.8％，但出口额却占 75.2％，成为台湾最重要的花卉作物之一。台湾对蝴蝶兰育种及栽培技术研发不遗余力，种植面积及产量不断提升，温室面积逐渐增加，且由于每盆花都放在花床上，对花盆数量的清点统计(即所谓“盘床”)、搬运种苗、移床出货等，作业量日益增大。人工作业耗时费工，且盘床定位及库存管理等越来越难于用人工记录、实时管控，故需借助先进的信息系统。

同样问题也出现在其他品种的花卉与农产品种植上，为强化台湾农产品生产管理效率及提高其质量，台湾以蝴蝶兰为对象开展先导性示范应用，将高性能的 RFID 应用于其生产管理，以提高生产效率、流程管控精度和育成率。重点是将 RFID 用于自动盘床、单株产品定位、库存管理、进出货等，以提高准时交货率及出货数量的准确度，提升台湾蝴蝶兰在国际上的竞争力。

2）技术系统

系统利用 RFID 感测识别与数据传输功能，可定位每盆兰花在花床上的位置与相关信息，在信息系统支持下，自动操作各种机械设置，可以设定、查询、建立盘床数据，如图 4－6 所示。图中右侧金属格架为花床，其上放置蝴蝶兰花盆，左侧为机械花床架，架上侧边的金属盒为 RFID 感测识别器。系统可用触摸屏进行查询。

触摸屏界面上的功能键有设定、查询、建立以及测试等下拉菜单选项，画面上的小方格代表一个花床床位，格子上会显示其所代表的床号及所属颜色，相关数据可通过触摸点选格子显示花床当前的内容。可通过画面上的盆苗尺寸、品种与日期条件等查询信息；也可用显示按钮将其所选位置显示在主界面上，选中花床位置就闪烁显示。

图 4－6　花床轨道读取器及盘床 RFID 装置

4.2.4　智能灌溉

1）智能灌溉的概念

智能灌溉是系统自动感测到农作物需要灌溉时，自动开启灌溉系统作业，浇灌作物至最适程度，既不过量、亦不欠量时自动关闭灌溉系统；可在土壤太干时增大喷灌量，土壤尚湿时则减少喷灌量。智能灌溉系统可以根据植物和土壤类别、光照度等来优化用水量，还可以在雨后监控土壤的湿度，因此能提高水资源利用率。据研究，传统灌溉系统与智能灌溉系统的成本差不多，却可节水 16％～30％。因此，美国加州出台新法案，要求 2012 年起必须普及智能灌溉系统。我国是个水资源缺乏的国家，西部许多地区长年缺水，更需要科学、经济的灌溉方法以节省水资源。

2）智能灌溉控制系统

智能灌溉的核心是控制系统，一是要通过土壤湿度传感器自动感测土壤湿度；二是要能对每个基本灌溉单位的浇灌量自动进行差异化调节，为此，控制系统要充分利用可编程控制器。如在可编程控制器内预先设定 50％～60％RH 为标准湿度，传感器采集的湿度模拟信号经 A/D 模块转换成数字信号传输给控制器，当有一定数量的传感器监测到的湿度值达到设定标准时，灌溉系统自动启动运行。

整个灌溉区通过无线传感网监测作物需水信息，将其汇集到各网关节点并发送给主控中心，中心主机根据信息确定灌溉状态并根据季度差异与作物生长的不同阶段，计算最适灌水量模型，控制灌溉设备工作实现智能灌溉。同时，该系统还能通过互联网实现管理员对系统的远程管理或干预，从而满足规模化的智能灌溉需求。

根据示范区观测，智能灌溉使水利用系数由传统的 0.6 提高到 0.9。系统结合了传感器技术、自动控制技术、计算机技术、无线通信技术等多种高新技术，解决了精致农业亟待解决的关键技术问题。这些技术的导入应用，也将促使传统农业由劳动密集型向技术密集型转变。

3）美国加州政府推动智能型灌溉系统，提升家庭用水效率

美国人每年浇灌花草约需使用 8.52 亿 t 水，故城市用水中 58%是用于美化景观和灌溉；美国在水源系统上每年至少使用 5.2 亿度电，相当于全国电力用量的 13%，而因浪费的水电产生的温室气体，每年超过 54 万 t，浪费是显而易见的。

加州政府规定，从 2012 年起将强制全面使用智能型灌溉系统，美国 SmartWater 研发的智能灌溉系统，利用系统接收到的各地气象台的信息来控制灌溉，系统内部含有湿度感应器来测量土壤中水分含量，外部则有温度感应器判断室外温度，如图 4-7 所示。系统包括传感装置、储水装置与控制系统部分。

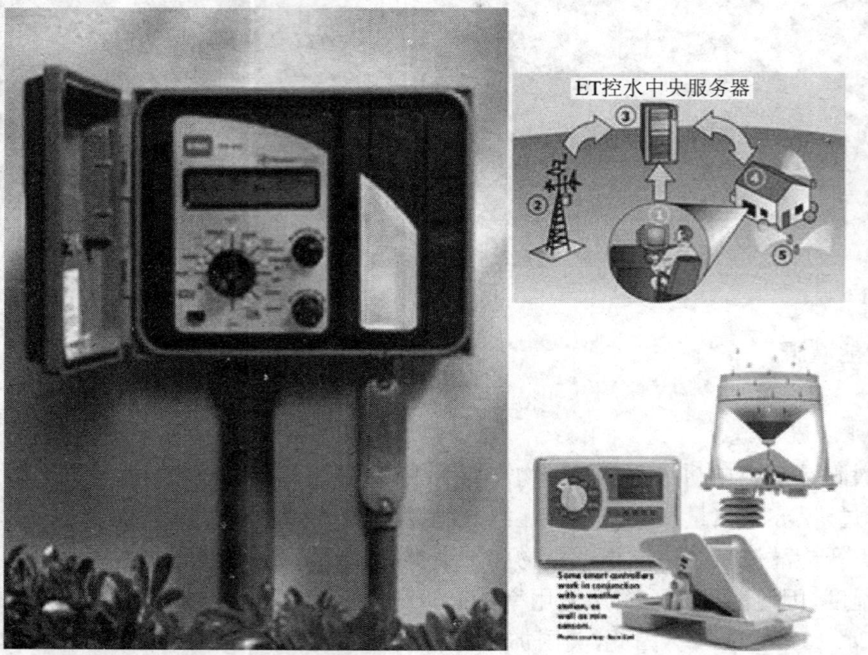

图 4-7　美国加州智能灌溉系统

图 4-7 中右上侧示意：人工可通过互联网访问 ET 控水中央服务器，或将气象台的天气信息传输到该服务器，启动各家的智能灌溉系统灌溉花草；或由各家花园内的土壤湿度传感器控制系统启动。在三种控制途径中，仍以土壤湿度传感器的控制系统为准，即当传感器显示无需灌溉时，其他控制方式可设为失效。

加州预计智能型灌溉系统可节省 7 500 万美元的水源开支。例如，有企业原本每年需用 41.6 万 t 的水，使用智能型灌溉系统后只需用 21.4 万 t，节水一半。

4.2.5 优质西红柿生长的全程感知与控制

1）西红柿生产环境控制需求

台湾一家名为金三角合作社的农业机构，生产的西红柿品质优良、规格划一，为摩斯汉堡、太平洋 SOGO、家乐福等商场定点供应商。夹在汉堡中的西红柿片不仅成熟程度与口感要好，且其直径与厚度必须几乎完全一样。这对于西红柿供货商来说是一个较大的挑战，因为针对这一要求，需按严格的工业化流程进行生产，以保证产品质量，而稳定的生产就须保证对西红柿生产的环境与条件实行严格而精细的控制。

2）控制系统主要功能

在完全与外界阻隔的大棚中，农作物栽种与生长较容易与微观环境平衡，但这种环境长出的作物，有香味不足等缺点。于是，就需要适当地让植物进入大自然开放环境，吸取自然养分让作物长到最好，但这种情况下的环境控制难度就比较大，以西红柿来说，最需要克服的就是台湾的夏天。

台湾夏天过于炎热，偶有阵雨等都不利于西红柿生长，所以，金三角合作社与某科技机构合作，建立包含五大感测模块的自动感测系统自动采集信息，其中包括温度、湿度、电导率、光照度、气压及风速等，通过无线网络将信息回传到主机，然后再结合可编程逻辑控制器（PLC）驱动各种机电设备自动进行适当的浇水、施肥或是遮阳等作业，将西红柿生长条件时刻调节并保持在最佳状态。

目前系统可根据感测系统的探测数据自动调整温室设施，如当土壤水分不足时，温室设施就会自动启动并且供应营养液；而当光照超过设定上限时，则会启动遮阳棚；此外，西红柿最怕得青枯病，其原因是过湿的环境，所以，感测系统中的一个模块通过气压变化，预估感测范围内的下雨概率。该感测模块的预报精度比气象预报更精确，因其探测的范围仅是合作社厂区，故准确度较高。

种植中还要解决大幅降低作物病害与大面积感染等问题，但这些都必须依据栽种者的经验与积累，再将其上升为知识，优化为作业模型，让系统自动操作执行。所以，该合作社的目标是将产业经验与信息系统密切结合，让其每一个厂区都能按不同客户的需求，产出规格、数量、药残标准等都能符合规定的精品西红柿。

3）实际效益

西红柿采收下来之后，会依据外观与重量把产品区分为 6 级，而等级好坏之间大约有 3 倍以上的价差。传统批发价只有 40 元/kg（新台币），但是摩斯汉堡的合同收购，可以达到 100 元/kg 以上，金三角合作社经过上述努力后成为其长期稳定的供货商，效益自然十分明显。

4.2.6 智能酒场感知系统

1）需求背景

Pickberry Vineyard 葡萄园是位于美国北加州索诺玛山谷的一个占地 120 km^2 的家族式企业，以生产优质酿酒葡萄称著，知名的 Ravenswood 酒厂甚至将葡萄园的名字印在其出品的酒瓶上，可见其所产葡萄品质不凡。

2）系统需求

该园优质葡萄得益于先进的信息技术和先进的管理。技术上采用 900MHz 无线网络，将分布在葡萄园各处的不同的传感器连接成网采集相关数据，如土壤湿度、葡萄叶片水分和空气温度，甚至探测园区内的动物等，再通过移动网传输到著名咨询管理公司埃森哲的实验室服务器中，经动态分析后由专家们指导以最优方式控制葡萄园内的土壤、湿度、温度和施肥等作业，以帮助葡萄园增加产量，降低成本，减少对化学农药与肥料的依赖，节省劳力等。

该无线传感网络由埃森哲设计，节点由 30～40 个各种传感器组成，包括无线路由器和网关等。由于传感装置长期在户外，必须防水并有很强的耐候性，甚至要能防止动物咬嚼。故传感器节点如一块砖头大小，里面包括一个感测装置、发射器、天线、微处理器和内存等。

该系统架构如图 4-8 所示。

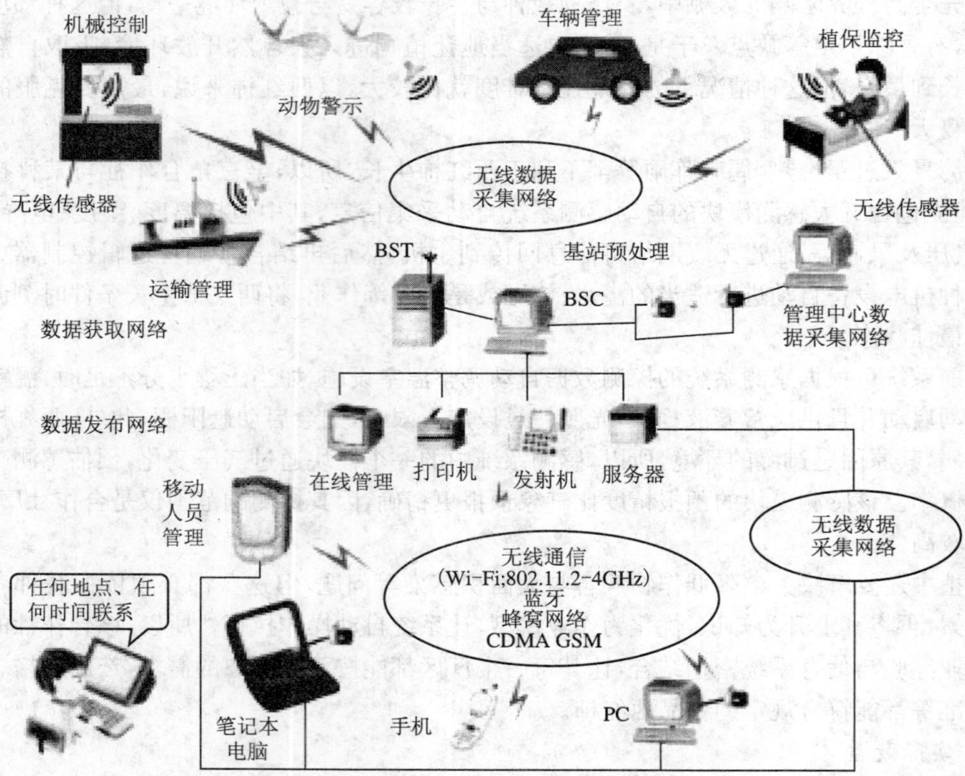

图 4-8　Pickberry Vineyard 葡萄园智能感测系统

思考题

(1) 阐述精致农业的基本含义及其实现的技术基础。

(2) 试述精致农业的基本技术架构。

(3) 我国推广精致农业的必要性和将要面临的主要问题是什么？

5 物联网在食品管理领域的应用

[学习目标]

(1) 了解食品安全信息体系在全球食品监管中的作用。

(2) 了解"食品产销履历"的内容与技术实现。

(3) 了解物联网技术在食品防伪、质量溯源管理中的作用。

(4) 了解物联网技术在个人饮食健康咨询领域的应用。

5.1 食品监管概述

食品是特殊商品,其生产、储运、加工与销售都有严格的管理要求。当前,全社会对食品的关注度日益提高,关注的内容也日趋增多,不仅涉及食品安全、食品卫生,还涉及食品营养等。同时,相关制度日益完善,监管手段也越来越朝高科技化发展,监管内容不仅与食品生产相关,还与食品储存、食品流通等相关。监管范围也向两端延伸,一端延伸至畜、牧、农、林、渔业的最源头,从原产地到种子、农药、化肥等的起源,另一端延伸到各国消费者的餐桌。

各国实践表明,为防止各类有害食品、假冒伪劣食品进入消费者餐桌,采用信息化手段进行监管是行之有效的,这需要建立完善的信息生成、采集、识别与跟踪保障体系,覆盖原料、生产、存储、销售等各环节,让主管机构和消费者随时查验到食品信息,才能让公众买得放心,吃得安心。

物联网在食品管理领域的应用才刚刚开始,即展示了无比广阔的发展空间。在监管领域,宏观上可为国家相关政策与技术法规的落实提供一系列精细化、灵敏化的监测与管理技术手段;微观上,特别是针对个人身体情况建立科学卫生的饮食习惯、开展个性化服务方面起到独特作用。在食品打假防伪领域,物联网更能以多样化手段提供功能更强大的存证、识别、溯源与追踪手段,确保人类食品链的安全。

不久,人们对食物、生鲜农产品、药品、日常生活品等,都能直接用随身携带的移动装置,如手机、PDA、iPad 等扫描产品条形码或电子标签,查到产品的相关信息,包括其产地、生产者、农牧场、加工者、各工序加工时期、发货、配送、中间处里等过程,一直到物流中心、零售场等任何信息;亦即从农场到餐桌,都能保障消费者的安全与农民的权益,人们就不用再担心如疯牛病、口蹄疫、禽流感、假药,或是生鲜蔬果中有害化学药剂、农药残留等问题。

5.2 食品安全信息体系

1) 食品安全问题

食品安全问题分为两个方面:一是食品本身所含成分的安全;二是保证安全食品在生产、

物流与经销全过程直至最终成为公众餐桌上的放心菜。即从农、林、畜、牧、渔等的原产品生产，到成品加工中的运输物流环节、销售环节，再到消费者餐桌的每个环节上的安全。显然，这是一个庞大的社会工程，具体涉及食品追踪系统、生产评估系统和应急制度的建立。需要包括消费者、生产者、监管者在内建立协同监控与保障机制，才能确保食品安全。

以肉类食品生产为例，对于消费者和零售业而言，所谓“放心肉”取决于对该食品情况的了解，公众需要知道牲畜在被屠宰之前是否健康，上架前加工过程是否卫生，每个环节是否经过质检部门监督，有无做假；对于企业来说，包括原材料企业、加工企业、深加工企业等，关心的是如何认定每个工艺背后的风险，实施内部管控措施，判定最后食品安全并符合 HACCP(Hazard Analysis and Critical Control Points，危害分析关键控制点)认证；对于质量监督部门，如何完善检测流程，查处做假单位，做好食品安全早期预警准备，发生安全问题时迅速判定问题来源和影响范围，快速采取处理措施，把影响控制在最小范围内等。

从供应链上看，食品安全管理不是垂直封闭的一条线体制；从时空上看，它需要不同领域提供集合型保障，从养殖、生产、销售到消费，从原材料到半成品、成品，需要复杂的，多方联动的管理布局。

2) 食品安全规范

目前，食品安全管理规范已成国际标准，且越来越具强制性要求，如 HACCP 认证制度在全球的推行。HACCP 是国际食品法典委员会在 1997 年公布的食品安全卫生管理规则。它包括七大监管内容：① 危害分析；② 确认关键控制点；③ 建立管制界线；④ 执行管制点监测；⑤ 建立失控时的矫正措施；⑥ 建立相关之记录系统；⑦ 系统确认。

因此，食品安全的监控、评估、管控、紧急情况处理(包括食品安全早期预警和食品安全突发事件的应急管理)等，都需要处理海量数据和大型集成系统的支持。如标准规定，HACCP 的记录必须包括以下内容：

(1) HACCP 工作小组名单。

(2) 产品说明及其用途。

(3) 标明关键控制点的制造流程图。

(4) 与每个关键控制点相关的危害和预防措施。

(5) 关键控制点的标准。

(6) 监管系统。

(7) 临界限制偏离的纠正措施计划。

(8) 记录保持程序。

(9) 确认 HACCP 计划的程序。

国内也已意识到，食品安全管理必须从初级生产环节抓起。政府正在推广“放心肉”工程，如山东的屠宰企业已经做到了定点监控，同时果蔬类食品，在东莞、淄博等地的生产加工企业内部已经建立了内部流程管控、生产评估系统，但全国大面积推广普及还需时日。

按照 HACCP 要求，每一过程与环节都会产生一系列的数据，且这些数据都能为后续生产者和消费者所查询。而“物-物相连”的数据记录与通信交换体制，加之无所不在的可查证性，就成为物联网技术在该领域应用的主要方向。

5.3 食品产销履历

1) *产销履历的提出*

食品安全问题,如食物中毒事件、疯牛病、口蹄疫、毒奶粉、苏丹红添加剂、假药、各类伪造产地原产地证明以及农牧渔产品药物残留等,已引起全球消费者和政府的严重关切。食品安全已成为涉及公众安全、社会稳定的重要问题,因此国内外对此的要求及技术法规也越来越严格,其中最重要的措施就是通过“产销履历”以建立食品信息的“可追踪性(Traceability)”制度。

所谓“产销履历”,是指从生产、销售至消费者手中都建立可追踪的记录。就农产品而言,其产销履历记录包括生产、处理加工、分装、流通、贩卖等全过程。不仅可以追踪产品本身,也可了解农产品的由来始末,包括农产品的生产者、批发商与分级的市场、物流贮运商及各家超市、农贸市场等。产销履历的作用是让消费者对购买之物产生信赖,当食品发生问题时,也能实时召回或追溯责任,让食品的安全路径有迹可循,即建立起“农场到餐桌(Farm to Fork)”的保障体系。

2) *产销履历中信息的形成过程*

产销履历信息需要一系列的数据登录。以台湾为例,通常,所有经产销履历验证的农产品都会有一个条形码标签,消费者据此到台湾农产品安全追溯信息网(TAFT,http://taft.coa.gov.tw/rsm/autho_list.aspx)输入标签上的产销履历追溯号码,或通过PDA或手机扫描标签上的二维条形码,即可查询得该项农产品的生产记录。

产销履历中数据输入的步骤如图5-1所示。

(1) 生产农户进入产销履历系统登录生产记录。

(2) 产品包装后打印上包装追溯码,并上传至台湾农产品安全追溯信息网(TAFT),自动建立摘要履历。

(3) 由TAFT上传,自动取得工业局二维条形码验证主机的QR Code二维验证条形码。

(4) 将生成的QR Code传回TAFT。

(5) 由TAFT再传回产销履历登录系统。

(6) 由农户端的条形码打印机印出,将条形码卷标贴附在产品上。

(7) 消费者可用手机与网页照相机(Web-Camera)等通过TAFT得到该农产品的相关产销信息。

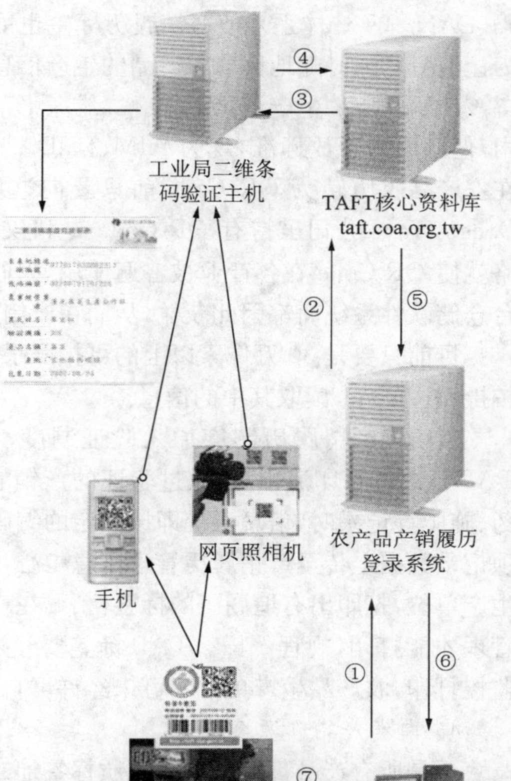

图5-1 农产品产销履历和条形码标签生成流程

3）产销履历标签

产销履历的前端以标签形式附在每件农产品或其外包装上，这些标签就起着面向消费者的数据界面的作用，图 5－2 为一件台湾的农产品标签。

图 5－2　台湾农产品标签示例

标签上部有："农产品产销履历"绿色标志，QR Code 形式的二维条形码，下部为农产品名称、验证机构名称、包装日期、农产品履历追溯码、标准一维条形码，最下部为官方追溯网址。

产销履历系统提供对商品条形码的维护，商品出货时，可打印出标准的一维通用商品条形码（EAN/ UCC 体系），使产销履历标签也能用于零售 POS 机扫描结算。而产销履历制度是为让消费者随时随地读取农产品的生产信息，故使用二维条形码，商家和消费者就能用手机了解该产销履历的生产记录内容。二维条形码采用 QR Code，虽然其源于日本 Denso Wave 公司，但已成为开放标准，现为 AIM、JEIDA 55、JIS X 0510、ISO/IEC 18004 等标准机构采用。在农产品履历转为 QR Code 前只要向这些机构取得一份规格书，用标准软件就能生成。Denso Wave 公司虽持有 QR Code 专利权，但不行使其权利，故任何人都可免费使用。该策略就使 QR Code 在各产业被普遍使用，因而带动整个产业发展，如制码软件、识读扫描仪与后台仓储软件系统商都因此获益，从而在产销履历中被广泛使用。

目前只要是 30 万像素以上的可拍照手机或其他智能装置，装有识读转译程序，就可通过拍摄 QR Code，读取其中的信息。

现阶段产销履历制度加入验证制度，二维条形码打印流程也要配合验证，层层把关。TAP 标志的打印流程为：通过验证的产销农产品，农户通过信息登录系统记载生产过程、用药、施肥等记录时，信息系统即按一定的编码原则编订一个田间作业码，并按田间作业码将各项记录数据上传至产销履历管理信息中心，经二维条形码认证中心核发认证号码后，再传送至生产单位，打印出有追溯码的标签，粘贴在产品小包装上。每批农产品生产信息均需按此程序管理才能打印，规程严谨。TAP 标签要经过验证单位验证通过后才能核发，并须由验证机构监控打印，农产品生产单位不可未经许可自行打印。

4）肉类产品溯源系统

不是所有产品都适于采用纸质标签加二维条形码管理的流程。如我国农业部开始要求在生猪生产管理中，采用相应标签记录牲畜的生长历程。具体做法之一就是推行牲畜耳标和条码结合的记录制度，规定猪成年 12 月以后要打耳标，耳标内置 RFID 芯片，以记录猪饲养和生长过程中接种疫苗的情况，如图 5－3 所示，并将信息输入食品安全管理信息系统。市民购买时只需手机识读就可获取相关记录。该制度已开始在各地推广。

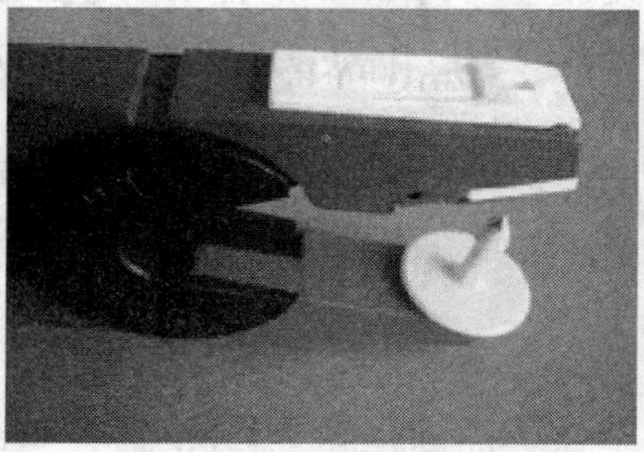

图 5-3　猪的耳标(右)及打标器

上海要求能让市民在购买每块猪肉时都能找到生产养殖的源头。这套实时监管系统将覆盖所有定点屠宰场与定点肉品批发市场,并向养殖环节、防疫系统、标准化菜场、集贸市场和超市延伸。上海市食品药品监管部门还将试点往生猪体内植入记录相关信息的电子芯片,取代在生猪身上盖蓝色印章的追溯方法。对于菜场内无包装、无标签的猪肉块,也将引入电子标签,以完善猪肉的全程追溯电子系统。2009 年,上海全市 600 家标准化菜市场、11 家肉类批发市场、15 家生猪屠宰企业、133 家大卖场和外省市 20 家肉类加工厂已全部建立猪肉流通安全信息追溯系统。

5.4　物联网在食品安全与营养卫生领域应用案例

5.4.1　RFID 在台湾水产品产销履历中的应用

1) 需求背景

安全洁净的食材是人们饮食的首要保证,但台湾在过去的水产养殖、储运及配销过程中,因为缺乏上、中、下游供应链上各成员的信息链接,产品信息没有完整而确切的记录,导致上、中、下游生产者间水产信息的不对称和不一致,各加工过程的信息无法确切掌握,消费者更无法判断在哪个环节上可能出现质量管理问题,造成生产档案数据不足或不实等,使养殖信息、运输信息以及产、销、存等生产销售记录失去意义,严重的会因处理不当威胁到消费者的健康。因此,水产品生产销售需要改善的领域大致如下:

(1) 生产档案信息不透明,不安全的产品可能危害民众健康,甚至造成经济损失,影响水产品的经营与销售。

(2) 产品标示不当,造成消费者的不信任。

(3) 产销过程难于监控,出问题后难于溯源追踪,消费者常无法了解水产品之确切生产者或来源。一旦发生卫生安全事件,无法厘清各方责任,会使一批无辜企业受损。

上述诸问题的解决,只有建立覆盖水产供应链的信息体系,实现从鱼苗养殖到成鱼、流通乃至销售等各环节无缝式地记录各项重要信息才行。技术手段是在每只鱼身上附上可识别身份的载体,记录养殖、检验、配销等阶段中的信息并予保存。当消费者想知道某条鱼的生长记录时,能以简单的操作取得完整的产品履历。

2) 作业模式

鱼在养殖端从鱼苗养殖至成鱼,达到可销售标准和销售期间,养殖户须委托检验机构对饲养的水质与鱼体进行检验并记录检验结果，合格后发放证书；养殖户的证书副本必须与产品一同送至储运商，鱼只在贮运商处蓄养，出货前挂上 RFID 标签，作为鱼的识别；零售商利用此标签，提供消费者查询鱼从养殖户、检验机构、零售商乃至餐厅完整的产销售履历。

在推广中，管理部门希望消费者能积极向餐馆索查或自行查询产品履历，以获得所食用水产平品的全部信息，培养起一种普遍的"食的权益"之意识，不仅使消费者的健康能获得保障，也能为饲养场等树立品牌形象，甚至扩大海外销售渠道。

3）信息系统架构

本项目由四套信息系统与一套信息交换平台组成。四套信息系统分别为：① 养殖户的"养殖日志管理系统"，记录并管理鱼只养殖过程的信息；② 检验机构的"检验报告管理系统"，为检验报告库；③ 贮运企业的"蓄养日志系统"，记录蓄养待销过程中的处理情况；④ 零售商的"产品履历跟踪系统"，提供消费者查询鱼产品履历的功能。而"鱼产品履历信息交换平台"则是信息枢纽，管理各系统间的信息交换与整合，可接收来自零售商的生产履历查询请求，并将来自养殖户、检验机构与储运企业的信息整合成一份完整的活鱼产品履历报告，返回给查询的消费者。

各子系统与信息交换平台间的数据交换模式如下：鱼苗生长到成鱼直至销售各环节经历的养殖、检验、贮运等产生的信息，均写入相应的数据库中。消费者查询产品履历时，是在零售商处用手机或其他读取器读取挂在活鱼身上的 RFID 标签，以无线通信方式连接到产品履历追踪系统中，根据 RFID 内的识别码访问履历信息交换平台，从各方取得鱼的产品信息。

5.4.2 iPhone 手机食品信息系统

1）食品信息服务内容

物联网的发展将带动无所不在的信息服务蓬勃兴起，其中食品信息服务将成为继天气预报服务之后的另一项人们日常生活中不可或缺的信息服务，是为了让人们买得更放心、吃得更安心而提供的针对各类农产品的生产履历信息、权威机构认证信息等的查询服务。

食品，特别是民众生活中大量鲜活农产品的信息服务特点是：内容以记录性数据为主，形式以标签或标贴为主，载体为各类物品对象，使用环境粗放甚至恶劣，要求价格低廉，使用简单、普及且不能增加消费者的额外支出等。

在此情况下，以食品上加二维条码标签或标贴，用户手机识读的方式最为适合。由于 RFID 需要专用识读器，存储容量直接影响其价格，且不适于在农贸市场等恶劣环境中用到生鲜产品上。而二维条码具有容量大、价格低、抗污染与抗损坏力强，可用手机识读等特点，可通过电信网络方便地访问数据中心等，故目前在一些发达国家和地区如日本、韩国和台湾等普及迅速。

2）IBM 基于 iPhone 的解决方案

虽然手机以无线、便携、小巧和多功能而日益演化为个人信息终端，但二维条码中的信息量在不断增加，对手机识别的精度及系统软件也有一定的要求，故许多公司多采用高档手机为条码识读器。

IBM 近期推出了一套以 iPhone 为平台的物联网基础应用系统——Breadcrumbs。这一子系统诸功能是专为个人购买食品提供多种信息服务的，它显示的信息均可通过互联网联机获取，故除商品所附的条码信息外，系统还可查出后台数据库中更多的信息，涵盖如其屏幕上显示的"从农场到餐桌"(follow your food from farm to fork)之相关内容，如图 5－4 所示。

(1) 条码扫描(Scan Barcode) 使用者通过 iPhone 的拍摄功能扫描食品包装上的条形码,就可访问查询到食品的成分、生产加工方式与制造日期等信息。

(2) 产品选购历史(Purchase History) 此功能可查到客户以往选购的食品。

(3) 偏好(Preferences) 系统可查询购买者选购食品的偏好。

(4) 食品杂货目录(Grocery List) 该目录既用于商店向用户发送新食品货物目录,也用于让购买者提醒自己要购买的食物。

(5) 近期召回(Recent Recall) 提供产品召回事件等信息,如果一件产品在过去曾被召回,则 Breadcrumbs 会告知客户所有相关的细节,让消费者购买时更加审慎。

图 5－4 IBM 推出的 iPhone Breadcrumbs 食品查询系统

由于 iPhone 等智能手机具有强大的随机软件,既可作为 RFID 接收器,还可在物联网中与其他多种对象连接,同时其拍摄的二维条码成像解析率高,后台系统识读还原成文字内容的正确率也高。

从 Breadcrumbs 系统功能来看,这种随身携带系统的应用代表购物信息服务的一种趋势,它可扩大到所有物品消费,任何消费者都可通过它实时得知产品的最新信息。进一步的发展,类似 Breadcrumbs 的应用除与商品数据互联外,还可进一步与客户数据系统相连,这样,系统既可告知购买者有哪些人也曾购买过相同产品,并在购买价值较高商品时快速进入相关社区,听取其他消费者的意见,甚至能快速结成团购群体等。

5.4.3 RFID 标签用于食品防伪

RFID 不仅可记录食品的生产加工过程信息,还能用于食品防伪。食品防伪是一个世界性的问题。名烟、名酒、名茶等都采用过设计防伪、印刷防伪、条码防伪、一次性包装防伪、电话防伪、数码防伪等措施,均有一定的优点,也存在一定的问题。如设计可被仿冒,印刷与普通一维条码难于做到同批次产品中每件各异,包装也会被“山寨”,电话、数码等也难于保证用来查证的后台数据中心的真实性,等等。随着物联网概念的兴起,人们可综合利用多种技术手段进行防伪,从而取得更好的效果。

美国 eProvenance 公司采用半有源和无源 RFID 标签以及专用墨水来跟踪、鉴别和监管瓶装红葡萄酒生产全程,并用智能酒瓶(Intelligent Bottle)来解决红酒市场中长期存在的仿冒与运输途中的质量问题。其技术架构如下:

(1) 将半有源式 RFID 装置于酒箱中,用以记录温度、装运配送信息。

(2) 将有安全密码的 RFID 标签粘贴于酒瓶底部,让商品流通与盘点更加方便,同时具有防盗功能。

(3) 将一种内置隐性密码的颈圈安装于酒瓶上,防止被假冒。

这三项标识及其密码彼此独立,对每瓶酒进行认证和跟踪管理,与信息系统连接后就可识别并读取每瓶酒的生产履历。由于运输途中的温度会直接影响红酒质量,故第一项措施除了以半有源 RFID(工频:13.56MHz,ISO 15693《短距离非接触式 IC 卡》标准)来记录其原产地及产品从装瓶到消费整个过程中的保管、保真及环境要求外,还用于温度跟踪记录,以监测在船运过程中的温度变化。

eProvenance 总部在美国波士顿,红酒产自法国波尔多,产品运往英国、美国和日本。从红酒装瓶到船运再经几周之内的转运,温度必须一直控制在保险范围内。采用 RFID 温度跟踪标签后,商家就动态监测箱中温度数据(RFID 每天记录 3 次),这一温度跟踪标签大小如信用卡,内含 8 Kb 存储器,可存储 720 笔读数,按一天记录 3 次数据计,电池可用一年。如到达东京后温度会略升高,商家就需要采取相应措施以保存这批酒。显然,红酒供应链中的参与者——从红酒制造商到船运商,再到经销商和消费者等,以往都不可能得到完整精确的温度记录,而采用 RFID 温度跟踪标签后,各路商家就可动态掌控温度。

红酒运输以箱为单位,一箱包括多瓶。通过箱上标签中的 ID 号与箱内每只酒瓶上的无源标签 RFID 中的 ID 号建立映射后,就可建立对应关联,再与运输商、经销商和经纪商的信息相连。消费者及供应链中的其他商家可通过进入 eProvenance 网站,键入印在标签外的 ID 号,找到酒瓶上的原产地信息以及运输与经销商信息等。标签内嵌码与印在标签上的号码不一样,但在 eProvenance 的后台数据库中是有联系的。

可见,上述几种标签是用来识别、鉴别酒瓶、酒箱,跟踪途中温度的。最后,为防止出现真箱、真瓶但瓶中酒被调换的情况,在包酒瓶木塞的箔盖上还印上隐形油墨。只有使用一种读写器才能读取其上的油墨印字,这就可确保酒瓶内不会被换成劣酒。

显然,这种智慧酒瓶能同时满足物流追踪、防伪、防盗的需求,这种综合解决方案更易被企业采用。同时,通过这项系统,客户可以品尝到口感更好的红酒,从而购买的会更多。

对于采用这一技术的红酒生产商来说,通过将法国波尔多产的数千箱酒运往世界各地,已成功地采集到第一手的红酒运输航行途中温度数据,引起了另外 9 家不同酿酒厂的关注。试点阶段结束后,就有从酿酒商到经销商再到零售商成为其信息服务的客户——他们会从标签上获取数据、从 eProvenance 数据库中下载与其生产运输相关的数据。

更进一步,还可将这批数据衍生到保险服务中,因为如果有足够的数据来了解到全球红酒航运渠道中的温度变化,并且知道什么温度对红酒有害时,就可提供保险服务。

5.4.4 有害产品阻隔的国家信息网格

从各国实践来看,对付各种假冒伪劣商品最有效的办法是利用信息化的工具和手段,即依靠后台详尽而全面的产品资源库系统支持。建立这样的数据库需要庞大的投入、长期的建设与维护、严格的管理并提供社会性的公共服务,因此,这类系统只能是一种国家基础性信息资源建设工程。

近期,韩国就由知识经济部会同环境部、食品医药品安全厅、技术标准院等机构,共同研发出一套"有害产品自动阻隔系统",以严防有害商品的流通和销售。该系统在 2009 年下半年优先安装到百货公司、大型商场,再推广到各中小型商店。

所谓"有害产品自动阻隔系统"的基础就是一个大型商品数据库。韩国环境部、食品医药品安全厅、技术标准院等每年开展商品质量安全检测,将检测判定为危害健康的产品信息输入数据库中,传输到大韩商会 Koreannet 网站。该网站实时提供韩国国内外 15 000 家进口商及制造商约 110 万种商品信息,故一旦 Koreannet 收到有害人体健康的商品信息后,会将此消息立即发送到各百货公司、大型商场等销售渠道总部，并通过各公司的信息系统发送到各地分店，一直将信息加载到各店的前台。当收银员在收银台扫描商品条形码，或客户经过无收银员的自动通过区，由 RFID 识读装置感应商品上的电子标签时，就将每件商品与后台数据库中的商品黑名单进行自动检验比较，一旦发现黑名单中的商品，就立即通知消费者和店方撤换，从而达到有效阻隔有害商品销售的目的。于是，这些遍布全国的 RFID 识读器就形成了一个无所不在的有害产品发现与阻隔网格。

同时，在批发、物流、商储等各环节上也可使用该数据系统，以支持经销、流通业者共同在每个环节上把关，严防任何有害商品的流通和销售，保障消费者健康，减少人们对食品安全的忧虑。

5.4.5 个人营养咨询系统

在科学消费时代，人们不仅要求远离有害食品，还要求饮食更加营养与卫生。但营养卫生食品的标准往往因人而异，如一定脂肪含量的食品对同样身高而体重相差 20 kg的人来说是否为健康食品的意义不同，故这种因人而异的服务需要专家一对一的指导才行。

图 5-5 MyFoodPhone 营养咨询系统手机界面示例

为此，加拿大 Nats 公司推出了利用手机提供用户营养管理服务的"MyFoodPhone"系统。用户利用手机拍摄每天的食物的照片发送到 MyFoodPhone 系统，专业营养管理系统就会对接收到的食品进行营养平衡评估，然后以语音短信和图形界面告诉该用户，他将食用的食物含有的热量、脂肪、蛋白质等结构含量。操作非常简单，且每周 MyFoodPhone 服务商都会为客户拟订一份本周食谱；对需要减肥者，还会制定专门的减肥计划供其参考。

系统界面如图 5-5 所示。图中显示根据用户个人身体诸参数，针对"Milk，Yogurt & Cheese"的食用量，模拟仪表盘形式，以红、黄、绿三色区形象显示"严重欠缺、欠缺、适度、超过及严重超过"之等级，并做出相应的食用建议。比如，用户会收到类似"乳制品摄取不足"和"肉类摄取过多"的评价，还能收到营养师的视频信息，向平时业务繁忙、经常出现营养不平衡的白领提供专项服务。

使用结果，营养师们对该系统评价良好，系统改变了他们与客户的交流方式，再也不需要手写式的饮食日记记录，只要看看客户发送的图片就一目了然，根据图片信息来分析客户的食物种类和摄入量，显示在彩色刻度盘上，既形象又简洁，可为更多的客户开展服务。客户对该系统也深表欢迎，如果专门聘请私人营养师，价格是很高的，但通过短信服务，既享受到私人营养师的服务，且一般服务仅需每月 10 美元的费用，价格低廉。

5.4.6 智能销售机帮助学生建立健康饮食习惯

1）智能销售机的功能

发达国家中小学生普遍存在着肥胖现象，如美国估计有约 1 200 万名中小学生体重超标。我国自改革开放以来，人们收入普遍增加，食品更加丰富，饮食结构也产生了较大变化，同时，肥胖儿的数量也开始增加，并有日益严重的趋势。其原因多为不健康的饮食结构，特别是过多食用快餐食品所导致。而在美国，这类“垃圾快餐”有相当一部分是通过遍布校园与街头的各种自动食品点销售机(POS)出售给学生的，这些 POS 高效、便捷，多年来一直受到中小学生的欢迎，但其营养结构却并不合理，长期食用就会导致儿童过于肥胖。为此，如何让中小学生饮食变得卫生、科学、合理就逐步变成一个社会性的问题。这需要食品生产厂家、食品供应厂商、学校、社会、家长和学生等综合努力。同时，由于中小学生的自制力差，知识有限，不适于接受如 MyFoodPhone 提供的营养咨询师的服务，而基于物联网技术的智能销售机，加上后台营养师的帮助，就为解决这一问题提供了一种独具创造力的有效解决方案。

2) 智能食品销售机作业模型

Horizon 国际软件公司是一家信息技术企业，长年为食品领域提供服务。针对美国中小学生普遍食用快餐食品导致肥胖者大量增加的问题，他们以先进的 IT 技术为基础，开发出具有健康概念的智能食品销售机，主要功能如下：

(1) 提供卫生饮食教育　该公司认识到，要让儿童减肥，首先要教育他们正确地认识食品的营养成分、自己身体的需求，选用正确的分量并积极参与锻炼。因此，当学生购买食物时，销售机会通过学生用的智能卡确认其身份，并通过一个“学生营养指导”的动画片来教育学生食物的营养价值，让其了解所售食品的营养成分等。同时，该公司还印刷了大量的《学生营养手册》发送到每个班级，作为课堂健康饮食培训普及教材。

(2) 提供健康食品选择　系统再根据健康儿童的各项指标特点，指导学生根据自己的身体条件作出合适的食品品种与数量的选择。

(3) 提供家长监督　尽管有上述的反复教育和营养成分及健康饮食等提示，但儿童毕竟是儿童，许多孩子主要凭自己的口味和喜好购买食品，并不能管住自己的嘴。所以，对肥胖儿的饮食习惯调整还需要家长积极配合、长期监督与努力。考虑到这一点，当学生选择了食品后，智能销售机就通过网络访问 Horizon 公司的“父母信息中心”，将学生所选食品目录连同其营养成分分析表和推荐数量等发送给学生父母手机，让其知道其子女所购买的食品项目，支付则由其父母通过远程移动方式进行。当然，如家长认为所选食品的品种及数量不妥的话，就会主动与其子女进行磋商，对其进行教育和开导，从而起到家长对学生饮食的监督作用。当然，由于是家长远程支付，所以最终决定权在家长手中，他们可直接删除某种食品或调整其数量。

图 5-6　Horizon 公司智能食品销售机及界面

图 5－6 中，右后侧是一排自动食品销售机，提供各类快餐食品。右侧前方是自选作业终端，学生刷卡确认身份，屏幕出现其相片。当学生选择相应食品后，系统会从后台将这些食品的营养成分及数量通过无线网络与数据中心内该学生的身体参数及以往选购历史等进行对比，然后从屏幕上以蓝色、绿色、黄色与红色来分别表示其所选食品营养量偏少、正常、偏多、大幅超标等来提示买主。同时还将信息及修正后的健康食品目录建议等发送给学生家长，如左侧上部屏幕显示，左下部则代表家长支付结账。

3）系统规模与架构

据报道，目前美国已有 1.5 万所中小学校导入了这种机器，每所学校部署多台，主要分布在学校公交车站、学校活动中心、主校边的卫星校园、学校食堂内外等。

如图 5－7 所示，这 1.5 万所中小学校中 10 余万台智能 POS 机和巨量的食品，必须通过无线计算机网络与公司中央办公室的数据中心相连。对于供应中小学生的食品，任何一类品种的缺货断档都是不能容忍的，但 POS 机的储存容量有限，加之食品保质期限约束，故柜中食品补货必须及时、精准。通过每件食品上的 RFID 标签、前端的无线感测识别器，系统就能动态掌握每种食品的销售节奏。但 Horizon 公司系统的最亮点还并不仅在此，这些智能 POS 机的“健康顾问型”销售的目标在于能根据各学生身体情况之需，针对性地提供更符合其卫生需求的饮食。系统中，“饮食卫生”不是一个统一模式，而要具体转化为因人而异的个性化套餐组合。但要做到这一点，需要不断跟踪收集学生购买食品数据，掌握其饮食偏好，还要与一批营养师建立联系，不断向食品供应商提出新的要求等。

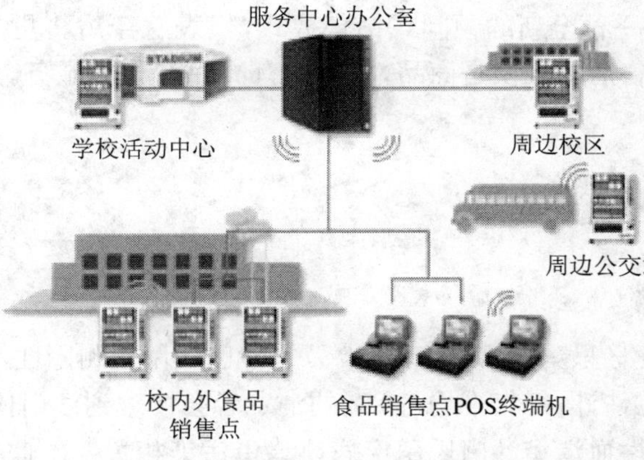

图 5－7　学校部署智能食品销售机示意

显然，这样的销售模式是一种基于大规模的个性化定制服务，是营销学家长期追求而难于达到的一种境地。但在物联网时代，这一模式在高性能计算机、大型数据库和有线与无线通信信息服务环境中就能实现，特别是基于学生个体营养咨询的销售服务是一个创新。

图 5－8 表示了该商业活动的信息架构。底部代表遍布全美各学校的前台智能 POS 机，通过网络与中央办公系统互联。由于大量数据集中在后台“学生信息系统”中处理，故前端以精简信息进行交互。学生身份及选购食品信息发送到后台，系统检索到该生的身体和以往饮食记录及所在学校资料，计算对比后将修正合适的食品清单传送给前端 POS 机和家长等。但谁来裁定每个学生食谱是否合适呢？图 5－9 表示由“食品服务中心”内的各类专家、营养师、分析师等，他们在接收到学生信息系统中每位学生的身体数据后，根据营养学和医学等方面的知识，因人而异地建立起健康食品数据档案，以及一系列的“身体－食物－营养－热量”等模

型，系统就能针对每一件从 POS 机发来的订购食物单提出修改建议或直接认可合适的学生订单。

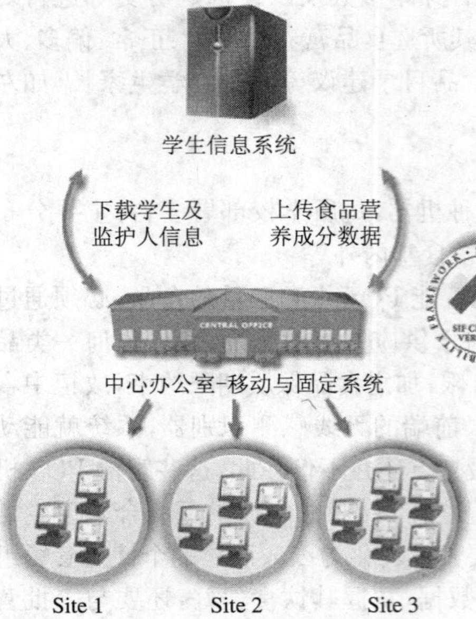

图 5-8　信息服务设施构架

图 5-9　个性化食品咨询销售服务示意

Horizon 公司开创了一种全新的顾问式销售模式，代表着今后将更加贴近消费者个体实际需求的销售方式，其销售的不仅仅是商品，同时还有高附加值的服务，这是在物联网时代兴起的一种大趋势。

5.4.7　鸡蛋卫生管理链

1）鸡蛋安全管理需求

美国每年消费约 470 亿只鸡蛋，其中有 230 万只沙门氏菌检测阳性，导致许多人患病的风险。疾病控制与预防中心估计，每年平均有 2%的消费者会接触到沙门氏菌污染的鸡蛋，而每年估计有 11.8 万例食源性血清型沙门氏菌疾病与鸡蛋污染相关。由此导致的感染性肠炎病例，每年一直在增加。如据美国《华盛顿邮报》2010 年 8 月 22 日报道，美国爱荷华州两家农场将依法召回 5.5 亿枚被疑感染沙门氏菌的鸡蛋，从而构成历史上最大的鸡蛋召回事件。由于这些问题鸡蛋导致美国沙门氏菌感染爆发，已有 1 000 多人患沙门氏菌肠炎，且发病人数预计还会增加。故美国国土安全部将鸡蛋识别、流通及食用中的可追溯性纳入农业反恐的前五大目标之一，美国食品安全与药物管理局也发布政令，要求强化管理以降低鸡蛋感染沙门氏菌的概率，具体措施之一，就是新鲜鸡蛋必须标注生产日期和可追溯性代码；食品安全检验局则根据这些代码标识对后续加工成液态、冷冻和固体类的蛋制品负责检验，防止任何环节上发生污染或错贴标签。

而欧盟则规定，从 2005 年起，市场销售的鸡蛋必须在标签上注明其为“放养式母鸡所生”，还是“笼养式母鸡所生”，供消费者选择。在欧美市场上，饲养方式的不同会直接影响到鸡蛋价格，例如：① 笼养鸡，在母鸡的生存条件、健康护理和治疗符合联合蛋业生产商的认证规程条件下，按美国农业部A级特大褐色蛋的定价，平均每打为89美分；② 特种营养添加饲料，如添加亚麻、海洋藻类或鱼油等，以增加ω-3脂肪酸的鸡蛋，特大蛋平均每打价格2.43美元；③ 圈饲鸡，即不在鸡笼内而在一定自由面积的饲养棚里且不到户外时，大褐色蛋的每打平均价格为2.50美元；④ 放养鸡，母鸡在户外饲养，或在饲养棚内饲养但有机会在户外活动，蛋价又高一些；⑤ 有机蛋：鸡饲料不含传统杀虫剂、除草剂或商用肥料，不用生长激素，鸡棚饲养，可到户外活动，美国农业部对特大褐色有机蛋的定价是每打4美元。

可见，消费者看来外观相似的鸡蛋，其生产成本和官方定价有极大的差别，故可靠识别是精准管理的前提。

2）激光数据刻印

由于鸡蛋既圆且壳体薄，无法以低成本附加各种标签，故很难进行个体标识。日本曾用喷墨方式将规定数据印在蛋壳上，但遇水后就模糊，可追溯效果差。为此，美国 Radlo Food 公司为达到美国政府的蛋品安全政策及欧盟国际市场的需求，建立了完善的供应链管理系统，采用激光刻印方式，将鸡蛋的生产方式（如自由放养——Born Free）、有效期和特定序列号等打在蛋上，如图5-10所示。

图5-10　激光刻印鸡蛋标识示例

3）建立安全管理信息体系

蛋壳打上11位数字和字母代码，就可建立蛋品溯源与监控信息体系，包括母鸡疫苗接种、禽类检验、品质管理等。鸡蛋食用后，如果发生任何问题，均可通过这组编码回溯到该枚鸡蛋的来源。

目前，国际食品安全管理要求每家食品制造与加工企业均需要导入可溯源性管理信息系统，且每个经手商家都要留下相应数据。以鸡蛋生产流通溯源体系为例，其数据链如下：

（1）鸡蛋标识　基本数据项用于区分饲养方式、有效食用期及序列号。

（2）分级包装标识　按销售单位包装（如鸡蛋每盒一打），在此包装上须再贴印上包装企业名称、字号、计量单位等法定标识，识别标识可用一维条码、二维条码，案值较高者还可用RFID标识。

（3）集货中心标识　大宗农产品需要先行集货，将其包装成储运单元，以便于长途运输，集货后形成容量更大的包装，外部可用储运单元条码即四周加边框、面积更大、线条更粗的条码标识。美国每年约集散500亿枚鸡蛋。

（4）零售渠道标识　食品进入零售商店后，许多情况下还需再分包，必须再附上零售商家代码或字号。

（5）消费者存证　消费者购买鸡蛋食用后，如出现任何问题，就可凭存货鸡蛋或包装上的标识进行查询，能一直溯源到鸡蛋产、销、存、运的每个具体经手机构。与鸡蛋相关的信息也增加到鸡蛋营养成分、生产企业名称、包装商或经销商地址、包装日期、净含量、美国农业部的官方标志、检验数量等。

这些数据可存储在政府监管机构、各相关企业和服务部门的数据中心。消费者在购买时，只需从手机中输入相应的鸡蛋代码，就能通过无线网络访问这些数据，得到一系列的相关信息。当然，最前端的激光刻印在蛋壳上的代码最为重要，它虽然增加了一道工序和相应成本，但却增强了消费者的安全感。

同时，通过打上这些标识就可对鸡蛋进行精确卫生监管，按相关规程，每 1 000 枚鸡蛋必须抽取 20 枚进行留样观察，以便于安全溯源检查。

这一套系统的运行效果明显，据美国食品安全与药物管理局统计，监管后与鸡蛋相关的沙门氏菌感染所致的肠胃疾病减少了 33 500 例，2010 年，此类疾病减少了 50%。

5.4.8 高科技生态养鸡场

台湾有一座独特的高科技养鸡场——大山鸡场，该鸡场生产的鸡蛋售价达 10 元/只（新台币），却还供不应求，而一般鸡蛋价格为 3 元/只。该鸡场能做到这一点，因其采用了物联网技术，包括环境感测系统、光纤、自控设备、RFID、GPRS/GPS 等，从而在仅有 9.8 公顷的土地上建成了全亚洲科技含量最高的数字化生态养鸡场。

该鸡场首先将这一传统饲养产业"数据化"作为信息化和知识化管理的基础，并将其转换成蛋业生产中的有形资产。从安全上，导入食品安全认证体系，将符合食品危害分析关键点（HACCP）的标准作业流程（SOP）编制成电子化管理系统的界面。在多项技术应用中，最核心的还是其整合了环境感测技术的控制系统，称为"水濂密封式负压系统"，以严格把关蛋鸡生存环境。而该环境的严格控制对于疫情预防、鸡蛋的质量保证是至关重要的。系统将鸡舍全程处于一种全密封、舒适、无菌的负压环境，空气只能通过水濂进入。系统的温度、水质硬度、pH 值等均通过一系列的传感器实现数据采集、计算机监控且经过全净化处理；鸡舍的温度、湿度、风速、压力及二氧化碳含量等环境指标，都经过自控系统保持在最佳环境状态。

在选蛋过程中，该鸡场以先进技术和优良设备建立最严格、科学、细致的监控系统，每一个环节均符合 HACCP 流程控制：新鲜鸡蛋经过 45～50 ℃高密度水洗、冷风烘干、紫外线蛋壳杀菌、声呐蛋品检测、5 kW 光谱血蛋侦测、电眼重量分级和六道杀菌严选过程，确保最少的含菌量及最高的质量标准。

同时，鸡舍内外安装有多种传感器，以持续监控影响鸡蛋质量的各种因素，同时结合使用 RFID 跟踪管理饲料中的原料质量、各鸡舍的人员作业流程和效率，并结合 GPS 改善下游的鸡蛋运输作业流程。

该系统除了监控鸡舍环境之外，还应用在整个生产流程上。以鸡饲料来说，大山鸡场一改过去养鸡产业直接向各家厂商购买饲料的方式，转而由自己调配饲料。由于饲料与蛋鸡产蛋的营养价值密切相关，在饲料的控制管理上，每个存放饲料的饲料槽内也有温度感应器，随时监控饲料槽内的温度状况，以免饲料变质。同时定时会有工作人员从槽内取出样本，检视其是否有变质或结块的状况发生。

5.4.9 食品安全信息体系的进一步发展

除了要"吃得安全、吃得放心"之外，人们还进一步对"吃得低碳、吃得环保、吃得正当、吃得有机"等提出了要求。

一家名为 www.giuseppecostanza.it/foodtracer/ 的网站正在大力推广其食品跟踪（Food Tracer）服务，其核心就是大量收集每件食品的信息，特别是其增加了"商品碳足迹含量、商品包装可回收度、食品产地、是否公平交易以及是否为有机食品"这 5 项信息，前 2 项还列出详细的量化评估指标，如图 5－11 所示，让消费者在选购食品时考虑得更加细致与周全。

图 5－11　www.giuseppecostanza.it/foodtracer/ 中对食品 5 项指标的评估示例

图中不仅显示数字，还能通过不同颜色提示消费者，如图 5－11 中的葡萄酒标示其“碳足迹含量”为 3.240 kg、“商品包装可回收度”为 55％、“食品产地”为澳大利亚、“是否公平交易”为“是”、“是否为有机食品”为“否”，对应的图标颜色为“红、黄、红、绿、红”；于是，系统自动向消费者推荐 Yorkshire landing 和 Napavalley red 2 款同类葡萄酒，其对比颜色分别为“绿、绿、

图 5－12　消费者用手机比较食品信息

绿、红、绿”和“红、黄、黄、红、绿”，显然综合指标优于原先所选的那种。对于图中下部分产于中国的袋装茶，系统也推荐另两种综合指标更佳的产品。

消费者在超市购物时可用手机对准货架，凡镜头涵盖到的食物都会显示出相关的上述商品信息。消费者可一次选择 3 件有兴趣的商品，以分割画面的方式针对上述 5 项指标进行逐一比较，以进行购物决策，如图 5 - 12 所示。图 5 - 12 中手机屏幕上出现 3 种水果，从后台数据中心显示左边 2 种为“非有机”食品，右边为“有机”食品。

除通过手机提供商品信息外，Food Tracer 也针对计算机推出相同的服务。消费者可在卖场中将自己喜爱的商品做记录留存，回到家中再利用计算机做更详尽的比对。Food Tracer 还可以记录消费者每一笔的消费记录，供其观察自己的消费是不是越来越环保、越来越有机了。

思考题

(1) 试述“食品产销履历”体系的建立与运行。

(2) 物联网技术在全球食品安全保障体系中的作用有哪些？

(3) 请阐述物联网技术是如何实现个性化食品消费指导的。

(4) 请思考本章介绍的个性化消费指导技术在其他领域的推广应用。

6 物联网在社会治安管理中的应用

［学习目标］

（1）了解物联网技术在社会治安领域中的应用。

（2）了解定位、跟踪与电子标签技术在不同安全防护对象与场合中的应用。

（3）了解智能传感视频监控系统的工作原理。

6.1 物联网在社会治安领域应用概述

我国自改革开放以来，经济快速发展，目前正处在从温饱到中等收入水平的社会转型时期。在这个阶段，经济结构、分配体系的调整，往往会引起社会关系变化和利益格局变动，导致社会矛盾多发，这也是各国发展历史中出现的共性问题。我国改革发展进入关键阶段，特别是当前经济比较困难的时候，各种矛盾很容易激化，从而诱发各种治安与刑事案件。

搞好社会治安，除强化领导，把社会治安综合治理纳入经济社会发展总体规划，作为社会建设的一项重要内容大力推进之外，还要充分发挥各部门、各单位齐抓共管的优势，不断增强社会治安综合治理工作合力。社会治安综合治理的特色，集中体现在各部门、各单位充分发挥职能作用，密切配合，整体联动，加大资源整合力度上，切实提高社会治安联合防控、矛盾纠纷联合化解、重点工作联勤联动、突出问题联合治理、基层平安联合创建的水平。

物联网技术的普及，将为整合社会治安防范与管理资源，促进相关部门协调联动、建立多方位安全感知体系，更智能化、主动化地保护人民生命与财产安全提供了一系列的新手段与新模式。

6.2 物联网社会治安管理应用案例

6.2.1 监护对象定位寻找系统

1）需求背景

儿童和老人是社会弱势群体。近年，国内拐卖妇女、诱骗与绑架儿童的案件频频发生，据《南都周刊》报道，2009 年 1～11 月，全国共破获拐卖儿童案件 1 840 起，解救被拐儿童达到 2 169名。据不完全统计，中国每天有 192 名儿童遭拐卖，而能够找回的却只有 0.1%，极大地破坏了社会的安定与和谐。

据美国老龄国家研究所权威人士称，美国目前有 500 万老年人患有阿尔茨海默病（老年痴呆及轻度认知障碍症），而到 2050 年美国该病患者将达到 2 000 万，全球将达 1.06 亿人，其中 70%是 70 岁以上的老人，其中 60%的人会走失至少一次；70%的人会走失超过一次。一旦走失后，如果不被发现的话，46%的人就可能在 24 h 后因各种原因导致死亡。

该病给社会造成的负担也是极大的，目前美国需要约 990 万人照顾这些老年痴呆症患者，其中 87%为家庭成员，20%～40%需要提供每周 40 h 以上全日护理量，花费约 1 480 亿美元。一旦病人走失，就需要运用地方、州、联邦的警方、消防、搜索和救援队，再加上途中伤害的医疗与护理等费用，是一笔巨大的开支。

据 2005 年统计，我国 60 岁以上人口达 1.44 亿，占全国人口的 11%，已进入老龄化社会。故美国相似问题也会在我国发生，最大麻烦当然是病人的走失，也同样会给相关者带来巨大的金钱和精神损失。

利用物联网相关技术，就可解决这一问题。目前，已有几家公司从不同的角度进行了探索并取得实质性的应用，且各具特色、各有长处。

2）定位跟踪鞋

目前在美国正迅速普及一种可跟踪儿童和老人行踪的鞋，其结构如图 6-1 所示。

图 6-1　可跟踪行踪的鞋

鞋的底部和脚跟部一只放置电源盒、GPS 定位器，另一只放置电源和无线发射模块。图的左侧代表 GPS 卫星，以及电子地图上显示的跟踪对象（即穿此类鞋的人员）位置。将跟踪器放在运动鞋中，使用者只要出门就要穿鞋，不至于如其他物件会被忘记携带，且有较好的隐蔽性。鞋中设备可通过软件设定一定的安全距离，当鞋子超出此范围后系统就会发出信号；跟踪者可在手机、PDA、计算机等上安装相应软件，通过移动网络实时接收到短信或电子邮件警示，再通过电子地图查询到这双鞋所在位置及其行走路径，如图中下部所示，于是它就具备了防走失功能。

系统还支持 A-GPS，可结合移动通信基站使用，使定位更加精准，同时可一键启动，随时远程打开或关闭这项服务。

目前较普及的全球定位鞋称为 Xplorer，由 Enfora 和全球迷航 Xploration 公司（GTXC）合作研发，已被广泛用于跟踪远足者、登山运动者、儿童、老年痴呆症患者以及从事执行任务中的士兵或警员等。

在技术上，这种定位鞋采用四频（850/900/1800/1900）无线模块通信优化机对机（M2M）通信，其信号转发系统可连接卫星，将此信息传送给监控中心，可实时跟踪穿鞋者的位置数据，并通过互联网或移动网将信息通知家属、监护人员、合作伙伴或指挥中心等。

进一步的发展方向，一是利用人行走产生的生物动力给鞋中 GPS 模块提供电能，使之使用时间更长、更环保；二是将其与多种生理信号和穿戴者的情绪状态传感器相连，这样，即使被监测者身处安全区域，但当其生理信号失常，或情绪明显失控时，监护人也可在第一时间得到信息。

从实效上看，目前在美国加州已有约 5.3 万人用上这种嵌入式双向 GPS 个人位置服务系统（PLS）鞋，特别在跟踪患痴呆症老人的应用上取得良好效果。一旦家属发现人员走失后，可远程启动定位鞋，同时医护人员等通过手机和电脑浏览 Google 地图，也能迅速找到失踪者的位置，由于 GPS 的定位精度已达米级，故家属和医护人员就能不费周折地找到走失老人。

这一技术同样也可用于儿童与低年级学生，一是防止其走失；二是当他们受到胁迫绑架时，也能以此来帮助警察及家长快速找到其行踪。显然，该技术的特点是适合相对独立个体的寻找与跟踪。

3) RFID 型学生行踪管理系统

(1) RFID 型家校通的新需求　对于群体性、高密度与大流量的对象的安全管理，目前以 RFID 识别与感测技术为主。如中小学生在上学与放学回家的路途中，就是家长、学校和警方关注的重点。国内许多学校都在使用“家校通”系统，最初只是一个短信群发平台，校方将各类通知发至家长手机作为通信联系之用。随着当前社会对中小学生的安全保障要求以及防止其沉溺于网吧或不宜青少年涉足的场所等的呼声日益增高，相关各方对学生何时到校与离校时间的掌握以及学生在上学与放学途中正常时间的掌握等，均有日趋明确的要求，且一旦发生事故时，也有明确数据提供。

于是，一些基于 RFID 感测技术的“家校通”系统，就可发挥防范学童失踪或涉足不宜场所的警示功能。其原理是学生随身戴有传感器的物件，当学生进入校门时，校门前的识读器就能感测到 RFID 标识，记录下该学号的学生入校时间；同样，其出校门时间也会被感测记录下来，出入学校的信息就以实时短信方式发给家长。这样做的目的是在学生、家长和学校之间建立不间断的无线沟通渠道。一旦发现学生离校超时未归，家长就可通过手机与学生或校方联系。

(2) 系统功能

① 安全记录库：自动完整记录学生进出校园时间；保留作业数据，如发送短信的时间与接收手机号、成功与否；可与学校其他管理数据库相连。

② 短信服务：学生到校或离校之短信实时自动发送；在设定时间后针对仍未到校上课的

学生，系统自动发短信通知家长；针对特定学生或某班、某年级，甚至全校学生，直接发送短信通信。

③ 校园门禁管理：传感器自动读取时，系统可同时显示对应学生照片，门卫可进行学生身份识别；非许可人员、身份不符者进入时会发出警示并通知门卫。

④ 考勤管理：可随时对学生、班级、年级进行考勤，并出具报表；校领导可通过远程视频在外地察看学生到校与离校情形。

⑤ 特殊功能：接学生的家长私家车，到校门附近时系统即通知该学生至校门口，以免形成堵车；验证车辆，将接学生车辆与学生家长留存的车辆信息自动比对，如发现车辆记录不符，当立即通知门卫前去核实车主身份。

⑥ 其他功能：如出入报表功能，统计功能，学生缴费管理，警务联系功能，等等。

4）Wi-Fi 型学生行踪管理系统

由于 RFID 抗干扰性略差，且有效距离一般小于 10 m，对成群学生在早晚进出学校高峰时间的识别与跟踪有一定的困难和限制。将 WSN 同 RFID 结合起来，利用前者高达100 m的有效半径，加上其可连接更多传感器，可较好解决上述问题，甚至还可能对校门外家长车辆的有序调动起到一定作用。

类似系统在国外发展较快。如日本总务省报道，日本大阪某小学，在校外 1 km 范围的道路上部署无线 Wi-Fi AP 与摄影机，通过学生随身佩带的无线徽章，记录其行踪信息及影像，向家长通报其到校与离校信息，以达到安全保障的目的。

使用 Wi-Fi AP 无线信号感测时，学生不需再带 IC 卡，仅需佩带无线徽章即可，且设备与服务费价格较低，仅为 GPS 手机的 1/10。由于相对经济，其规模引用便成为可能，可在各类幼儿园、中小学校园及周边道路投放，还能用于对妇女、老人的人身安全监控。

无线徽章每秒发射一次信号，系统可支持 3 万个 ID 同时运行。还可导入 GPS 定位，但其目前价格尚高，也较耗电，且在室内无法使用。针对这些缺点，室内定位采用 A-GPS 或用手机基站。考虑到经济性、便利性、可用性与稳定性等因素，选择成熟的 Wi-Fi 定位是较为可行的做法。

系统进一步的发展，是将监控范围融合到城市中更大区域内。如福冈市区的公交与地铁系统均采用无线近距离感应技术识别器，而该市的市民卡也正在开发多种公共应用，除作为储值卡搭乘公交与地铁外，还预留了 20 GB 可扩充的存储空间。而面向小学生的“学童保护 touch”，就是诸附加服务之一。由于公交车、地铁等是学生上学与放学的主要交通工具，且各公交与地铁站点都已装有月票刷卡装置，能识别每位使用者，并具有通信与结算功能，因此，将这些公用设施功能用于安全信息管理，是一种节省投资、有效复用的途径。孩子们在上学或放学回家的路上，在经过地铁站、公交站及学校设置的 IC 卡读取设备旁，系统就能感应其所携带的智能标签，就会将“您的孩子已经到校”、“您的孩子现已经抵达××地铁站”或是“您的孩子现已经乘坐××路公交车”等信息传送到监护人手机，让无法亲自接送孩子上下学的父母能及时掌握孩子所在位置。

5）GPS 定位型学生行踪管理系统

韩国 SK Telecom 为儿童量身定做推出了“i-Kids”手机，是一种儿童专用小手机，只能拨通 4 个家长设定的号码，可接收短信、紧急电话、GPS 定位。当儿童碰到紧急情况时，可拨通紧急电话求救，与预先设定的 4 个人同时通话，同时手机将儿童所在地点显示在家长手机上。该手机即使在关机状态也能进行位置跟踪，因为当孩子在受胁迫或进入网吧等场所时，往往不能或不愿开机告知实情。

另一个特色服务，是家长可设定孩子经常活动的三个区域，每个区域会以 2 km 的半径范围为安全地带，一旦孩子离开这个区域范围后，父母就会立即收到报警，采取相应措施。

当然，这套系统也能为成年人使用。如日本某市开展一项手机求救（mobile SOS Phone）服务，市民只需将自己的手机号码登录至服务商网页，一旦发生状况时，系统就会自动发送相关信息，如灾害防范、犯罪防范、火警消防等信息。而市民也可利用手机在此平台上将发生事件的地区、时间与状况等信息迅速转发他人，或是针对收到的消息回复相关信息等。

这样，参与的市民都成为安全消息的义务提供者，也都成为都市中的义务巡护员，凡发生灾害、犯罪、事故等时，都可在第一时间通报或获取信息，并很快让相关者得知。

6.2.2 交通安全保障应用

工业社会中，现代化、市场化与城市化是并行发展的。而城市化率越高，交通越繁忙，事故率也相应增高。如韩国在 1995 年城市化率就达 86.4%，进入本世纪后则超过 90%，其政府主导的工业化使得产业集聚程度十分高，必然带来高的人口集聚，仅其 6 大城市的总人口就占全国人口的 59.7%（1990 年）。

我国的城市化率虽然总体不及发达国家水平，但因我国人口基数大且分布不均，东南沿海特大型城市的人口密度已超过许多国家的都市，且近年来汽车产业迅速发展增长，人多、车多自然造成交通事故率持续增加。因此，交通安全就是大城市中日显突出的问题，其中学生与老年人的交通安全尤为重要。

1）校区感知网保护学生安全

此处的校区即学校区域，泛指幼儿园与学校等机构外围的道路及横道线等范围。根据经济合作组织的调查显示，韩国学生因交通事故造成的伤害呈现逐年增加态势，数量比经济合作组织中其他国家的更高。统计显示有 14 028 件交通规章肇事事件发生在校区，因此，校区是学生最容易受交通威胁的环境，且交通事故多为机动车车速高、司机未能及时反应所致。

为此，韩国警察厅及教育部试验采用物联网技术建立校区感知网，警示驾驶者注意行人安全。该网由遍布校区附近道路、横道线及拐角处传感器网络组成，当其侦测到靠近校区的机动车辆后，就会向其发出警示信号以提醒驾驶者减速慢行。该项试验成功后，韩国信息通信部就与警察厅及相关机构在各校区推广使用。

2）虚拟围墙保护行人安全

上述感知网通常只能通过车载语音或小型显示器等提醒司机，形象并不直观，更重要的是无法同时提示行人。且许多交通故事都是在司机酒后驾驶、无视警示时发生的，而部分行人不守交通规则也占相当的比例，因此，在警示司机的同时提醒行人，避让违规车辆更显必要。

韩国设计师于 2008 年推出“虚拟围墙”的交通安全系统。主要是在路口安装激光影像设备。当交通信号为红灯时，路口两旁的激光投影设备就会打出二维行人动感影像。以虚拟场景的直观方式警示司机，防止其闯红灯。如当车辆强行穿越道路时，光束被阻断，系统就发出警报声响提醒行人，而车身不会因接触光束有所损伤。

韩国政府表示，该项应用立意良善，预计其未来可逐步取代交通信号灯。激光还可打出各类交通安全语，同时对市民和驾驶者进行宣传教育。

6.2.3 GPS 与危险场所电子地图结合技术

除交叉路口易发生事故外，城市中还有许多不安全地带。如建筑工地、围挡区域、事故多发地段、陡峭山体、河湖池塘、偏僻地带等，学生及其他弱势人群易受到危险与侵害。因此，一些国家政府与民众共同建立电子版的实时危险场所地图，通过 Web GIS 方式向公众提供全市各地的危险场所信息，同时也提供防灾、紧急救助等方面信息。

如 2005 年 4 月，日本鹿儿岛市公园发生某中学 4 名男生死亡事件，促使该市汇编出“危险场所地图”，以纸本方式发至各家。很快又以电子地图形式记录了 112 个危险场所和附近医院信息等。电子国土局的 Web System 对此开放，危险区域信息的勘察与系统开发由该市测量专科学校承接。

随着城市的变化，危险场所的数量和位置等也在变化中，采用 Web GIS 方式就能以官方和民众结合的方式及时提供信息更新与维护。网络的普及，使城市居民能方便地查询到相关信息，积极报告新出现的危险隐患区等。

由于危险场所定位精度要求为 10 m 以内，可用高精度 GPS 或带有 A－GPS 技术的手机来进行位置定位。这样，当学生等被保护对象接近危险区域一定范围时，系统就能监测出来并及时发送警告信号，同时通知家长及警方等，达到积极防范、主动保全的目的。

6.2.4 RFID 防盗、提醒与报警应用

防盗也是安全领域的重要课题之一，且当物品失窃后，除非有特殊标记或装置，一般很难找回。近年来，婴幼儿、贵重物品、汽车等都是入室抢劫、偷窃防范的重点对象。许多公司就利用 RFID 的特殊标识与可跟踪功能，开发出一系列的防盗应用。

1）技术原理

这类应用均采用主动式 RFID 标签和接收器，可先设定报警距离，如近程为十几米、远程为几十米，一旦两者间距离超出设定范围时系统就会警报。这样，只需将 RFID 标签放在需要失窃防范的对象上，就能起作用。目前，已能将 RFID 制成隐形标签，挂上后不易被人发觉，这样，就能有效防止盗窃者事先破坏系统。

2）典型应用

这类系统的部分典型应用如下：

(1) 婴幼儿防盗　国外推出一种婴幼儿睡衣，这些衣服包含了隐形 RFID 标签，家中父母亲可将 RFID 设备放在门口和窗户上，一旦穿着内置 RFID 标签衣服的孩子离开 10 m 以上距离时，系统就立即发出警报，还能与公安机关、警铃及强光灯等联动，既能提醒家人，还能震慑作案者。

(2) 儿童防走失　家长在节假日携儿童去繁华场所如游乐场、超市、公园、火车站等地时，用于防止儿童在人群中走失。

(3) 要件提醒　人们常常会忘记携带手机、钥匙、提包等每天出行的必备品，采用本系统就能起到及时提醒的作用。

(4) 商场防盗　近年来，各类商场、超市、书店、图书馆、音像店、电子市场、资料馆等，以及各种货柜式和敞开式自选商场中各类商品均有不同数量的失窃，有些地方的情况还颇为严重，

而监控录像往往适用于事后追溯，且许多商品案值较小，商家也不会频频向警方求助，给商家造成了较大损失。采用 RFID 技术防盗，可对几乎每件商品进行防护，且仅需在客户通关结账后采用专用设备取消 RFID 标签的报警功能，还能与电子结算平台结合。

3）典型案例

据报道，2010 年元旦凌晨，美国芝加哥郊区一家银行遭到武装匪徒抢劫，金库内 2 亿美元失窃。然而不到 2 h，抢劫银行的 3 名嫌犯就落网了。芝加哥警方迅速破案的原因是芝加哥各大银行与重大资产设施中均安装了新型的资产跟踪定位保安技术，具体说就是在银行金库中的现钞内均藏有薄如包装纸条的、以 RFID 技术为基础的全球定位芯片，一旦成捆现钞无缘无故移动位置，芯片就会立即发出信号，通知负责银行安全的警察署，并同时动态精确地报出成捆现钞所在位置。芝加哥警方就是根据伪装成钞票包装纸条的定位仪芯片发出的方位信息，迅速而精确无误地抓住武装抢劫银行的嫌犯。

6.2.5 手机 RFID 安全门

传统广泛使用的机械式户门钥匙，都不如电子或生物钥匙安全。为了强化住家安全，日本 NTT DoCoMo 公司开发出以 RFID 为主的居家安全系统，它可在家庭入户门前设置 RFID 终端，使用者需持注册过的 RFID 手机才能开门入宅，且该 RFID 手机还可控制住宅内的各种家电开关等。同时，由于 NTT DoCoMo 也是日本最大的手机电子钱包服务的提供商，这些电子钱包已在各地公交、地铁站和购物零售中普遍采用，所用的仍是由索尼公司开发的非接触式 IC 卡技术 FeliCa，故手机端无需再加新芯片之类，只需简单地再注册一项入户门禁服务，就能既提高住所的安全性，又不必携带一堆钥匙，还能享受日益增加的各类服务，所以，这类服务已在迅速普及中。

假如家人外出时忘记是否已锁房门，可通过手机对门锁进行检查，或直接发送指令将户门锁起来；同样，当记不清离家时家用电器是否关闭时，也可用手机查证并发指令将其关闭。

除锁门外，手机还可实现家用视频对讲机功能。如当门户 RFID 系统感测到有客来访时，会将其影像拍摄下来发送到户主或家庭人员的手机上，供家人观察辨识来访问者。

进一步的发展是将家庭电子门禁与家电管理结合起来，由于各种家用电器均已联网，手机能方便地远程识别并控制各个电器的运行情况，一是安全保障；二是提高生活质量。如当窃贼在不打破门窗的状况下进入屋内，开启任何家电设施，如开灯照明时，系统就判为异常状态发生而通知户主，同时启动家中的摄像头，家中成员用手机视频方式察看家中情况，如确认异常时，还可警报，采取对应措施。再如当严冬或酷暑时节，可用手机远程开启空调，使人到家时，室内设置达到一个舒适的温度；春秋之时，也可根据室外温度将家庭百叶窗调整到通风通光的最佳角度；当全家外出旅游时，还可自动设定在晚上时将屋内照明灯打开，减少犯罪分子入室的可能性。

6.2.6 实时环境监控网络

1）需求背景

目前，各大中城市中都有数以千计的监控摄像仪部署在城市各个点位与角落，它们对于本地安全保障和社会稳定起到了重要的作用。但这些监视器都归属不同的系统与各种组织机构、社区甚至家庭，采集的信息分散度高，安防信息资源共享度低，制约了相关部门联防联控的管理能力。如新建道路桥梁建设属建设系统主管，沿途道路监控设备就自然属于该系统运营、管理；而市内各路口监控违章车辆的系统又属公安交通管理系统；地铁交通各站的监控设备又属轨道交通公司；银行网点前的监控设备属于各家银行；小区内各路角与楼宇通路中的监控系统由该区物业公司运行；商店超市中的监控设备又归各商家，形成不了一个综合性、覆盖全城区、各方共享共用的整体性监控系统。

如何整合这些实时影像系统，提升其运用价值，向各相关单位提供实时、精确的事件监控，如火灾、交通事故、暴力事件、盗抢、人身侵害等治安与刑事犯罪影像记录，对于维护社会秩序、保护公众生命与财产安全，是一项重要议题。

2）DYVINE 系统

为有效地将城市的监视器影像整合在一起，成为一个整体联合运作的视频监控网络，就是可视化实时监控网络（Dynamic Visual Network，DYVINE）的核心概念。为此，欧盟建议在欧洲各国都市中推行该套系统，集成各系统的可视化监测资源，用于安全保障、灾害监控与反恐等领域，一旦发生各种灾难与人为事故或恐怖袭击时，不仅可提供实时影像，为各国警方与安全管理机构开展应急指挥提供一手资料，还能正确评估灾害后果与风险，及时、正确地采取应对措施，将损失降到最低，或在最短时间内侦破刑事案件，缉拿犯罪嫌疑人等。DYVINE 的架构如图 6－2 所示。

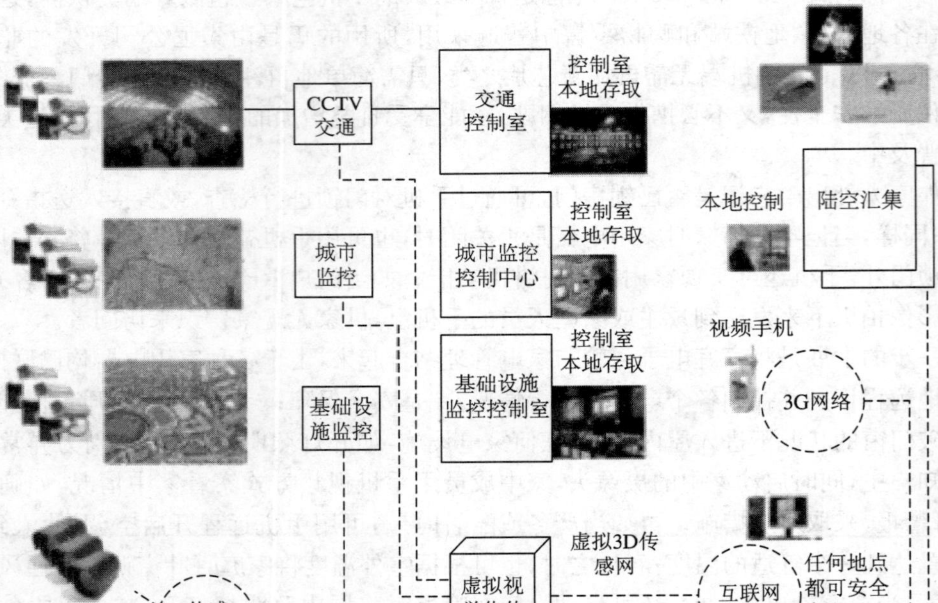

图 6－2　DYVINE 系统示意图

图中左侧上半部分代表现存各类监控系统，如地铁交通监控、城市监控、基础设施与场馆监控系统等，下半部分代表各类通过感知网络接入的视频监控系统等；中部代表现有的各系统视频数据中心，以及虚拟视频传感网络服务中心；右侧代表整个视频监控网可为安全机构提供陆上与空中的实时资源支持，以及通过 3G 移动通信网和互联网向公众提供的手机、PDA 和计算机查询的安全视频监控服务。

视频资源整合不仅是前端的监控摄像仪的各系统共享，更包括后台指挥调度系统的联动。以一辆卡车在路上侧翻并引发火灾故事为例，路旁的传感器会感受到温度和速度等的变化并引导摄像头搜索到故事现场，将实时影像传送到交通管理中心并启动报警；或当摄像头较远无法摄取图像时，通过附近的巡逻车第一时间赶到现场摄取即时影像并报警；与系统联动的消防车、救护车、清障车等就以最短时间出动赶到现场，扑灭火灾，拯救受伤者等。

视频监控资源整合的实际效果可用英国赫尔市的实例进行说明。

赫尔市是英国最充满活力的城市之一，总人口约为 55 万，其中工作年龄人口超过 25 万。几年前，赫尔市的犯罪率居高不下，反社会行为、暴力现象以及醉酒闹事等屡见不鲜，但由于证据收集方面的不力，警察很难有效地控制这些行为。

在将犯罪和反社会行为降低 40% 这一目标下，赫尔市议会投入了 600 万英镑建立了除伦敦以外的全国最大规模的视频监控整合系统，通过招标，该市选择了 Virage 公司(现属著名的知识管理系统公司 Autonomy)的系统构建了一个包含 280 台录像机的数字录像(DVR)监控网络。

通过这一监控网络，警方可借助直观界面同时存取多起事件的证据。Virage 的数字录制技术提供了优质图像，易于辨明身份的照片帮助执法部门实现了有针对性的安全防护措施。

系统运行后，市中心的犯罪与反社会行为有了明显的减少。在 3 年时间里，通过视频监控系统获得的证据帮助执法部门成功实施了 6 500 多次抓捕。控制中心每天最多提供 60 多份录像资料，帮助警方侦破了无数棘手的案件。据警方估计，仅 2007 年度，该系统就为 8 700 起案件提供了证据。该市一位重案组的探长称："视频监控系统为我们提供了确凿的证据。从杀人犯到小偷小摸，都难逃它布下的天罗地网。"

6.2.7 智能传感视频监控系统

1) 需求背景

计算机系统与各类摄像系统、传感系统、自动控制系统等结合，提供越来越先进的安全监管与防范手段，已成为保障社会稳定的一种趋势。这一结合带来两端的发展，一是前端的监控与感知手段日益完善；二是后台对采集的数据进行分析处理日趋智能化、多功能化，既能减少监控者繁重的工作量，又能提高对故事与不安全因素提前预报的准确率。这种智能传感视频分析系统已在许多场合下获得成功的应用。

传统的视频监控系统在当今安全监管中正扮演着越来越重要的角色，但专家估计大多数视频监控系统只发挥了不到 30% 的效率。重要的原因之一，就是监控端工作人员的视觉负担越来越重，极易产生疲劳，而不安全因素往往就在这种情况下产生。一个交通指挥中心、地铁监控中心，甚至一个小区的保安中心，各监控点传来的图像往往占据半面墙壁，管理员全天候面对如此多的画面，很快就会视觉疲劳。

根据专家估计，在视频监控系统操作员登录后的 15 分钟内，观察员就开始产生疲劳，并会忽略屏幕上 85% 的信息。

先进的视频监控系统，可对各种异常行为事先建立各种预警行为模型，也可供用户自己配置各种存档和报警触发模型，系统根据这些模型自动进行记录并与报警触发条件比对，对一切符合条件的画面行为开启报警，提示执行人员关注。

2）智能视频监控系统功能

目前，一些领先的视频信息处理公司已开发出一些实用系统，如 Virage 公司开发了智能场景分析系统。该系统包括了对象识别以及行为识别的概念编码技术，可用于各种场合下的高品质图像分析，包括细节提取、现场分析以及对象跟踪等功能，能方便地集成到主管机构的各类系统中，用于现场监控及视频档案内容的回溯分析。

系统可用于各种场合，如机场、地铁、车站、小区、银行、体育场、公路等。用户还可以根据各种场所特有的要求，通过自动和手动的训练过程来加强系统的准确性，结合智能化的分析功能，使系统漏报和误报率明显降低。

(1) 安全监控系统运行等级　安全监控系统可针对不同的要求提供多种运行等级：

一级模式——简单的、基于规则的自动化解决方案，可以由系统管理员配置。

二级模式——除可以执行基于规则的功能外，还可以处理不同数据之间的逻辑关联。该级别下的功能包括对数据流进行即时的分析和逻辑运算，例如自动计算多个停车场上车辆的分布情况、违章情况识别统计等。

三级模式——通过对不同来源的数据进行整理，执行包括概念检索、超链接、档案建立、聚类以及代理等高级分析操作，实现了各种主动安全操作的自动运行。可以自动对实况录像进行监控，在安全威胁出现的第一时间将其发现，进而发出有针对性的实时警告，加快整个流程的处理速度并且实现高效的安全解决方案。

这一监控机制的核心改进，是使系统能对图像内容具备分析与处理功能，其关键是建立各种违规场景模型，并将所有这些模型的特征画面输入系统报警样本库。在实际监测时，系统就能从摄像机抓取的现场图像帧不断地抽样，与样本库中的各种违规模型进行相似度比对，一旦相似度超过规定阈值时，系统自动指示观察人员注意，如再无反应，系统就可自动报警。

(2) 地铁与公路安全监控模式　最简单的实例如地铁安全管理，在每个候车站里都一条安全黄线，当乘客跨越这道线并达一定时间时，系统可触发监控提示并报警；银行网点前，当两个或几个人之间的距离超越正常范围时，可触发监控提示并报警；小区中，当有人在不适当的时间靠近房屋后窗、攀爬或墙壁上有移动物时等，可触发监控提示并报警，等等。执行人员对于有明显提示的画面赋予的关注，显然会比无意识状况下的关注多，就不容易放过一些安全隐患。

图 6－3 和图 6－4 是 Virage 的"智能现场分析系统"两个训练界面。图 6－3 是地铁安全监控系统，屏幕分为两个画面，左侧主画面正对一位老人较长时间在黄线外的行为进行判断，右侧小画面已对命中报警模型的行为发出提示。系统对几种在地铁站中需要重点监控的行为模型定义为：物品袋、孤独者、靠近边界等。图 6－4 则对一批车辆近距离行驶的违章模型、公路违章停车模型以及右侧翻车的事故模型等对系统进行训练。

这些模型库供系统自动比对，及时发出预警和事故报警信号，提示执行人员及早关注并采取相应措施。

(3) 不安全行为视频模型系统　从以上案例可看出，能让视频监控仪器自动识别各种不安全行为是采取及时防范措施的关键，而识别过程必须以大量的不安全行为模型库为系统训练的基础。为此，一些机构和院校在不安全行为视频模型上进行了开发。如美国德州大学奥斯汀校区(University of Texas in Austin)的 Sangho Park 与 Jake Aggarwal 合作开发出一套

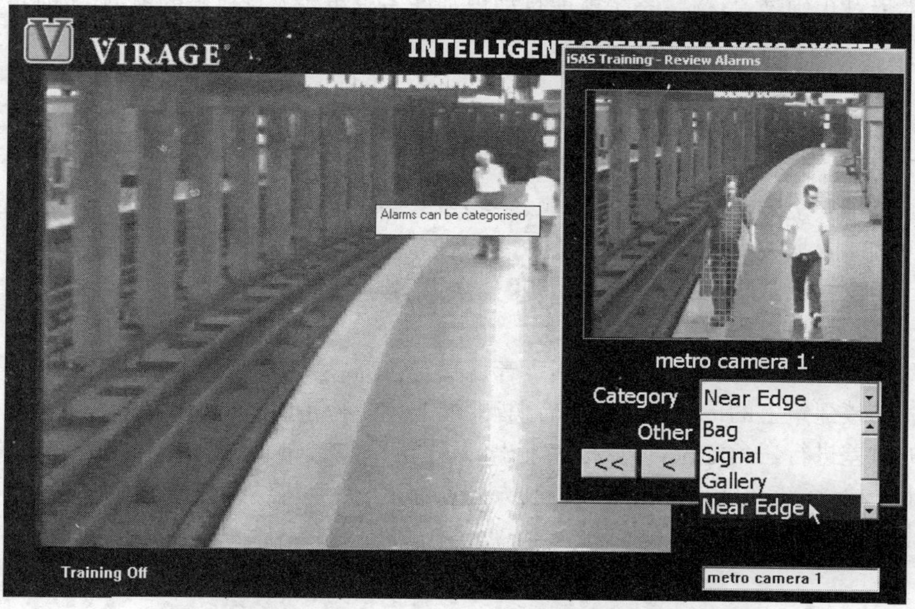

图 6-3 地铁站内不安全行为场景报警模型示例

图 6-4 公路不安全行为及翻车事故模型示例

智能监控行为分析系统，能辨别人的友善与攻击行为。与一般智能行为分析系统不同，该技术先建立人的行为模型，依据画面的像素(Pixel)与聚集(Cluster)，对所建立的人类行为模型做比对，除可辨别异常行为外，亦可分析出为何种行为类型。

研究人员称此技术为互动式语意分析(Semantic Analysis)模型。以握手为例，该动作除双方双手要相连外，手部的摆动也要同步化，才能视为握手。该项研究已可分辨 54 种人群间的互相动作，包含拥抱、掌掴、脚踢等，平均辨识正确率约为 80%，还可再由多镜头多角度的拍摄方式来提升正确率。这样，系统就能自动识别许多犯罪或人身攻击的模型，及时报警以减少伤害和损失。

6.2.8 智能听声辨位系统

美国是个安全防务形势严峻的国家，一些州的法律允许公民持有枪支，故全国枪击案占有一定的比例。根据波士顿警方统计，在610起涉枪刑事案件中，只有23%的案件告破。主要原因在于当发生枪击时，由于建筑物回声、公众报案时间等的影响，造成警方对现场情况识别的困难。

ShotSpotter technology 公司采用声音传感定位器技术开发了枪声定位系统。其原理是利用在各高楼建筑上的传感器组成声音监测网，当发生枪击时，可利用三个接收到枪声的传感器之间的时差进行三角定位，计算枪声发出的位置、枪声数量、发射角度、移动方向等；如嫌疑犯在车上开枪，系统还能计算出车辆行驶方向和速度，然后将结果显示在电子地图上，同时通知防暴中心出警，如图6-5所示。

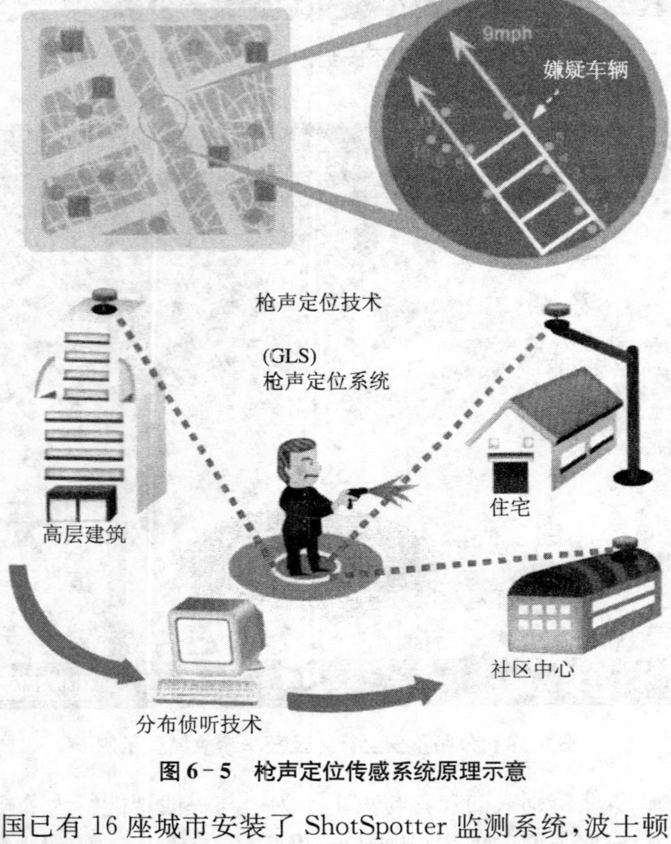

图6-5 枪声定位传感系统原理示意

2007年时，美国已有16座城市安装了ShotSpotter监测系统，波士顿也预计在安装该系的同时安装摄像仪，以进一步跟踪现场、降低误判率。由于出现枪声时，通常都意味发生了重案，声音与视频传感系统可在第一时间过滤背景杂音，自动将清晰的信息连同位置、次数、角度、方位与速度等重要参数发送警方，争取破案的黄金时间。

与前述系统相似，这套系统的关键仍在训练，可进一步增加其中呼救、尖叫、击碎玻璃、斗殴、金属敲击等各类可能发生犯罪的音响，就能更广泛地增长其辨别报警能力。

6.2.9 附有 GIS 位置的防欺诈照片

网络的兴起也带起一些沉渣浮泛，各种形式的网络诈骗层出不穷。如一些网络广告照片会有加工造假迷惑消费者的情况，如台湾曾有某地的旅馆经营者，假借其他地区的住宿场景照片冒充自己的旅店照片，在网上欺骗消费者订房住宿。因此，如能在照片上标明其地理位置，就能杜绝此类移花接木事件的发生。

成立于 2005 年的美国加州的 Eye - Fi 公司是一家通过移动 Wi - Fi 网络提供共享照片的技术公司，它向用户提供一种 Eye - Fi SD 储存卡，如图 6 - 6 所示，能自动将数码相机内的照片发到网上，存储在用户的网络相册、社交网站、iPhone 手机、笔记本电脑等设备中。这种 2 GB 的无线 SD 内存卡可以存储大约 1 000 张照片，所以用户不用担心相机内存容量，因为该卡能随时无限制地传输照片，处理高清晰度的 JPEG 图片，而且，如果所选网站有要求，它还能对图片大小进行智能调整。

图 6 - 6 Eye-Fi SD 卡

近期，该公司推出了型号为“Eye - Fi Geo”的智能卡，可在相片加上地理信息标签(Geotagging)。该卡里并没有内置 GPS，而是通过周围的无线 AP 信号来定位，服务时通过与无线通信运营商合作，只要附近有运营商的基站，该卡就能获得地理信息，并将其加载到所拍照片上。通过在照片加上地理信息可以增加许多乐趣，免除长途旅客返回后逐一回忆各张照片拍摄的位置，还可作为照片搜索的重要指标。

由于该技术的出现，消费者今后可要求旅游、住宿、宾馆等凡与地域景点相关的服务业者，提供此类附有地理信息电子标签的照片，据此通过电子地图对商家所称的服务地点进行实际验证。

思考题

(1) 试述对象跟踪定位技术在防止监护对象走失或被绑架方面的应用。

(2) 试述 RFID 技术在财产安全领域的应用。

(3) 试述传感视频监控系统在城市交通安全管理上的应用。

7 智能楼宇

[学习目标]

(1) 了解智能楼宇的基本内涵。

(2) 了解智能楼宇涉及的相关物联网技术。

7.1 智能楼宇概述

国家标准《智能建筑设计标准》(GB/T 50314－2006)对智能建筑(Intelligent Building,也称为智能大厦)定义为"以建筑物为平台,兼备信息设施系统、信息化应用系统、建筑设备管理系统、公共安全系统等,集结构、系统、服务、管理及其优化组合为一体,向人们提供安全、高效、便捷、节能、环保、健康的建筑环境"。美国智能建筑学会(American Intellignet Building Institute,AIBI)给出的定义是:"智能建筑是将结构、系统、服务、运营及其相互联系的全面综合,并达到最佳的组合效果,获得高效率、高功能和高舒适的建筑物"。建筑节能是未来建筑发展的核心。在城市规划、设计和施工中,它提倡使用材料和结构要在保证价值的同时也节约资源。

对于建筑行业而言,节能减排是可以实现的——采用智能建筑方案。智能建筑和常规建筑相比,不仅在环境效益,而且在经济效益、社会效益等方面都会产生良好的效应。智能建筑是未来社会发展的趋势。未来智能建筑应该从健康、节电、节水、循环利用等角度着手才能够真正做到建筑的环保节能。

中国的智能建筑起步较晚,我国的建筑能耗包括采暖、空调、通风、照明、家电等在内的总能耗已经超过一次能源消费总量的1/4,达到30%,居能耗首位。与发达国家相比,我国建筑钢材消耗高出10%～25%;每拌1 m^3 混凝土要多消耗水泥80 kg;卫生洁具的耗水量高出30%以上;污水回用率仅为发达国家的25%。其次,我国的建筑能耗比同等气候条件下的国家高出2～3倍(这里所说的建筑能耗是指建筑物在使用过程中的耗能),所以,我国出台了一系列关于建筑节能的条例,广泛应用节能新工艺、新材料,推广建筑节能政策。近20几年来,中国也涌现出一大批闻名世界的智能建筑,如2010年上海世博会场馆、2008年奥运体育场馆、上海金茂大厦(88层)、深圳地王大厦(81层)、广州中信大厦(80层)、南京金鹰国际商城(58层)、上海环球金融中心(101层)等。2010年上海世博会世博中心项目被住房和城乡建设部评为我国首批"绿色建筑",这也是全国首批6个获得"绿色建筑"证书的项目中唯一一个大型公共建筑项目。世博中心工程从建筑设计阶段起就注重融入绿色理念,如科学合理地利用地下空间,充分利用自然采光和通风,采用蓄冷蓄热技术和太阳能热水系统等。工程建成后成为上海首个名副其实的"绿色建筑"。

现在,"零排放"这个新名词经常出现在人们的生活中。所谓"零排放",就是指无限地减少污染物和能源排放直至为零的活动;即利用清洁、3R(Reduce、Reuse、Recycle)以及生态产业等技术,实现对自然资源的完全循环利用,从而不给大气、水体和土壤遗留任何废弃物。例如,

2010 年上海世博会的英国馆，成为中国首个“零碳馆”。零碳馆的原型来自于英国伦敦的贝丁顿社区，该社区被喻为“首个零二氧化碳排放社区”，是英国最大的环保生态小区。自居民 2002 年入住以来，享誉全球，是国际公认最重要的可持续能源建筑与居住的范例。

7.2 智能建筑的组成及其核心技术

7.2.1 智能建筑的组成

1984 年，美国康涅狄格州哈斯福市建成世界上第一座“都市大厦”(City Place Building)。在这座三层楼高、10 万 m^2 的建筑里，客户不必为自己添置设备，便可获得语言通信、文字处理、电子邮件、市场行情、科学计算和情报资料检索等信息。楼内的空调、供水、防火、防盗、供配电系统等均由电脑控制，实现了大厦的自动化综合管理。当时美国智能型建筑学会(AIBI)等学术团体提出的智能大厦的“3A”体系以及框架一直沿用至今。所谓“3A”体系即楼宇自动化系统(Building Automation System，BAS)、通信自动化系统(Communication Automation System，CAS)、办公自动化系统(Office Automation System，OAS)。智能建筑是楼宇自动化系统、通信自动化系统和办公自动化系统三者通过结构化综合布线系统和计算机网络技术的有机集成，其中建筑环境是智能建筑的平台。它不但能为人们提供方便、舒适、安全、卫生的环境，提高工作效率和生活情趣，还可以满足不同用户对建筑环境的要求。智能建筑集 3A 要素为一身，将各个要素集成到一个相互关联、统一协调的系统之中，从而使得建筑达到高效、有序、优化运行的目的，节约投资成本和能源消耗。在数字化和信息化的今天，智能建筑(大厦)已经成为城市数字化中重要的信息节点。

1) 楼宇自动化系统(BAS)

BAS 是智能建筑中最基本和最重要的组成部分。该系统对智能大厦中的暖通、电力、照明、给排水、消防、电梯、停车场、废物处理、安保等进行综合协调、科学管理和维护保养，监测以及显示其运行参数，监视、监控其工作状态，并能够根据外界条件、环境因素、负载变化情况自动调节各种设备的运行，使其处于最佳的运行状态。BAS 按照建筑设备和设施的功能可以划分为以下 10 个子系统：

(1) 暖通控制子系统　主要完成对智能建筑内部的空调、各种冷热源以及通风环境进行监控，在满足条件的情况下，最大限度地减少冷热源设备的运行时间，并根据实际环境，实时运行于节能状态，优化焓值控制，采用新风/回风比例自动控制，最大限度避免冷热源相互抵消。

(2) 变配电控制子系统　主要实现高压配电、变电、低压配电、应急发电，实现自动监测、自动计量、自动投切，节约了人力资源，提高了设备运行效率和可靠性。

(3) 照明控制子系统　对建筑的正常工作照明、值班照明、警卫照明、景观照明、事故照明、舞台艺术照明、障碍灯特殊照明等进行集中的监控。根据照明种类、建筑物内房间的不同用处、楼层公共区等，进行照明时间的控制和照度控制，充分利用自然光源，实现自动的节能控制。

(4) 给排水控制子系统　在保证人们用水质量的前提下，及时了解用水量的变化，并据此改变水网中水泵的运行方式，使水泵处于最佳运行状态，从而实现水网的合理调度和节能。

(5) 消防自动化系统　从火灾前的预防和火灾时的控制措施两方面考虑，在建筑里设立自动报警装置和自动灭火装置，对报警、疏散、灭火、排烟、防火门窗、消防电梯、紧急照明等进行集中指挥控制，有效保障人的生命和财产安全。

(6) 电梯控制子系统　对建筑内的客用电梯、货用电梯、电动扶梯等进行集中控制。它控制和扫描电梯升降层的信号，对各部电梯的运行状态进行检测，控制各部电梯的开和停，节省电梯运行时间和能源。

(7) 停车库自动化系统　将自动控制设备和智能 IC 卡技术结合，实现车辆的图像对照、自动管理等功能。

(8) 安保自动化系统　安保系统主要由出入口管理系统(门禁系统)、音频监控系统、视频监控系统等组成。

(9) 公共广播和背景音乐系统　该系统可以根据需求，分区或者分层播放不同内容。在发生紧急情况时，可以启动紧急广播工作状态，并可以实现手动切换的实时广播。

(10) 多媒体音像系统　以数字电视和大屏幕液晶显示器为主要终端，实现信息的网络发布。

2) 通信自动化系统(CAS)

通信网络是建筑物的"中枢神经"，由各种通信设备、线路、计算机软件组成，是传送话音、数据和图像的基本网络。CAS 包括实现楼层间各种终端、微机、工作站之间通信的楼层局域网、沟通楼群或楼内计算机与楼内各个局域网间通信联系的楼群或楼内高速主干网以及公共信息资源网。CAS 按照其功能划分可以分为以下 8 个子系统：

(1) 固定电话通信系统　通过设立程控数字用户交换机网(Private Automation Branch exchange，PABX)或者公网进行数据的通信。

(2) 无线通信系统　采用 CDMA、GSM 等方式实现建筑内部信息的无线交换。

(3) 卫星通信系统　可以利用人造地球卫星进行信息的收发，并可以实现卫星电视节目的收看。

(4) 声讯服务通信系统　改变了"面对面"的交流方式，由自动语音服务系统和呼叫中心等组成。

(5) 多媒体通信系统　基于 IP 核心交换，可开放多种接口与各种信息系统对接，大大扩展楼宇在视频、语音、宽带服务等方面的应用。

(6) 视讯服务系统　主要包括可视化的图文系统、电子信箱系统、视频会议系统等。

(7) 有线电视系统　可以接收加密的卫星电视节目以及加密的数据信息。

(8) 计算机通信网络系统　由网络硬件、网络协议、网络结构、网络操作系统、网络安全等部分组成，确保整个网络的畅通和安全。

3) 办公自动化系统(OAS)

OAS 是指利用计算机技术、通信技术、多媒体技术和行为科学等先进技术，使人们的部分办公业务借助于各种办公设备，并使得这些办公设备与办公人员构成服务于某种办公目标的人机系统的总称。智能建筑中要处理行政、财务、商务、档案、报表、文件等管理业务及安全保卫业务，就必须依赖 OAS。

OAS 又由办公设备自动化系统和物业管理系统两部分组成。其中，办公设备自动化系统主要是完成数据、邮件、文档的处理、编辑排版、电子报表、辅助决策等功能。对具有通信功能的多机事务处理型办公系统，还应该承担起电视会议、联机检索和图形、图像、声音的处理任务。物业管理系统包括了日常管理、清洁绿化、安全保卫、设备运行及维护、固定资产管理、租赁业务等。

4）智能建筑的系统集成中心

它具有各个智能化系统信息总汇和各类信息综合管理的功能。

(1) 汇集建筑内外的各种信息，接口界面要标准化、规范化，以实现各职能系统之间的信息交换及通信协议。

(2) 对建筑各个职能化系统进行综合管理。

(3) 对建筑内各个网络进行管理，必须具有很强的信息处理能力及数据通信能力。

5）综合布线系统(PDS)

PDS是建筑物或者建筑群内部的传输网络，它为整个大厦的光电信息传输提供技术标准统一、传输介质统一、布线结构一致的通道，适应多种信息的传输，管理配置灵活，维护方便。PDS通常由工作区子系统、水平布线系统、垂直干线子系统、管理子系统、设备子系统及大厦室外连接子系统6个部分组成，与传统的布线系统比较，有着许多的优越性，主要表现为它的兼容性、开放性、先进性和经济性。只要传输频率符合各类电缆规定的范围，指标符合要求，各种通信业务都可以使用PDS，因此，PDS是一种通用的、开放式的传输平台，具有广泛的应用价值。

7.2.2 智能建筑的核心技术

美国《21世纪的技术：计算机、信息和通信》研究报告为21世纪新技术在智能建筑中的应用与发展指出了方向。研究报告指出："信息技术未来的应用将肯定建立在网络之上，并且具有良好的人机交互能力和多维信息处理能力。在技术上，发展的重点将是虚拟技术、协同工作、可视化技术；在应用上，必须密切结合应用需求，强调综合集成"。

1）网络技术

目前，基于Web的Intranet网络技术正成为建筑物内部的信息主干网络的主流形式。Internet/Intranet为人们的信息交流和生活方式开创了一个全新的信息世界。

信息网络技术在智能建筑中的应用包括以下几个方面：

(1) Intranet降低了人们和智能建筑内外部信息通信与信息发布、传播的成本。通过简单统一的浏览器界面，访问建筑物Intranet上的所有Web信息，技术最为先进。采用开放的网络传输协议TCP/IP和HTTP，用B/S体系结构取代了C/S模式，降低信息系统软硬件投资和性能提升与维修成本。

(2) 提高建筑物内员工的工作效率和管理人员的管理质量，提高建筑物物业管理层的决策与全局事件协同处理的能力。

(3) 可以实现远程监控和操作以及对综合信息数据库的访问。

(4) 能够增强自动化控制系统(如防灾系统)与信息系统(如办公自动化系统、物业管理系统)之间的信息与数据的交换能力，与Internet可通过防火墙实现无缝连接。

(5) 信息与控制系统集成可直接使用建筑物中的综合布线系统，网络互联与扩展很容易实现，且维护和培训工作量小。

2）控制网络技术

BACnet是作为世界上第一个楼宇自动控制网络的数据通信协议，它代表了智能建筑发展的主流趋势。目前，控制网络技术正向体系结构的开放性与网络互联方向发展。开放性控制网络具有标准化、可移植性、可扩展性和可操作性。在计算机互联网络技术的推动下，控制网络要满足开放性的要求，就必须走网络互联的发展道路，因而从现场控制总线走向控制网络是一个必然趋势。控制网络通常是指以对生产过程对象控制为特征的计算机网络，它在智能建筑中的应用包括以下几个方面：

(1) 改善智能建筑内楼宇自控系统(BAS)、综合保安系统(SMS)、火灾报警系统(FAS)等网络的控制与联动的结构。增强楼宇各监控计算机系统之间的互操作性与集成能力。

(2) 利用控制网络的分布式和嵌入式的智能化技术为楼宇管理自动化(BMS)提供新的管理模式；同时也为自动化管理提供相关信息。

(3) 利用智能建筑内的控制系统选择客户机、图形服务器以及嵌入式服务器的系统结构模式。通过控制网络通信实现实时数据管理与机电设备运行过程控制。

(4) 利用信息网络的应用集成，智能建筑内的所有设备和安全监控信息均可以进入各种计算机平台和桌面系统，改进智能建筑内监控信息的利用和共享群件。

(5) 可以实现对智能建筑内机电设备与安全报警管理的远程监视和数据采集。

3) 智能卡技术

智能卡是一种集成电路卡，广泛应用于金融、身份验证、社会保障等领域，它继承了磁卡和其他 IC 卡的优点，具有较高的安全、保密、防伪能力。随着半导体芯片技术的不断发展，智能卡体积小、存储容量大、携带与使用方便、安全性与可靠性好、可脱机运行、一卡多用的优越性能越来越突出。目前，在国外采用智能卡系统进行智能建筑的保安门禁和巡逻管理、停车场收费管理、物业收费与管理、商业消费与电子钱包、人事与考勤管理已经越来越普遍。而这些功能都可以通过一张智能卡实现。

智能卡技术在智能建筑中的应用有以下几个方面：

(1) 保安门禁系统的应用：通过持卡人授权，实现通道、电梯的出入安全管理。

(2) 保安巡逻管理系统的应用：通过智能卡记录巡逻保安人员的巡逻路线、巡逻时间、巡逻到位的信息，实施巡逻安全管理。

(3) 停车场付费与管理系统的应用：实现临时停车无现金付费与常租停车位管理，智能卡与保安系统联动实现车辆安全管理。

(4) 物业收费与管理系统的应用：可用于建筑物内的水、电、气、风的计量、记录和付费等一系列物业管理。

(5) 商业收银系统的应用：建立持卡人资料、信用等级，实现电子购物与电子转账付费。

(6) 人事考勤管理系统的应用：使用智能卡建立员工人事档案资料，记录员工出勤时间。

4) 可视化技术

可视化技术是指基于网络化的视像传输、交互和提供多媒体视像服务的技术。现阶段，在智能建筑内的数字视频点播(Video On Demand，VOD)和会议电视(Meeting TV，MTV)，均是采用可视化技术向建筑物内的网络桌面系统提供视像的传输、交互和服务的功能。

可视化技术在智能建筑中的应用如下：

(1) 数字影视点播　向智能建筑内的网络桌面系统提供诸如电影、电视、动画游戏和远程教学的交互式视像服务。

(2) 会议电视　向智能建筑内的网络桌面系统提供点对点或网络形式的交互式多媒体影像的传输服务。

5) 移动办公技术

移动办公就是利用网络技术、通信技术、可视化技术以及家庭智能化技术，向异地或移动的办公人员提供一个虚拟的办公环境。移动办公技术是多项现代科技的综合。应用移动办公技术可以使在家或旅行途中的办公人员如同在自己的办公室里一样，可以随时随地地进入公司的办公流程，及时处理文件和阅读资料；参加公司召开的电视会议，参与发言和讨论；甚至通过家庭智能化技术，远程操作办公室内的办公器材或遥控家中的电器设备。

移动办公技术在智能建筑中的应用如下：

(1) 多媒体电子邮件　通过 E-Mail 和 Netmeeting 方式发送声音、视频、图片、音频信息和格式化文本。

(2) 远程会议电视　通过宽带或 3G 网络，实现远程会议电视终端的接入。

(3) 远程遥控　利用电话线路或 Internet/Intranet 网络，实现远程办公器材的操作或家用电器的遥控。

6) 家庭智能化技术

20 世纪 90 年代初，美国、欧洲和新加坡等经济比较发达的国家先后提出了"智能住宅(Smart Home)"的概念。通过家庭智能化技术，实现家庭中各种与信息相关的通信设备、家用电器和家庭保安装置通过家庭总线技术(HBS)连接到一个家庭智能化系统上，进行集中的或异地的监视、控制和家庭事务性管理，并保持这些家庭设施与住宅环境的和谐与协调。家庭智能化技术提供的是：一个由家庭智能化系统构成的家庭高度安全性、生活舒适性和通信快捷性的信息化与自动化居住空间，从而满足 21 世纪信息社会中人们追求快节奏的工作方式以及与外部世界保持完全开放的生活环境的要求。

家庭智能化技术在智能建筑中的应用如下：

(1) 家庭安全防范的应用　防盗报警、火灾报警、煤气泄漏报警、紧急求助报警。

(2) 家庭自动化的应用　家庭电器设备的远程遥控(如空调、照明、加热器、电窗帘、摄像机、娱乐器材等)。

(3) 家庭通信与网络的应用　电子语音信箱、数字式电话功能、计算机网络接口。

7) 无线局域网技术

无线局域网技术也称计算机无线组网技术，是 20 世纪 90 年代初兴起的一项极其有实用价值的新技术。该项新技术利用微波、激光、红外线作为传输媒介，摆脱了线缆的束缚。采用无线局域网技术既可以节省铺设线缆的昂贵开支，避免了线缆端连接的不可靠性，同时又可以满足计算机在一定范围内可以任意更换地理位置的需要，特别是无线局域网与移动通信和卫星通信的结合，将发挥更大的作用。因而其技术的发展正日益受到人们的关注和重视。

无线局域网技术在智能建筑中的应用如下：

(1) 商业 POS 系统的应用　在智能建筑内的餐饮、娱乐、购物等商业 POS 机的无线局域网连接。

(2) 无线信号转发器的应用　在智能建筑内可实现移动电话、传呼机信号转发的功能。

(3) 无线会议电视及视像服务　在智能建筑内通过无线局域网提供活动地点的会议电视视像信号的传输、交互和接入服务。

8) 数据卫星通信技术

国际上普遍认为，数据卫星通信技术与 PC 的出现是 20 世纪 80 年代信息技术变革的主要标志。数据卫星又称为甚小口径数据卫星站(Very Small Aperture Terminals, VSAT)。VSAT 的出现，将通信终端延伸到办公室和家庭，其发展的本质是将通信卫星技术引向多功能、智能化、设备小型化，同时综合应用卫星多波束覆盖、星载处理技术、地面蜂窝移动通信和计算机软件技术。在21世纪数据卫星通信技术的发展将会产生新的飞跃。

数据卫星通信技术在智能建筑中的应用如下：

(1) 提供Internet/Intranet网络的接入。

(2) 提供与ISDN网络的互联。

(3) 提供专业局域网网络的接入，如证券、期货、银行等专业局域网。

(4) 实现与移动通信系统的组合。

(5) 实现远程多点电视会议。

(6) 实现远程医疗和远程教学。

9) 双向电视传输技术

双向电视传输技术可以实现电视信号由前端向用户端由上而下的正向发送(下行传输)，同时也可以实现信号由用户端由下而上的反向发送(上行传输)。下行传输的信号主要是电视信号和数据信息，上行传输的信号可以是计算机终端的数据信息，或控制键盘产生的控制或状态信号，以及将这些信号转换成易于在双向电视传输线路上传输的信号形式，并通过电缆调制器、机顶盒实现信息的交互。目前，双向电视传输技术不但可以传输高质量的电视节目画面，同时也使智能建筑内的传统CATV电缆电视传输线路改造为可以提供交互信息与数据传输的宽带高速网络，为今后在智能建筑内实施“三网合一”(即电视网、电话网、计算机网)的综合传输模式提供预留网络接口。

双向电视传输技术在智能建筑中的应用如下：

(1) 数字(VOD)或模拟(NVOD)电视点播。

(2) 交互式电子游戏。

(3) 提供宽带Internet/Intranet网络接入。

7.3 应用案例

7.3.1 基于i-bus控制系统的布达拉宫景观照明系统

1) 系统简介

布达拉宫坐落在西藏首府拉萨市区西北的玛布日山(红山)上，是一座规模宏大的宫堡式建筑群。整座宫殿气势宏伟、依山而建，其夜景更是令人称赞。但是以往如果想要看到漂亮的夜景，工作人员需要跑遍全山，依次把每个景观灯打开，这样操作不但费事而且费时。

i-bus智能环境控制系统是ABB公司基于KNX平台开发生产的一套现场总线控制系统，满足国际智能建筑标准ISO/IEC14543-3及中国的国家标准GBZ20965-2007，目前已经广泛用于公共建筑以及住宅中。它既是一个面向使用者的系统(通过现场面板及感应器)，又是一个面向管理者的系统(通过中控电脑)，通过该系统对建筑中的照明设备进行控制，可以有效节约能源，同时提高管理人员的工作效率。

i-bus智能环境控制系统具有各种控制方式，如现场面板控制、单独或分组控制、分散集中控制、远程控制、延时控制、定时控制、光线感测控制、红外线控制、移动感测控制、气象控制、消防联动控制等功能，控制方式方便、灵活，并且易于修改、易于操作、易于维护。

现在，布达拉宫在采用了ABB i-bus EIB/KNX系统后，将城墙及山体上的多个配电箱内的灯光控制集中到广场的控制室，实现了高效的节能照明控制，减少了能耗，降低了管理费用，还营造了漂亮的景观环境，如图 7－1 所示。

图 7－1　布达拉宫夜景照明效果图

2）系统功能

系统主要由以下几个系统构成：

（1）照明配电系统　在整个系统的设计中，从光源选择到智能控制，都是从节能、便捷的角度来考虑的。本系统中的发光光源选择了高压钠灯具，该灯具发光效率高、光色柔和、透雾性强、耗电少、不诱虫、使用寿命长。而灯具采用了大功率的投光灯以及部分大功率的泛光灯，要求铸铝外壳，耐高温，高清晰钢化玻璃，外加不锈钢保护网；采用高纯度铝反射，反射率高。

布达拉宫南立面照明控制系统工程控制总配电箱共 12 个，受控回路 46 路，受控灯具 76 套。具体照明系统配电图如图 7－2 所示。

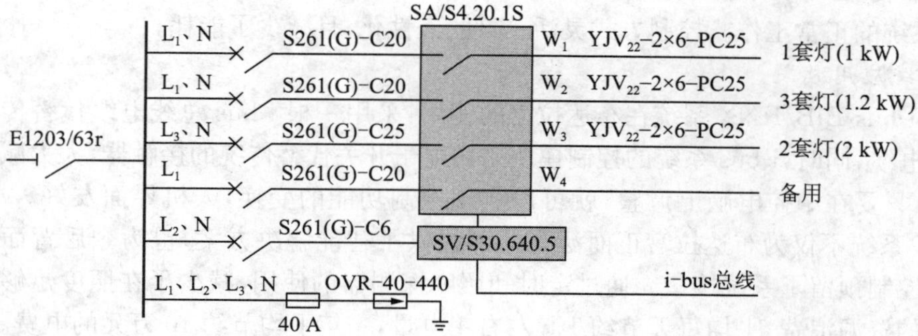

图 7－2　照明系统配电图

（2）i-bus 联动控制系统　i-bus 系统在本系统中的使用具有如下特点：

① 整个系统中只有一条 i-bus 总线，没有大量的控制电缆敷设和繁杂的控制设计。

② 系统采用模块化结构，每个模块均带有微处理器，可以自主工作，无主从关系，也无系统主机，即使其中有一个模块发生故障，也不会影响到整个系统的运行，同时可以在运行中进行软件的更新或者功能的重新设置，不会影响整个系统的使用。

③ 控制模块被安装在标准照明箱中，模块尺寸为标准模块化尺寸，可与微型断路器安装在一起，无需专用控制箱。

④ 现场控制面板只需要一条 i-bus 总线连接，24V 低电压供电，安全可靠。

⑤ 功能、控制修改方便灵活，只需要做小的程序调整，不用现场重新布线就可以实现。

⑥ 通过时钟、光照度控制，自动运行到最佳状态，节约能源，方便管理。

⑦ 模块控制可以直接带最大电流至 20A 的负载，无需使用继电器。

⑧ 具有灯坏报警功能，方便对损坏的照明灯具进行更换。

⑨ 灯具开启时分批次，分回路，避免浪涌冲击，保护电网以及灯具，延长光源使用寿命。

i-bus 系统采用通用的 OPC Server 接口与各种 BA（建筑设备）或 BMS（建筑设备综合管理系统）连接，集成后，通过 BA 或者 BMS 系统可以对 i-bus 系统所控制的所有设备进行集中的监视和控制。同时，i-bus 系统也可以与其他系统进行连接。例如，与安防、消防系统进行联动，当消防系统报警时，可实现各个区域照明回路的强点/强切功能（强制点亮应急照明灯/强制切断普通照明），此时，现场面板或中控电脑将无法对照明回路进行控制，直到消防报警信号消除后，所有照明回路将恢复到报警之前的状态，现场面板以及中控电脑自动恢复对各个区域的照明控制功能。

i-bus 系统还可以自动记录照明设备的运行状态，包括运行时间和运行故障等信息；并可以对每个照明回路的开关进行计时、计次，当照明回路的开启时间累加到光源的使用寿命时，可以提醒物业管理人员更换光源，方便管理人员对设备的管理和维护。

(3) 中控系统　在广场的中控室内，通过安装有 ABB i-bus 系统的图形化中央控制软件的计算机，可以监视和监控每一处景观照明的状况。

工作人员可以采用以下两种方式实现对景观照明的控制：

① 在中控室通过中控电脑进行简单的程序设置，预先设定照明的几种场景：黄昏、夜晚、深夜、节日等，进行定时控制，还可以按需要预设上级领导或者外地考察团莅临考察的场景等。

② 还可以通过中控室的 i-bus 智能控制面板，进行手动或者红外遥控器控制，自如地开关各区域的照明，也可以对各组灯进行分区域、分照度控制，即便中控电脑出现故障，也不会影响到 i-bus 系统的正常工作。控制方式灵活、方便、人性化，且减少了能耗。

3) 系统应用效果

ABB i-bus EIB/KNX 系统在布达拉宫的使用，采用一根 i-bus 总线电缆代替传统大量接触器控制电缆，同时，i-bus 系统的控制模块采用电子开关代替传统的接触器，大大减少了能耗以及噪音，只要在中控电脑上调整，就可以实现控制功能的变换，人机界面友好。ABB i-bus EIB/KNX 系统不仅为布达拉宫正面泛光照明提供了智能解决方案，也为今后背面泛光以及宫内照明控制预留了系统接口。通过定时和照度探测器的使用，减少了在照度足够的情况下开灯造成的资源浪费，平均每天节约 1 h 左右用电量，一年平均节约 10 万元的电费。

7.3.2　建筑智能技术在福州电力调度大楼中的应用

福州电力调度大楼总建筑面积约 4.5 万 m^2，主楼高 25 层，地下 1 层，附属楼 5 层，建筑高度 99.75 m，为一类高层办公建筑。安全、舒适、节能、环保是该大楼智能化系统考虑的重点。

福州电力调度大楼智能化系统由楼宇设备自动化控制子系统、安全防范子系统、一卡通子系统、综合布线子系统、卫星接收及有线电视子系统、背景音乐与紧急广播子系统等 6 个系统组成。各个子系统的具体功能如下：

1）楼宇设备自动化控制子系统

楼宇设备自动化控制子系统是整座办公大楼的“神经中枢”，主要完成对大楼内各种机电设备的全面计算机监控管理，如暖通空调、给排水、变配电、照明、电梯等。通过对各个子系统进行监控、控制、信息记录，实现分散节能控制和集中科学管理，为大楼内部用户提供安全、健康、舒适的工作环境，为大楼的管理者提供便捷的管理手段，减少建筑设备能耗，延长设备寿命，降低管理成本。

福州电力调度大楼楼宇设备自动化控制系统的设计方案采用业界先进的“操作站—网络控制器—现场控制器”三级控制方式。该方式为分散控制、集中管理的结构，现场控制器采用工业级器件并具有独立运行的功能，即便是操作站和网络控制器发生故障时，现场控制器也能够按照内部预先设定的参数和预先编制的控制程序继续运行，维持整个系统的工作状态。采用这种三级控制结构，使每一层的结构相对简单，能够降低维修的复杂度。

楼宇设备自动化控制系统管理的机电设备数量繁多、类型复杂、涉及专业面广，与暖通、水电、二次装修等专业分工配合的程序较多。为了避免在施工阶段出现较多的扯皮，在设计阶段就要把工作做细做深，罗列出需要控制的设备的清单，细分与其他专业的工作界面。与大楼土木建筑设计方的暖通图纸和施工图反复核对，计算出控制的数据量共计 1 277 个，其中数字量输出 274 个，模拟量输出 62 个；数字量输入 877 个，模拟量输入 64 个。通过这些点表，计算出所需要的现场控制器和网络控制器的数量，有效地减少了设计与施工之间的出入。

2）安全防范子系统

福州电力调度大楼作为区域电力调度指挥中心，负担着关系国计民生的电网调度任务，一旦出现安全事件，直接影响到电网的运行，因此不仅要对大楼外部人员进行防范，还要对大楼内部人员强加管理。安全防范自动化系统通过建立高效、全方位、全天候、立体化的安全防范网，实现对大楼以及周边区域的严密监控。该系统包括闭路电视监视系统和防盗报警系统两部分。

图 7－3 为闭路电视监视系统。该系统在大楼内的出入口、大厅、重要通道、电梯、电梯厅、地下车库等处共设 148 台摄像机，对大楼内部进行监控，可以直接掌控现场情况，记录事件，及时发现并避免可能发生的突发事件。系统的控制主机不但能够矩形切换图像，而且能够发出多种报警信息实现报警联动功能，同时配置了大容量的硬盘录像机，对所有信号分时予以录像，方便事后事故查询。

防盗报警系统在大楼的首层周边、地下车库入口处、楼层内重要场所设立了 40 个防盗报警探测器和 37 个手动报警按钮。当有人非法闯入防范区域时，探测器立即将报警信号传送到监控中心，闭路电视系统就会启动相应的摄像机进行摄像，监控中心的主画面也同步跟踪该摄像信号，楼宇自动化控制系统也会打开非法闯入区域的照明系统，并关闭相应的通道门，将非法闯入者围困在该区域，以保障了电力调度大楼内部的人员和财产安全。

3）一卡通子系统

一卡通子系统是进出电力调度大楼的“钥匙”，该系统以非接触性 IC 卡技术为核心，以计算机和网络技术为重要手段，将内部的各项设施连接成为有机的整体，实现了大楼门禁、停车、考勤、消费的“一卡通”。从功能上看，一卡通系统由卡片发行子系统、人员管理子系统、门禁管理子系统、停车管理子系统、考勤管理子系统和消费保障子系统等组成。

从保障安全兼顾便利性的角度考虑，福州电力调度大楼在办公区域、会议场所等公共区域一共设立了 224 个门禁点。在主楼和裙楼的入口和电梯口、地下室电梯口等处共设 6 个考勤

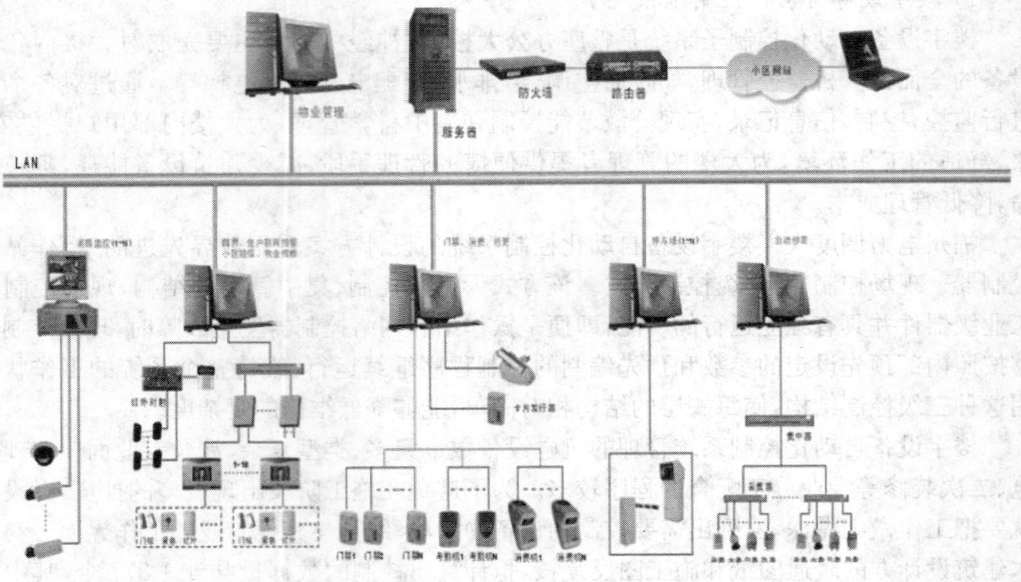

图 7-3　闭路电视监视系统示意图

点。同时,该系统充分考虑了可扩充性和灵活性,在停车场处采用了射频卡技术,保证了车辆的无障碍通行。

4) 综合布线子系统

综合布线子系统是电力调度大楼的“神经系统”,主要负责提供数据传输、图像传输、语音通信等联网功能。综合布线子系统由工作区、水平子系统、干线子系统、设备间以及管理 5 个部分组成。

(1) 工作区　工作区是将终端设备连接到信息插座的器件和连线,包括插座、插座盒、适配器、连接软线等,将各类数据线、语音线引至各楼层的点位。

(2) 水平子系统　水平子系统的功能是将干线子系统线路延伸到用户工作区。水平系统是布置在同一楼层上的,一端接在信息插座上,另一端在楼层配线架上,主要采用六类非屏蔽双绞线。在高宽带业务需求的地方,如领导办公室、会议场所、调度室等处各设一个光纤点,实现“光纤到桌面”。

(3) 干线子系统　干线子系统主要用于连接新大楼主设备间至各楼层的管理间。垂直主干采用 24 芯(50/125 μm)阻燃万兆多模光纤;2 根语音主干采用 3 类 25 对大对数电缆,语音主干有 20%冗余。所有语音干线均连接到位于 19 层的通信机房。17 层以上的主要设备机房敷设 1 根 8 芯(50/125 μm)阻燃万兆多模光纤到 17 层网络机房。

(4) 设备间　设备间由双绞线或者光缆、连接跳线架以及相关支撑硬件、防雷电保护装置等构成。

(5) 管理间　管理间是连接干线子系统和水平子系统之间的“桥梁”,同时又为同楼层组网提供了条件,主要包括跳线架和跳线(即电力线路两段之间不承受张力的短程电气连接)。

5) 卫星接收及有线电视子系统

卫星接收及有线电视系统按照 860 MHz 带宽的有线电视传输系统要求设计,以传输电视节目为主,同时具备交互式数据传输能力,并为将来扩充提供了双向传输、点播电视(VOD)、卫星接入互联网高速信息服务的条件。在大楼内的领导办公室、会议室、餐厅、活动室、休息厅、电梯间等公共场所一共设立了191个有线电视终端。这些场所可以接收有线电视节目、自办节目和鑫诺一号、泛美二号、亚洲3S等三颗卫星上的25套卫星电视节目。

6）背景音乐与紧急广播子系统

背景音乐与紧急广播子系统主要在大楼内大厅、餐厅、走道等公共场所使用，可以提供调频、调幅广播节目、DVD、MP3信号以及话筒信号，通过混音器、区域选择器输出至给定区域广播。当有消防报警信号时，系统会自动关闭所有的公共广播，并自动将着火层以及相邻上下层切换至紧急广播，必要时，可以手动用寻呼话筒进行人工指挥。除了公共广播会切换至紧急广播之外，在大楼设备层、地下车库等紧急场所设置了紧急广播扬声器，平时不工作，只有在火灾时候才进行消防紧急广播。

建筑智能化系统融计算机技术、网络技术、现代控制技术、图形显示技术以及传感与通信技术于一体，呈现出多学科、多专业、集成要求高等特点，成为智能建筑的一个极其重要的组成部分。建筑智能化系统使福州电力调度大楼成为一个一流的综合大楼，为地区电网调度人员提供了优质的办公环境。

7.3.3 沪上·生态家——未来生活新方式

1）系统介绍

用"垃圾"打造的房子，有着会"呼吸"调温的墙面，利用回收的雨水来冲刷马桶，有给儿童随意涂鸦而不会留下痕迹的电子涂鸦墙，有着无纸的电子书……在2010年上海世博会上，被誉为"聪明屋"的"沪上·生态家"是唯一代表上海参展的实物展示案例，成为引领未来居住建筑发展的风向标。

沪上·生态家遵循"天和——节能减排、环境共生，地和——因地制宜、本土特色，人和——以人为本、健康舒适，乐活——健康可持续的价值向导"的主题，汲取了江南民居传统特色的精华。在方案策划和设计中提炼出了"关注节能环保，提倡乐活人生"的全新生态居住理念。沪上·生态家建筑整体综合节能60%，可再生能源利用率50%，二氧化碳排量减少140吨，室内环境达标率100%，空间采光系数75%以上，固废再生墙体材料使用率100%，非传统水源利用率60%……这一系列的环保节能指标属于一栋建筑，它位于世博城市实践区内，并可能成为未来上海市民的生活工作处所。其效果图如图7-4所示。

图7-4 沪上·生态家效果图

2）系统功能

沪上·生态家强调生态技术的建筑一体化设计。设计者在节能减排、资源回收利用、环境宜居、智能高效等方面做了综合的考虑。总结下来，有如下的十大设计亮点：固废再生轻质内隔墙、燃料电池家庭能源中心、夏热冬冷地区气候适应性围护结构、自然通风强化系统、天然采光和室内LED照明、PC预制式多功能阳台、BIPV非晶硅薄膜光伏发电系统、生活垃圾资源化处理、机器人服务系统、智能集成管理中心和家庭远程医疗，如图7-5所示。

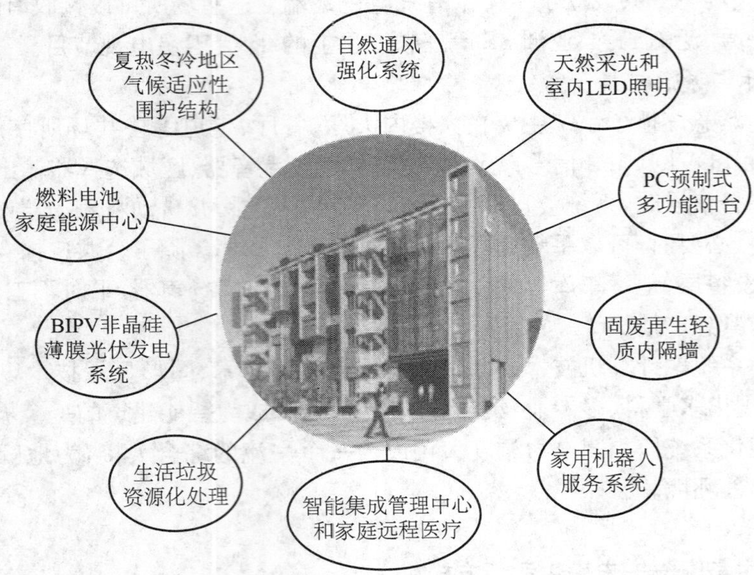

图 7-5　智能化系统框架图

(1) 固废再生轻质内隔墙　固废再生轻质内墙是沪上·生态家采用节能减排技术的第一个亮点。沪上·生态家的大部分建筑材料源于“垃圾”,如楼梯铺砌的砖是上海旧城区改造时的石库门砖头;外墙和内部的大量用砖是用“长江口淤泥细沙”生产的淤泥空心砖和用工业废料“蒸压粉煤灰”制造的砖头;此外,木制的屋面是用竹子压制而成,竹子生长周期短,容易取材,可以避免木材资源的耗费。沪上·生态家的两部电梯一个是势能回收电梯,在上上下下的时候,所产生的势能被储存;另一个是变速电梯,可以根据电梯乘客的多少来控制电梯速度。沪上·生态家的设计者巧妙变废为宝,确保了资源的再生利用。

沪上·生态家的部分外墙采用了长江淤泥砖作为填充墙;外墙外立面采用隔热涂料和隔热砂浆;保温层采用无机保温砂浆;内立面采用相变材料和脱硫石膏复合系统。采用这样的设计方案,使得建筑外墙随着室外环境的变化而变化,很好地解决了建筑热、冷、湿的问题。

(2) 燃料电池家庭能源中心　沪上·生态家将燃料电池和再生能源相结合,构成了建筑的家庭能源中心,巧妙解决了住宅内部电、热的问题。

该部分以燃料电池为核心,接入城市燃气,产生热能和电能;同时,看似普通的住宅窗户、屋顶,实际上却是产能高手。如屋顶一方面采用了 1kW 的燃料电池;另一方面将太阳能收集起来转化为电能,作为室内 LED 照明的能源,同时利用发电后的尾气余热进行热水的供应;此外还在屋顶布置了垂直轴静音风力发电机,为建筑提供了少量的电量补给。即使在无太阳、无风的情况下,厨房里的燃料电池也能够提供家庭能源的基本需要,满足三口之家用电和生活热水需求。

(3) 夏热冬冷地区气候适应性围护结构　沪上·生态家适合上海气候特点,如夏天湿热,冬天寒冷,有黄梅季节,既节能又住得惬意。沪上·生态家由上海植物园专家选取适合上海地区和土壤条件的植物,并负责维护。在智能化控制绿化微灌系统的支持下,各类植物均实现现场整体拼装,并可根据气候变换等原因轻松调整植物种类。漂亮的薇藻屏风与围栏不仅起到了美化环境的作用,还可以吸收室内的二氧化碳,净化生活空间。

(4) 自然通风强化系统　沪上·生态家是一栋风导向建筑,迎合上海夏季主导季风方向。横向和纵向都有充足的风道，横向有穿堂风，纵向从底层起有导风墙，形成全建筑自然通风。整个生态楼的南侧被设计为宽敞的楼道，并且在顶部设置由风力发电系统驱动的机械通风装置强化了通风效果，屋顶进入楼内的气流能够贯穿整个楼道。楼道底层空间则被设计为天井，利于风在室内的流动。

(5) 天然采光和室内 LED 照明　一方面强化自然采光，设置了采光中庭和“追光百叶”，屋顶安装的“追光百叶”可以跟随太阳角度的变化而自动转变角度，既起到遮阳作用，又反射环境光，提高室内照度；在室内光线达不到照明标准时，窗帘百叶会自动调整，同时室内灯光会自动亮起。此外，连水池面的反射光也考虑进去了；另一方面充分利用太阳能，除了南向坡屋顶，在南立面阳台也安放了薄膜式太阳能光伏发电系统，作为清洁能源的动力。把太阳能光伏发电系统放在外立面，是一种新尝试，将来对非顶楼的居民是一个福音。所谓“光”住宅，就是以最大限度利用太阳能为主，提供太阳能屋面及绿化庭院，同时下部悬挑，提供参观人流遮阳，再辅以部分百叶遮阳，在多平台的屋面形成变幻的光影效果。

(6) PC 预制式多功能阳台　阳台制作也采取了“工厂预制、整体吊装”的方式，以把建造污染降到最低。南立面花窗白墙与凹进阳台错落有致，建筑自遮阳效果显著，如图 7-6 所示。底层入口等候区挑空，通过建筑自体形成范围较广的阴影区，免除排队等候参观者的日晒之苦。遮阳系统如“影”随行，自动调节。

图 7-6　多功能阳台

(7) BIPV 非晶硅薄膜光伏发电系统　沪上·生态家采用的太阳能光伏发电系统容量约 15 kW，分为光伏屋顶发电系统和南立面光伏外墙发电系统两个部分。主要选用了国内自主品牌的非晶硅太阳能电池板进行一体化设计安装和相关技术展示。

(8) 生活垃圾资源化处理　沪上·生态家提出了“零排放”的废弃物管理目标。其中生活污水、废水经膜——生物反应器处理、消毒，达到杂用水深度处理回用水质指标后，注入设在地下室的杂用水机房内的杂用水箱，实现污水资源和污染物的零排放。楼年平均杂用水设计利用量达到了 2 610 m^3，占年用水量的 60%。对于楼内居民的生活垃圾，进行分类收集、分类运输、分类处置。世博会期间，参观者可以在沪上·生态家里用废料自制砖块。实现了生活垃圾“变废为宝”，减少了环境污染，实现了垃圾资源化。

(9) 机器人服务系统　走进这座颇具江南特色的建筑，耳边突然响起一阵悠扬的民乐。3 位身着古装的机器人“美女”在等候区左侧演奏着中阮、扬琴、葫芦丝三种民族乐器。在沪上·生态家中，机器人都特别聪明，扫地机器人会识别出哪个角落有垃圾，随后进行打扫。位于四楼的“乐龄之家”是专为老年人量身定做的幸福家园。步入“生态卧室”，家居监控机器人“灵灵”就会立即迎上来。“灵灵”的正面有两只机械臂，可以完成开门、倒水、取物等家务动作，背后是个带控制手柄的轮椅……充分展示了机器人给人类生活带来的便捷。

(10) 智能集成管理中心和家庭远程医疗　沪上·生态家建了能源管理、环境监测、设备管理和信息管理 4 个智能管理中心，并由智能集成管理平台进行统一的调度，如图 7-7 所示。

其中，能源管理中心、环境监测中心、设备管理中心底层数据基于楼宇自动化控制系统，信息管理中心的人流数据基于采用 RFID 和红外技术的人流引导系统。

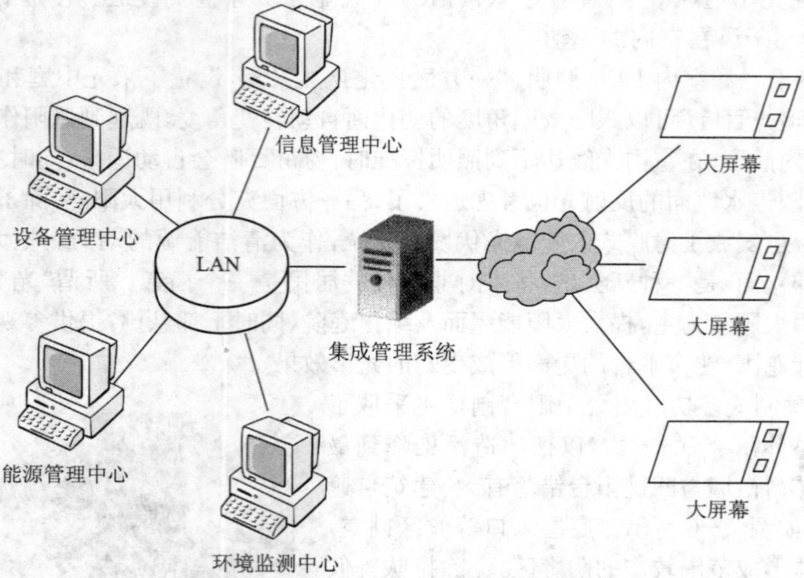

图 7－7　智能集成管理中心

① 能源管理中心：能源管理中心对建筑内各个居室的用电、用水、用气情况，公共区域的用电、用水情况，以及新能源使用情况（包括太阳能发电、风力发电、废水回用）进行实时监控、分析、展示。

② 环境监测中心：环境监控中心通过在楼内布置传感器网络，对建筑的实际室内环境以及水质情况进行监控和评估发布，并作为后续运行评估的基础。

③ 设备管理中心：设备管理中心采用智能化技术，对建筑内部的各种相关设备进行模拟监控，实现最优运行。

④ 信息管理中心：信息管理中心，通过 RFID、红外技术采集场馆内人流信息和分布，并对信息进行统一管理和存储。此外，在“乐龄之家”卧室还安放了“智能床”，居民早晨从床上醒来时，就会被告知血压、脉搏、血糖是多少，有没有超标。

这些新奇的能源生产与应用方式是通过 IT 技术与系统能效结合而实现的。据了解，这次世博会沪上·生态家主旨是为了推广与应用未来生态住宅的技术。沪上·生态家可以说是未来城市的生活家居发展的一个方向。

7.3.4　基于 LonWorks 技术的智能遮阳系统在三星总部大厦中的应用

1）系统概述

当建筑的暖通、照明等安全、节能的智能化方式被人们广泛接受时，遮阳系统智能化的诸多优点却被人们忽略。根据上海建筑科学研究院的生态楼试验报告，建筑遮阳是达到建筑节能最有效的手段，节能效果达到 30%以上。智能遮阳系统有利于改善建筑室内环境，提高建筑使用质量，是智能建筑的重要组成部分。

SOMFY(尚飞)为三星总部大厦提供了全套的智能遮阳系统——电动卷帘和基于Lonworks技术的智能遮阳控制系统。整个大厦共使用SOMFY(尚飞)ILT智能电机(带反馈功能)7 688台,所有电机均通过Animeo LON智能遮阳控制系统进行集中管理,系统包含近4 000个LonWorks智能节点。

图7-8 采用了智能遮阳系统的三星总部大厦

三星总部大厦由三座建筑物组成,极富现代感的设计使它成为韩国首都瑞草商务区的标志性建筑之一。三星集团旗下的三星保险和三星电子等公司已在2008年入住新楼,大厦可以为2万人提供舒适的办公空间,整座大厦投资约10亿美元。

2) LonWorks技术和LonMark简介

现在很多智能遮阳系统都是基于LonWorks的控制网络技术。LonWorks技术起源于上世纪80年代后期,是由美国埃施朗(Echelon)公司开发的。该技术是一种开放的总线技术,所有取得Lon-Work认证的产品,无论其产自哪一家设备供应商,都可以确保在系统中100%的兼容。现在,LonWorks技术已经被广泛应用于智能楼宇、工业控制、家庭智能和智能交通等多个领域。

Lonworks技术主要具有如下的几个特点:

(1) 传输方式灵活　LonWorks技术的核心是LonTalk协议。LonTalk协议提供了一整套通信服务,这使得应用程序能够方便地在任何物理传输媒介上(包括电力线、双绞线、无线、红外、电缆、光纤等)与其他设备收发数据,而无需知道网络的拓扑结构、网络名称、地址以及其他设备的功能。所以,所有的参数均可由开发者自己定义。

(2) 传输速率弹性大　使用LonWorks技术可以使数据的传输速率从2Kb/s～1.25Mb/s。例如,LonWorks在建筑电气中普遍使用78 Kb/s的传送速率。

(3) 系统容量灵活　采用LonWorks技术可以由开发者根据组网规模自由设定地址的长度,组网方式灵活。

LonWorks技术留给用户在应用时有较大的自由度,不同LonWorks的厂商虽然都按照LonWorks技术制造产品,但还做不到可以互相操作。为了解决这个问题,1994年5月,36家重要厂商组成了称为LonMark国际的组织。其目的是使基于多供应商的LonWorks网络易于集成。LonMark国际为成员公司提供了一个开放的论坛,编制一系列LonMark标准。经过认证符合LonMark标准的产品可以带有LonMark标识——表示该产品完成了一致性测试并在LonWorks网络上具有互操作性。LonMark国际的成员包括在全球多种行业中领先的控制系统制造商、集成商和用户,这些行业涉及楼宇自动化、安全、照明、电梯、公共交通、半导体制造设备、家用电器、遮阳帘、能量计量、建筑、商用房地产、工业自动化等行业。

3) 系统功能

与老式遮阳系统不同,智能遮阳系统通常是由遮阳卷帘、电机以及控制系统组成的。控制系统根据周围自然环境的变化,通过系统线路,自动完成对电动卷帘整体升降的控制,既减少阳光直射、阻断辐射热、避免产生眩光,又充分利用自然光,节约能源。

基于 LonWorks 的 Somfy Animeo LON 智能遮阳系统如图 7－9 所示。

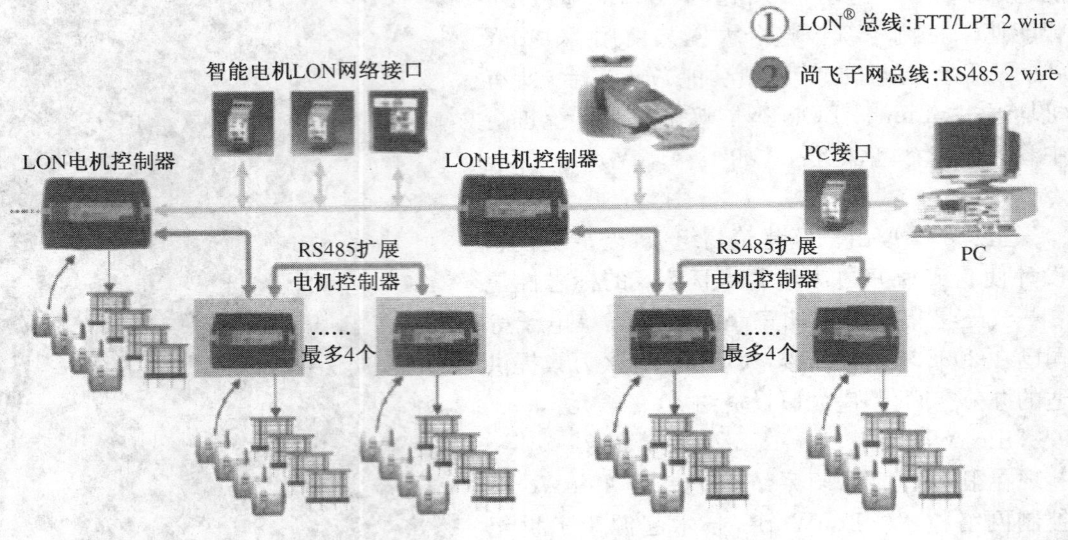

图 7－9 Aniemo LON 智能遮阳系统结构示意图

凭借 Aniemo 系列产品，尚飞可以提供优化热量控制、视觉舒适及楼宇耗能控制的完善的、可升级的解决方案。入住者居住和生活的环境被改善的同时，制冷取暖系统、灯光照明系统的能耗也会降低。Aniemo LON 正是专门用于智能遮阳领域的一套人性化的自动控制解决方案。Animeo LON 采用开放性的 LonWorks 技术作为搭建系统的平台，同时允许通过 RS485 总线进行有限的子网拓展。系统在完全开放通信协议的基础上，兼顾了性能与成本。简单来说，Animeo LON 系统具有以下特点：

① 系统以 LON 平台作为基础平台，系统构建与传统的 LonWorks 系统完全一致，应用层开发完全遵照 LonMark 标准。

② 系统可通过 RS485 总线进行子网拓展，有效减少同等规模系统的 LonWorks 节点数。

③ 系统可以通过传统的编程软件，如 LonMaker 等进行编程，也可通过尚飞专用的图形化软件进行编程。既照顾到传统的系统集成商的编程习惯，又降低了编程难度。

④ 系统专门针对智能遮阳的特点进行设计，具有许多人性化的功能设计。Animeo LON 系统是一个集中管理、分散控制系统。其开放性、灵活性、可靠性集中体现了现代楼宇管理与智能化控制的最新潮流。它采用模块化系统，易于扩展，因而满足将来的需要并不会以增加今日的投资为代价。Animeo LON 系统具备很强的兼容联网能力，可以与任一家愿意开放其通信协议的产品或系统实现联网，从而满足同一建筑物内的不同子系统间联动的需求。用户可以很方便地在任何地方，在任意一台操作站上，对所有设备或子系统进行监控，大大提高管理水平及工作效率。

(1) 高优先级的本地控制　三星总部大厦选择了时下最流行的建筑设计元素之一——玻璃幕墙作为建筑物的外立面。出于对建筑节能和用户使用舒适度的考虑，三星总部大厦采用了智能遮阳技术。遮阳系统不仅可以自动有效地控制建筑物能耗，同时还可以满足最终用户随时中断自动控制信号的需求。例如，当户外阳光照度值超过系统预设的门槛值时，系统会发出自动控制指令，控制卷帘自动向下运行，此时最终用户如果不希望窗帘按照既定规则自动运行，只需要使用附近的开关，即可随时终止自动命令。这意味着，在复杂多变的气候条件下，我们不再需要一个持续的本地控制信号来对室内照度进行最佳管理，系统可以通过安装在本地的控制设备随时终止一天之中剩余时间内的所有自动控制信号。

(2) Animeo 动态幕墙管理　遮阳系统由基于 LonWark 标准的动态幕墙管理系统进行集中管理，并与大厦内的其他智能系统进行联动。Animeo 动态幕墙管理软件依照客户设定的时间及天气传感器感知的气候状况进行工作。因为建筑物的外立面是室内外发生热量交换的主要部位，无论这些立面的构造原理如何，当遮阳产品或开窗设备受到电动控制或自动控制时，这些热交换就可以被控制。动态幕墙管理系统可以提供热量控制、视觉舒适及楼宇能耗控制的完善的可升级的解决方案。动态幕墙管理系统能够自动控制所有可能的遮阳产品和开窗设备组合。

图 7－10　Animeo LON 动态幕墙

Animeo 动态幕墙管理系统是专门针对智能遮阳及电动开窗而开发的总线系统，Animeo 系统特别适用于商业楼宇与公共建筑的楼宇外层自动化综合服务，控制与幕墙相关的产品，例如室内或室外遮阳和窗的自动开启等，同时可与照明、消防、安保、空调等楼宇自控系统兼容。

(3) 遮阳系统与其他系统的联动　Aniemo LON 控制系统保证了系统的高度灵活性——它可以很容易地与大厦内的灯控系统、空调系统、气象信号采集系统和安防系统等进行集成。它可以与火灾报警系统进行联动，当火警信号传来时，大厦内所有的窗帘将无条件自动收起以确保建筑物内有害气体的顺利排放。

Animeo LON 智能遮阳控制系统可以很好地优化和平衡人工照明与自然采光。当户外阳光照度很强，窗帘自动下行以遮蔽阳光的时候，安装于室内的照度传感器会自动检测室内照度是否足够营造舒适的室内办公环境，如果室内照度不足，调光功能启动并根据需要打开适量的光源，确保室内始终保持适当的照度并且不浪费额外的能源。

(4) 可集成的带反馈系统　三星总部大厦选择了带反馈功能的 ILT 智能电机，该电机内置了反馈单元，配合 LonWorks 系统相对较快的数据传送速率可对整个遮阳系统中任意一台电机实时监控和管理。因此，每一幅卷帘的实时位置以及电机实时状态和故障信息都可以在用户端软件中显示出来。

(5) 无线电或红外遥控　Animeo LON 智能遮阳控制系统充分考虑到了很多商业建筑都有在投入使用一段时间后对部分重要区域进行遥控控制升级的需求。系统具备在不进行二次布线、不增加硬件模块的基础上通过在电机控制器指定位置插卡的方式实现无线电或红外线遥控升级，真正的即插即用，避免了由于重复施工带来的种种不便。

(6) 静音电机可打造宁静的办公环境　对于日常工作的办公室和会议室，必须保证室内工作人员注意力的高度集中，确保工作人员不会被由于调光需要电机频繁运行时发出的噪音所打搅。因此，建筑设计者最终选择了 SOMFY(尚飞)ST 系列静音电机。整个大厦共安装了600 套静音电机驱动的电动卷帘。由于静音电机经过特殊的电磁设计，电机内部所有传动机构的机械结构也基本采用“软连接”的方式，因此电机运行时发出的噪音即使在最恶劣的条件下也不会超过 44 分贝。这个级别的噪音基本上是人类听觉的极限，因此电机在运行时发出的噪音基本不会被人察觉。所有静音电机均接入 Animeo LON 智能遮阳控制系统。

(7) 可定制的个性化用户端软件　由于大厦内安装了近万幅卷帘，单纯的本地控制难以满足管理者对遮阳系统的管理需要，友好的图形化人机界面成为系统管理的必不可少的工具。三星总部大厦安装了专门为此项目量身定做的用户端软件。通过软件，管理者可以对整座建筑物内的任意一幅窗帘进行实时的状态监控。足不出户，系统管理者就可以对建筑物的遮阳系统进行管理。

4) 系统综述

遮阳是建筑节能的又一有效途径，通过良好的遮阳设计在节能的同时又能够丰富室内光线的分布，还可以丰富建筑造型及立面效果。

对于一般公共建筑及商业建筑而言，手动操作运行的遮阳产品是不能起到真正有效的节能效果的。首先，手动操作产品不能根据气候、温度、光照的参数改变而自行改变。其次，建筑在非正常工作时间内(如夜晚及周末)也需要对遮阳产品及门窗进行智能感应以达到节能效果，如目前欧洲非常流行一个节能概念——Night Cooling，即通过夜间对建筑物自动通风降温，从而可以节省第二天建筑物的空调消耗。要达到以上效果，建筑物必须采取智能遮阳形式，并实行动态幕墙管理。

7.3.5　基于指静脉识别技术的门禁识别系统

1) 系统概述

随着时代的发展和进步，门禁系统越来越需要高效、可靠的身份认证机制来确定人员对特定区域进出的合法性。传统门禁系统的个人身份鉴别手段主要是通过钥匙、磁卡、IC 卡、口令、密码等，由于它们可能会被丢失或者修改，甚至可能被篡改或伪造，所以，亟须一种安全、有效、保密性强的身份识别技术来保障人们生活和社会安全。这种技术就是基于人体生理特征的生物识别技术。

生物识别技术包括指纹识别、虹膜识别、人脸识别、掌纹识别、静脉识别、声音识别、签名识别、笔迹识别、手形识别以及多种生物特征综合识别等诸多种类。生物识别具有不易遗忘和丢失，不易伪造和被盗，可以“随身携带”，随时随地使用等优点。目前生物识别技术已经被广泛应用于金融安全系统、门禁系统等领域。

手指静脉(也称指静脉)是一种新的生物特征识别技术，它是利用手指内的静脉分布图来进行身份识别的一种技术。从安全和实用的角度来看，指静脉识别技术相比较其他生物识别技术，具有如下几个优点：

(1) 唯一性　指静脉识别技术具有很强的普遍性和唯一性。每个人的手指静脉图像都不相同，即便是同一人的不同手指的手指静脉图像也不相同。

(2) 非接触式　静脉血管位于体表内，是非接触性的采集系统，不会造成采集界面的污染，更加卫生。

(3) 安全性高　由于是身体内部的血管特征，所以很难被复制、盗取、伪造或者手术改变。与其他方式相比，安全性更高。同时，静脉能感知手指内的血液流动和血压情况，能够在识别的过程同时进行活体检测。

(4) 可靠性强　静脉图像可以提供的特征信息量大，在识别的时候可靠性高。

(5) 亲和力好　相比较虹膜识别的采集过程，指静脉识别更具有亲和力。

(6) 匹配速度快　由于手指的静脉血管相对稳定并很容易被拍摄下来，因此使用低分辨率的摄像头就可以达到取样要求。这样生成的静脉模板文件小，匹配速度快。

(7) 准确性高　因为采样样本是在人体内部，所以匹配过程中受到外界的干扰非常小。手指静脉认证的准确性很高，根据严格的医学证明和数学统计，FRR(拒真率)小于 0.01%，FAR(认假率)小于 0.0001%，FTE(登录失败率)为零。具体比较见表 7-1。

表 7-1　生物识别技术的比较

生物识别技术	防伪率	准确率	体积
指纹识别技术	普通	普通	小
虹膜识别技术	高	高	大
人脸识别技术	普通	低	大
手掌静脉识别技术	高	高	普通
手指静脉识别技术	高	高	小

2002 年，由日立制作所研制的指静脉生物认证产品发布，这是生物认证领域的一项全新技术。指静脉认证技术通过对手指中静脉图像进行活体识别来达到认证目的，安全性高、识别率高、简单宜用。这些优点使其迅速被市场认可。在日本，80%的金融机构采用了搭载指静脉认证设备的 ATM(此数据截至 2007 年 3 月)。图 7-11 为日立公司研制的指静脉门禁系统。

图 7-11　日立指静脉门禁系统

2007 年夏天，日立制作所又向全球推出最新的非接触式小型“指静脉认证设备”及软件开发套件(SDK)，为信息安全提供了一个新型解决方案。图 7-12 为小型指静脉认证设备。

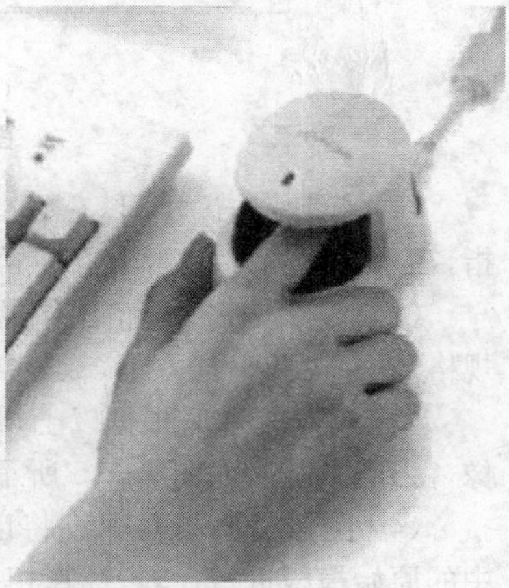

图 7-12　小型指静脉认证设备

2) 指静脉识别系统的发展历程

20 世纪 90 年代末，日立制作所的研发人员在一项度量人脑活动的研究中发现，利用近红外线观察血液流动能够成为一种有效的、高度安全的生物识别方法，这是对手指静脉研究的开始。指静脉识别技术的发展经历了三个阶段：

(1) 第一阶段(1997—2000 年)　原始的透射成像技术研发成功。它不同于反射成像(利用皮肤表面的反射光成像)，是利用透射光成像的，得到的静脉图像更加清晰，如图 7-13 所示。指静脉识别技术中就是采用透射成像来获取静脉分布图。

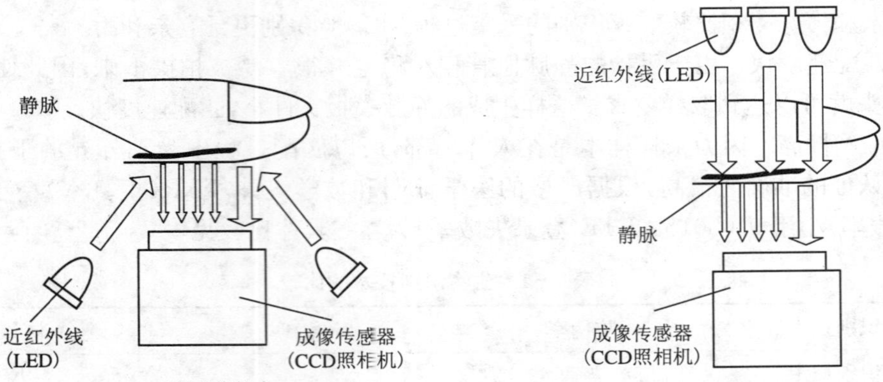

(a) 反射成像技术　　(b) 透射成像技术

图 7-13　成像技术示意图

(2) 第二阶段(2000—2003 年)　静脉识别技术逐渐成熟并走向市场，2002 年第一台指静脉门禁控制系统产品发布。

(3) 第三阶段(2004—现在)　指静脉识别技术开始在全球推广，2004 年推出指静脉新产品——用于 ATM 机安全认证的指静脉识别系统推出，并在 2005 年使其商业化。指静脉识别技术在日本金融界逐渐兴旺，日本很多银行都用它做 ATM 终端用户的身份认证。

3) 识别步骤

图 7-14 为指静脉识别系统的流程图。识别分以下 4 个步骤：

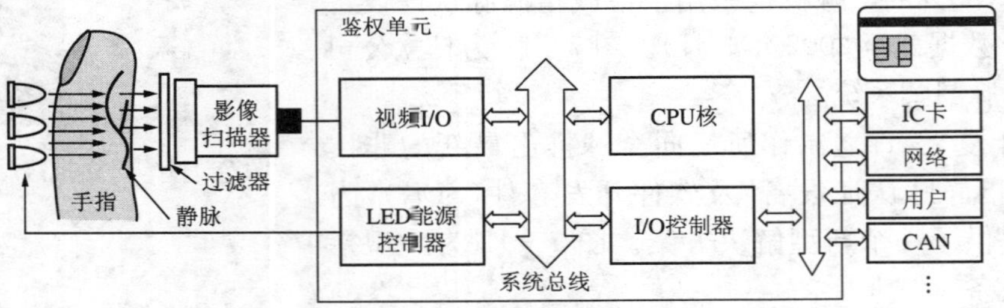

图 7-14　指静脉识别技术系统流程

(1) 静脉扫描　LED 在手指一方发射近红外线，透射手指，在手指另一方，照相机拍摄静脉图像。

(2) 图像校正　调整图像的位置和角度，使其符合认证规格。

(3) 特征提取　根据以上得到的图象，提取静脉分布图像，得到特征图，如图 7-15 所示，下图为静脉分布图提取。

(4) 图像对比与匹配　将以上得到的特征图与数据库中的原始模板进行比较，计算相关性。如果相匹配则认证通过，不匹配则认证被拒绝。

识别过程如图 7-16 所示。

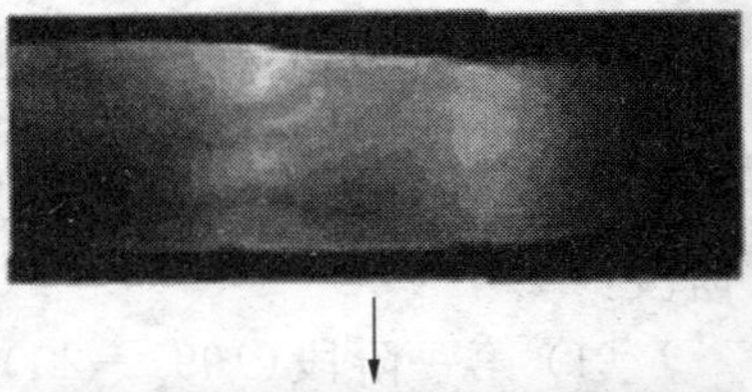

图 7-15　提取静脉分布图

4) 基于指静脉识别的门禁系统的原理

门禁系统是对重要区域或通道出入口进行管理和控制的系统。现在大多数的门禁系统都

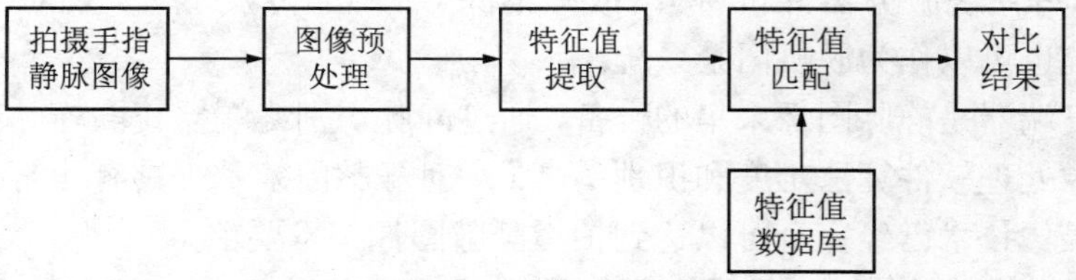

图 7－16　计算机静脉识别的过程

属于脱机门禁系统，即身份认证信息系统直接安装在门上，这种形式的门禁系统采集数据就在本机上进行注册、处理、对比、开门。本文提出的静脉门禁系统是一种网络化的门禁系统，其硬件组成如图 7－17 所示。该系统主要由现场控制子系统、静脉注册子系统和系统服务器组成。中心管理计算机系统、静脉注册系统和系统服务器通过以太网互联起来，这样通过网络构成的系统不但结构灵活而且系统的扩展非常方便。

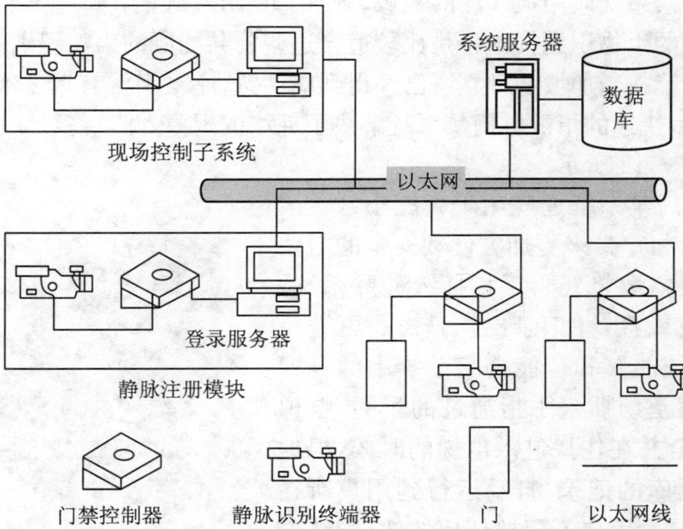

图 7－17　静脉门禁系统总体架构

（1）静脉注册子系统　静脉注册子系统由静脉识别终端器、门禁控制器和登录服务器组成，主要用于整个系统用户的静脉信息档案的建立、分配、用户其他资料的处理和交换，并把建立好的用户信息（包括静脉信息）上传到系统服务器实现双重数据备份；所以该系统的所有静脉数据信息是在远端登录服务器上完成注册并存储在服务器中。

（2）系统服务器　它是整个门禁系统的主要处理、监控和管理的计算机，不仅维护旧数据库和新的数据库，还存储并管理各受控门的出入记录，供管理者进行查询和打印。必要时把用户静脉特征值下载到门禁控制器中供对比。

（3）现场控制子系统　由门禁控制器、静脉识别终端器和电磁锁组成。静脉门禁系统的门禁控制器就像计算机中的 CPU 一样，它接受静脉识别终端发过来的静脉图像信息并提取图像的特征值与存储在其中的特征库进行对比，去控制主继电器动作（开门）。控制器还能从反馈的信号判断门是否已按照要求打开，若发现情况异常则进行报警。系统中每个门禁通道都由相应的门禁控制器监控，同时将信息（包括用户信息、开门时间、锁的状态）存储在门禁控制器中，并通过网络上传给系统服务器，如果系统服务器关闭或者网络故障，信息可以暂存在门禁控制器中，等系统服务器开机(网络故障消除)后再上传，可以实现对整个系统实时监控。所以该系统也可以作为脱机门禁系统。

静脉识别终端器是静脉图像采集的设备，通过静脉识别终端器获取静脉图像质量的好坏将会影响到图像处理软件算法难度和识别率高低，对静脉门禁系统具有非常重要的意义。不过现在的红外摄像技术已经完全可以达到拍摄静脉图像技术要求。

(4) 以太网络物理结构　系统服务器和登录服务器通过网卡与以太网连接，带 RJ45 接口的门禁控制器直接与以太网连接。为了满足登录服务器和门禁控制器访问系统服务器的实时性对网络带宽的要求，可通过 100Mb/s 网络交换机端口连接到系统服务器。以交换机为中心组成的交换式以太网络不仅克服了系统的时延和碰撞，还提高了系统的实时性；并且采用的是全双工网络，端口媒体长度不受 CSMA/CD 影响，可以延伸系统距离。如果系统需要扩展，采用双绞线不能满足系统的传输距离，可以使用光纤来实现。

5) 系统应用

办公大楼是门禁系统应用最广泛的领域。使用 IC 卡片式的出入管理装置是低效率和不安全的。方便快捷的生物识别技术将是比较适合这些公共场所的生物识别技术。

指静脉门禁系统在新加坡的日立塔已经得到应用，这座写字楼有近 2 000 名各公司员工。在上下班的高峰期，快速的指静脉门禁系统解决了拥堵的现象，并且将日立塔提升为高安全性的公共场所，如图 7－18 所示。

此外，指静脉门禁系统还应用于智能小区。该系统的应用能够给住户带来更加方便和安全的居住体验。主人回家只需要轻轻将手指插入静脉系统。系统就能够验证有效性，并记录出入日志。更进一步，日立指静脉系统能够和智能楼宇系统中的电梯联动。当用户在大堂门插入手指通过的瞬间，电梯将会自动降到一楼，并在住户进入电梯的时候，根据手指静脉系统数据库的记录，自动运行到用户所在楼层。而整个过程中，用户不用按任何按钮，能够方便快捷地回到家，这将是一种全新的生活体验。

图 7－18　新加坡日立塔指静脉门禁系统

综上所述，指静脉识别技术不仅满足了人们对“高度安全”的需求，而且识别率高、简单易用，为各种环境的门禁安防提供了理想的解决方案。相信在不久的将来，指静脉识别产品在门禁系统中会得到更广泛的应用。

思考题

(1) 试述智能楼宇与信息化的关系。

(2) 试述智能楼宇系统涉及的主要技术。

(3) 信息化在建筑节能领域的应用有哪些?

(4) 试述现代楼宇的门禁系统。

8 感知城市

——物联网在城市综合管理中的应用

［学习目标］

（1）掌握“感知城市”的主要内容。

（2）了解“感知城市”的相关技术应用。

（3）了解城市信息化与“感知城市”之间的关系。

8.1 感知城市概述

在“感知中国”这一命题中，“感知城市”是其中的重要部分。“感知城市”以城市信息化建设为基础，以实现智能城市为目标，以城市或城市带为对象，以先进的信息技术为手段，寻求大面积、整体性、综合性与复杂性的多领域的城市信息化应用。

城市是人类成熟和文明进步的标志，是人类群居生活的高级形式。随着工业化进程的深化、人口的增长、城市规模的不断扩张、功能的多样化，城市管理无论在规模上、内容上、进程上还是效果上，都出现了日趋复杂的问题。20 世纪全球经历了城市化建设的高潮，而城市仍在扩张。据联合国人居署报告，2007 年人类历史上首次全球城镇人口数量超过乡村人口数量，预计到 2050 年，全球 2/3 的人口（即超过 60 亿）将居住在城镇。

我国自改革开放以来，经历了世界上最大规模的城市化过程，近 4 亿人口从农村转移到城市，这一进程无疑为我国经济增长提供了巨大动力，同时，也给城市管理带来了无尽的挑战。城市管理涉及劳动就业、市政基础建设、环境保护、能源提供、产业结构调整、交通出行、城市安全、教育设施、公共服务、医疗卫生等许多关联性、综合性领域。管理与服务从每位市民、每条街道到一个区镇直到整个都市，甚至涉及周边城镇带。由于城市发展已成当今中国的重要话题，因此需要将“感知城市”的思路与我国发展实际相结合，使之充分发挥作用。

“感知城市”是城市信息化中各种应用的高级发展阶段，它要求在推进生产、生活与服务应用的同时，推动城市产业融合和产业结构优化升级，完善公共服务体系，提升城市综合服务功能，即实现智能城市。具体落实在电子政务、电子商务、食品安全、公众保健、能源及水资源管理、智能交通、公共卫生医疗、城市安保等各领域的信息化发展上。“感知城市”将使城市管理者以创新手段为居民提供便捷、安全、高效的服务，城市居民也能从衣、食、住、行、教育、文体娱乐等方面充分享受物联网的各项成果。

由于我国物联网的探索研究基本与先进国家同步，而物联网在城市管理中的应用在全球均处于起步阶段，这一领域的发展显然也会呈现不同的需求与发展阶段。在现阶段，“感知城市”主要是指运用各类传感器和有线与无线通信方式，在强大的信息中心支持下，帮助各方管理机构和人员更好地进行城市中公共与私人资产、生产与生活过程、个人与物品位置、经营与物流配置、安全与节约等领域的管理，进而达到整个城市和谐、文明、生态、高效地运行。

在“感知城市”系统应用中，传感器监测与采集各方所需数据是第一步，在数据采集后，运用联动技术在更广泛的信息平台上进行数据处理、聚类、分析和应答，参照各类流程或数学模型提出解决方案，提供决策辅助支持。后台支撑技术还涉及事件与流程的整合、虚拟化应用与调节控制、业务流程优化等。

目前，我国以电子政务为主导的各类应用已为城市信息化建设打下了一定的基础，如一些城市的应急指挥系统、公安调度系统、交通管理系统、城市综合管理系统、消费者权益保障系统、公共卫生管理系统、社保医保退保系统等，都在建设中或已投入运行。但这些系统尚彼此独立，而在“感知城市”系统中，这些传统的“竖井”结构将彻底改变，实现让城市信息系统既可作为一个整体进行管理和服务，又能够拆分为许多互联互通的子系统。各个子系统都将重要数据或分析结果发给城市指挥中心，指挥中心有能力对这些事件做出指导性的反应。

8.2 感知城市的基本内容

1）感知城市的技术内容

IBM与我国一些城市的合作研究认为，现阶段中以电子化政府、网络化小区、数字化生活为智能城市在中国实践的三大目标。IBM通过与我国一些政府、行业信息技术服务提供商的合作，探索我国的城市实现从政府、小区到居民的物联化、互联化、智能化等一系列感知城市的技术方案，逐步建成智能城市。

所以从技术层面上看，“感知城市”的内容是充分利用新一代传感、标识、网络计算、云计算、有线与无线网络等技术，以整合化、系统化的方式管理城市的运行，让城市的各个功能彼此协调运作，为城市中的企业提供优质服务和创新空间，为市民提供品质更高、功能更强、更具备多样化、个性化与敏捷化的服务。

2）城市信息化

“感知城市”的基础，仍然是当前许多城市大力推行的城市信息化，其内容主要包括网络与信息资源建设、城市管理与运行、社会和社区综合服务以及产业发展和经济运行4个方面。

(1) 网络与信息资源建设　城市网络建设和信息资源库建设，是信息化建设的基础和根本。其主要内容是以3S(GIS、GPS、RS，即地理信息系统、卫星定位系统、遥感系统)为基础的城市位置、空间、地形、居民小区、工业园区、公路桥梁、河流湖泊等交通信息，以及教育、卫生、金融、公安、商场、娱乐场所等基本信息资源。

(2) 城市管理与运行　包括电子政务、行政审批中心、城市应急指挥系统、城市街道与各类管网、环境监测与污染监控系统、公用设施及其他城市管理系统等，是城市运行的中枢。

(3) 社会和社区综合服务　包括社会综合服务平台、公民电子医疗、就业、失业保障、出行与居家安防和社区信息化服务体系等，是构建和谐城市的信息化支撑体系。

(4) 产业发展和经济运行　包括企业信息化和电子商务、农业信息系统、物流信息系统、电子信息产业与服务业系统和经济运行信息系统，等等。

3）智能城市与城市信息化的目标

从技术基础上看，智能城市要求从更透彻的感知、更全面的互联互通、更深入的智能化三方面总体提升城市功能，具体如下：

(1) 更透彻的感知　是指通过城市中遍布各处的智能设备将感测数据收集，使所有涉及城市运行和城市生活的各个重要方面都能够被有效地感知和监测起来。

(2) 更全面的互联互通　是指通过网络及城市内各种先进的通信工具的连接，整合成一个大系统，使所收集的数据能够充分整合起来成为更加有意义的信息，进而形成关于城市运行的全面影像，使城市管理者更好地运行，市民更好地生活。

(3) 更深入的智能化　在数据和信息获取的基础上，通过使用传感器、先进的移动终端、高速分析工具等，实时收集并分析城市中的所有信息，以便政府及相关机构及时做出决策并采取适时与适当的措施。

要实现更透彻的感知和更全面的互联互通，必须做好城市有线与无线通信网络基础设施建设；要使收集到的数据信息能有效整合并实现智能化的处理，就需要建设各类信息资源数据库和信息系统。而当城市各末端的感知水平、互联互通水平和智能化水平都达到一定程度时，将其运用到具体的领域，就能形成各种与城市管理和运行相关的具体应用，进而创造出支撑电子政务、电子商务和信息产业发展的良好大环境。

城市信息化是一个渐进式发展过程，它包括基础设施建设阶段、初级应用阶段、重点应用阶段三个阶段。

城市的发展具有长期性，故城市信息化的每个发展阶段既伴随着城市各领域的发展，也伴随着信息技术的发展，故其规划框架需要不断地修改，才能适应城市信息化的总体发展。如云计算技术，即通过网络将庞大的计算程序自动分拆成无数个较小的子程序，再由多部服务器组成的庞大系统经过搜寻、计算分析之后将处理结果回传给用户。在"感知城市"中，对大量传感器、GPS、视频监控信息等装置可通过云计算技术，对海量数据进行实时分析，在数据运行过程中实时捕捉并分析关键信息；而城市中新建一条道路、一个楼宇、一座学校或机构，会增加一批光缆线路，一批局域网，会产生一批设置与应用等。而难度大的则是信息资源的建设与共享，这和硬件与通信设备接通就能用的情况不同，各类信息资源的交流与共享才是关键与难点所在，该领域对城市管理与系统功能提升、社区服务水平提高等都提出了新的要求，必须通过新的视角、新的思路、新的技术手段和更加全面系统的方法来加以解决和实现。

城市信息化的目标是通过信息化完善城市服务功能，提高城市管理、人民生活和城市环境质量，并为行业信息化、企业信息化和社会信息化在城市中的发展提供良好的环境，其最重要和直接的作用是提高城市公共管理效率，优化社会环境，使市民享受到高质、便捷、安全的生活，使工商业者能够获得更加优质的经营环境。所以从目标上看，感知城市与城市信息化的目标作用方向一致。

8.3　感知城市的实现

"感知城市"系统需要统筹规划，包含各项具体技术，核心是建立一个由新工具、新技术支持的涵盖政府、市民和商业组织的新城市生态系统，达到智能城市的目标。在实现方法上，需要各行业建设更完善感知、全面互联互通和更深入智能化等的智能型基础设施。通过这些基础设施提供应用和服务，从而运用信息技术更透彻地感知和掌握整个城市、更畅通地进行交流和协作、更敏锐地洞察城市发展和市民生活的问题。

"感知城市"每一项应用都涉及大量的数据收集、整合与专业化处理，工作量大且细致。比如城市的水资源管理就是一个非常复杂的系统，其中包括自然降水、水库蓄水、河流湖泊的流域水源、工业用水、农业用水、居民用水、市政用水、自来水系统、环保监控和污水处理；涉及包括水务、水利、环保、城建、农业和市政等多个部门及相关企业。而这一应用需将所有相关领域、部门和企业的数据整合在一起，形成前端有各种传感设备收集不同数据，中间有基于各种数学模型的系统对其识别、加工和处理，后端通过强大的计算机分析将得出各项结论与控制指令并传给相关部门，才能在水资源管理方面具备智能化特征。如在水管老化之前就能及时发现并处理，而不会等到其爆裂而水漫街道；在枯水期来临之前能够预测所需调水和用水的量级；对于水资源污染能够早发现、早防治，等等。

8.3.1 移动城市——"感知城市"的基础

1）移动城市的建设背景

通过上述分析可看出，"感知城市"必须以一个覆盖全城的移动化、泛在化和个性化的强大的通信与计算网络为支撑，这就是当前"移动城市"或"无线城市"的建设重点。互联网诞生以来，全球信息高速公路的大规模建设已实现了有线网络的大普及，故当前各大都市的信息化基础设施建设重点就转移到无线通信网络上。而无线通信网络与宽带固网的结合，才能为遍及城市的各类传感器等提供运行环境，才能实现对城市的感知以及各类无所不在的应用等。

世界上有很多城市已经宣布进行移动城市（Mobile City）的建设，典型的如瑞典的斯德哥尔摩、德国的不莱梅、美国的费城和西雅图以及日本与韩国的一批城市等。

2）移动城市体系架构

移动城市是在无线网络为核心的泛在感知与泛在计算网的大范围建设和部署基础上，以应用为导向，构建移动化、个性化、智能化、可定制的信息服务系统，增强业务互动，提供可运营的良性发展的城市信息化模式。为了达到这样的需求，移动城市在系统模型架构上，可分为用户终端、接入网、综合业务平台、服务和应用 4 个层面，如图 8－1 所示。

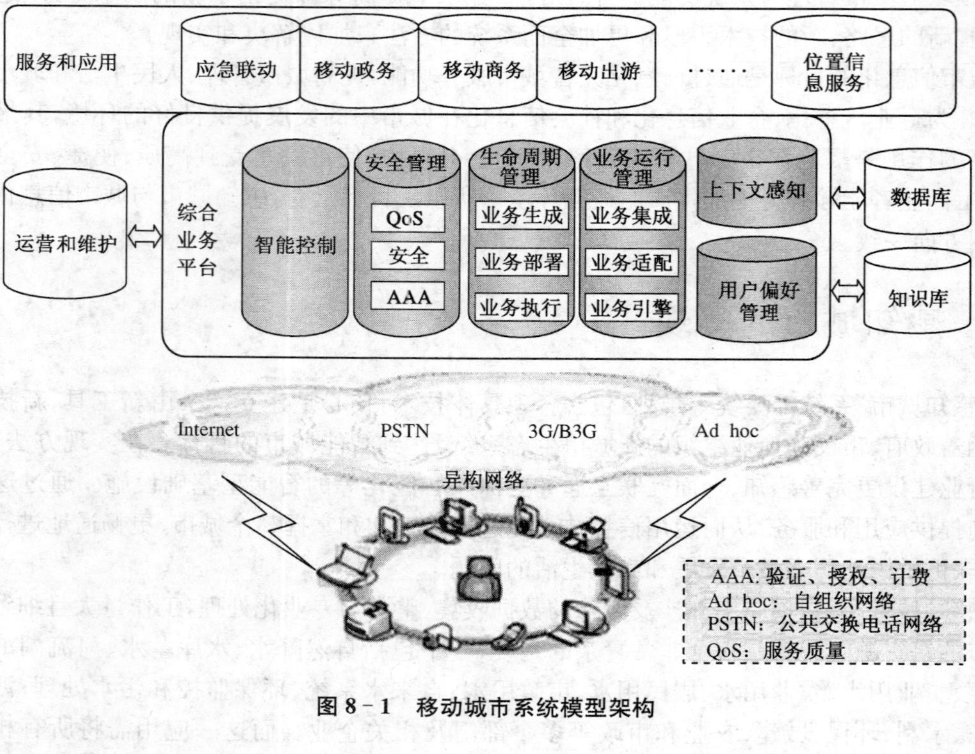

图 8－1 移动城市系统模型架构

图 8-1 中底部代表个人电脑、手机、固定电话、PDA、车载信息系统、各种带传感器的装置以及智能家电等；上部代表这些不同的智能终端与装备通过接入网进入移动城市综合业务平台；平台由各大型数据库、知识库、工具库和模型库以及各种管理、认证、运行、控制子系统组成；在业务平台之上代表为政府、企业、市民等提供各类丰富快捷的业务应用。

综合业务平台是移动城市建设的核心，具体作用如下：

(1) 信息基础设施　能广泛整合、深度加工、优化配置、合理使用众多信息资源；向上提供各种不同类型的服务和应用。

(2) 功能实现　是一个灵活的集成、管理、提供各种业务以及资源的框架，具有支持业务的开发、部署、执行、运营以及管控的能力。

(3) 技术支持　通过开放分布式计算架构来提升网络能力、扩展服务资源以得到基本业务，然后通过各种组合与监管将基本业务组成满足用户需求的业务流，并为各项应用技术开放接口，使各类面向用户的服务能得以便捷开发，最终由权鉴、维护等运营级功能的支撑来保障其安全稳定运行。

3) 移动城市的典型特征

(1) 应用的联动整合　移动城市将是一个具有高度联动属性的管理型城市。一方面，政府部门将提供更多联动服务，包括联动监管、联动行政、联动服务等；另一方面，城市中各行业如交通、公安、医疗、城管等将具有更智能、更敏捷的联动，各部门、各系统间的相互触发机制、调度机制和协同机制随着技术不断成熟，将从原来的人为触发逐步升级为机器间(M2M)的相互触发和调度与协同。

(2) 信息资源的广泛整合和深度加工　基于大量传感与监测数据之上的移动城市将拥有完善的信息资源开发利用体系。信息基础设施的统筹建设将进一步整合和建设城市各方的信息资源，优化对信息资源的管理、配置和使用。与此同时，移动城市将利用数据挖掘等技术深度加工信息资源，挖掘信息间、信息与用户间的关联关系，实现对应用联动逻辑判断的底层支撑以及对信息资源的及时处理、安全保存、快速流动和有效利用，进而满足经济社会发展优先领域的信息需求。

(3) 泛在业务覆盖　移动城市的业务覆盖是无所不在的。网络环境趋于异构化，但业务环境将趋于统一化。用户由于生活习惯(如城市居民的日常出行)、行为习惯(如外来流动人口、旅游、劳务)以及工作性质特殊性(如城管、警务等执法办公部门、物流业等行业)会频繁地在不同的网络中迁移，未来的网络基础环境将会屏蔽网络异构性和底层的细节，确保为用户自始至终提供无缝的、一致的服务。

4) 移动城市建设内容

移动城市的建设涉及两个需求主体：城市本身和城市居民与流动人口用户，其建设内容也要从城市和公众两个需求主体的角度来描述，同时还与具体城市的规模、原先的信息化条件等相关。

(1) 基础设施建设　目前，国内许多一、二线城市信息化基础设施的建设已具备相当规模。进一步的基础设施建设内容包括：宽带、有线、无线网络广泛覆盖，提供对城市任何区域的高速率信息交互的支持；基于传感器、监控探头、智能识别等技术的信息采集终端也被部署到城市的必要位置，搜集对城市服务、管理、防灾、应急、安全等各个方面有关的信息；智能小区、智能大厦随处可见，整个城市重点地区与交通枢纽的活动都处于一种可管可控的状态中；移动智能终端已开始普及，并成为移动城市级应用实现的有力载体，以更贴近城市生活的方式承载移动城市的新旧业务。

(2) 平台建设　移动城市服务需要综合业务平台及信息平台。进一步的建设方向是：信息加工的深度和广度得到进一步加强，城市信息共享交换平台得到广泛应用，支持政府信息、企业信息、信用体系信息、个人信息、空间信息等多方面多领域信息资源的安全可控可信发布、融合与协同。而综合业务平台则可以基于高效的信息获取手段和信息整合资源，结合后台预测、智能分析、决策支持等处理功能，不断推出新的智能应用，使业务的提供不再局限于简单的搜索和查询服务，使各城市的管理、建设、应急、调控等方面的能力得到全面的提升。

(3) 制度的完善　随着信息化的深入发展，相关法律法规的制定逐步的完善，信息平台的标准规范建设会逐步制定，各政府部门和企业单位会采用的统一数据格式和标准与信息平台进行交互，使数据的后期处理更为便利。同时信息化发展带来的信用、个人隐私与安全等问题也会得到有效的解决，使市民对移动城市业务的使用更为放心。

(4) 改造公众服务　移动城市将对本地和外来人口的生活、出行与工作带来巨大的改变。城市信息服务完善发达，百姓能随时随地使用自己的移动信息设备完成衣、食、住、行、育、乐等日常事务；医疗卫生也会带来更多的便捷，如无线电子挂号、无线药价查询、社区医疗、老人远程护理等；随着各种传感设备与智能终端的处理、存储、采集、通信能力的提升，各种多功能学习辅助设备的出现，网络学习资源的极大丰富，百姓能实现在任意地点随时获取各类学习信息，使服务受众能方便快捷地满足其在生活、工作等方面的学习需求；基于终端的服务交互方式和交互信息类型也向多样化发展，手动输入、语音输入、图像识别、姿态识别、情绪感知、自动监测等都出现在公众信息服务中，人们通过与环境中的终端设备和信息系统的交互，可以获得多方面的服务内容，支持对用户的个性化和服务环境的适配，提供自然的交互手段，丰富智能的信息服务平台、普适的终端环境与高生存能力的网络环境最终融合成一个以用户为中心的信息智能服务空间。

8.3.2　韩国泛在城市(U-City)计划简介

物联网在建立智能城市中的应用，各国尚处于探索试点阶段。由于信息化对象的特殊性，城市不是一个商店、一座学校或医院，而是数以万计的行业性、区域性的有形与无形对象与过程的集合体，属于大型甚至巨型信息系统建设。对于这类系统的建设，前期规划极其重要，以亚洲为例，日本、韩国、新加坡、台湾等国家与地区都开展了相应的规划研究与编制，虽然各自对此的称呼不同，如日本有"泛在网络社会推动"计划，韩国为泛在城市(U-City)，为其国家"U-Korea 计划"中的一部分，新加坡为"智慧国家(iN2015)"计划，台湾有建立"优质网路社会(Ubiquitous Network Society，UNS)"计划等。

这些规划基于各国的产业与国家或地区竞争力培育方针，框定了城市信息化的具体发展目标和路线图与时间进程，对于我国各级城市制定自己的"感知城市"实施方案有较高的参考价值。

1) 韩国 U-City 内容与国家发展目标

韩国的 U-Korea 计划旨在建立泛在社会(Ubiquitous Society)，即在国民的生活环境中建立和部署智慧型网络(如 IPv6、宽带网、USN 等)、最新技术应用(如 DMB、车联网、RFID)等先进信息基础建设，让公众能随时随地享有科技成果服务，最终目的，除运用 IT 科技为民众创造衣、食、住、行、育、乐等各方面无所不在的便利生活服务外，也希望扶植 IT 产业，发展新兴应用技术，强化产业优势与国家竞争力。

韩国计划在2011—2015年间主要技术发展是在相关电子电器物体中嵌入智能芯片，如RFID、微存储器、微处理器，生物科技、纳米科技与IT技术的融合与活用，建立泛在化社会文化等。要求在本阶段预定目标实现时，韩国将跻身世界前10名最具国家竞争力的国家之列、国民所得达3万美元、国民生活水平进入世界前20名国家之列，而其国内几大城市的智能化城市建设就在其中起重要作用。

2) U-City计划的实施

(1) 计划内容　韩国的下一代都市发展计划(即官方命名的U-City计划)，是指建立高科技产业与现代服务业、制造业之间跨产业的合作关系，整合多种先进的信息科技以支持都市发展。特色是以产业为拉动、以竞争力培育为导向，各城市间开展差异化实验的大型城市信息化建设项目。

现阶段目标是在都市中打造居民可随时享受的高速上网通信环境，通过泛在(或无所不在)计算网在任何时间任何位置提供信息服务。韩国政府希望U-City计划能强化其“国际技术发动者”的形象，并成为区域领导者，向国内外世界级厂商提供测试平台。计划中包含多项基础建设，力争为下一代通信技术创造更大的市场。图8-2为韩国电信描绘的U-City计划示意图。

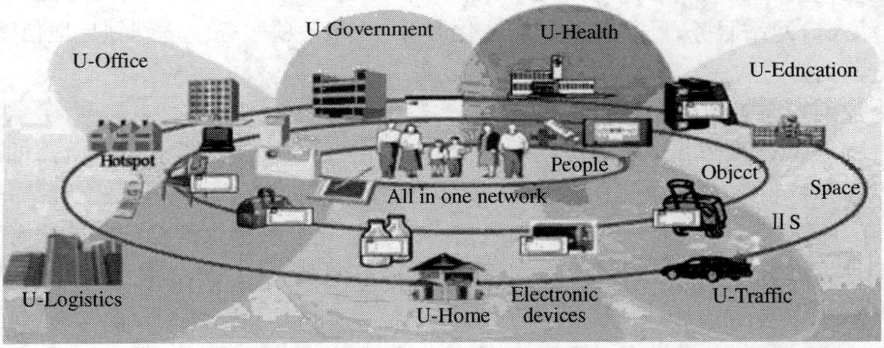

图8-2　韩国U-City计划

U-City计划涉及的技术包括宽带聚汇网(Broadband Convergence Network)、泛在传感计算网(Ubiquitous sensor-based computing Network)、各种RFID应用、家庭组网技术(Home Networking)、无线宽带技术(WiBro)、数字多媒体广播(Digital Multimedia Broadcasting)、车载信息系统(Telematics)、地理信息系统(GIS)、卫星定位系统(GPS)、基于位置服务系统(Location Based System)、智能卡系统(Smart Card System)、视频会议技术(Video Conference Technologies)等。

(2) 实施主体　韩国在新技术研发与产业培育上均采用官、产、学、研结合的体制，以市场和经济效益为驱动，政府强势组织、行政支持是其最显著的特点，如政府机构有信息通信部(Ministry of Information and Communication, MIC)、主管土木工程设计规范与标准的工程与运输部(Ministry of Construction and Transportation, MOCT)；产业界有韩国电信(KT)、三星(Samsung)、国企Korea Land Corp和SDS等重量级厂商，以及韩国各试点城市的大学和相关研究机构。

据韩国电信预估，U-City开发计划的市场规模在2010年达到150～220亿美元。

3）实验城市

从 U-City 计划可看出其内容的广泛、技术的复杂、研究投入的巨大，加之新技术从研究开发到产业孵化有一个相对漫长的周期等，均存在着相当的风险，即便再有财力的城市，也无法全面地开展物联网的研发、实验工作。因此，韩国政府出面，协调各主要城市在建设先进信息科技的都市计划中走差异化发展，各市间不搞重复投入、重复研发、重复实验，力争以最小投入获得最大收效。

U-City 将分成两类发展模式，一类是新型城市建设物联网应用模式，即重新建立新市镇，规划采用新技术直接布局整个新市镇应用，进行全新改革，如仁川自由经济区的松岛新都、板桥优质生活新市镇等；另一类是老城市建设物联网应用模式，主要针对原有都市特色，加入各项物联网应用元素，如济州岛的车载信息服务系统、首尔的高质量生活新都、釜山高科技港湾都市等。

具体规划如下。

(1) 首尔　首尔市是韩国首都，是政治、教育、经济和文化中心，人口约 1 000 万。该市政府认为，韩国的有线宽带市场已在逐渐缩小，必须开发新市场，而泛在化(U 化)产业就是下一轮重点市场。韩国必须在 U-City 上的各项 U 化服务占有领导地位，故提出“U-首尔政策”。

“U-首尔政策”目标是将首尔打造成“一个让民众拥有高质量生活、一个干净及具吸引力的都市”，提供包括“U-新市镇、U-明洞数字媒体街、U-导游服务、U-公交车信息服务、U-清洁车管理、移动入口网站服务、U-清溪川”等 U 化服务，并在各项服务中达到领导地位，促使首尔更具国际竞争力。

根据上述两项愿景提出 4 项推进目标：

① 及时服务(Real-time)：即市民在需要的时间、需要的地点就能享受到所需的服务。现阶段规划主要是提供实时交通信息、市民移动信息服务、孩童定位、跟踪迷失老年人等服务。

② 量身定做服务(Customization)：即能按市民个性化需求提供度身定制的服务。现阶段规划主要是根据旅客或市民的个人需求提供如首尔市的观光与文化、远距医疗、教育服务等信息。

③ 智能型服务(Intelligent)：即让市民通过一次选择就可接受多样化、系列化的服务。现阶段规划主要是提供新一代的智能交通管理系统、污染自动监测、先进的街灯服务等。

④ 整合性服务(Integrated)：即将各相关机构的服务进行整合。现阶段规划主要提供整合城市的观测系统、公共设施管理系统等。

整个计划以 5 年为规划周期，从 2006 年启动，整体划分成 6 大服务领域(社会福利、文化、环境、交通、产业、公共行政)及 4 大领导产业(U-新市镇、U-清溪川、U-图书馆、U-主题)及两大项目。以下针对相关物联网服务进行说明：

① U-恩平地区新市镇：恩平地区是首尔的落后地区，市政府启动一项名为恩平 U-Ctiy 新市镇计划，期望将其改造成高生活质量的居住区域。计划从 2006 年 11 月开始，到 2010 年 9 月底止。改造内容包括家庭网络、电灯、煤气、暖气等的供应控制，公交信息通知、远程监控等信息基础建设，建设闭路电视监控系统(CCTV)，以进行犯罪预防及违法停车治理。另外，建立 U-Ctiy 入口网站，提供都市每日最新政府信息；建立集成化运营中心，提供该地区的都市运行管理。

② U-明洞数字媒体街：明洞街区位于首尔市江南区，流动人口规模 20 万以上。规划将其建成 U 化中央商务区(Central Business District U-Ctiy)，主推四项工作：一是建立数字媒体

广场(Digital Media Plaza)以推动人行道的街灯展示、数字媒体墙；二是以数字媒体广场为基础建立数字媒体街(Digital Media Street)，以呈现各式各样的数字广告牌；三是建立数字媒体馆(Digital Media Gallery)；四是建立明洞地区 U-City 基础建设，包括建设无线网络、U 化传感器、电子商务服务等。

该街区目前最具特色，最有影响力的建成项目之一，就是数字媒体街上每隔 35 m 耸立的共 22 座大型(高 11 m、宽 1 m、厚 0.55 m)整合多媒体多功能信息柱(Media Pole)，它们形成了首尔的一个都市新景观，起到宣传附近商圈、美化市容，提升首尔科技化形象的作用。

Media Pole 整合了都市内的路灯、公共电话、电子地图及周边信息查询、新闻浏览、交通信息、闭路电视(Closed Circuit Television, CCTV)监控、无线上网及大型电子广告牌等功能。另外，Media Pole 的信息操作画面及大型广告牌皆用 40 吋以上的大型户外用高亮度 TFT-LCD 液晶面板组合而成。Media Pole 本身除了提供上网(包含无线上网)、各种信息查询等便民服务，整合了路灯、CCTV 监控、道路指标与指示等都市公共设施功能之外，还将带动一批新型 ICT 产业发展。另外，首尔市政府利用 Media Pole 的高分辨率大型广告牌，播放国内外著名多媒体艺术作品，将营造首尔市街头美术馆之构想，如图 8-3 所示。

图 8-3　韩国首尔市智能街道上的多媒体信息牌

③ U-导游服务：在推动 U-导游服务方面，主要向观光客提供自助式查询台或终端连接到服务网站，实时获得观光信息、交通信息、支付服务、紧急情况处理等服务。

④ U-公交车信息服务(Bus Information System, BIS)：是指在首尔市的公交车上安装 GPS 全球定位系统，动态提供公交服务信息，使市民在各公交站台上能看到公交车的到达时间、目前公交车位置等信息，如图 8-4 所示。主要应用技术包括 GPS、无线网络与传感监测器等。

图 8-4　U-公交车信息服务示意

公交车安装有GPS系统，在公交管理系统的公交信息系统中心能动态监测到每一台公交车辆的实时方位与速度信息，将其运算处理后通过网络动态发布到各公交站台，站台上的电子公交信息显示板就显示出每一路公交车到达的预计时间数据。

⑤ U-清洁车管理服务：保持城市清洁是一项颇具特色的公共应用，称为街道清洁车管理系统(Street-cleaning Vehicle Management System)，主要是在市内210辆清洁车中安装全球定位系统，能让信息中心及市民掌握清洁车的实时动向，公众可通知信息中心何处有垃圾，请派清洁车前去清理。主要应用技术包括全球定位系统、电子地图系统、无线网络、道路感应器等。

⑥ 移动入口网站服务：手机已是全社会普及的通信与电子工具，建立移动通信门户，让民众通过手机享受电子政务服务，可将市民中最常使用到的服务通过移动通信网络来提供，包括在线投诉、交通信息、空气质量指数公告、观光文化信息、公用设施预定、都市最新消息等。在使用方式上，公众只要按下手机特服号就可看到首尔门户网站的最新信息，使用极其方便。

⑦ U-清溪川：清溪川测试床计划。清溪川是穿过首尔的一条著名河流，本项应用主要向公众提供一个体验生态与文化的地点，建设时间从2007年1月到2007年12月。内容是在沿清溪川四周铺建无线网络、可接触式传感器，并采用IPv6、CCTV、USN、ZigBee等技术。主要推动泛在环境监控，向公众提供实时的河川湿地及水中生物的生态影像，监控清溪川河水质量等；同时开展U-观光，与智能街灯、自由寻览广告牌、清溪川历史简介等交相辉映，并利用这一项目带动U经济发展，提供附近地区的移动打折优惠券等。

(2) 仁川高科技松岛新都(U-Songdo)　仁川自由经济区是韩国近年来大力推动的全新贸易港区，在该区建造了相关设施，包括国际机场、港口、物流中心、科技园区、住宅区等。发展仁川U-City是为吸引更多的国际企业，因此要建立一个具备吸引国际大型企业(世界500强)的国际都市，可媲美新加坡及香港等国际化都市。

仁川自由经济区由松岛、永宗及青罗三个区组成，定位于不同的发展形态，松岛主要发展U-IT、知识经济等尖端高科技；永宗主要发展交通、空运等物流中心；青罗主要发展高尔夫球场、复合式运动公园等休闲度假中心。整个自由经济区从2003年起开发，预计2020年完成，基建投资预算高达14.369万亿韩元，居住人口49万。松岛新都位于仁川附近，为人工填海造成，预计新区建成后23万人进驻。

韩国发展松岛新都的U-City，期望将其打造成为全球泛在汇流中枢的领导者(Global Leading Ubiquitous Convergence Hub)，提出四项具体推进策略：推进城市发展与信息技术融合；制定U-City支持法；发展U-City产业集群；政策性推动示范性实验。针对这四项策略提出U-City的四项核心工作：基础设施建设层(Infrastructure Layer)；信息层(Information Layer)；服务层(Service Layer)；产业层(Industry Layer)。以下则针对这四项工作项目进行说明：

① 基础建设层：该层面主要进行无线、宽带网络基础设施建设，又分为两项重点工作，一是建设泛在网U-Network及建立泛在城市控制中心。未来在松岛新都将铺建许多无线基站(AP)，通过Wi-Fi、ZigBee等进行无线数据传输；铺建IT路灯，将RFID/USN技术应用于交通、安防与家庭保健等领域；最后通过宽带汇流网(BcN)将声音、影像等传送到民众手中。U-City的宽带速率最低将达到100 Mb/s。

在U-City城市控制中心方面，主要通过遍布各地的传感器搜集城市中的公用设施、环境、交通等重要信息，将信息处理后传送到市政、医院、警署等公共服务机构。例如城市中发生漏水，感知器将主动将信息报给控制中心，市政府则派员修理，等等。

② 信息层：在信息层上，主要是让民众能充分了解所有相关信息，同时构建一批信息平台，包括建立展览馆及起示范作用的微型 U-City。展览馆中提供 U-Home、U-Office、U-Shop、U-Cafe 等无所不在的物联网应用示范，让民众体验未来生活方式；在微型 U-City 内则强化 U-City 宣传，提供 U-Street、U-Square、U-Traffic U-Transfer 等展览内容，让民众感受 U 化的好处，作为宣传平台与窗口。

③ 服务层：在服务层上，主要提供当地民众所有的物联网服务，分别是地面设施、地下设施、智能交通系统、环境监控、犯罪预防、灾害预防等 6 个领域，内容包括 U-Government、U-Urban Management、U-Transport、U-Home、U-Work、U-Education、U-Shopping、U-Healthcare、U-Security 等诸多应用。

④ 产业层：在产业层面，主要培育相关物联网产业，目前由韩国通信部(MIC)通过 RFID/USN 等示范计划培育相关产业，在 RFID/USN 基础设施的预算投资将高达 3 717 亿韩元；其中 2 928 亿韩元由通信部投入，789 亿韩元则由仁川市政府投入，并由韩国电信提供解决方案。从 2006 年 11 月起，至 2010 年止，内容包括城市供水管网管理与水量控制、道路交通管理、交通事故监控等示范性应用。

(3) 济州岛　济州岛是韩国著名的旅游观光胜地。针对这一特点，韩国在将其发展成另一个 U-City 新都市规划中，重点发展智能交通服务系统，提供包括 Telematics、U-Ticket、U-Museum、U-Fishfarm 等一系列物联网应用，以更多的 U 化服务与应用来提升其旅游观光的知名度。

① Telematics 服务：济州岛通过韩国产业资源部(MOCIE)的经费资助，各地方机构与民间协会的参与，再由不同企业加入，在济州岛车用信息服务上，建设包括汽车导航服务、紧急救援服务、济州岛旅游服务、休闲服务、购物服务、文化服务等 6 项服务为中心，整合其他项目为一体的综合服务系统。对象还包括如消防车、警车、邮政车、公交车等公用车辆，并建立车载信息服务系统中心。该系统功能如图 8－5 所示。

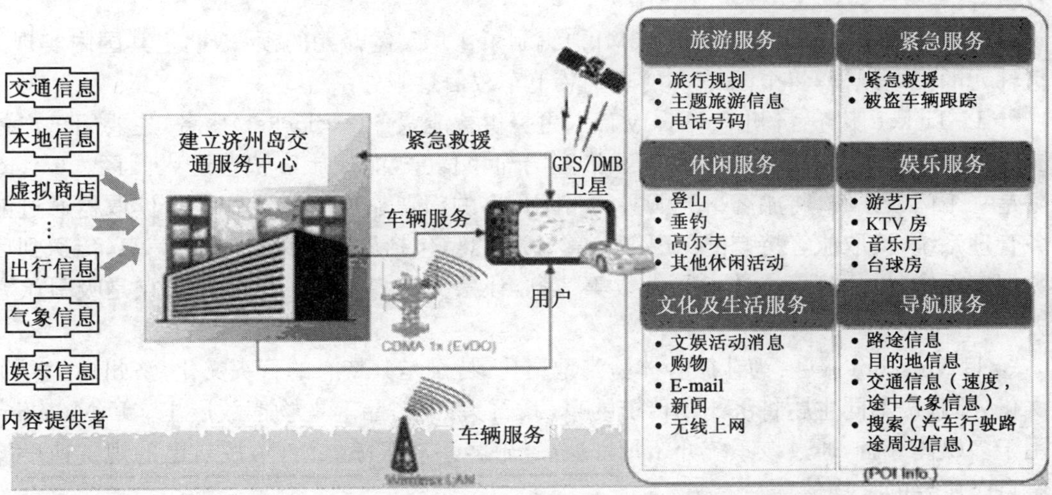

图 8－5　济州岛以车载信息服务为主体的综合服务系统

a. 汽车导航服务：主要提供济州岛实时电子地图，让到济州岛旅游的旅客或居民能够动态掌握交通状况。该服务主要提供4项功能：包括地点搜寻，提供目的地数据目录；道路指引，提供起始点位置间路径信息；交通信息，提供动态交通信息，并根据塞车及交通事故情况，让驾驶员实时接收交通路况信息；快速道路指引，指引客户到注册饭店及济州岛机场信息等。

b. 紧急救援服务：游客可享受租车服务，紧急时按下救援求助键"+"，系统就会发出紧急通知，通过济州岛数据中心，将消息发给租车店家，驾驶员就能依据游客登记的姓名、手机等掌握游客信息，并通过GPS快速找到问题车辆的位置。该系统除提供紧急救援服务与汽车追踪服务外，还提供车辆遗失追踪服务，能够很快通过GPS定位遗失车辆的位置。

c. 旅游服务：观光游客可通过导览系统规划自己的旅程，查询自己想去的景点信息，包括电影、戏剧、生态、自然环境以及天气、景点、旅馆、餐厅等信息。主要有4项功能：包括旅游行程服务，自行安排与管理旅程；目的地建议行程；住宿或交通服务，确认或预定住宿、了解交通状况；济州岛各地的天气信息服务等。

d. 休闲服务：提供数字多媒体广播(DMB)，使乘客在车内也能收看不同的电视节目以及汽车广播，高画质电视节目，并可获知交通信息等。

e. 购物服务：使用车载信息服务系统提供当地特产信息，并能推荐提供各种特产的店家信息，还可在线直接订购特产。由于该项服务的商家多为品质好、信誉高的店家，故可减少外地游客购物的盲目性，保障其消费权益。

f. 文化网络服务：车载信息服务系统还可查询当地文化信息，包括Cyber Samda(地方信息门户网站)及济州岛现有的各项活动。主要通过三项功能来实现：一是通过Cyber Samda使观光客体验济州岛当地的文化资源，体验济州岛特色文化(石头文化、风文化、女性文化)；二是提供济州岛每月的文化活动信息；三是通过"网上济州岛"等方式吸引不同地方的观光客。

g. 出租车车用信息服务系统：除一般车载信息服务系统功能外，出租车系统还具有乘客呼叫时，找到与其最近的出租车、通过电话服务中心发短信给乘客，并派车前往的功能；并可通过出租车导览系统，预先计算起点到终点的距离与时间，估计到达目的地所需要的车资，事先供乘客参考，还提供信用卡付款、当地内容服务(Location-Based Content)、道路最佳导览、紧急救援等。

针对以上项目，韩国信息通信部(MIC)编制了1 945亿韩元的预算，期望其国内实现3.2万亿韩元的市场规模，将全国27%的车辆装上车载信息服务系统。

② U-Ticket服务：济州岛U-City计划更提供智能票务(U-Ticket)服务，主要用于户外雕塑园区的售票管理，以记录进入该园区旅客的简单信息，能让旅客快速进入园区。U-Ticket实际是一个门禁系统，将旅客事先购买的带RFID的门票靠近读取器，RFID读取器通过前台票务管理系统，读取旅客持有的RFID门票相关信息，包括旅客数量、价格等信息，传送到后台的数据库系统，以便日后统计入园人数等信息，让票务销售者能了解哪些景点是吸引旅客的地方。

③ U-Museum服务：为让旅客体验当地文化，特别是其特有的石头文化，济州岛建立了石头文化公园，按不同主题将济州岛传统的草房、石头、民俗品等文物摆放展出。U-Museum主要用于多媒体导游，通过该系统介绍每件展品，旅客不需跟随导游，可按自己的观赏速度操作查看自己所要的文物信息。

U-Museum的操作，需要租用如图8-6所示的带有RFID的读取器及便携式媒体播放器，当旅客接近具有RFID读取器的景点时，将手中播放器靠近RFID读取器10～50 cm，再按下读取键，屏幕就显示该景点的导览说明，通过蓝牙耳机播放；或输入4位数号码，也同样会显示对应景点说明。

④ U-Fishfarm应用：济州岛渔业发达，尤其当地盛产比目鱼，因此，济州岛也将U化用于渔业管理。目前济州岛有三个U-Fishfarm示范渔场。被选作示范点的渔场，必须具备优良的养殖与管理能力。U-Fishfarm主要用于渔场饲料管理上，以避免投错饲料，因此，在每个饲料筒及鱼池边都有RFID标签，当要倒入鱼池时，通过PDA读取器感应饲料箱的RFID标签，确认投入的鱼饲料与鱼池的正确性。系统还可让管理者管理每月、每年的鱼饲料量，进行鱼饲料量精确统计。

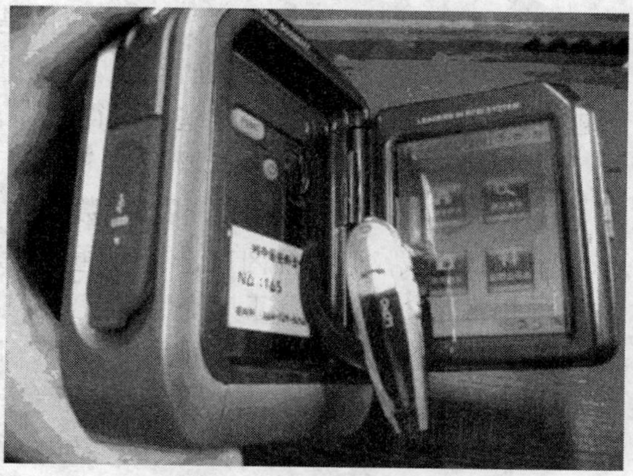

图8-6　U-Museum的感应式电子导游器

U-Fishfarm的另一项应用是进行渔场环境监控，通过在每个渔场内设置传感器，自动管理与监控渔场中的水温、二氧化碳含量、水位及日照温度等4项重要信息，并将信息传送到后台的计算机管理系统。管理者只需通过该系统就可掌控整个渔场状况，不需晚上到现场查看，这不仅提升了养殖效率，更可预防灾害发生，避免因意外造成鱼的大量死亡损失。

(4) 其他城市　成为韩国U-City推动示范点的城市还有釜山、大田及东滩面等，在这些城市里，均由产业龙头与地方政府携手合作开展规划。如韩国电信(KT)就与釜山市政府签署U-City合作协议，KT的重点建设项目包括：随时随地可对货物进行追踪管理的港埠(U-Port)、智能型交通管理系统(U-Traffic)以及能让公众体验的无所不在环境展示中心(U-Convention)等。釜山市政府计划投入8 500～9 600亿韩元打造未来科技城，预计2010年可创造15万亿韩元的产值。

KT还与韩国住宅公社(Korea National Housing Corporation, KNHC)签署U-City合作协议，在坡州市(Paju City)开发一座高科技新兴城市。KT与住宅公社投入900亿韩元，建立宽带网络与光纤到户等领先的IT基础环境，并设立都市综合网络监控中心，检视城市交通、环境的运行状况以及各家用电量、煤气使用量等。在无所不在的上网环境中，市民也可利用如计算机、PDA、手机等查询公交车抵达的时间，随时查看主要地区空气污染和交通路况等。

在水源市(Suwon City)，智能城市建设的实验重点放在智能护理(U-Protection)，即银发族日常生活的安全照料系统上。水源市希望应用移动保健感测技术(Mobile Health-Sensor Technologies)与定位技术为老年人建立安全的照护网，比如在老年痴呆症患者身上装设追踪器，通过定位技术随时追踪其所在位置，降低迷路可能造成的伤害等。

韩国政府在推动上述各城市的U-City建设上做了大量准备工作，其中优先的一项就是大规模地宣传U-City，通过实际体验馆、未来馆或者是微型版的U-City展示，让民众体验到未来生活情境，让民众充分了解U-City，对之有所感受，降低不确定感，如隐私权问题等，以利于政策顺利推动。民间企业也在新建筑开建或者开发新市镇之时，都导入U-City概念，甚至在宣传手法上更超过政府，建立更大的展览馆，吸引民众眼光，达到促进商业宣传效果。

8.3.3　日本的智能城市试验计划

日本在建设智能城市时将各类应用的规模化试验作为重点，物联网相关理论虽已成熟，技术在单项应用条件下也都通过，但城市应用是在复杂环境中的整合应用，需要进行规模化的试验，取得实际数据。同时这一进程还涉及大量非技术因素，如管理组织问题、公众接受的心理问题、示范宣传问题等，只有这些问题得到综合解决后，一项技术才能大面积推广。

1）福冈市的共通 ID 实证

日本经济产业省(METI)开展了“数字小区示范试验”(Digital Community Demonstration Experiment)计划，选择福冈市进行共通 ID 实证，其目的是为提高九州岛大学校园内教职员 IC 卡使用效率，并通过实证其使用范围至商店、企业与私家住宅等。

此计划由 NTT 西日本公司、NTT DoCoMo、福冈市地铁、JR、松下、东芝等 30 多家企业参与，试验地点选择福冈市，并以九州岛大学学生、教职员、福冈市 2 市 2 町(包括福冈市、前原市、志摩町、二丈町)地方业者以及欲参与的居民为对象，进行大范围的共通 ID 实证试验。

实证载体为九州岛大学的校园 IC 卡，通过该卡，可搭乘交通工具、商店购物付款、进出体育馆等公共场所；并通过装有 RFID 芯片的手机及可供辨别身份的 IC 卡装置，进行信息家电的启动监控，如开关门锁，控制空调、冰箱、电视等家电。再将适用范围扩展至小区的商店、体育馆、图书馆等，带给民众更便利的生活方式。

2）日本福冈市的电子消费实证计划

电子消费(E-Consumption)实证计划是福冈市共通 ID 实证试验计划的一部分，利用跨平台的共通数字身份认证，让加入实证计划的会员能用同一个 ID 在 12 个结盟商店的实体店铺以及虚拟平台上进行消费，各路商家也可通过平台进行会员管理。

参加实证计划的会员可获得 IC 卡、装载 IC 卡的手机或 USB 装置以及 5 000 日元的预付储值。会员能在装有 IC 卡卡片阅读机的实体店铺使用这些 IC 卡或手机在店家进行消费；在虚拟渠道上，也可通过手机或计算机连接 IC 卡或 USB 装置来读取会员身份数据进行消费。

通过共通平台管理身份认证机制，使会员能以一卡或一机畅行无阻。店铺数据虽然都储存在同一张卡或手机卡上，但由于店铺 ID 是分开的，店家只会有会员在该店消费的资料。而店家亦能够管理会员在虚实店面的消费数据，发送许可制的个性化广告给会员。

8.3.4 美国的感知城市研究

美国幅员辽阔，城市众多，且美国政府并不像韩国政府那样强势介入产业研发与技术推广，制定出各种官方规划与实验推进模式。故美国的智能城市多由一些大学、企业研发出相应模型，然后通过市场化方式导入。此处仅选择两则研发应用作为案例。

1）MIT 的城市资讯共通平台计划

著名的麻省理工学院感知城市实验室(MIT Senseable City Lab)针对城市资源与传感网络进行了结合研究。该项计划主要收集部署在城市各地的传感网络上装置所采集的数据，如 GPS 装置、智能电话、Wi-Fi 装置、RFID 设施等中的数据，然后加以综合处理、分析后，向使用者提供共享智能服务。例如，用户在 A 餐厅就餐后可能会接着去 B 卡拉 OK 厅唱歌，于是系统就能将 AB 撮合进来推出联合消费方案，向消费者优惠打折或提供 VIP 服务等。

通过这种信息共享方式，管理者就可了解一个城市的活力。虽然这一设计的最初用意在于对车流量的控制以及行车路线规划，但因创新型协同服务正是讨论的热点，系统在对消费者长期的资料收集后，经过应用智能软件处理，就得到群聚分析，找出城市中各类消费或服务项目间的内在关联，就能改善服务，并吸引更多的消费者加入共享平台，获得更多资料后，商家间便可结成异业联盟来创造更多商机，提高消费者的消费意愿及忠诚度。

在这一应用中，从各路传感器采集的消费者及其车辆、消费地点、消费时间、消费频率等数据是极其重要的商业资料，而这些信息的共享是分析系统中众多要素中最主要的。

系统还提供多种可视化程序，让人们对各种活动及交通状况一目了然，可用于叫车服务、交通流量控管、企业资源分配或厂家商务协同活动与促销等领域，只要确实做好用户隐私保护及数据安全，避免资料被恶意应用，这一共通平台就能产生实在的商机。

2）旧金山消费热点导航

与美国东部的麻省理工学院的上述实验相似，西部旧金山的一家名为 Sense Networks 的公司也推出一套名为“城市感知”(CitySense)的服务，可通过 GPS、Wi-Fi 定位技术与数据挖掘技术、实时 MVE 运算(The Minimum Volume Embedding Algorithm)分析技术等结合，提供消费者实时的夜生活热点地图。不仅能面向一般消费者，对企业而言，也可深入、量化地了解城市中人潮聚集的热点地图，作为店铺区位选择、户外广告设置与效益分析之工具。

从 GPS、Wi-Fi 定位系统发出的信号，可了解使用者所处位置，很容易地从统计角度分析出城市里人潮聚集之地，具体就能筛选出实时的热门夜生活区域分析、热点核心商家定位、实时特殊热点显示等。进一步还能提供“个性化热点推荐”功能，即通过分析多数消费者的消费偏好、历史数据，提供相关的个性化地点推荐，此种应用就是所谓实际数据挖掘(Reality Data Mining)概念的应用。

由于从城市公众消费者的消费习惯中获得数据开展研究具有极高的价值，故麻省理工学院(MIT)的媒体实验室(Media Lab)从 2004 年开始推动实际数据挖掘项目。通过记录 100 位实验对象的手机使用习惯，以此分析出每个人的社交活动、工作时数长短、睡觉时间等生活形态。共记录 35 万小时的数据。通过各种使用行为的数据累积，将可借鉴的行为模式、社交发展等分析来预测这些使用者的“下一步”。

对企业而言，此应用可作为人群分布统计、区位选择，与特定区域市场需求调查、广告效益分析等工具；但这一应用的关键，仍然是对消费者隐私权的保护。

8.3.5 费城 W-City 规划与实施

感知城市的支撑系统的基础是移动城市或无线城市，故世界各大都市都将无线城市(Wireless City，W-City)建设视为提升城市竞争力的重点发展项目。美国费城的“无线费城项目”(Wireless Philadelphia Project)蓝图提供了一个良好的示范框架。

1）背景

费城是全美无线网络发展最快的城市之一，2004 年全市有超过 93 个独立无线上网区，涉及饭店、书店、咖啡馆与其他公共区域。除了这些收费的商用无线上网服务外，还有部分热点区域提供免费无线上网区，包括位于爱心公园的费城市政大楼(the City of Philadelphia at Love Park)、富兰克林公园大道(Ben Franklin Parkway)、Reading Terminal 以及市中心的宾州会议中心(Pennsylvania Convention Center)等。

尽管费城无线热点持续成长，但现有的独立无线热点尚未覆盖全市，热点覆盖率不足导致无线网络服务的优势无法充分发挥，为此，2004 年 7 月费城市政府宣布“无线费城计划”，建立覆盖全市的无线网，提供市民、企业、学校、小区和游客更舒适便捷的信息应用环境，进而提升费城的城市竞争力。

2）无线费城计划的效益

无线费城计划对费城的发展带来深远影响，最重要的是能通过完备的无线网络设施，成为企业优先考虑进驻的城市，维持其世界级教育中心及观光景点的优势；同时还能利用无线网来改善公众服务的效率和质量。在战略上，市政府确立将无线费城计划视为投资该市人力资源（工作者、居民与儿童的未来）长期策略中不可或缺的一环。因此，无线费城计划的效益可归纳为以下 4 点：

（1）提升公众素质　费城市政府将无线费城计划视为整体提升市民素质的重要手段。由于有线宽带网的价格对部分中低收入家庭仍显偏高，以致部分市民受教育、就业和参与社会事务的机会受到限制，造成部分市民的生活质量长期落后于其他群体。因此，市政府利用无线网来缩小数字鸿沟，并提升初级到高等教育水平，使中低收入家庭不再因无法负担有线宽带网而被拒于网络提供的数字机会之外。

（2）提升费城竞争优势　企业机构在选择经营点时会评估许多因素，费城必须具有竞争力的环境，才能吸引企业前来投资，并吸引优秀人才在此定居。市政府以无线费城计划建立完备的基础信息设施，提高对企业与优秀人才的吸引力。

（3）提升旅客服务质量　无线上网已成为旅游观光或商务旅行不可或缺的工具，旅客无时无刻都有旅游信息需求，希望在参观某一景点之际，也能查询地图、搜寻零售商店以及阅读餐厅、酒店评论等，此外，利用手机订机票、租车与安排旅游相关事宜等也已日益普遍，因此无线上网将成为促进观光业成长的必备条件之一。

（4）提供公众服务　公众以政府提供民众服务的效率和质量来评估政府的行政效能。费城利用信息技术转变政府服务模式，提升公众服务水平，改善市政府与民众、企业与旅客之间的互动方式，开展电子政务，获得不错的评价。现正进一步运用无线科技改善公众服务方式并降低服务成本，而全市无线宽带上网使公众服务方式迈进了一大步。

3）无线费城项目的组织实施

费城市政府于 2005 年成立一个名为“无线费城推动组织”的非营利性组织，作为项目推进核心机构，由 9 位各界专家组成。而无线网络的规划、建设和维护则委托民间公司进行，规划在 2006 年夏完成全市无线网的建设并开始运营。

无线费城的服务类型分为居民的固定式和流动式服务（Residential Fixed & Nomadic Service）、企业标准型的固定式服务（Standard Business Fixed Service）、企业高级服务（Premium Business Service）、大学及远距学习的固定式和流动式服务（University & Distance Learning Fixed & Nomadic Service）、偶发性需求的流动式服务（Occasional Use Nomadic Service）、便携式政府可信服务（Secure Government Portable）以及固定式政府可信服务（Secure Government Fixed）等类型。

市政府本身成为无线费城计划的“旗舰示范点”，市政府积极利用无线网降低市政服务的成本，并提升质量和效率，例如在警车上加装无线装置，增进出勤警员的机动性。此外，市政府开放了所有路灯杆，作为安装无线接收设备的地点，以利于加速扩大无线网络服务的覆盖率。

城市一直是发展创新科技应用的主要先驱。在全球竞争环境中，城市间的竞争往往比国家间更为激烈。在 19 世纪与 20 世纪，城市政府竞相铺设铁路和公路，企图以密集的交通网络促进工商业发达和改善民众生活；21 世纪，城市政府基于相同的目的相继投入信息基础建设，并且从有线网络向无线宽带发展。

由于城市无线宽带网是建立智能城市、感知城市的基础，其建设、运行与管理当由政府牵头与组织规划，建立完整有序的商务规则与秩序，各界才能积极参与、投资建设，才能使系统架构中各层级建设、各类应用的研发快速展开，尽快投入运行，实现经济效益与社会效益。

思考题

(1) 试述"移动城市"和"感知城市"的关系。

(2) 请结合韩国 U-City 计划说明"感知城市"的技术内容。

(3) 试述"感知城市"在现代城市管理领域中的作用。

9 物联网在智能交通领域的应用

[学习目标]

(1) 了解智能交通系统的基本内容。

(2) 掌握智能交通系统的总体架构。

(3) 了解车载信息服务系统的功能。

9.1 智能交通概述

智能交通系统(Intelligent Transportation System,ITS)是将信息技术、通信技术、传感技术及微处理技术等有效集成运用于交通运输领域的综合管理系统,目标是将道路、驾乘人员和交通工具等有机结合在一起,建立三者间的动态联系,使驾驶员能实时了解道路交通以及车辆状况,减少交通事故,降低环境污染,优化行车路线,以安全和经济的方式到达目的地;同时管理人员通过对车辆、驾驶员和道路信息的实时采集来提高管理效率,更好地发挥交通基础设施效能,提高交通运输系统的运行效率和服务水平,为公众提供高效、安全、便捷、舒适的出行服务。

智能交通以交通需求为导向,以信息技术为手段,通过全面、综合提升交通工具(内部)与道路设施(外部)的电子化、信息化、网络化与自动化水平,大幅提高交通安全、运输效率和服务品质,充分利用设施、空间、时间、移动、能量和信息等资源,构建新型交通系统,对整体提高交通效率、实现节能减排、带动产业发展都有着重大的推动作用。

智能交通是为应对全球日益加大的人口、车辆和公路设施等压力而提出的。首先是全球城市化的趋势,如 2007 年是划时代的一年,因当年全球城市人口超过了世界总人口的一半,而且城市化进程还在持续加速。2010 年,有 59 座城市人口突破 500 万,比 2001 年增加了 50%。其次是交通流量压力加大,以美国为例,1982 年到 2001 年间人口增长约 20%,而交通流量却暴增 236%。传统解决交通问题的办法是修建或扩建道路,但随着人口的增长,城市人均居住面积日益减少,要在人口持续增加的城市中再铺设更多新道路越来越不现实。第三是交通事故率上升,据美国公路交通安全管理局估计,美国公路交通事故造成的经济损失每年达 2 300 亿美元。第四是交通堵塞带来的损失,美国每年因交通堵塞而浪费的时间达 37 亿小时,燃料损失 23 亿加仑(足以装载 58 个超大型油轮),仅此一项每年损失就高达 780 亿美元;日本东京因交通拥堵每年造成的经济损失约为 1 230 亿美元。

我国虽无法收集到同类数据,但我国的城市化进程、城市人口的增长速率、私家车的生产与销售数量等,无疑在全世界是发展最快的,故我国目前面临的城市交通问题已毫不亚于发达国家,许多城市新马路不断修建、旧马路不断拓宽,但道路拥堵、无处停车的现象却日益严重,交通事故频频发生。

这些压力就促使人们采用先进技术、智能工具、科学规划和针对性管理来综合治理,从各国实例来看，许多措施是成功的。如美国通过采取保护行人安全的措施使 2002 年的行人交通事故死亡数比 2001 年下降了 2.2%，交通事故中受伤的人数也下降近 4 个百分点，大型卡车引起的交通事故死亡人数则下降了约 3.5%。同时，2002 年美国车辆行驶里程总数从 2001 年的 2 780 万亿车/英里，增加到 2 830 万亿车/英里；在瑞典斯德哥尔摩，建成统计进出城市车流量的动态收费系统将交通量降低了 20%，等待时间减少 25%，尾气排放降低 12%；在新加坡，监控服务人员通过传感器接收实时数据，模拟和预测交通状况，准确率高达 90%；在日本京都，城市规划者通过模拟上百万车辆的大范围交通情形来分析其对城市的影响等，均取得了不同的实效。

从这些实例可看出，每种技术的引进都能收到一定的效果。但交通是一个复杂的综合性系统，单独从道路或车辆的角度来考虑，都将无法整体解决问题。因此，在信息技术支持下，综合考虑车辆、道路、驾乘人员和行人，系统地解决交通问题的思想就油然而生，成为催生智能交通系统的直接动因。且从各种应用需求上看，智能交通是最适于采用物联网技术的。

21 世纪，智能交通系统代表了实体高速公路和信息高速公路的融合，目前它尚未普及开来，但包括我国在内的许多国家都在进行积极研究、产业化实验和扎实推进。

9.2 智能交通系统总体架构

1) 智能交通系统功能架构

智能交通系统早期称为智能车辆道路系统（Intelligent Vehicle-Highway System，简称 IVHS）。由于各国的人口数量、国土面积、人口密度、分布状况、汽车保有量、人均道路拥有量、生活与工作出行习惯等均不尽相同，故各国对智能交通的诉求各异，加之该领域仍在迅速发展中，对物联网技术在该领域应用的理解见仁见智。

由于交通运输属于公用基础设施，多由政府牵头引导建设，故智能交通系统规划多由各国政府组织开展。考虑到人口、道路、车辆及交通发展趋势，本章对智能交通系统的功能架构描述采用日本政府的《21 世纪新一代通用交通管理系统 UTMS 21》（Next Generation Universal Traffic Management System）规划，该规划将智能交通系统分解为以下 8 个支撑系统：

（1）先进车辆信息系统（Advanced Mobile Information System，AMIS） 为用户提供道路拥堵、紧急交通事故、行驶时间等交通信息，功能是实现交通的优化和堵塞疏导。

（2）公交优先系统（Public Transportation Priority System，PTPS） 通过优先交通信号控制和公交专用道设置，保证公交车辆优先通行，功能是提高城市运输与出行的效率。

（3）车辆运行管理系统（Mobile Operation Control System，MOCS） 利用 GPS/GIS 技术，跟踪运行车辆位置，功能是通过信息服务提高运输效率。

（4）动态路线引导系统（Dynamic Route Guidance System，DRGS） 实时采集路况和车流信息，为用户提供最快路径，缩短行驶时间，缓解交通拥挤，功能是行车路径动态规划。

（5）紧急救援与公众安全系统（Help System for Emergency Life Saving and Public Safety，HELP） 当交通事故或车内紧急事件发生时，第一时间向交通救援中心发送紧急救援信息，功能是建立应急通信渠道，快速响应救援，降低事故损失，减轻因事故导致的交通拥挤。

（6）环境保护管理系统（Environment Protection Management System，EPMS） 综合大气污染和气象状况开展交通信号控制，功能是降低汽车废气、交通噪音等公害，保护环境。

（7）安全驾驶支持系统（Driving Safety Support System，DSSS） 功能是利用交通管制设

施和 IC 卡等，控制车辆安全行驶，保护行人，减少交通事故的发生。

(8) 智能图像处理系统(Intelligent Integrated ITV System，IIIS) 利用信息采集装置的道路与场地图像，抑制违章停车和信号控制，功能是通过红外车辆检测器和网络为用户传输有关图像信息，疏导交通。

在技术实现上，这 8 个子系统将采用红外感应器、RFID 标识、检测传感器(各类机械、电子、化学物质等)、移动双向通信、动态识别、高速图像处理、数据瞬间采集、传输处理、分类控制与泛在计算等技术，是多种物联网技术的综合应用集成。

2) 智能交通系统的主导功能

上述 8 项子系统规划具体涉及以下 9 组 19 类技术系统。

(1) 先进导航系统

① 路线导航信息提供系统：为驾驶员选择最佳行驶路线，提供最少化出行时间信息。这些信息包括各条路线的拥堵状态、交通管制、可利用的停车设施等。驾驶员出行前就可在家中或办公室得到这些信息，以制定最佳的出行计划。

② 目的地信息提供系统：提供目的地相关信息，驾驶员可选择合适的旅行目的地。为使驾乘人员充分享受旅行，系统还通过车载装置等提供区域内的服务信息。

(2) ETC 系统(电子自动收费) 驾驶员在通过收费站时不停车自动非现金付费，可以提高驾驶的舒适性，减少收费站人员及管理费用，节能减排，自动采集车辆相关数据等。

(3) 安全驾驶支援系统

① 道路和驾驶信息提供：向驾驶员提供驾驶和道路条件信息，特别是在夜间、雾中及恶劣天气中行驶时，能有效地降低事故发生率，提高驾驶安全性。相关信息通过埋置在道路上的众多传感器采集。

② 危险警告：防止碰撞和突发交通事故的发生。当传感器探测到车辆进入或处于危险位置时能主动发出警告，提醒驾驶员注意。

③ 辅助驾驶：危险警告系统和自动刹车系统联动，以防止车辆因偏离而引起碰撞或突发交通事故的发生。

④ 自动驾驶：该系统可有效减少驾驶员的驾驶负荷，防止交通事故的发生。

(4) 交通管理最优化系统

① 交通流优化：通过全路网的信号控制系统，对交通流进行优化，以提高交通安全性和驾驶舒适性。

② 交通管制信息提供：在发生交通事故时，对事故地点实行有效的交通管制并将信息发送全网，防止该事故再度引发次生交通事故。

(5) 道路高效管理系统

① 新设施管理系统：道路管理水平提高，建立安全、通畅和舒适的出行环境。

② 特种车辆管理：对重载等特别许可车辆实行管理，保护路面结构，防止危险发生。

③ 道路危险信息提供：结合不同区域的自然与气候变化，提供道路危险警告信息(如雨天、大雾、冰雪、大风以及沿海道路的海浪警告信息等)。

(6) 公交支援系统

① 公共交通服务信息提供：为乘客提供有关公交乘车线路、发车时间等信息，以及与公交有关的实时拥堵、车票费、其他费用等；为驾车人提供可利用的停车空间等信息。

② 公共交通运行管理：为提高公共交通的舒适性、安全性和通畅性，有效地采集并管理

公共交通数据并进行优化调度管理。

(7) 车辆运营管理系统

① 商用车辆运营管理：提高商用车辆运营管理水平，优化商用交通，提高运输安全性。

② 商用车辆自动跟车行驶：通过商用车辆自动跟车行驶，降低其交通量，提高运输效率。

(8) 行人引导系统

① 人行道线路引导：为行人和骑自行车者提供安全的道路环境。

② 行人危险预防：有效防止人车事故的发生。当行人在机动车道上穿越时，系统及时向驾驶员发出警告信息并自动刹车；当车辆进入学校附近区域时，自动减速并进入警示状态。

(9) 紧急车辆救援系统

① 紧急事件自动警报：当车辆发生突发事件或遭遇地震、洪水等灾害时，系统自动向救援中心发出紧急事件警报，从而缩短救援时间。

② 紧急车辆引导及救援支援：紧急车辆引导及救援支援系统通过实时采集突发事故地点和受损路况信息，及时通告救援机构进行救援指导，向交通事故或自然灾害突发地派送救援车辆。

3) 智能交通系统建设实效

上述目标显然具有很高的技术、资金、基础设施、车载装置、通信水平、传感监测应用要求。各国都有不同的实施规划，日本的计划与实施效果为世界领先，故以其为代表略作介绍。

(1) 日本 ITS 规划　日本计划以至少 10 年时期分 4 个阶段在全国实现 ITS，届时，由于 ITS 各子系统需要的大量的光纤和无线通信网络均已建成，各类传感器和监测探头广为部署，形成无所不在的道路感知与计算网络，汽车将成为一个更为安全、简便、自动和舒适的交通工具，尽管交通量仍在不断增加，但道路将更畅通，事故也将极大地减少。

2007 年，日本根据其建立“U-Japan”的总体信息化战略部署，推出了 ITS 新方案，希望利用更先进的信息技术建立环境友好型的社会来节能减排，实现更先进的管理，更彻底地解决道路拥堵问题。这些技术中，大量采用了泛在计算技术和无线传感监测技术，通过路-车、车-车、车-人、人-人之间的动态联网通信，提供各项交通服务。例如，其机动车信息和通信系统，主要提供道路限制和交通事故等信息以及机动车导航、不停车电子收费(ETC)等。目前，日本已经建立了遍及全国的 ETC 收费点，ETC 普及率已达到 70%。通过 ETC 系统全面消除了收费站前的拥堵状况，二氧化碳排放量降低了 40%。

先进、安全的机动车也是 ITS 计划的重要组成部分，在汽车行驶速度进入危险区间的时候，感测系统先行侦测到警示标志或异常场景，自动采取提示、降速等预防措施，能在驾驶员无法预见事故可能发生的危险时，实时发出警告，使日本的道路交通事故发生的可能性降低了 80%。

(2) 建设两大系统确保交通顺畅　日本交通信息系统(AMIS)是 ITS 的关键和基础，其目的是使道路管理者和使用者方便获得所需的交通信息，帮助驾驶员选择行车路线，疏散交通流量，将整个交通状况向理想的状态引导，使交通顺畅和安全。日本交通信息系统主要有以下两个：

① 交通控制中心：日本的道路分为高速公路和一般城市道路。高速公路由财团法人投资建设，属于收费道路。一般城市道路由政府投资建设，不收费。因此，日本的道路交通控制中心也分为两类，即由警察部门管理的一般城市道路交通控制中心和由财团管理的高速公路交通控制中心。

东京都警视厅交通控制中心是日本具有代表性的交通控制中心之一，它负责东京一般城市道路的交通控制，主要职能是收集、处理、发布道路交通信息，进行交通信号控制、交通信息交流等。对收集上来的信息，由控制中心的 133 台计算机组成的处理系统处理，根据道路交通流量状态，对全市 14 447 个交通信号中的 7 247 个可进行预定方案控制，并将交通流量、车辆行驶速度、路段的堵塞程度、道路行驶时间、交通事故、道路施工等信息显示在控制中心中央显示板上，以不同方式向社会发布。

② VICS 中心：VICS(Vehicle Information and Communication System)中心将警署和高速公路管理部门提供的交通堵塞、驾驶所需时间、交通事故、道路施工、车速及路线限制以及停车场空位等信息编辑处理后及时传输给驾驶与出行者，而且能在车载信息系统及导航仪上以文字、图形显示交通信息。

(3) 实际效果　日本 ITS 系统全面建成并投入使用以来，全国交通大为改观。以人口密度最大的东京为例，驾车行驶在东京街头，即使是一个新手，也能很快熟悉道路情况。通过路口上方红红绿绿的信息显示板，能随时了解从甲地到乙地间的运行时间、运行速度、堵塞长度等。通过车内广播和路侧广播，驾驶员可了解各个路口信息。如果安装了车载信息终端，这些信息还会自动转换为文字。人们还可通过手机了解主要道路的堵车、交通事故、车辆通行限制、交通管制时间等。这些准确及时的信息服务都由交通控制中心(路面信息发布)、道路交通信息通信系统(VICS)中心以及车载信息(车内信息)提供。

9.3　车载信息服务系统

1) Telematics 的含义

Telematics 由远程通信(Telecommunications)与信息科学(Informatics)合成，是指应用无线通信技术的车载电脑，亦称车载信息服务系统，是由无线通信技术、卫星导航系统、网络通信技术和车载电脑等综合一体的装置。传统的车对车通信是用按喇叭、闪车灯等简单方式进行的，且必须通过驾驶员，而车载信息服务系统的出现，将实现车与车之间(V2V)、车与路侧单元(Vehicle to Roadside, V2R)、车与公共基础设施(Vehicle to Infrastructure, V2I)之间的直接通信，以强化行车安全保障、动态实时辅助驾驶、节能减排等综合服务。Telematics 可内置在汽车、飞机、船舶、火车上，为交通工具内部系统的灵敏感知、精确反应以及驾乘、使用和维修者提供一系列的全新服务。因此，Telematics 被广泛认为是“4C”(通信、计算机、信息内容与汽车)的深度融合，成为物联网技术的发展前沿领域之一。

2) Telematics 的功能

Telematics 的应用领域基本上可分为前座系统、后座系统与车况诊断系统 3 个子系统。

(1) 前座系统　主要功能包括通信、导航、行车安全、车辆保全、路况侦测、天气感知等，与驾驶简易性与舒适性相关。如查看交通地图、收听路况介绍、安全与治安服务等，为避免驾驶员分心，输入系统主要采用语音输入或触控面板；输出系统则为中等尺寸面板(LCD 或 OLED)、语音输出或挡风玻璃的抬头显示等。

(2) 后座系统　以多媒体娱乐为主，包括互动游戏、高保真音响、随选视频、数字广播与电视等(包括金融、新闻、E-mail 收发等)以及临近目的地的停车场的车位状况，还可以与家中的网络服务器连接，及时了解家中的电器运转情况、安全情况以及客人来访情况等。

(3) 车况诊断系统　主要根据车载电脑收集的车况信息，进行行车效率优化、故障预警、保养提示及远程引擎调整或零件预订等。远程车辆诊断是通过内置在发动机上的微处理器记录汽车关键部件的运行状态，随时为维修人员提供准确的故障位置和原因。

不同品牌、规格和档次的 Telematics 的功能有很大差异；同时，许多服务还需要移动通信运营商的配合与支持。

3）Telematics 的运行模式

Telematics 系统运行模式较复杂，基本可分为汽车定位系统（GPS）与信息服务两部分。GPS 主要通过卫星三角定位运行，Telematics 内置的 GPS 与地理信息系统（GIS），以地形图（3D）或平面地图（2D）方式为驾驶员提供导航。信息服务方面，主要通过移动通信网（GSM、GPRS 或 3G 等）与后台客户服务中心或信息提供商进行信息（车辆管理、调度、交通、旅馆、娱乐、气象、订票等信息）的双向接收与传送。

Telematics 的大部分应用通过网络实现，如近域无线网、移动通信网、卫星与广播网等。驾驶员可连接网络接收信息与服务，下载应用系统或更新软件等，成本较低，主要功能仍以行车安全与车辆保全为主，主导功能如下：

（1）卫星定位　提供路线信息，同时提供路况报道与导航。

（2）道路救援　行车过程中，如发生车祸或车辆故障，通过按键，自动联系救援。

（3）汽车防盗　通过卫星定位提供失窃车辆的搜寻与追踪，必要时给车辆电子控制单元（ECU）发送锁车熄火或解锁等远程控制命令。

（4）车辆监控　厂家可获得车辆的实时数据，获取的数据可用于研发改进；车主可设定行驶路线，超界报警等实用功能。

（5）自动防撞　通过传感器或雷达，感应车与车间安全行驶距离，超界报警以防碰撞。

（6）车况掌握　包括车辆性能与车况的自动侦测、维修诊断等。

（7）个人信息服务　包括收发电子邮件与个性化信息定制等。

（8）多媒体娱乐信息接收　提供高画质与高音质的视听设备、游戏机、上网机、个人移动信息中心、随选视频节目等。

Telematics 最早是用于提高互联网信息传播效率，改善相关业务或政府公共服务的，但演化中却在需求驱动下成为综合了 GPS 导航定位、感测数据接发、相关信息服务三大应用集成的综合系统，朝着强调安全、提高效能与环保等方向发展，从第一代的导航系统，演进到第二代通过手机向驾驶员传递应用服务以及通过 GPS 提供驾驶行车安全及与车辆支持中心（Vehicle Centric Support）动态连接的各类应用服务；目前的第三代运用无线宽带通信技术提高行车安全及提供残障辅助与多样性应用服务，使之成为涵盖信息、通信、汽车电子与数字内容等技术的一个有价值的智能平台。

目前，世界知名汽车厂商，如美国的通用、福特，德国宝马等均已在其一些高档款式车辆上安装各类功能不等的车载信息系统。由于我国经济长期持续发展并经受住了金融危机的冲击，2008 年，我国汽车年销售量已突破 900 万辆，2009 年突破千万辆。因此，以丰田为首的国内外汽车企业已经开始在我国架设 Telematics 系统，希望以服务来拉动其产品销售。例如，丰田在第 13 代新皇冠车上全新导入的 G-Book 智能副驾系统，它由 GPS＋硬盘导航仪＋数据通信模块（DCM）组成。G-Book 车载终端的核心是依托于高速的 CDMA 无线网络，由话务员服务中心通过 DCM 知晓车主的需求，从而提供及时服务、传递所需信息。这一营销模式也将促使国内 Telematics 的迅速普及，国内很多企业都在着手相关技术的研发与准备。

9.4 车辆信息化新技术

实现车辆之间、车辆与道路设施之间的通信只是 Telematics 的基础功能，保障行车安全与操控辅助亦属初级应用。Telematics 更深入的发展则需要车辆内部信息化的支持，且一旦车内信息化水平提高了，车体内部的各种机械与电气性能、结构与材料等都要进行革新，广泛采用各种新技术，将应用扩展到节能减排、智能防盗、健康舒适等领域。目前，车辆内部信息化研发主要集中在发动机系统节能、行人安全防护、辅助驾驶、车用影像系统、智能防盗、底盘电子化等领域，大量应用了物联网技术。

1）发动机节能系统

汽车节能减排是全球性的重大能源与环境课题，目前绝大多数汽车都采用传统的内燃式发动机，依靠燃烧汽油或柴油产生动力，不仅燃烧时产生废气、废热、噪声排放，且其能效低。只有电动发动机才能达到零排放并大幅提高能效，但在电动车辆技术未成熟普及之前，只能对传统发动机进行技术改良。

传统汽油或柴油发动机车辆的能效低，主要损耗是来自发动机的热损失和车辆停车等待时的怠速空转。热损失主要由燃烧室产生的高温燃气排放所致，节能的主要措施就是针对这部分废热的再利用。目前的方案是采用 N、P 半导体温差发电技术，从废气中转换回收 200W 的电力，经蓄电池存储后供电动机使用，从而与汽油或柴油机一道形成混合动力系统。而针对怠速空转，则可通过传感器监测到车辆处于停车等待状态，就自动使发动机熄火并控制其再启动，从而降低油耗与排放。

目前，这一课题已形成“发动机废能管理技术”，包含了内燃机能量回收（Thermal Energy Recovery）技术、车辆怠速熄火控制技术及电动辅助空调系统技术等。

2）智能轮胎

智能轮胎（Smart Tire）是通过安装在轮胎橡胶中的感应器来提醒驾驶人轮胎的安全性，其核心技术是自动胎压监测系统（Tire Pressure Monitoring System，TPMS）。通过镶嵌在 4 个轮胎内的无线传输器及压力与温度感应器来记录轮胎行驶中的状态，通过侦测胎压的变化来提醒驾驶人轮胎可能出现破裂的情形，或者根据路况来自动调整胎型，并在可能发生意外时对驾驶人发出警报。由于高速公路上爆胎是许多人身伤亡事故的直接原因，控制爆胎就能极大地减少此类事故的发生。

3）人员安全防护系统

（1）系统需求　随着经济与社会的发展，我国的公路总里程数、高速公路数等均在快速增长，同时交通事故总量也在快速增长。防止因交通故事造成的人员伤亡就成发展智能交通的重点领域之一。在欧洲，每年有超过 140 万起公路车祸，造成超过 43 000 人死亡，约 170 万人受伤，每年经济损失高达 1 600 亿美元。

从上述数据可看出，自从车内坐椅安全带、正侧方安全气囊、GPS 自动超速语音提示等普及，车内驾乘人员的安全性得以提高，受伤率虽高但死亡率降低。但在人-车交通事故中，人的死亡率往往较高，于是人们开始对处于弱势的其他道路使用者（如行人、非机动车使用者等）的安全日益关注，力图减少人-车交通事故的发生，或减少事故发生时的伤害，或降低伤害导致的死亡。因此，从欧洲开始，美、日等国都在推动对道路使用者的防护，要求综合应用车辆设计、道路系统改良、教育宣传等手段，减少车祸发生时道路使用者的伤亡并提供及时救助。目前，欧、美、日的汽车厂商均有数款具备行人安全防护系统的功能车上市。

目前交通安全防护仍向被动式与主动式结合方向发展。被动式安全是指车祸发生时对车内驾乘人员的保护，内容为安全带、安全气囊和自动呼叫等；主动式安全则着眼于预防与减少车祸的发生，如各种语音提醒、感测控制与行人行为识别软件等。

(2) eCall 系统提高被动防护水平　无论被动与主动式防护，均出现了一些新技术应用。如欧洲政府为减少公路车祸事故，在 E-MERGE 计划中开发出一套 eCall 系统，综合采用压力传感器、2.5G/3G/3.5G 网络、GPS 等技术，使 Telematics 系统能降低伤后不治的数字。当发生车祸时，eCall 系统通过遍布车身的传感器测量到车子受冲击与变形的程度，并根据冲击力的大小来决定是否发出求救信息。当系统感测到较大冲击力时，会立刻自动通知最近的紧急救援中心，并向其发送车祸发生位置，减少了车祸相关方拨打电话、陈述事实等过程的时间，为伤者争取更多的急救时机，特别是当情况严重、当事人已无法拨打电话的情况下更能发挥作用。

据评估，此措施实施后每年可拯救约 2 500 个伤者生命，并获得较好的社会与经济效益，因此，欧盟要求未来每一台境内生产的新车，都必须安装车载通信与 eCall 服务系统。

(3) 主动防护水平提升方案　主动防护是针对提高行人安全而在汽车上引进的一系列技术。目前，汽车主动防护主要有三方面：一是改善保险杠性能，尽量减少对人体腿部的伤害，并防止其在受撞后被卷入车底。二是可提升式发动机舱盖和防护气囊，提供对行人头部的撞击防护。当汽车前端与行人相撞时，舱盖立刻被弹起，使变形空间增加 8～10 cm，减少人头部与舱盖下坚硬的发动机的碰撞；在舱盖弹起的同时，挡风玻璃和雨刮器间的防护气囊打开，防止人头部撞击到挡风玻璃而降低伤亡。三是开发行人感测系统，以启动防护系统。显然，这部分控制系统是主动防护装置的关键。

行人感测系统由光电耦合元件(Charge Coupled Device，CCD)、24GHz 毫米雷达等来获取前端感测数据，具体分为三部分：一是对各种感测器获取的信号经模型识别软件来标定30 m危险区范围内的行人行进轨迹，计算其方位与相对速度等；二是通过模型与行进轨迹比对判断其与本车发生碰撞的概率并对驾驶员提出警告；三是根据需要在碰撞发生前(20ms)启动主动式发动机舱盖或前端安全防护气囊。

4) 车用影像系统

车用影像系统在各项交通安全设施中具有特殊的重要性，交通故事频发地段往往存在道路环境复杂、行人随意穿越道路、驾驶员任意变道等因素。而采用车用影像系统则有助于识别各种外部物体，及时发出警告，提醒驾驶员采取应对措施以提高行车安全。

车用影像系统有多种类型与不同的功能，主要有影像辨识与警示技术和夜视与影像显示技术等，具体分类如下：

① 前方行人监测警示(Pedestrian Detection，PD)系统。

② 前方车距监测警示(Forward Collision Warning，FCW)系统。

③ 侧方盲点警示(Blind Spot Detection，BSD)系统。

④ 近红外 LED 前照灯组。

⑤ 适应性高亮度抬头显示器(Adaptive Head up Display with High Luminance)。

⑥ 环景停车辅助(Paranomic Parking Assistant System，PPAS)系统。

⑦ 防追尾警示(Rear Collision Warning，RCW)系统。

⑧ 乘客状态监控与警示系统。

⑨ 影像防盗系统。

⑩ 路况辨识(Road Trajectory Identification,RTI)系统。

⑪ 事故影像记录系统。

这些技术都是光、机、电与感测技术结合的产物,是车联网(Internet of Cars)即物联网在车辆交通领域应用的前端,也是当前各国与地区致力研究的前沿之一。同时,随着美国汽车安全法规(FMVSS)中最新系列如 FMVSS 208《乘员碰撞保护》、FMVSS 214《侧碰撞保护》、FMVSS《后碰撞保护》等的修订或出台,也从法规上催生了新型感测-警示-操控系统的诞生。如防追尾警示系统就是侧方盲点警示系统的延伸,功能是针对后方未保持安全车距或疾驰而至的车辆进行威胁性分析并提出警示;路况辨识系统则针对道路上行进的人、车辆与物体的轨迹进行运算分析,能对车辆偏移提供警示,更适用于没有道路边线、没有车道线标示或标线混乱的城乡公路、山区道路等情况;影像防盗系统是通过影像判断驾驶员身份是否经过授权,否则就拒绝启动并报警等达到防盗之目的。

另一方面,即使有各类管理规章制度、先进技术手段、日益改善的道路设施等,交通事故依然是不可根除的。而一旦发生事故后,车载事故影像记录系统就能记录下车内车外的过程影像与声音,为减少后续的人身与车辆伤害、查证责任、保险理赔等留下依据。该系统通常在车辆紧急刹车、突然倾斜、急速转向、碰撞等非正常状态下启动,记录数十秒至更长时间的影像,通过车联网发送出去,同时存储在闪存(Flash RAM)中。

5) 智能车辆防盗与财产保全系统

(1) 智能车辆防盗系统　近年来,生物辨识技术、芯片锁与物联网融合是最佳的车辆盗窃防范措施,其特点是高科技、智能化与主动化。生物辨识不仅能提供唯一的数字化识别信息,而且消除了传统钥匙被复制、盗用、遗失等风险;通过车辆与车主的实时通信,还能及时制止盗窃的发生并能在一旦发生时立刻通知公安机关等。这些技术的综合运用,极大地提高了财产的安全性,同时还衍生出一系列的相关管理应用。

具体方法为指纹识别与芯片锁技术结合、个人专用系统设计、权限控制与钥匙发行管理等。相关技术有:指纹识别芯片与无线近距离通信技术(Near Field Communication,NFC)资料对应、无线射频率(Radio Frequency,RF)天线设计、车辆电子控制单元(Electronic Control Unit,ECU)钥匙保护及远端修改设置技术等。这些技术都可结合起来在多种层面上应用,如结合于车辆门禁、点火启动系统、车辆通信服务、车辆管理、远程车辆跟踪、强制熄火等。

(2) 车辆财产保全　尽管有日益完善的防盗系统保护,但仍不可能彻底消除各种驾驶事故、攻击性驾驶行为、针对车辆或驾驶员的暴力事件等。由于车辆属贵重财产,特别是各款高档汽车,而人身安全更为重要,因此,在感受威胁的第一时间内报警,或将交通事故、案件过程完整地记录并保存下来,对于获取援助、分清事故各方责任、警方侦破车辆盗抢案件、保险理赔等都具有重要意义。所以,广义的 V2V(车辆间通信)或 V2I(汽车与道路基础设施间通信)还包括了车辆与车主或干系人与机构之间的通信与现场记录等,这类功能对于车辆财产与人身安全保护具有特殊的重要性。

主流的车用报警与事件数据记录仪,多由一键式报警装置、无线通信系统、视频摄像头及相关软件与数据存储器等部件组成。通常在车辆前方和后方安置双广角摄像头,前方一般安装在挡风玻璃上,后方安装在后视镜上,记录各类事件的过程,并与传感器与导航仪的相关数据,如冲击力值、GPS 坐标、日期、时间等一道采集并存储在系统中,通过无线网向管理中心计算机或各干系人的手机或警方发送。

此类系统通常对GPS的定位精度和测速要求较高。系统软件中存储有各种异常事件的特征值模型，如外部物体的移动速度、方位与距离等，一旦超过设定值，系统立即激活开始跟踪记录。除无线通信传输信息外，系统通常还有USB适配器等，用于在无线通信失败时将数据下载到车载电脑存储器中。

车辆中可安装多个无线报警按钮，如安装在仪表面板、座位下、钥匙圈或口袋中等不易被察觉的位置处，当车内驾乘人员感觉危险来临或事故发生后，确保其即使在行动受限状态下也能在第一时间报警。

车辆与驾乘者人身与财产保全系统从管理模式上分为被动式与主动式两种，以上均属被动式保全管理范畴。主动式保全管理则可由车主或相关机构以远程方式与车辆通信，主动观察了解其行驶与停泊情况。此时，车主可通过手机或电脑打开车载视频系统进行观察。许多车辆装上车载监控系统后，其安全性明显提高。因为许多图谋不轨者发现车辆已装有此系统后，往往会打消行窃的念头。交通主管方也可利用本系统监测司机的驾驶情况。

6）底盘电子化

汽车底盘系统是车身、驾驶员和道路之间的界面，是全车承载体，也是与车辆安全性、舒适性和操控性密切相关的部分。由于车联网不仅要解决车辆间的通信问题，更要全面提升对车辆的控制性与智能化水平，所以，大量的信息化手段与高技术应用最终都融合在底盘上，形成智能化底盘。具体技术如电子控制液压刹车系统（Electric Hydraulic Braking，EHB）、电控停车系统（Electric Parking Brake，EPB）、适应性阻尼悬架系统（Adaptive Damping System，ADS）及电子助力转向系统（Electric Power Steering，EPS）等，都通过大量采用传感器与汽车微电脑优化技术等，将刹车、悬架、转向等系统整合成一个完整的电子底盘系统，以综合控制全车的稳定性、舒适性、操控性和安全性等。

9.5 智能交通案例

9.5.1 V2V汽车防碰撞预警系统

1）应用需求

汽车间的碰擦、追尾、相撞事故多与驾驶员对速度与车距的观察判断不当有关。同时，相当数量的交通事故都由车辆间碰撞所致，故减少汽车间的碰撞就能大大减少交通事故，降低道路拥堵。

对此，美国通用汽车近期研发出“V2V”（Vehicle to Vehicle，车辆间通信）防追尾与防碰撞预警系统，其原理是在两车距离处于危险范围时发出警报，提醒双方驾驶员注意并立即采取相应措施，避免追尾或碰撞事故发生。其工作原理如图9-1示意。

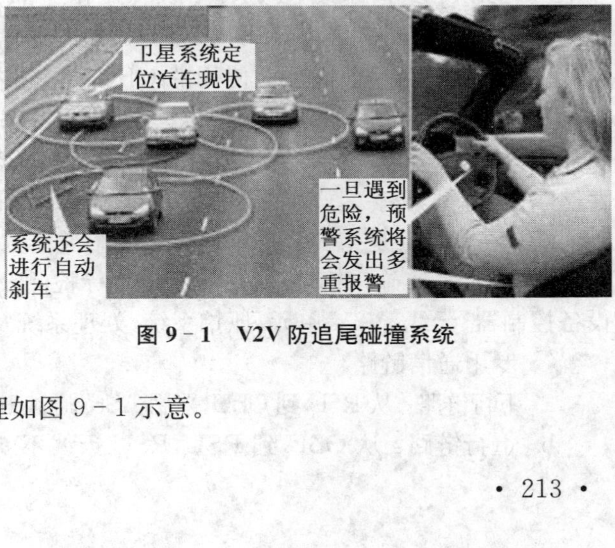

图9-1　V2V防追尾碰撞系统

2）技术原理

预警系统名为“V2V”，即“车对车”间的互联通信。它利用卫星导航系统定位车辆的位置与行驶方向，通过无线网将信息传送到距离300～400 m以内的其他车辆上，双方动态测距，当V2V计算发现两车相会时各自的前行速度与方向将有超出安全范围的趋势时就立即警示双方司机。

V2V技术通过配备的天线、计算机芯片和全球定位系统的车载通信设备，就可感知方圆400 m内的其他车辆位置，同时也通知对方车辆自己的位移方向，通过功能强大的计算机行车途径模型分析，动态预测接下来可能出现的情况并且实时反应，预警形式可为铃声、警示图和座位震动等方式，如果驾驶员仍未对提醒做出反应，计算机还可控制车辆自动刹车，以确保驾驶员与车辆安全。V2V系统也同时有防止后方追尾的警告系统，除了加强尾灯的警示功能之外，也同样通过警铃或是坐椅震动方式，在第一时间提醒双方驾驶员注意。

V2V预警系统既能对相互运动中的车辆，也能对运动与静止中的车辆发挥作用；能对正常与异常状态进行提示。在行驶中，它能减少各方驾驶员因处于盲区而看不到其他车辆带来的危险；防止因能见度低、道路曲折或注意力不集中等导致的追尾与碰擦事故。当对方车辆静止，如前方存在停靠车辆、转弯处有停靠车辆以及前行车辆紧急刹车时，本车系统也会发出警报。

V2V系统涉及的车辆越多，性能要求就越高。如在4辆车之间将正确感测数据在正确的时间传送到各汽车上并预测各种危险的复杂度相对容易一些，但如果同时处理数10辆车之间的运动模型就极其困难。当然，系统可综合距离、速度与方向等因素进行模型筛选，判断出最具危险的对象来进行监测与预警。

3）V2V专用短程通信信道与通信方式

V2V（亦称“车联网”）是物联网中技术难度较高的领域，特点是物体间的识别、感测、处理与反应均须在高速间进行并实时响应。关键之一是必须确保网络安全，预警系统必须能够有效防止黑客入侵，以免发生混乱引发事故；关键之二是采用专用通信信道供近域无线通信使用。如美国联邦通信委员会清理了5.9 GHz波段以专用于V2V、V2I间无线短程通信（Dedicated Short Range Communication，DSRC）。

DSRC是一种基于长距离RFID射频识别的高效无线通信技术，它可实现小范围内图像、语音和数据实时、准确和可靠地双向传输，是将车辆和道路有机连接，开展V2V、V2I的重点通信平台。

（1）DSRC结构体系　DSRC系统主要由三部分组成：车载单元（On-Board Unit，OBU）、路侧单元（Road-side Unit，RSU）以及专用短程通信协议。

① 车载单元：目前国际上使用的OBU种类很多，主要差异集中在通信方式和通信频段上，可应用于电子自动收费系统、V2V系统等。OBU从最初单片式电子标签，发展到了目前双片式IC卡加CPU单元。IC卡存储账号、余额、交易记录和出入口编号等信息，CPU单元存储车主、车型等有关车辆物理参数并为OBU和RSU之间高速数据交换提供保障。

② 路侧单元：是指安装于车道旁边或车道上方的通信及计算机设备，功能是与OBU完成实时高速通信，实施车辆自动识别、特定目标检测及图像抓拍及V2V等，它通常由感测系统、设备控制器、天线、V2V单元、抓拍系统、处理系统及其他辅助设备等组成。

③ 专用通信链路

a. 下行链路：从RSU到OBU，采用ASK调制，NRZI编码方式，数据通信速率500 Kb/s。

b. 上行链路：从OBU到RSU，RSU天线不断向OBU发射5.8 GHz连续波，其中一部分作为 OBU 载波，将数据进行 BPSK 调制后反射回 RSU。上行数据本身也是 BPSK 调制，载频为 2～10 MHz。

(2) DSRC 通信标准　该领域的通信标准至关重要，目前由 ISO(国际标准化组织)下属的"智能运输系统技术委员会"(TC 204)负责 DSRC 国际标准的制定工作。DSRC 的区域标准主要有美、欧、日三大系列标准。我国也在加紧这一领域的标准化工作，把发展 DSRC 列为重大攻关项目，已有"交通专用短程通信基于 5.8 GHz 频段微波物理层"、"交通专用短程通信应用"、"交通专用短程通信数据链路层"三项 DSRC 国家标准进入制定和审查阶段。

(3) 通信方式　DSRC 有两种信息传输形式：主动式和被动式，可以在车辆与道路设施间通信，也可在车辆之间进行。车辆与道路设施间的通信方式如下：

① 主动式：这种系统中的 RSU 和 OBU 均有振荡器，都可发射信号。当 RSU 向 OBU 发射询问信号后，OBU 也发射数据给 RSU。

② 被动式：RSU 发射信号，OBU 被激活后进入通信状态，并以一种切换频率反向发送给 RSU。

4) V2V 的实验与发展

V2V 系统现已受到各国的关注。许多大公司都在这一领域开展研发并获政府的支持。如德国政府已出资在法兰克福为 50 万辆汽车安装 V2V 预警系统进行试用。同时，德国大众汽车的电子研究实验室也将两辆速腾车和两辆奥迪 A3 车安装了"专门短程通信"装置，并利用 V2V 控制这几辆车在繁华城市中行驶并获成功。

美国通用汽车公司在这一领域则较领先，他们在一些车型上安装短程通信装置，实现自动停车以避免事故发生；改进的稳定控制系统可预测前面停在路上的另一辆安装短程通信装置的车，在司机应该刹车却未刹车的情况下，车上的电脑系统会自动刹车。2010 年上海世博会上，上汽集团和通用汽车联合推出了全球首发的城市概念车 EN-V。这款车通过 V2V 技术进入了零排放、零交通事故、零交通堵塞的未来时代，展示了物联网在智能交通领域应用的美好前景，如图 9-2 所示。

图 9-2　城市概念车 EN-V

9.5.2　欧洲"Talking Cars"提高行车安全并增加能效

欧洲执行委员会赞助的研究计划推出"Talking Cars"，于 2010 年 3 月在阿姆斯特丹机场附近上路。Talking Cars 可让车辆间沟通，或车辆与道路设施（如交通标志、交管中心等）通过 Telematics 进行对话，交换信息，让驾驶员了解超越其视线及听力范围外的潜在危险信息。这项技术主要寻求实现车辆间通信（V2V）、车辆与基础设施间通信（V2I），从而构成协同移动网（Cooperative Mobility Network），以提高行车安全与能效。

协同移动网络通过与周围车辆及道路设施间的信息交换，来增加超越驾驶员感知范围外的信息。例如，无法看见的前面转弯处发生车祸时，网络会警示后方车辆减速缓行；与驾驶相关的交通提示信息仅会通过路上专用信号传递，其他人则不会受到不相关信号的干扰。

欧盟表示，Talking Cars 可协助促进欧洲安全与智慧移动生活，减少伤亡及降低碳排放；已经开始制定 V2V 和 V2I 标准，希望 2015 年协同移动网络系统能被汽车制造商及设备制造商广泛采用。

9.5.3 智能交通改善道路堵塞

1）日立解决交通堵塞的 ITS 系统简介

一般的车载 GPS 仅用于单辆车的定位与线路导航，但却无法实时反映路况，无法根据交通堵塞情况通知驾驶员改变行车路线，提供更好的避免堵塞的行车方案。日立公司从宏观样本中寻找该问题的解决方案，它利用遍布大街小巷的出租车的车载信息系统来收集各条街道的行车信息，如行车时间、行车速度等。将资料集中到控制中心处理分析后，再通过无线网络将各路段上的行车信息传送给其他车辆的车载信息服务系统，向其提供最佳的行车路线规划。

当某辆出租车在某条街道上停止或缓慢行车时，系统尚无法判断该条道路是否发生堵塞。但如多辆出租车在同一路段上同时出现相似的行车迟滞或停止现象，甚至影响到周边路段的出租车速度时，就很容易判断出该路段发生了堵塞。系统可根据被堵塞的车辆数、波及周边的车辆数等研判出堵塞范围、街道数等，就能在将此信息发送到各其他车辆的同时，动态规划出其他车辆绕行的最佳路线。同时，这一信息还可发送给交通主管机构，促其尽快采取疏导措施。

2）系统结构

这一系统称为 eRoader，它是 2005 年 6 月到 2006 年 3 月，日立集团主持的构建实时交通信息传输系统的一个实验项目。该实验利用出租车公司运营管理中采集的出租车位置信息生成交通信息，通过 FM 调频发布到导航设备。核心是从“浮动车”数据跟踪中生成交通路况信息，其系统架构如图 9－3 所示。

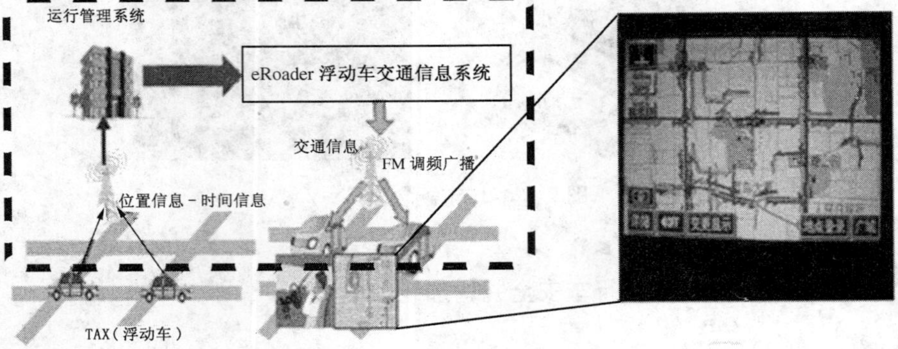

图 9－3 eRoader 系统架构

图 9-3 中用于动态采集数据的出租车称为“浮动车”，即当这些车辆出现行驶速度异常时，其数据就浮现出来而被定位跟踪。系统将其出现异常的位置与时间信息发送给运行管理中心，通过 eRoader 浮动车交通信息系统研判，认定该路段发生堵塞后将建议修改的绕行路线通过调频广播等发送给其他车辆。

系统后台由 3 个子系统构成：

(1) 交通信息获取子系统　也称浮动车信息处理模块(ProbeInput)，从浮动车 GPS 数据库中获取 GPS 信息，加工处理成能够识别与处理的原始交通信息。

(2) 交通信息处理子系统　也称地图匹配或路径搜索模块(MatchProbe)，读取浮动车信息，计算出地图匹配结果，作为处理的交通信息。

(3) 交通信息生成子系统　也称作旅行时间或拥堵状况模块(Csv-Jam)，读取处理过的交通信息，计算出旅行时间、拥堵状况等可发布的交通信息，形成最终的交通信息。最终的交通信息可以通过多种途径(网络、手机、广播、PDA 等)对外发布。

3) *系统在我国的实验进展*

显然，eRoader 系统使用的精度与参与运行的车辆总数相关。如北京是个交通拥堵频发的城市。日立与国内机构联合推出“星翼”系统，并积极与日资汽车企业合作推广。在“星翼”项目中，它与合作伙伴日产在 2008 年 6 月上市的新款“天籁(TEANA)”的顶级车型上安装了内置该系统的车载导航仪，同时在北京市内的一部分出租汽车上也安装了内置该系统的便携式导航仪(PND)，能联合北京交通委的实时信息，结合实时的空间分布，为天籁驾驶员规划一条合理的行车路线。据模拟验证发现，如果北京市车辆 30%普及“星翼”功能导航仪，就能使车辆到达目的地的行驶时间最大缩短 16%、CO_2 排放量减少 27%，这说明系统成效直接与参与运行的车辆数相关，参与者越多，避堵导航功能越精确，效果就越显著。

从严格意义上讲，如果车辆绕行导航信息仍以调频广播方式发送，则系统还不能算作是车联网。为此，北京航空航天大学在原国家计划经济委员会和日本经济部的支持下，通过在中国国内的 IPV6 试验网建设和试验验证，进行在下一代互联网技术基础上的“eRoader 浮动车交通信息系统”研究开发。该研究以北京市长安街上 1 路公交车行驶道路(往返约 30km)为实验对象，利用约 50 台公交车上的 GPS 系统进行数据采集，主要从精度和覆盖率两个方面进行实验评价。实验内容如图 9-4 所示，结果证明：浮动车模型覆盖率数据和实际路况基本吻合。

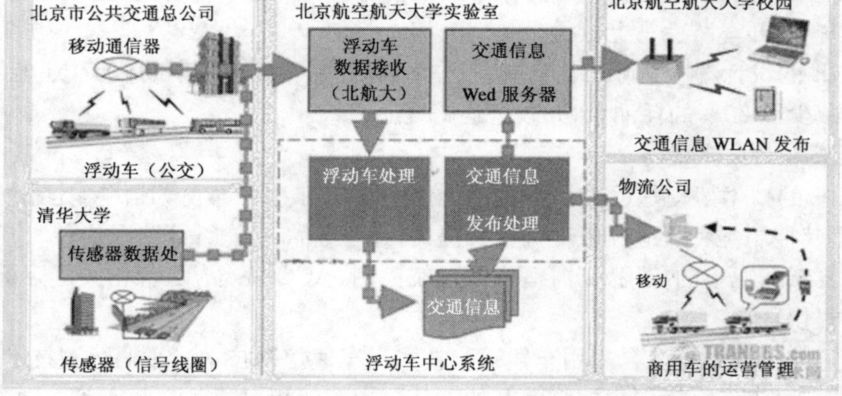

图 9-4　北京基于 IPV6 的 eRoader 浮动交通信息系统实验架构

9.5.4 辅助驾驶安全系统

1）辅助驾驶的内容

车联网实现 V2V 与 V2I，可使车辆驾驶方式产生变革，使驾驶变得更为简单、便捷与安全。其中，辅助驾驶系统是智能交通中最受瞩目的技术发展领域之一。

辅助驾驶系统可实现以下 3 种关键性操作：

(1) 行车防碰撞　如 9.5.1 节介绍，它能在事故发生前及时提醒驾驶员，增加其反应时间，并在紧急时自动刹车或转向避让以确保安全。

(2) 辅助泊车　许多新手在车位较满或进入繁忙的停车场中往往难于将车子停泊到位，此时可启动辅助泊车系统，系统就能根据泊位、本车位置及周边车辆距离等，自动、精确、流畅地将车停泊到位。这一领域对应的技术是停车辅助(Parking Assistant System，PAS)系统。

(3) 道路自动驾驶　其对应技术是适应性巡航控制(Adaptive Cruise Control，ACC)系统。

2）SARTRE 计划

智能交通系统的目标之一，就是要在确保安全前提下，提高驾驶人的舒适性或减少其操作量。长途旅行时，自己开车有较高的自主性，但是开车辛苦又浪费时间；而通过车联网技术，Telematics 可进一步实现汽车自动驾驶功能，在高速公路上，驾驶人可以随时加入一列车队，放心地由前导车来带领，也可以随时离开车队自行驾驶。

SARTRE(Safe Road Trains for the Environment)是欧洲近期开展的一项改进高速公路交通的新计划。其含义是通过 V2V 将高速公路上的车辆组成车队，由前导车控制跟随车的行车速度、方向与途径，不但跟随车的驾驶员可休息、娱乐或从事其他活动以减少长途驾驶的疲劳，还可达到节省燃料，缩短交通时间，减少车道堵塞，增进环境友好等一举多得之目标。

前导车由专业或可信任的驾驶员来控制(如公交车或出租车司机)，附属车辆则由 Telematics 与前导车连接后自动跟踪控制，车内的驾驶人就可放开方向盘，放心地休息或活动。目前最多可以同时有 8 辆车组成一列车队(Train)，不论汽车、公交车或卡车都可以。当驾驶员欲加入车队时，只要在 Telematics 中输入目的地，导航系统便会指引其行驶到当时最接近的车队，从车队后方加入自动驾驶的行列。在车队行进中，车间的相对距离较短，可更有效率地利用车道。当车队接近目的地时，跟随车可发出信号，使其前后车之间空出较大的距离方便其离开车队，车辆离开车队后马上获得自主驾驶权。

SARTRE 的设计理念是除了让驾驶员获得休息、缓解长途开车的疲劳，还能通过优化行驶帮助汽车减少约 20%的耗油量，并改进道路交通。

3）辅助驾驶的技术支持

SARTRE 的技术架构是运用 GPS 及无线传输方式来串联车队，其优点是系统相对廉价、简便；缺点是其控制性和反应灵敏度仍有待提高，适用于高速公路等路况简单、应变性小的场合。而在更复杂情况下的应用，则需适应性巡航控制(ACC)系统，随着相关国际标准的出台，这一技术将很快普及。

适应性巡航控制系统综合采用车辆感测技术和车速控制技术。车辆感测技术应用调频连续波探测前方 1～150 m 范围内的物体并估测其与本车的相对速度与距离等。同时，将雷达信号结合影像识别结果，提高对前方物体识别的效能与可靠度，并将探测的结果提供给车辆加速减速控制模型进行安全距离控制。车速与相对距离控制模型按标准 ISO 15622－2010《交通信息与控制系统—适应性巡航控制系统，实施需求及测试规程》进行设计与模拟，并以40km/h以上作为高速域，40km/h 以下为低速域区分控制模型。适应性巡航控制系统的关键技术在于防撞雷达的开发及其控制策略的设计，尤其是防撞雷达是高技术门槛与高附加价值的产品，因而成为车联网中最关键的前端感测器件，其性能优劣直接关系到 V2V 的控制性、灵敏度与安全性等。

泊车辅助系统主要解决一连串复杂空间位置、距离感知及方向盘操作等问题，其支撑技术是应用影像感测器、测距雷达及方向盘转角感测器等。这些传感器获取的数据经高性能信号微处理器处理后，获得停车空间、车距与轨迹动态预测等数据，以二维图像或影像来控制转向、平行停车与倒车等操作。所涉及技术有动态影像获取、停车环境重建、障碍物测量与识别、多种感测器数据融合、车辆与环境障碍物间相对空间关系定位、图像式实时辅助与停车导引等。这些技术集成后成为 Telematics 的一部分。

9.5.5 辅助驾驶培训系统

车联网辅助驾驶不仅可提升安全性，还能通过与车主互动的方式培训驾驶员养成良好的驾驶习惯，取得更多的经济效益与节能减排。

1）培养车主良好驾驶习惯以减少油耗

新西兰 PLX DEVICES 公司开发出一套驾驶辅助节能装置，会显示车辆每加仑汽油行驶多长路程以及发动机的相关信息，主要用于辅助节能。该设备安装在方向盘附近，1 min 就能取得感测信息，如车速、发动机转速、发动机负载、含氧量，并进一步分析车辆的最佳驾驶效益。据实验数据统计，该装置的节能效益若以 MPG(每加仑/英里数)计算，针对不同车种与车况条件，节能效益为 0～33％不等。

该设备名为 Kiwi，它会根据车主的每次驾驶行为，给予一个 Kiwi Score，此分数是根据车的平滑性、风阻拉力、加速、减速等进行评定，分数越高代表 MPG 越大。在每次驾驶后便提供一系列的数据，告诉驾驶员与上次相比较，可节省多少钱，以此来培养驾驶员良好的节能驾驶习惯。

2）精确预测导航服务

行车导航目前已是普及型服务，其进一步的发展是交通预测，让众多驾驶员积累的历史性资料发挥服务作用，利用如法定节假日、天气预测、汽车款式和驾驶员行为等资料来建立交通预测模型，提升预测结果的可信度。

运用交通预测模型，可将行经途中可能遇到的各种交通状况考虑进去，提供与客户时间和进程相关的路径分析；也可以依据地点调查，提供正确性高且可信赖的行程规划。而预测的交通警告信息可帮助客户调整其出行计划，提高预计到达时间的正确性。通过即时路径增减，增加行程规划、资源运用的效率，因而减少支出以及改善客户服务。系统同样可将驾驶员行为、习惯等资料上传并将记录的即时信息与导航设备连接，获得更加个性化的信息服务。

9.5.6 安吉星公司的 Telematics 服务系统

从实体上看，Telematics 只是一套具有强大计算与通信控制功能的设备，要开展相关服务必须有专业公司逐项提供。最早开展这项服务的，是美国通用汽车公司和安吉星(OnStar)公司合作在全球推广的。安吉星主要通过网络与车主及车辆传感系统随时建立联系。目前，全球已有600多万辆汽车使用，我国也已开通这项服务，注册用户数量近20万，通用汽车在其凯迪拉克、别克昂克雷、别克新君威、别克新君越等车型上安装Telematics，安吉星则提供以下服务：

1）碰撞自动求助

当车辆发生意外时，驾驶员如受伤无法呼叫求助，即使安全气囊没有爆开，车辆也会感测到受到撞击而自动发出求救信号，安吉星客户服务系统会立即做出响应，并在必要时将以下感测到的信息提供给相应的救援机构，通知其立刻前往救援：

① 事故发生地点。

② 车辆被撞的方向和碰撞力度。

③ 是否发生了多次碰撞。

④ 是否发生了翻车事故。

⑤ 是否有安全气囊爆开以及爆开的数量及位置。

⑥ 紧急救援协助。

2）紧急救援

在紧急情况下，车内人员按下红色紧急按钮，就会听到相关语音提示，而安吉星呼叫中心会优先接听这样的电话，并确认呼叫车辆位置。其服务顾问可对各种紧急情况做出响应，并联系当地的紧急救援机构，如警方、医疗、消防部门等，使其能迅速抵达求助地点。

3）车辆防盗

当车主发现车辆被盗时，可通知安吉星客户服务中心，经确认车主身份后，即启动车辆跟踪与锁定系统，动态掌握失窃车辆的实时位置，同时通知有关执法机构，以帮助车主尽快找回车辆。

4）导航系统

车主需要导航时，只需按下按钮，接通安吉星客户服务中心，说出目的地后，动态听取系统语音导航提示，行驶过程中，系统会自动感知判断车辆需要驶过的每个路口，并在接近下一个路口时给出语音提示；如果车辆偏离了导航路线，系统会发出提示，帮助返回正确路径，确保顺利抵达目的地。

5）车况检测

绝大多数车主都是非专业人士，而安装本系统后，服务公司就会通过车内各种传感器对车辆关键部件进行远程监测。如驾驶途中，遇到发动机故障警示灯忽然亮起时，驾驶者可按一键与服务中心取得联系，服务顾问就能通过远程检测方式进行实时检测，并向驾驶者提出最佳建议。同时，用户每月都会收到一封车况检测报告，其上罗列多项车辆核心部件的检测结果，确保用户车辆得到更好的维护。例如，它将依据汽车机油寿命监控系统来准确通知车主何时需要更换机油，提醒其及时对轮胎充气等。报告内容可涉及以下部件：

① 发动机和变速箱。

② 安全气囊系统。

③ 防抱死制动系统：监控防抱死刹车系统，减少在光滑路面上的制动距离。此系统还同时监控动力操控和稳定系统，使车辆在恶劣环境下依旧保持受控制状态。

④ 里程表读数和机油寿命。

⑤ 轮胎压力。

⑥ 废气排放控制系统:监测车辆的废气排放,包括在排气管内存留的燃油和蒸汽,通过提高发动机运转效率来限制排气管的废气排放。

⑦ 车身稳定系统:是一个汽车电脑控制系统,能在复杂驾驶情况下帮助司机稳定地控制方向,它主要运用车辆的动能传感器和方向定位系统的输入数据来有选择地应用车辆刹车系统并在必要时减少发动机能量。当车身发生倾斜、抖动等不稳定的情况时,提示灯或提示信息会开启;当系统感测到任何问题时,该系统也会启动,提示信息也将发出警示,提醒驾驶员采取相应措施。

⑧ 车辆保养提醒,系统监测到车辆需要保养时,会主动提醒车主。

9.5.7 欧洲建立 Telematics 通信环境

Telematics 的车联网系统在近年内迅速发展,必将导致汽车对各类对象(Car-to-X)的通信急速增长,为满足这一需求,欧盟委员会已表示将预留专门的频宽、频谱给各成员国作为 Car-to-X(即"在汽车与汽车之间、汽车与路边基础设施间")实时且可靠的通信使用。希望欧盟各国能因 Telematics 的大规模普及大幅减低交通事故、提升交通效率、节能减排。

Car-to-X 通信主要是以 WLAN、近域无线通信等为基础,将多普勒效应与"支持在发射与接收站间高速移动的对象"纳入考虑范围的一种新通信规范。欧盟将 5.9 GHz 频段规划 30MHz 的带宽给各国的交通主管部门作为 Telematics 应用。该决议的通过将使欧洲在标准制定进程上能赶上美国、日本。其后,德国汽车工业将开展一个大规模的 Car-to-Car、Car-to-X 的通信实验。美国已规划将 5.9GHz 频段使用 70MHz 带宽用于 Car-to-X 通信;日本使用 5.8GHz频段。

同时,专用近域无线通信标准也在加速制定和引进中,这类通信更是各种车联网应用的基础。从技术发展上来看,WAVE/DSRC (IEEE 802.11p,IEEE 1609 系列)将成为 V2V、V2I 的主流标准。IEEE 802.11p 标准从与 ASTM E2213-03 兼容出发,采用 5.9GHz 频段,利用 IEEE 802.11a 作为通信技术。IEEE 802.11p 除了与 E2213-03 相容之外,也与 ISO 组织下的专门制定车用规范的技术委员会(TC204—Intelligent Transport Systems)的 WG 16 工作组建立交流机制,有关的控制信息频段、内容信息频段等标准将陆续发布,如图 9-5 所示,具体重点包括以下技术:

(1) 车载通信关键技术　根据 IEEE 1609(WAVE)及 IEEE 802.11p 标准,开发 Telematics 系统之 OBU/RSU 专属短距通信模块,包括 WAVE/DSRC 之通信协议与 IP。

(2) 高铁无线宽带通信技术　在高速铁路宽带通信系统方面将研究如何克服高移动性(300km/h)、切换与隧道内电波传输等问题,并应用分散天线扩展单一基站的覆盖范围,开发精简有效率的多路访问控制机制与快速切换程序,在其上提供宽带无线通信服务。

显然,智能交通不仅是技术与设备问题,更是国际范围内重大的信息标准化与技术标准化工程,各国如不能在相关领域达到标准化,则车联网将无法实现。目前正在制定的最新国际标有 ISO 15622-2010《智能交通系统-自适应巡航控制系统—性能要求和试验程序》(Intelligent Transport Systems - Adaptive Cruise Control Systems—Performance Requirements and Test Procedures),它包含了 V2V 的基本控制策略、最低功能要求、基本的驾驶程序界面要素、系统诊断失效和采取应对措施的最低功能要求、自适应巡航控制(ACC)系统的性能测试程序等。

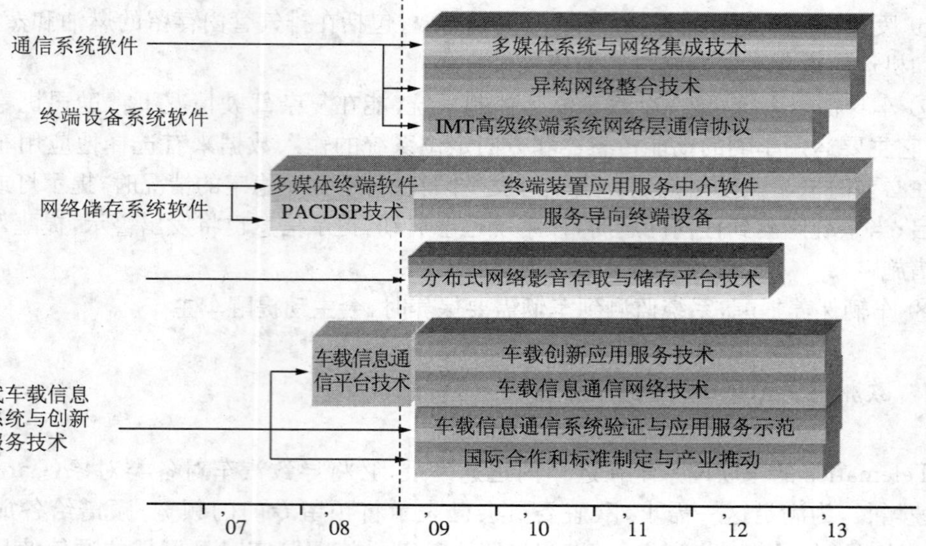

图 9－5　智能交通系统通信软件及平台

自适应巡航控制的基本目的在于向高速公路(即非机动车和行人不得在其上行驶或行走的道路)上行驶的车辆提供智能控制,增强其他功能,如对前方障碍提出警告等。

9.5.8　韩国 mRFID 的 U-Station 服务

智能交通系统将采用多种新技术为各类出行者提供方便与安全。Mobile RFID (mRFID)是一种手持式读取器(如手机、PDA 等),可识读 RFID 标签,并通过无线网传输数据,由此可创造出许多种新型服务。韩国 SKT 就提出了一种利用移动电话来安全搭乘出租车的服务。

由于韩国近年将“无所不在的计算”即泛在计算定为信息化发展的国策(即 u-Korea),故安全出租车就沿袭这一理念,称为“u-Station”服务。叫车者通过内嵌在手机中的 RFID 识读器,可访问出租车数据中心,获得出租车的基本信息,如驾驶员基本数据、车辆号码、车型等,并将获取的数据传送到家人或朋友手机中,以保障搭乘者的安全。

同时,这一服务模式更扩展到对公交车辆与地铁交通的 u-Station 信息查询,同样用移动电话读取公交车站牌及地铁电子标签,就能获得公共交通工具的相关信息,包括公交车地铁到站时间、目的地到达时间估计。目前 SKT 已在京畿道地区的公交线路及地铁提供服务。预计,随着移动通信网络、高速无线上网和 RFID 标签的越来越普及,类似的便民应用项目将越来越多,发展空间不可限量。

9.5.9　互动式公交车站—EyeShop 系统

美国麻省理工学院“感知城市试验室”(MIT Senseable City Lab)与某公共交通系统营运商正在合作研究新型的公交站,一是改变人们等待公交车时的无聊枯燥感;二是美化市容环境。计划将现有的公交车站改成人与物可互动的车站,提供互动式地图、路线规划、个性分类广告、公告栏、电子涂鸦等服务，让候车亭成为市民休闲娱乐的空间。

新型公交站通过整合多点触控技术、eink(电子墨水)、多种感测器、太阳能光伏技术等，打造兼具节能、空气质量监测，又能创造旅客良好体验的候车环境。为确保每个 EyeShop 都符合当地城镇或街头的特色，再配合发展“最佳 EyeShop 规划设计”，系统地进行空间规划、服务配适选择、最佳能源供给方式等，打造一个最舒适的候车空间。

该设计的原始构想是：人与数字环境的互动应达到自然且无所不在，在开放空间中提供开放式服务，让公众等车不再无聊，不但能精确了解公交车的到达时间等，还能同时进行多种信息查询、旅游路线规划、阅读、绘画、娱乐等。

9.5.10 移动预约车位服务

随着私家车的迅速增长，城市内停车已成一个世界性的管理难题。爱沙尼亚的 Now! Innovation 公司为此开发出一套名为 ParkNow! 的移动预约车位系统，使用者只需用手机输入欲停车的地区与车号，发给停车场系统，就能自动依据停车空位情况预约车位。使用者无论到达或离开，皆可用手机扫描 RFID 门禁开启与闭合闸门，系统就会自动计算停车费用明细并输入电信账单中，进一步还将纳入安全监控技术，以强化无人停车场的安全管理。

技术上，该系统由门禁管控的 PermitNow! 子系统、停车位管控的 ControlNow! 子系统、计时收费的 PassNow! 子系统以及消费记录查询的 ReadNow! 子系统等组成。这一系统提高了停车场的管理水平与利用率，为驾车人提供了一定的方便。

9.5.11 行车事故自动记录系统

发生交通事故，尤其是较严重事故导致相关车辆损坏后，往往在认定责任、回顾过程、保险理赔等时都会产生一定的困难。于是，人们就想到在车中安装类似飞机黑匣子的装置以记录事件过程。

1) 记录设备

iDrive 系统是一种专业事件数据记录仪，它可拍摄高清晰度视频，系统用双摄像头对车前和车后事件发生的过程，包括事故、攻击性驾驶行为、碰撞、强行开门、报警或紧急事件等进行记录。视频存储在内部闪存(容量为 2～32GB)中，与其他传感器感测到的信息，如冲击力实测值、GPS 坐标、日期、时间等存储在一起。存储器在车载信息系统中，并能通过无线网或 USB 发送到交通网络中心。双摄像头的 iDrive 系统设备安装在前挡风玻璃上和后方的后视镜上。

系统管理简单，操作界面直观，硬件包括 iDrive 系统的双摄像头和计算机用 Wi-Fi 或 USB 接口，一个视频数据库管理器和一个播放器，同步传输的视频通信应用。播放器允许用户缩放、平移、推进框架，扩大视频全尺寸的全屏幕，查看和保存一帧图像。

2) 记录内容

该影像事件记录设备在车辆紧急刹车、车身突然歪斜、车体碰撞时自行启动，并记录数十秒的前后影像，数据与其他传感器和 GPS 定位模块等的数据一同保存下来。信息自动下载到车载信息系统或上传到网络服务器，内部标准 Wi-Fi，支持任何兼容 802.11b / g 的网络。在夜晚，iDrive 系统自动切换到红外夜视记录影片模式。所记录内容，均可用于分析本车及相关车辆的驾驶行为，如发生事故，则作为警方研判、责任界定的依据。

3）其他功能

该系统还有7个无线报警按钮，分别安装在仪表板、座位下、钥匙圈、车窗与车门以及使用者口袋里。供车主处于受威胁的环境下，可以最不易被察觉的方式报警，或当发生事故，车主被卡，行动受限时，可用最近的按钮一键式报警。

4）实施效益

自动摄像系统实际带有监视驾驶行为的功能，故其使用后带来多项好处。

(1) 改进驾驶行为和安全性　已经肯定证明，视频监控设备的使用减少了40%以上的交通事故。司机更注重规则，减少了事故，大大增加了驾驶员和车辆的安全。

(2) 降低成本　当司机更注重规则、行车速度和安全性时，相关效益就得以体现。启动较慢的速度转化为燃油经济性提高20%，逐步减慢速度和柔性制动有助于延长轮胎寿命，减少车辆部件损耗，减少了事故，自然降低了保险费用，减少车辆和司机的待工时间。

(3) 保险　很多保险公司都意识到车辆监控设备的巨大益处，开始以降低10%～20%保险金的优惠奖励车主安装行车事故自动记录系统。

9.5.12　斯德哥尔摩的道路收费系统

1）交通管理需求

瑞典斯德哥尔摩是由岛屿组成的城市，14个大大小小的岛屿由各式桥梁相连。多年来，交通堵塞问题不断加剧，每天都有超过50万辆汽车涌入城市。斯德哥尔摩地区人口正以每年2万人的速度增长，使得车流量不断增加，城市道路承受的负荷越来越大。仅靠造桥修路无法解决问题，道路建设满足不了交通需求，而且环境也不堪重负，唯一的方法是鼓励人们乘坐公共交通工具。因此，瑞典国家公路管理局和斯德哥尔摩市政厅希望找到一种既能缓解城市交通堵塞又能减少空气污染的两全之策。

在IBM的协助下，斯德哥尔摩市采用了高科技交通收费系统，它直接向高峰时间在市中心道路行驶的车辆驾驶员收费，希望以此来鼓励更多的人放弃开车，转而乘坐公共交通工具，同时改善斯德哥尔摩城区的环境，尤其是空气质量。

2）系统方案

该项目在分布于斯德哥尔摩城区出入口的18个路边控制站建立自动识别系统识别每天过往的车辆，并根据不同时段进行收费，高峰时段多收费，其他时段少收费。

其工作原理是：驾驶员在车上安装简单的应答器标签，标签将与控制站的收发器进行通信，同时自动征收道路使用费。一旦车辆在指定的拥堵时段通过路边控制站，收发器就会通过传感器识别该车辆。凡经过控制站的车辆会被摄像，车牌号码将用于识别未安装标签的车辆，并作为强制执行收费的证据。车辆信息将输入计算机系统，以便与车辆登记数据进行匹配，直接向车主收费。驾驶员可以通过当地的银行、互联网或7-11社区便利店支付账单。

系统运用的技术包括：可自动识别的RFID标签、探测物理标签信息并可将其转换成计算机可接收信号的小型传感器；可视字符识别系统，可从任意角度辨别车辆牌照。由于光线强度的不同，天气恶劣或者拍摄视角欠佳，标准系统可能无法识别道路控制站的照相机拍摄的部分汽车牌照，而本系统可以利用各种算法对不清晰的车牌图像进行二次识别。

道路收费系统对缓解斯德哥尔摩的交通堵塞起到了立竿见影的作用。到试运行期结束时，城区的车流量降低了近25%，每天乘坐轨道交通工具或公共汽车的人数增加了4万人。因车流量减少而降低的废气排放量达8%～14%，二氧化碳等温室气体排放量降低了40%。

9.5.13 物联网监测险峻地区地况变化

1）需求背景

瑞士地处阿尔卑斯山，经常会有雪崩、山体滑坡、落石等自然灾害与地质灾害见诸报道。为准确监测灾害发生前兆，提前预警，由瑞士巴塞尔大学、苏黎世大学与苏黎世联邦理工学院在2006年组成PermaSense Project课题组，成员包含计算机与网络工程、地理与信息科学等领域专家。该项目将物联网中的无线传感网技术（WSN）应用于长期监测瑞士阿尔卑斯山的岩床地质情况，所搜集到的数据除可作为自然环境研究的参考外，经过分析后的信息也可以作为山崩、落石等天然灾害的预警。

2）技术内容

为监测山体情况，可分为两项目标。

（1）建立无线传感网络来测量偏远与恶劣地区山体变异。

（2）收集环境数据，了解变化过程，结合气候变化等数据用于自然灾害监测。

由于阿尔卑斯山地势高，地形险峻，高海拔地带累积的永冻土与岩层历经四季气候变化与强风的侵蚀，长期累积后所发生的变化会对登山客与当地居民造成极大影响。但该区环境与位置无法以人工方式长期监测，因此通过本项目采用无线传感器网络可实现大范围的监控，包括：温度变化对山坡结构的影响以及气候对土质渗水的变化，如图9-6所示。目前传感网建设成本与部署的难度均在不断降低，性能日益改善，均有助于该技术更广泛且普遍的应用。今后监测系统与预警系统的整合，将更有助于保障各方安全。

图9-6 通过在险峻地带安装传感器来获取信息

3）对我国的启示

瑞士的这项研究，对我国的交通公路安全具有较高的参考价值。我国幅员辽阔，西部多山，地质灾害频繁，山体滑坡、岩石崩坍、泥石流等都是对公路、铁路、桥梁、涵洞和城镇等造成破坏的主要因素，不仅对交通基础设施造成巨大损害，还往往威胁到居民生命财产安全。如我国 2010 年 8 月 7 日夜至 8 日凌晨，甘肃舟曲突发特大泥石流灾害，至 8 月 21 日统计，已造成 1 434 人遇难，失踪 331 人，财产损失数以百亿计。因此，借鉴瑞士经验，有效地利用物联网技术与专业人员知识，就能提早察觉环境变化，防患于未然，减少灾害造成的损失。

9.5.14 交通视频监控系统

1）交通视频监控系统的作用

本章 9.5.1 节从单一车辆角度解决了事故发生时的视频记录问题，但城市交通宏观管理、大面积覆盖交通要道、事故频繁发生地的监控系统是不可或缺的。视频图像监控系统就能及时准确地掌握所监视路口、路段周围的车辆、行人的流量、交通治安情况等，为多部门宏观管理与联防联动解决交通问题、应急指挥等提供了最直观、最便捷的管理。且上述各案例中介绍的各种新技术、新手段，最终也将整合到这一大系统中，发挥倍增效益。

2）系统架构

交通视频监控的区域主要是城区主要道路，重点是交通流量大的路口、路段和事故多发点，所有监控视频信息全部送往监控中心，这一特点决定了交通视频监控网络为点对多点分散型网络结构，各点距离监控中心的距离有近有远，远点长达几十千米。

该系统由三级监控系统组成，具有高性能、多方面的检测手段，直观的数字检测显示、图像监视，完善的紧急电话报警功能，能及时、动态地发布警示、疏导信息。

系统架构如图 9－7 所示。

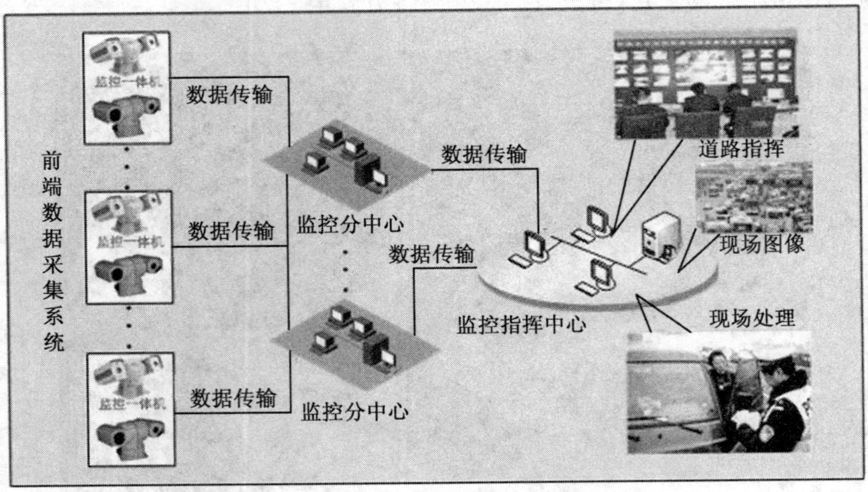

图 9－7 城市交通视频监控系统

3）系统功能

（1）交通监视和疏导　通过系统将监视区域内的现场图像传回指挥中心，使管理人员直接掌握车辆排队、堵塞、信号灯等交通状况，及时调整信号配时或通过其他手段来疏导交通，改变交通流的分布，以达到缓解交通堵塞的目的。

（2）交通警卫　管理人员随时掌握交通警卫录像，如大型集会活动的交通状况，及时调动警力，以保证交通畅通。

(3) 视频存储取证　通过突发事件的录像，提高处置突发事件的能力。通过对违章行为的录像，发挥监控系统在经济效益和社会效益方面的积极作用。

(4) 远程监控指挥　通过对全线的监控，配合相应的广播、报警联动系统实现监控中心对道路现场的全程监控管理。

4) 系统组成

(1) 视频监控前端　主要由长焦大镜头、云台、透雾摄像机、红外热成像、激光器、防雷组件、无间断电源等主要设备组成。每路视频在网络中占用一定带宽，通常要经过一些特殊算法处理，使画质看起来更加清晰、细腻，适合交通控制对图像清晰度与实时性的要求。

(2) 通信网络　道路视频监控系统采用 TCP/IP 及无线通信协议，可直接运行在交通控制部门的内部网上。前端监控一体机的视频信号利用视频编码器通过网络传输到各分中心，在分中心可以存储，也可直接传输到监控指挥中心。

(3) 监控中心　监控系统采用CS结构，在监控中心安装解码器、视频监控系统服务器，主要完成现场图像接收，用户登录管理，控制信号的协调，图像的实时监控，录像的存储、检索、回放、备份、恢复等。

在监控中心，视频监控系统服务器将数字视频还原成模拟图像，将视频信号转到指挥中心电视墙上，指挥调动人员还可以选择手持计算机作为监控终端，对全部路面信息集中调用监控。

随着物联网技术的普及与发展，交通视频监控系统变得更加灵敏、自动、智能化。大量监控探头可带有自动感知启动与调整功能，能以无线方式接入，从而使许多车载信息系统，甚至个人手机临时拍摄的相关交通监控影像都能及时上传，为警方提供更详细的信息等。

思考题

(1) 试述智能交通系统的基本功能。

(2) 请说明车载信息服务系统的主要功能。

(3) 请考虑智能交通与“感知城市”之间的关系。

(4) 请阐述“V2V”的内涵与作用。

10 物联网在节能环保领域的应用

[学习目标]

(1) 了解物联网技术在节能领域的应用。

(2) 了解物联网技术在环保领域的应用。

10.1 节能环保概述

所谓节能减排(Energy Saving Emission Reduction)是指节约物质资源和能量资源,减少废弃物和环境有害物(包括三废和噪声等)排放。其目标是加强用能管理,采取技术上可行、经济上合理以及环境和社会可以承受的措施,从能源生产到消费的各个环节,降低消耗、减少损失和污染物排放、制止浪费,有效、合理地利用能源。

我国经济快速增长,各项建设取得巨大成就,但也付出了巨大的资源和环境被破坏的代价。经济发展与资源环境被破坏的矛盾日趋尖锐,资源供给不足、能源利用率低已经成为经济社会全面发展和全面建设小康社会的重要制约因素。据统计,中国的能源使用效率仅为美国的26.9%,日本的11.5%,占全国能源使用量一半之多的工业产业,尤其是电工装备制造业,能源使用情况不容乐观。我国有超过5亿kW的电机,它们每年要消耗800~1 000亿kW的能量,占工业能源消耗量的75%,总能源消耗量的60%,其中有70%用来驱动鼓风机和电泵。总量达到2.5亿kW的电机,都应该使用变速驱动,但事实上只有20%使用了变速驱动……巨大的电能浪费自不待言。

对于中国这个全球能耗最大的国家,“节能减排”意味着什么?有人算过一笔账,如果用10 W的节能灯代替亮度类似的60 W的白炽灯,以全国推广使用12亿只,每只节能灯每日工作4 h来计算,每年节省的电量相当于三峡电站全年的发电量。可见“节约发展”不失为一条光明大道。推广节能产品,淘汰高能耗产品,已成为国际共识。“保环境,促和谐”的大幕在我国已经拉启。国家采取财政补贴的方式启动“节能产品惠民工程”,一方面,可以有效扩大内需,刺激人们消费;另一方面,可以使我国每年节电750亿kW,减少二氧化碳排放量7 500万吨。这样的举措带来了良好的经济效益和环境效益。

中国移动通信公司(简称中国移动)董事长王建宙称,ICT行业对于能耗问题是相辅相成的,在增加能耗的同时也可以为节能减排作出贡献,节约能源将是物联网最明确的作用,物联网的推广就直接取得了节能减排的良好效果。

以信息化带动工业化,以工业化促进信息化,信息化和工业化共同发展,物联网是很好的一个切入点,加上有了3G网络的带宽资源支撑,物联网将发展得更快。物联网是继计算机、互联网与移动通信网之后的世界信息产业第三次浪潮,及早推广掌握核心技术制高点对我国工业及信息化发展十分重要。目前,中国移动等行业巨头已率先着力推动物联网发展,在多个领域引发产业革新,产业链上下游的“涟漪”效应不断。

物联网作为一次新的产业浪潮引领技术已经成为全世界瞩目的焦点。环境自动监控是物联网技术应用最早也最为成熟的领域。

我国物联网技术应用于环境监测最早是在 1995 年。在原国家环保总局的倡导下，在江苏、吉林、山东、河南 4 省及马鞍山等 61 个城市开展排污口规范化整治试点工作。在试点的排污口安装流量计、“黑匣子”，尝试了联网监控，并取得了初步成效。此后从 2001 年开始，在国家环保部门的推动指导下，一些地方环保部门逐步开展本辖区重点污染源自动监控系统的建设，并应用到环境监督、执法管理工作中，污染源自动监控工作逐渐普及推广。

2007 年，为全面完成主要污染物减排任务，建成科学完善的污染减排指标、监测和考核“三大体系”，中央财政安排 20 亿元资金专项用于“三大体系”建设，其中之一就是国控重点污染源自动监控项目。在此项目中，在占全国主要污染物工业排放负荷 65%的企业约 7 000 个重点排污单位安装自动监控设备，建设国家、省、市三级 336 个重点污染源自动监控中心。

在重点污染源自动监控起步的同时，1999 年，环保部门开始空气质量自动监测站和水质重点监测站的建设，并要求各地区监测站每天在各类媒体和环保部门的网站向全社会发布实时信息。国家地表水水质自动监测站是我国地表水环境监测网络的重要组成部分。自 1999 年至今，已在主要河流的省界断面、入海口、支流汇入口以及重要湖区及国界河流上，建设了 100 个水质自动监测站，初步形成了覆盖我国主要水体的水质自动监测网络。环境保护部于 2009 年 7 月 1 日起向社会公开发布国家地表水水质自动监测站的实时监测数据。

2009 年，中国环境一号 A、B 卫星在轨交付使用，构建起了空间监测大网。环境一号 A、B 星均为光学卫星，拥有 CCD 相机、热红外相机、超光谱成像仪等多种遥感探测设备，是目前国内民用卫星中技术最复杂、指标最先进的对地观测系统。环境一号卫星工程是国家继气象、海洋、资源卫星之后，为加强生态环境监测和抗灾减灾能力专门建设的卫星工程。目前，环境一号卫星已在水体蓝藻长势监测、沙尘暴监测、秸秆焚烧监测、汶川地震环境风险排查等方面实现了成功应用，大大提高了我国生态环境宏观监测的能力。

神州七号发射成功之际，环境保护部在北京市海淀区中关村科技园永丰产业基地举行了国家卫星环境应用中心大楼奠基仪式。这是继 2009 年 9 月 6 日环境一号卫星 A、B 星成功发射并取得环境遥感应用试验成功之后，环境保护部在环境卫星工作方面的又一个里程碑，标志着环境一号卫星环境应用系统工程项目建设已经全面开展，并将为环境一号卫星在环保领域的业务化应用奠定坚实的基础。

2010 年，广东汕头的大型水文气象监测仪器顺利下水，提高了粤东海洋气象预报、防灾减灾的水平。该套设备能够执行海洋气象的立体监测、海洋气候全天候监测和海洋气候无人值守自动监测，被誉为“海洋上的地球同步气象卫星”。

目前，我国已经基本构建起了由环境卫星(宏观)、环境质量自动监测(区域流域)、重点污染源自动监控(微观)三个空间尺度监控构成的天地一体化的环境监控体系。

10.2　环境自动监测系统

10.2.1　系统功能

环境是人类赖以生存的空间，环境的好坏直接影响人类的健康。

目前，环境保护的工作量和工作难度日益繁重，传统的行政管理模式和操作方法已经不能够满足环保工作的需要。环保部门亟待通过信息化、科学化的手段来改变传统的环境监督和执行方式。必须变被动的现场执法到动态、准确、实时的主动监测。

环境自动监测系统是运用现代传感技术、自动测量技术、自动控制技术、计算机应用技术以及专用分析软件和通信网络组成一个综合性的在线自动监测体系。根据获取到的环境数据进行污染预测、实时监控、分析决策以及采取环保行动构成了环境监控的完整过程，该系统是融技术性、智能性和决策性为一体的灵活、高效的处理系统。

环境自动监测系统主要分为6大部分：空气质量监测系统，污染源自动监测系统、水质自动监测系统、噪声自动监测系统、GPS定位系统、环境地理信息系统。

1）空气质量监测系统

对于一部分体质较弱的人来说，掌握空气质量信息对于他们的健康很有帮助，尤其是儿童、老年人和患有呼吸道疾病的人群。

如何判定空气质量呢？主要是通过对空气中的污染物成分与浓度进行鉴定，然后通过计算分析来判断的。对空气质量监测系统得到的数据进行分析，得到空气中二氧化硫、二氧化氮和可吸入颗粒物浓度的级别预报，使市民及时获得空气质量等级预报。2008年北京奥运会期间，奥运会组委会专门开设了“2008年奥运会空气质量状况”专栏，以中英文两种文字发布主要污染物浓度和空气污染指数（Air pollution Index，API），并承诺在2008年奥运会期间北京空气质量全年改善。

通过在监测区域广布监测子站，各站每天都会对二氧化硫、二氧化氮、可吸入颗粒等进行自动监测。这些监测子站配备最先进的空气监测设备，这些设备能够定期自动采集空气样本，然后送到专用分析仪器进行分类监测，最后把分析得到的数据送到控制中心，由控制中心对监测子站传回的数据进行分析，得出当天空气质量监测结果。

2010年，上海世博会是举世瞩目的一个热点话题。为此，上海健全了环境空气质量监测和预警预报体系，形成了由46个连续自动监测站组成的覆盖世博园区、园区周边和全市的环境空气质量监测体系，并与长三角区域30多个城市环境监测站形成环境空气质量监控网络，全面监控并及时向公众发布环境空气质量信息，还开发了24 h环境空气质量预报和48 h高污染预警系统，便于针对特殊污染气象条件下可能出现的污染情况采取相应的应对措施。为全力保障世博会环境空气质量，上海市完成了约1 000万kW燃煤电厂机组脱硫设施建设，关停了73万kW中小燃煤机组；淘汰了3 000余家高污染、高能耗、技术工艺落后的企业和生产工艺；累计对近6 000台燃煤设施实施了清洁能源替代和技术改造；完成了420多座728平方公里加油站油气回收工作；建立了“扬尘控制区”；提前实施了国Ⅳ机动车排放标准，完成了8 000多辆公交车和40 000多辆出租车的更新。

2）污染源自动监测系统

污染源在线监控是环境监控系统中不可缺少的一部分，通过污染源监控管理平台，全面管理辖区内主要污染源（水源、烟尘等）的排放总量控制，制止环境违法行为。为提高监察效率，系统必须采用自动化、信息化、科学化的手段，建立监管的系统平台，为节能减排、环境统计、排污申报、排污收费等提供可靠的依据。

污染源自动监测系统通过对前端监测设备的集中管理和配置，实现环境监测的集成与联动，对城市重点污染源排放的视频监测，同时对包括图像在内的各类数据进行存储，以便日后查证。

3）水质自动监测系统

建立重点流域地表水环境自动监控系统，实现对主要河流交界断面、集中式引用水源地、重点流域、敏感水域水质变化的实时监控具有重要意义。水质自动监测，可以对水质进行自动、连续监测，数据远程自动传输，随时查询所设站点的水质数据，并实现水质信息的在线查询、分析、计算、图表显示、打印等，实现各单位之间水质信息的互访共享，实现全流域水环境综合评价。使用该系统可及早发现水质的异常变化，为防止下游水质污染迅速做出预警预报，及时追踪污染源，从而为管理决策服务。

水质自动监测在国外起步较早，我国在水质自动监测、移动快速分析等预警预报体系建设方面处在探索阶段。1998 年以来，我国已先后在 7 大水系的 10 个重点流域建成了 42 个地表水水质自动监测系统，黑龙江、广东、江苏和山东等省也相继建成了 10 个地表水水质自动监测系统。2005 年，全国在主要流域重点断面水质自动监测站达到 100 个，实现水质自动监测周报。

4）噪声自动监测系统

随着现代工业生产、交通运输和城市建设的发展，噪声已经成为继水污染、空气污染、固体废料污染之后的第四大环境公害。噪声会干扰人们的正常生活，诱发各种疾病、降低工作效率，高强度的噪声还会损坏设备和建筑物。对环境噪声进行准确的分析测量受到人们的重视。

传统噪声监测办法通常是在关键点安装噪声传感器，传感器通过电缆将收集到的数据发送至监控中心进行分析，这样的方法灵活度不够。发达国家生产的噪声监测系统，可以进行噪声的实时监控，测量结果包括昼间、夜间或任意时段的统计声级、等效连续声级等。

5）GPS 定位系统

GPS 系统用于对移动的人、物体、车辆及设备进行远程实时监控。在所有流动监测车上安装卫星定位装置，通过 GPS 在电子地图上动态显示车辆的具体位置，可以通过车载系统与环境监控中心保持联系，当出现超标报警和一些突发情况时，在电子地图的导航下迅速开赴环境污染事故现场进行环境质量的监测，并把数据迅速反馈到监控中心，实现 GPS 的动态监控以及人员的合理调配。

6）环境地理信息系统

环境地理信息系统（EGIS）是利用 GIS、遥感（RS）和其他信息技术对环境数据进行处理、分析的一种空间信息系统。使用环境地理信息系统主要用于空间数据的访问、地图管理、综合查询、实时报警以及 GIS 平台的通用功能。同时，使用 GIS 技术可以动态获取、显示、管理各个监测子站的环境信息，实现对环境有效的监测、模拟、分析和评估。

10.2.2 系统架构

系统架构如图 10-1 所示。

1）数据采集层

数据采集层主要通过在相应区域设立监测子站、流动监测车，动态或定时采集空气、噪声、地表水、污染源等原始的数据。监测子站中配置各类数据采集器（如传感器）和通信仪器，并设立专用的模拟接口、网络接口、视频采集卡，流动监测车还需要配置 GPS 系统，监测子站具有良好的数据加密技术，支持休眠以及远程唤醒功能。

各点的数据采集仪将现场采集到的监测数据、设备工作状态信息、子站停电复电以及报警信息存储到数据库中。按时或按需将数据打包压缩并以统一的数据格式上传到监控中心。

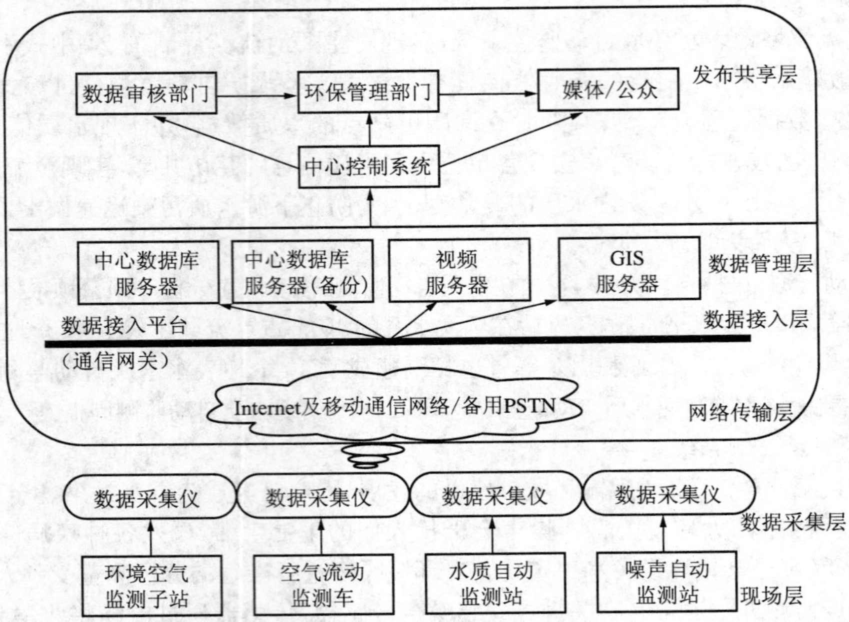

图 10-1　环境监测系统架构

2) 网络传输层

网络传输层支持多种通信方式,如 TD-CDMA、GPRS、ADSL、光缆等多种有线和无线传输模式。在数据网络传输过程中必须确保数据的实时性、准确性、安全性,所以该层要配置专用的安全防护设备。

3) 数据接入层

数据接入层是现场数据和监控中心之间双向交换的"桥梁"。数据接入层采用多线程技术和通信网关技术负责对数据的校验、解码。在数据接入层需要配置接入服务器、交换机、路由器以及运行于该层的服务软件系统。

4) 数据管理层

数据管理层是系统中枢,是整个系统的数据仓库、数据管理中心以及信息服务中心。

该层必须建立环境原始数据库和应用数据库。原始数据库包括空气质量、地表水质、噪音、污染源等的符合环境编码规范的原始数据、故障信息以及报警信息;应用数据库主要记录审核数据、报表数据、统计数据以及相关的决策数据。在数据库的设计过程中应考虑到各个监测子站传送来的海量数据,以及日后增添新的监测子站。

同时,该层还需考虑 GIS 层面,方便监控中心存储数字化地图,开发 GIS 图层管理,有效地对空间地形数据进行管理。

5) 数据发布共享层

监控中心实现对各个监测子站的工作状态、采集数据的管理和控制,环境质量自动控制软件能够实现数据采集、图层管理、报警、视频显示、远程控制、数据查询和统计、报表生成、数据传输、数据发布等功能。

同时监控中心支持环保部门、其他相关部门、媒体、公众对监测数据的浏览和查询,为政府决策、公众监督和参与环保建设,提供准确、及时、充分的数据。

10.2.3 环境监测系统应用的技术

1）视频监控技术

视频监控技术在环保、安全领域有着广泛的应用，其内容是对目标对象的自动监测、跟踪与行为识别，包括运动监测、目标分类、目标跟踪、行为识别等4个方面的主要内容，还包括智能视频检索技术、异常行为检测等辅助功能。目前对于以目标的整体运动轨迹作为研究目标、提取运动目标的运动特性或者其本身具有的特性的视频智能分析已经取得了一定的成果。这使研究目标突破了界限，除了人以外，还可以是车辆、动物等。

在本系统中使用视频监控技术可以解决两个主要问题：一是将相关人员从枯燥、繁杂的“盯”屏幕中解脱出来，这部分工作改由机器来完成，遇到异常情况可以进行报警处理。二是可以在海量数据中迅速搜索到想要的图像。

2）远程控制技术

远程控制技术是指在异地通过计算机或移动通信网络、异地拨号或者双方接入互联网等手段来连接各监控对象及设备，并通过本地计算机对远程计算机进行管理、控制和维护。

远程控制技术通常要使用远程控制软件，该软件由两部分构成的：一部分是客户端程序，另一部分是服务器端程序。使用时需要在客户端运行客户端程序，在服务器端运行服务器端程序，建立起一个远程服务，通过这个服务，使用各种远程控制功能发送远程控制命令，控制服务器端各种应用程序的运行。

在本系统中，操作人员在监控中心就可以使用远程控制技术对监控子站中各个设备的运行进行远程操作。

3）GIS技术

GIS技术目前被广泛运用于环境、资源、石油、电力、交通、航空、急救、市政管理、城市规划、灾害损失预测、投资评价、军事管理等与地理坐标相关的几乎所有领域。随着信息技术，尤其是计算机技术的迅速发展，数字地球（Digital Earth）的提出与实施，对GIS技术应用的深度和广度提出了更高的要求。建立万维网GIS（Web GIS）成为近年来GIS技术研究的热门话题。Web GIS提供了空间地理信息技术与Web浏览集成的新体验。用户仅仅通过浏览器就可以进行地理图形的一般操作（漫游、无级缩放、图层控制、查看图例和基本属性）和复杂的空间分析、综合查询、报表统计、制图打印等操作。

4）数据库技术

数据管理技术是对数据进行分类、组织、编码、输入、存储、检索、维护和输出的技术。目前，数据库技术已成为理论成熟、应用极广的数据管理技术，各种组织不仅借助数据库技术开发了信息系统，而且在其中存储并积累了大量的业务数据，为管理决策提供了丰富的数据基础。

5）GPS技术

GPS测量技术能够快速、高效、准确地提供点、线、面要素的精确三维坐标以及其他相关信息，具有全天候、高精度、自动化、高效益等显著特点，广泛应用于交通导航、大地测量、摄影测量、野外考察探险、土地利用调查、精致农业以及日常生活等领域，该技术同样在环境监测领域也有许多不可或缺的应用。

6）遥感技术

遥感(Remote Sensing，RS)技术是20世纪60年代发展起来的综合性探测技术。它主要是应用电磁波传感器从远处空间利用可见光、红外线、微波等介质，通过摄影、电磁波扫描等方法获取所监测区域信息。其工作的基本原理是利用所监控目标物本身具有发射电磁波的特性，同时具有吸收、反射、散射来自太阳光等自然光源的电磁波特性，甚至某些目标物体还具有投射外来电磁波的特性。

遥感技术利用飞机、气球、火箭、卫星等空间技术，以卫星、飞船、空间站、航天飞机等飞行器作为遥感平台，从一个新的高度来观测地球，然后通过光学、电子光学、红外线、微波、计算机等技术来处理所得到的信息，从而探知和鉴定研究对象的各种特质。

7）SCADA技术

SCADA(Supervisory Control And Data Acquisition)系统，即数据采集与监视控制系统。SCADA系统的应用领域很广，它可以应用于电力系统、给水系统、石油、化工等领域的数据采集与监视控制以及过程控制等诸多领域。在电力系统以及电气化铁道上又称远动系统。

SCADA系统是以计算机为基础的生产过程控制与调度自动化系统。它可以对现场的运行设备进行实时监视和控制，以实现数据采集、设备控制、测量、参数调节以及各类信号报警等各项功能。

GIS技术与SCADA技术相结合，使得GIS系统能够直接显示SCADA系统中的实时数据，丰富和完善了GIS系统中的信息，使信息的可视化查询上升到实时信息的可视化查询，为今后在GIS上开发高级分析和基础应用奠定了基础。

10.3 物联网在环保领域应用案例

10.3.1 南京秦淮河水质监控系统

1）系统简介

秦淮河是南京第一大河，有句容河、溧水河两源，是南京古老文明的摇篮。秦淮河分为内河和外河，内河即在南京城中，是十里秦淮最繁华之处。目前，在秦淮河上，为了防洪和调控秦淮河的水位和流量，一共修筑了6个控制水工程建筑物，分别为三汊河口闸、秦淮新河水利枢纽、莲花闸、武定门闸、南河闸和天生桥套闸，如图10-2所示。

为了确保秦淮河水域水位的合理、水质的良好、管理的便捷，在秦淮河水域设立了“秦淮河水系远程集中控制系统”。这套系统采用最先进的计算机监控技术、网络通信技术、视频传输技术等，将分散在各处的6个控制水工程建筑物连接起来，形成了一个有机的整体。这套系统的开发，可以提高秦淮河水系的管理水平，降低运行成本，最大限度地保证水系的质量，同时可以对整个水资源进行统一的调度和管理。

2）系统功能

秦淮河水系远程监控系统主要是由4大部分组成：现地控制单元、水质监测单元、网络单元、集控单元。

(1) 现地控制单元　现地控制单元是由秦淮河的6个控制水工程建筑物的控制系统组成。通过在各个控制系统点配备超声波水位计，安置监控主机、服务器、视频监控系统、广播系

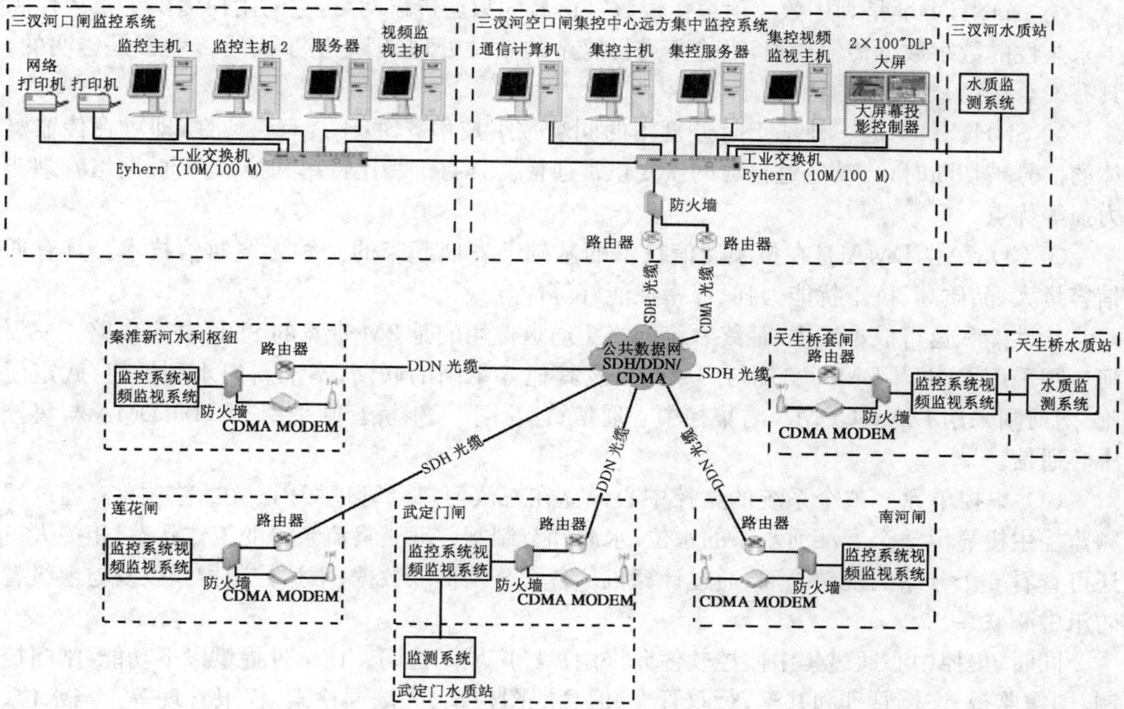

图 10-2　秦淮河水质监控系统

统以及网络设备等，完成对现场水位的统计，并可通过网络直接和远程集中监控系统进行通信。

(2) 水质监测单元　水质检测系统把多个指标的自动监测仪器组合起来，进行采样、分析、记录、数据统计以及远程数据传输。水质监测单元主要由采样单元、预处理单元、过程逻辑控制单元、分析单元、数据采集单元以及传输单元组成，如图 10-3 所示。辅助系统由压缩空气单元、冷却水及纯水单元、配电单元、UPS 单元以及清洗单元等几个子单元组成。各个单元的协调工作由水质采样及控制系统完成。

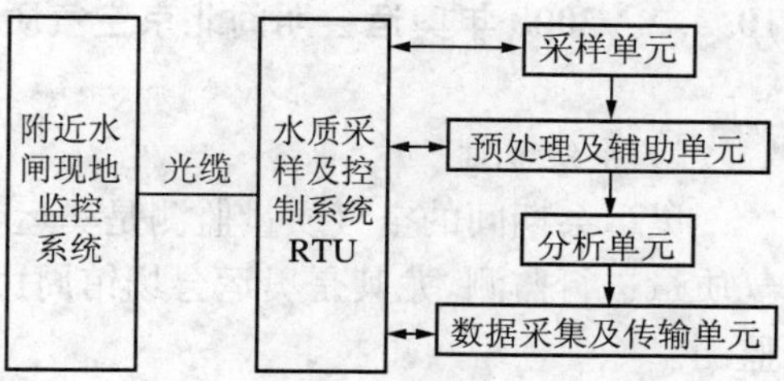

图 10-3　水质监测单元

(3) 网络单元　目前使用比较普遍的网络连接方式有以下几种：铺设专网、租用电信网络、无线通信、微波通信、卫星通信。这几种网络连接方式各有利弊。本系统根据 6 个控制水工程建筑物周边水域情况以及建设成本，使用不同的网络连接方式。本系统主要通过租用电信局网络作为信息的主要传输通道；各个子系统利用现有的公共数据网作为信息中心和各个控制水工程建筑物之间通信的桥梁，子系统通过在公共网络中建立虚拟专用网络（VPN 技术）实现可靠连接。

目前电信服务提供商提供的主要广域网连接方式有：帧中继（Frame Relay）、数字数据网（DDN）、非对称数字用户线（XDSL）、窄带综合业务数字网（ISDN）、同步数字系列（SDH）、码分多址无线业务（CDMA）、通用分组无线服务（GPRS）等。

① DDN：DDN是利用数字信道传输数字信号的数据传输网络，它向用户提供了永久性和半永久性的数字数据传输通道，沿途不进行复杂的软件处理，因此整个网络传输都是透明的，具有安全性高、延时短的特点。

② SDH：SDH是一种基于时分复用的同步数字技术。SDH具有自愈性，即可在传输媒体的信号被切断时，自动通过自愈网恢复正常通信。具有统一比特率和接口标准、网络管理能力强等优点。

③ CDMA：CDMA是在扩频通信技术的基础上发展起来的一种无线通信技术。具有通信容量大、品质高、抗干扰能力强、保密性能好等优点。

从性能和运行成本考虑，最终系统网络主通道选用的是2M带宽的SDH数字电路。三汊河口闸采用DDN/CDMA实现与广域网以及其他5个闸的联网；秦淮新河水利枢纽、武定门闸、南河闸采用DDN/CDMA与集控中心通信；莲花闸、天生桥套闸采用SDH/CDMA与集控中心通信。

(4) 集控单元　整个系统的集控中心设立在三汊河口闸管理楼内。在集控中心，通过视频监控主机显示整个秦淮河水系的水位、水质和节制闸、套闸、贯流泵等的工作状态，相关人员还可查看6个分站的视频画面，通过计算机从各个分闸提取数据、下达控制指令以及与上级省防汛中心联系。

同时，集控中心通过集中监控软件允许用户经广域网访问。该软件提供以下功能：闸门控制、图像监视、文档管理和共享、行政管理、信息地图检索、关键词检索、权限管理等。当水位、设备处于警戒状态时，系统能够进行灯光或者语音报警。

该系统建立了秦淮河水系的监测、监视以及自动控制系统，为秦淮河综合治理工程的管理现代化、水环境自动化调度以及控制提供了有利的平台。

10.3.2　2008年奥运会期间北京空气质量自动监测系统

1) 系统概述

奥运会期间的空气质量监测是奥运会举办的重要环节之一。北京市从2007年开始对空气质量进行监测，尤其是奥运会场馆周边，每天都会对二氧化硫、二氧化氮、可吸入颗粒物进行监测。

2) 系统功能

比较完整的空气质量监测系统的配置应该包括采样系统、长光程测量系统、标准气体校准系统、分析系统(PM_{10}、SO_2、NO_2、CO、O_3 等)、气象参数测量系统(风速、风向、气压、室内温度、室外温度、室内湿度、室外湿度、光辐射、雨量等)、RS232变换器、控制器(8～16路开关量输出、8～16路模拟量输出)、钢瓶减压器、控制阀、子站以及中心站计算机控制系统等，如图10-4所示。

根据功能可以将该系统划分为4大部分：监测子站、监测中心、质量保证实验室和系统支持实验室。

(1) 监测子站　监测子站主要完成对空气质量和气象状况的连续自动监测；采集、处理并存储原始数据；按照上级监控中心的指令定时或者实时向监控中心传送监测数据，报告设备工作状态。监测子站中配备了样品采集系统、空气自动分析仪、气象参数传感器、动态自动校准系统、传输系统等。

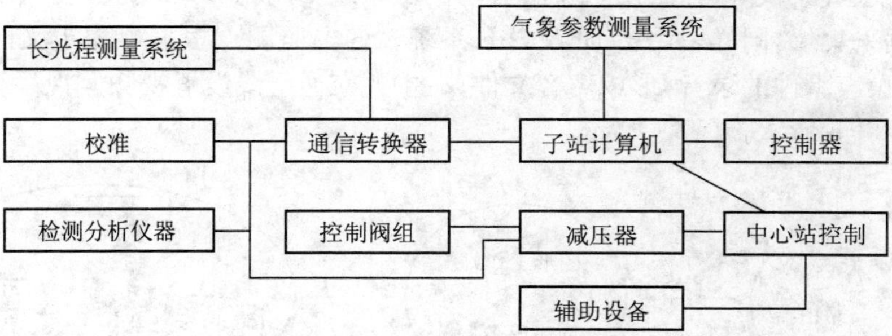

图 10－4　空气质量自动监测系统组成

子站的分析仪器直接测量到空气中的污染物，测定结果（浓度值）经量程设定转换成模拟量后输入数据采集器，数据采集器对所采集到的数据进行分类保存。分析仪器和长光程测控系统使用串行接口分配器通过 RS－232 接口将每台测量仪器的所有数据输入子站计算机进行处理。

(2) 监测中心　监测中心主要通过有线和无线方式收集各个监测子站监测到的数据以及子站设备的工作状态信息。监测中心通过软件系统完成对数据的采集、汇总、报表生成、预警处理、功能诊断等操作，同时对各个监测子站可以进行远程控制，如对子站的监测仪器进行远程诊断和校准。

(3) 质量保证实验室　质量保证实验室主要用于对整个系统所用的监测设备进行标定、校准和审核，对修复过的仪器设备进行校准和主要技术指标的运行考核，同时还负责制定和落实系统有关监测质量控制的措施。

(4) 系统支持实验室　系统支持实验室主要是根据仪器设备的运行要求，对系统仪器设备进行日常的保养、维护，及时对发生故障的仪器设备进行检修、更换。

在该系统中，中心站的计算机具有良好的可扩充性。根据实际需要，可以增派空气质量自动监测车进行现场监测。整套系统在奥运期间发挥了重要作用。

10.3.3　苏州环境噪声监控系统

1) 系统概述

环境噪声监控系统，就是在相关功能区域设立监测点，采用连续噪声监测仪器，对环境噪声的质量进行连续的采集、传输、分析、处理。

苏州环境噪声监控系统在苏州环境功能区域和城市主要交通干线各安置了 8 个监测点，同时设立 1 个移动噪声监测点，1 个系统监控中心。监控中心通过网络和各个监测点取得联系，进行实时控制、数据采集、数据传输和信息的发布等工作。

2) 系统功能

通过苏州环境噪声监控系统的建立，能够实现对苏州市环境噪声区域的定期监测以及连续监测，并对监测到的数据自动进行采集、存储、传输，同时能够对监测数据进行汇总、统计、评价，反馈到相关部门。该系统由噪声监测点、通信网络和监控中心三大部分组成。

(1) 噪声监测点　在本系统中，噪声监测点主要用于原始数据的采集，分为 A 和 B 两类，其中 A 类 13 个，B 类 2 个。A 类监测点配备噪声监测终端设备、数据采集仪、电子显示屏、视频车流量检测仪、气象仪等；并采用了噪声自动测试系统 BK3639E；B 类监测点配备噪声监测终端设备、数据采集仪，同样采用了 BK3639E 系统。各个监测点根据事先定义的触发条件和触发时间进行噪声事件的录音，形成声音文件；在主要交通干线设置视频监视系统统计当前噪声情况，如图 10－5 所示。

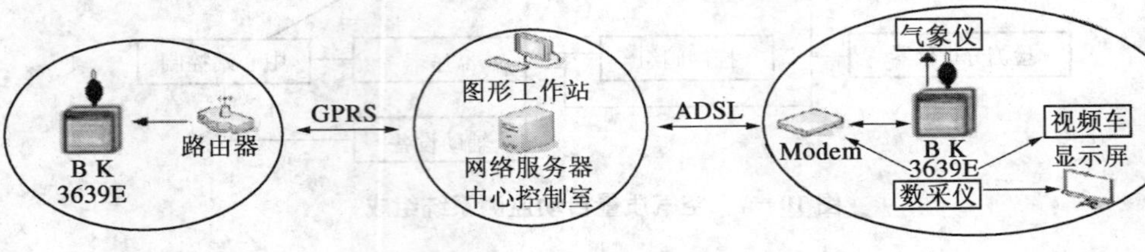

图 10－5　噪声监测点系统设置

（2）通信网络　在本系统中主要采用了两种网络连接方式，其中 A 类采用 ADSL 数据传输方式；B 类采用 GPRS 数据传输方式。

（3）监控中心　监控中心配备了专用的网络服务器和图形工作站，包含相应的 B&K 管理软件（丹麦 Brüel & Kjær 公司是全世界最大的声学、振动测量分析仪器的研究及制造公司）和预测软件，以及噪声自动监测地理信息系统软件和显示发布软件等。可以提供对各个监测点进行远程控制、监测数据和系统状态的查询、数据的分析和下载等操作。

环境噪声监测系统是控制环境噪声，改善声环境质量的重要基础。为了及时获取苏州城市区域环境噪声和城市交通干线的噪声状况、成因和变化趋势，为环境执法、污染纠纷的处理提供科学依据，苏州市建立了噪声环境监控系统，如图 10－6 所示。

图 10－6　现场数据采集

我国与发达国家相比对环境噪声的监测起步较晚。例如，欧盟要求成员国每 5 年建立一次城市地区的噪声地图。大部分城市没有采用在全市部署传感器的方案，而是采用创建计算机模型的方法来预测不同的噪声源如何影响周围地区。当然，采用这样的方法获取的数据准确性欠佳。

索尼计算机科学实验室研发了 NoiseTube——一种可以下载到智能手机上的软件，这样通过智能手机可以监测到整个城市的噪音污染。NoiseTube 记录手机麦克风采集到的任何声音，并通过手机上的全球定位系统为每个录音打上标签。用户还可以为录音文件添加其他声音标签，如噪声源的描述。录音文件被转换成一种可以在 Google Earth 上使用的格式。该软件还会对天气信息进行检查，以剔除那些可能被恶劣天气歪曲的数据。

10.3.4　上海污染源废水在线监控系统

为了满足污染源环境监测和管理的要求，在上海环保总局关于建立统一环境监控系统信息平台的精神指导下，集监测、监控、监管于一体的上海污染源废水在线监控系统应运而生。

根据需求将整个系统划分为数据采集系统、通信传输系统、数据管理平台、公共配置平台、信息监控系统、信息发布系统等 6 大部分，如图 10－7 所示。

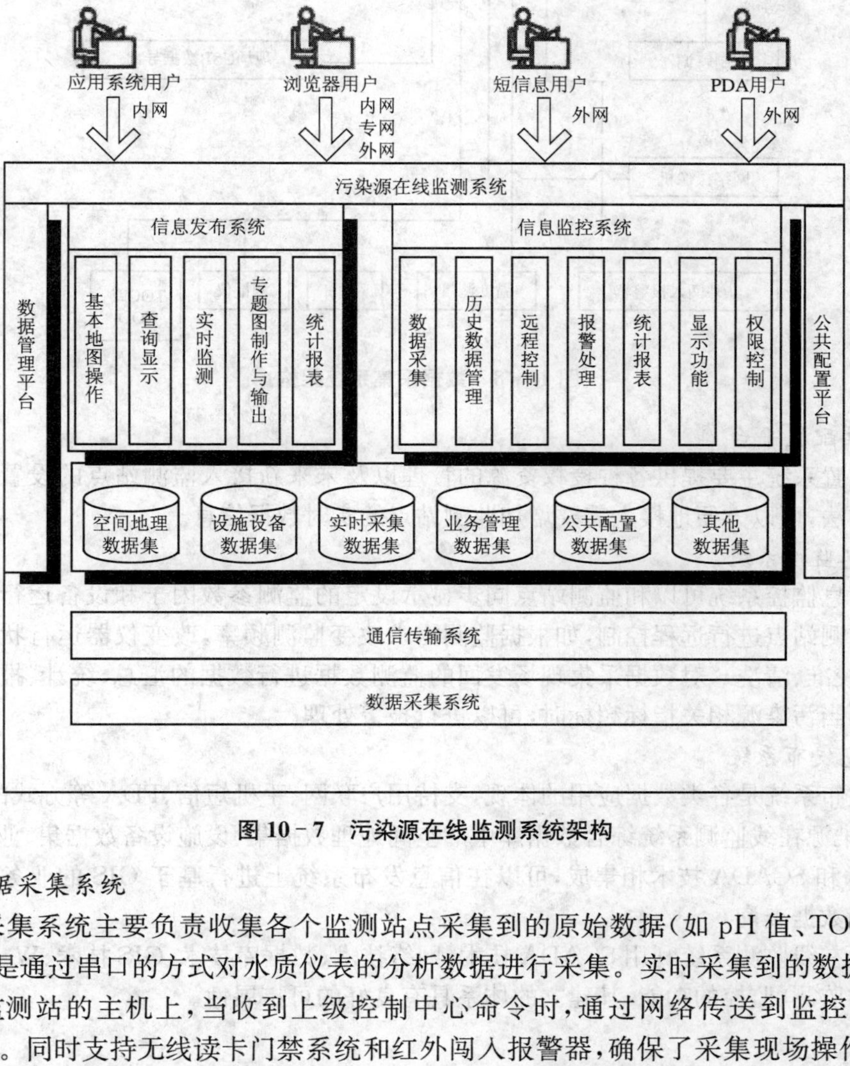

图 10－7　污染源在线监测系统架构

1）数据采集系统

数据采集系统主要负责收集各个监测站点采集到的原始数据（如 pH 值、TOC、COD、流量等）。它是通过串口的方式对水质仪表的分析数据进行采集。实时采集到的数据首先被保存在各个监测站的主机上，当收到上级控制中心命令时，通过网络传送到监控中心，如图 10－8 所示。同时支持无线读卡门禁系统和红外闯入报警器，确保了采集现场操作管理人员身份的合法性。监测现场设备具有停电保护和来电自动恢复系统运行的功能。

2）通信传输系统

本系统中的网络传输遵循 TCP/IP 网络传输协议，支持有线和无线两种网络接入方式。当 GPRS 无线网络传输发生故障时，可以启用有线拨号方式将数据传送到控制中心的上位机。

3）数据管理平台

数据管理平台是对系统中涉及的所有数据进行管理的平台，便于系统建设过程中数据的处理以及项目验收完成后对系统数据的更新和维护。系统中选用的 SQL Server 数据库平台是具有管理海量数据功能的大型关系数据库，有利于环境监测的实时数据、历史数据、管理数据、地图数据的统一存储。本系统中需要建立的数据库有：空间地理数据集、设施设备数据集、实时采集数据集、业务管理数据集、公共配置数据集等。

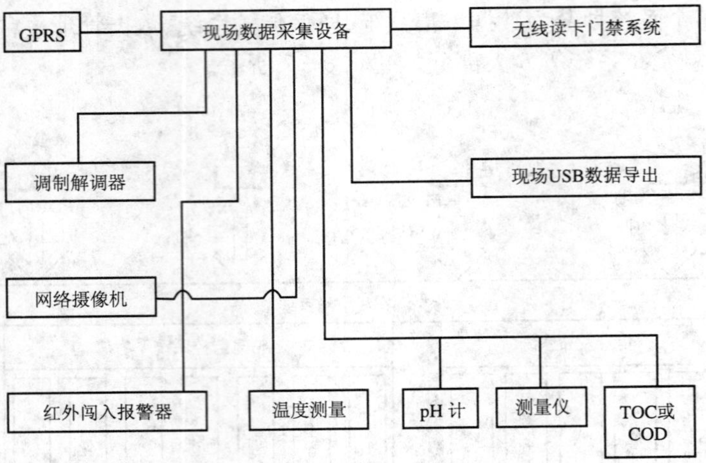

图 10-8　数据采集系统架构

4）公共配置平台

公共配置系统主要提供各种授权资源的管理以及未来新接入监测站点的设置，采用可扩展的设计方法，可以方便地接入需要增加监测站点的实时数据信息。

5）信息监控系统

使用信息监控系统可以和监测站点同步显示设定的监测参数因子和设备运行状态，并可以对各个监测站点进行远程控制，如根据监测需求改变监测频率，改变仪器运行状态（启动或停止设备、校准、清洗），对数据采集现场发回的监测数据进行数据的汇总、统计、报表生成、查询等操作。当污染源相关指标超标时，可以进行报警处理。

6）信息发布系统

信息发布系统是各类数据应用的体现，支持用户联网、手机短信、PDA 等方式的操作。同时，结合污染源在线监测系统综合数据库中的空间地理数据集、设施设备数据集、业务数据集，将 GIS 技术和 SCADA 技术相集成，可以在信息发布系统上进行基于 GIS 的业务应用，为用户提供空间数据查询。

污染源在线监测系统利用 SCADA 技术、网络技术、数据库技术、GIS 技术、Web 发布技术实现了实时监测、监控的功能，其建立的体系具有良好的可扩展性。

10.3.5　台湾识方科技的污水监测系统

新一代工业制造生产过程中排放污水的问题，尤其是排放污水的水温、水质、pH 值、流速以及流量等参数，对工业园区管理非常重要。一套完整的污水监测系统应该满足及时、远距离监测污水水质参数、水质分析、预警处理、长期记录历史数据等功能，为系统提供扩建以及收费的客观标准。

台湾识方科技将无线传感网络技术和数位感测转换技术相结合，设计了污水远程在线监控系统（Waste Water Mointoring System，WWMS）。

污水远程在线监控系统主要实现以下三个功能：

① 对个别厂房污水排放情况进行及时、远距离的监测。

② 进行数据采集、设备异常监测、记录系统辅助信息等，对于超标的厂家进行重点监督。

③ 现场采集到的数据及时传送到中央监控中心，监控中心的主机自动进行全程记录，同时对数据进行分析处理。

根据监控流程，可将本系统分为三部分：感测节点、网络传输、监控中心集中控制。

1）感测节点

本系统中感测节点中的传感器主要用于采集污水的 pH 值、水温、流速和流量 4 个参数值。该系统采用了“数字感测转换技术”，常规传感器采集的数值是模拟数值，必须经过模数（A/D，Analog to Digital）转换才能变化成微处理器可以处理的数据。但使用“数字感测转换技术”，可以把传感器采集到的数据直接传输到监控中心的主机，交给监控主机上的“污水远程智慧监视”软件系统处理。不仅可以节省辅助电路，还可以进行全程记录，生成图标数据进行及时比对，及时准确反应污水现状。

2）网络传输

系统网络采用了基于 ZigBee 技术的无线传感网络（WSN）。其特点是应用简单、电池寿命长、组网能力强、可靠性高以及成本低。与蓝牙技术相比，ZigBee 技术的传输速率要低一些（ZigBee 的峰值速率为 250 Kb/s，蓝牙的峰值速率为 750 Kb/s），但 ZigBee 的待机功耗比蓝牙要低 1～2 个数量级（ZigBee 为 3～40 μA，蓝牙为 200 μA）。由于以上优点，ZigBee 技术在低成本、低速率、低功耗的无线传输方面有很大的发展前景，例如在工业或企业市场，需要感应式网路，提供感应辨识、灯光与安全控制等场合，都非常需要和适合采用这种无线传输技术。

无线传感网络的建立使得每一个感测节点都有自己的 IP 地址，而且网络上的应用可以直接运用到无线传感网络上。本系统中无线传感网络主要用于接收各个感测节点传输的数据以及在各个接收站之间转发数据。

3）监控中心

监控中心功能主要是基于“污水远程智慧监视”软件系统的使用，该软件主要可以实现以下几个功能：

（1）将各个厂房排放的污水的 pH 值、水温、流速以及流量 4 个参数数值在系统中显示出来，并以不同的颜色加以区分，黑色代表正常、黄色代表警戒、红色代表超标，如图 10－9 所示。

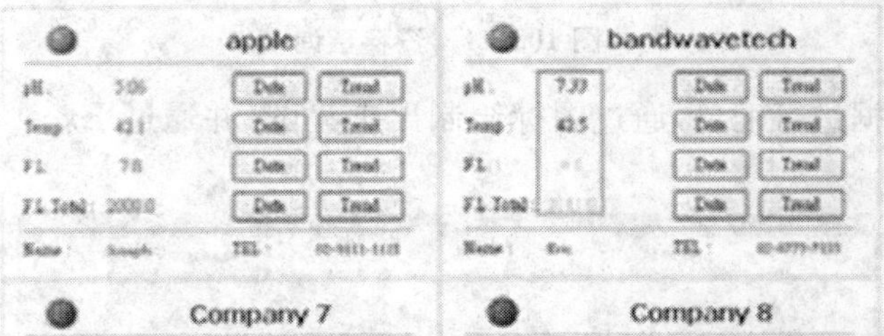

图 10－9　参数显示

（2）视窗主界面显示厂商的名称、联络人姓名，可以通过相应选项修改这些参数，如图10－10 所示。当相应厂商的厂房排放污水指标超标时，可以及时通知相关联系人。

（3）传感器的参数设置可以根据需要自动进行增减。

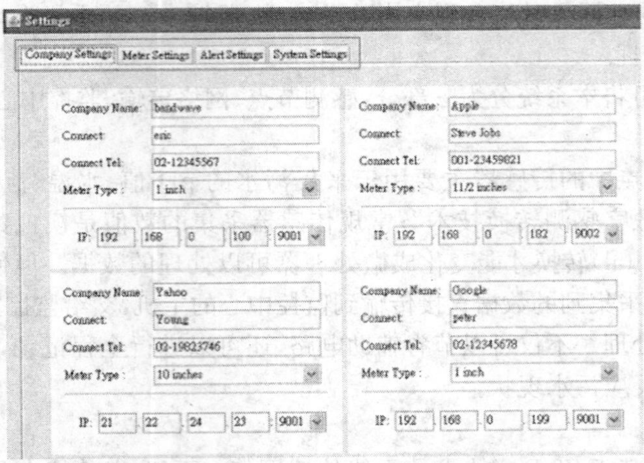

图 10－10　主界面

（4）可以查询打印任一年、任一天、任一月的监测资料，如图 10－11 所示。

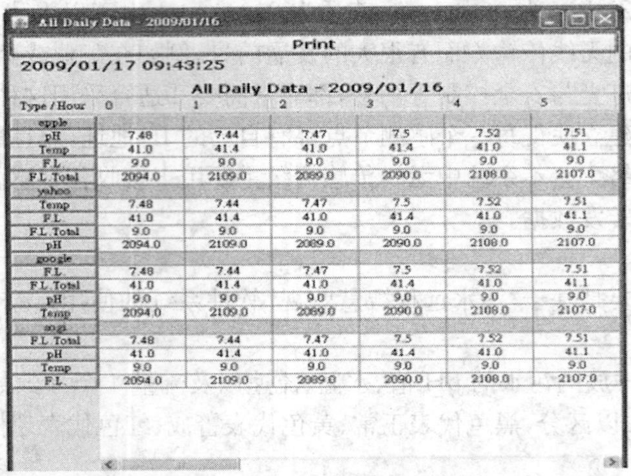

All Daily Data - 2009/01/16

Type / Hour	0	1	2	3	4	5
apple						
pH	7.48	7.44	7.47	7.5	7.52	7.51
Temp	41.0	41.4	41.0	41.4	41.0	41.1
F.L.	9.0	9.0	9.0	9.0	9.0	9.0
F.L. Total	2094.0	2109.0	2089.0	2090.0	2108.0	2107.0
yahoo						
Temp	7.48	7.44	7.47	7.5	7.52	7.51
F.L.	41.0	41.4	41.0	41.4	41.0	41.1
F.L. Total	9.0	9.0	9.0	9.0	9.0	9.0
pH	2094.0	2109.0	2089.0	2090.0	2108.0	2107.0
google						
F.L.	7.48	7.44	7.47	7.5	7.52	7.51
F.L. Total	41.0	41.4	41.0	41.4	41.0	41.1
pH	9.0	9.0	9.0	9.0	9.0	9.0
Temp	2094.0	2109.0	2089.0	2090.0	2108.0	2107.0
sogi						
F.L. Total	7.48	7.44	7.47	7.5	7.52	7.51
pH	41.0	41.4	41.0	41.4	41.0	41.1
Temp	9.0	9.0	9.0	9.0	9.0	9.0
F.L.	2094.0	2109.0	2089.0	2090.0	2108.0	2107.0

图 10－11　资料查询

（5）可以根据数据进行汇总，通过图标绘制出走势图，并通过 Excel 导出报表，如图 10－12 所示。

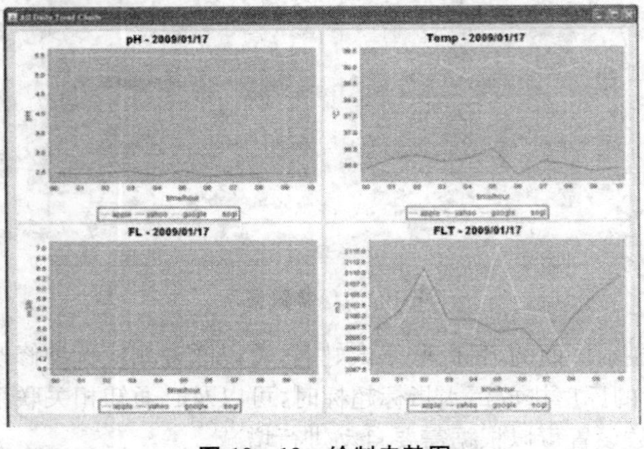

图 10－12　绘制走势图

10.3.6 武汉市环境监控系统的设计

武汉是中国重要的工业基地，目前已经形成门类比较齐全、配套能力强的工业体系。随着制造业的发展、产业技术的升级，传统的环境监控体系已经不能适应复杂多变的环境形势，必须依靠计算机技术、网络技术、自动化控制等一体化技术，建设一个覆盖面广、功能齐全、可靠性高的动态综合环境自动监控体系。这样的体系可以实现对重点流域地表水环境质量、城市环境空气质量、固体废物、环境噪声等进行连续、实时、在线的动态监控，实现对环境事故的应急监控和重大污染事故的预警，为环境决策、环保执法监督提供及时、准确、有效、连续的数据。

系统总体框架包含武汉市环境自动监测监控系统和武汉市环境监控指挥中心两个主体，如图 10-13 所示。

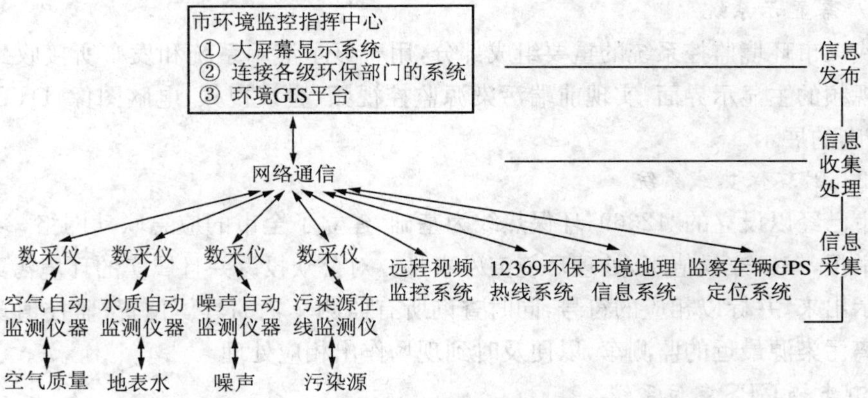

图 10-13　武汉市环境监控系统框架

该系统主要涉及武汉市本区域的环境质量以及市控重点污染源在线监测数据以及视频监控图像的采集、传输、加工、监控、决策、现场执法等。具体包含了以下 10 个子系统：

1）环境空气质量监控系统

环境空气质量监控系统主要采集、处理并存储监测到的环境空气数据，并以报表、专题地图等形式呈现。通过在武汉市各个区域建立环境空气监测站，实现对空气质量的连续、实时、在线的动态监测；在全市各个功能区安装空气质量自动监测仪器，并对空气监测仪器与传输设备出现运转异常、掉电、网络传输故障等作出实时报警，同时与上级环境监控中心进行数据交换。

2）水质监控系统

武汉市环境监控网已经对辖区内的主要河流、湖泊、排污口进行了连续、实时、在线的动态监测，监测项目包括了 pH 值、水温、浊度、电导率、TOC、COD、氨氮、总氮、总磷等，并对水质监测仪器与传输设备出现运转异常、掉电、网络传输故障等作出实时报警，同时与上级环境监控中心进行数据交换。

3）噪声监控系统

武汉市环境监控网在工业区、交通主干线（青山热电厂、武昌火车站、航空路口等）建立了噪声监测站，对环境噪声排放进行了连续、实时、在线的动态监测。各个监测站可以将采集到的数据实时传递到数据库，进行分析汇总。

4）污染源视频监控管理系统

污染源视频监控管理系统主要完成对前端网络视频编码设备的集中管理和配置。能实现和前端环境监测仪器的集成与联动，实现对全市环境污染和重点污染源的污染物排放、监测仪器的工作状态等情况进行视频监控，同时对图像数据进行存储，以备查证。

5）城市烟尘远程视频监控系统

该系统由多个前端图像采集系统、监控中心和数据传输 3 个部分组成，通过摄像机、长焦距镜头对监控范围内的重点污染源排污口和城市烟尘进行远距离视频监控，将收集到的图像数据实时显示在监控中心的计算机上，监控中心能够及时对烟尘污染进行监视、录像、抓拍、数据分析汇总等工作，发现异常可以进行图像的录像和保存，并及时通知管理人员到现场进行监督管理。

6）大屏幕显示系统

它是武汉市环境监控系统的重要组成部分，用于显示演示系统和发布所接收到的视频图像。作为视频的主显示界面，实现前端污染源监控视频、会议视频、电脑图像、DVD 视频等大画面、高清晰的展示。

7）“12369”环保热线系统

武汉市已经以设立的“12369”环保热线为基础，建立了全市的应急联动网络，24 小时在线受理群众举报，车辆守候值班，处理环境突发事件。对公众投诉并且属实的环境污染源在电子地图上显示出来，并标以相应的符号，同时查询所有监测车辆的具体位置，监控值班人员可以直接调出离污染源最近的监测车，以便及时到现场作出相应处理。

8）监测车辆 GPS 定位系统

在所有的监测车辆上安装卫星定位装置，通过 GPS 在电子地图上动态显示车辆所处位置。监测车通过车载电话与监控中心取得联系。当出现超标警告和其他突发情况时，在电子地图导航下迅速开赴环境事故现场，并把监测数据通过 GPRS 移动通信快速返回环境监控中心。

9）环境地理信息系统

在基于 GIS 技术的软件系统的支持下，环境地理信息系统可以获取、存储、管理和显示武汉市各个环境监测站的环境信息，可以对环境进行有效的监测、模拟、分析和评价，同时它也是一个关于环境监测、环境保护的动态信息查询平台，将环境监控系统的数据进行集成处理，并通过有关载体向各级政府、部门、公众发布。

10）连接各级环保部门系统

环境监控系统并不是一个部门或者几个部门的事情，必须把政府、公众、监控中心有机结合起来，建立一个共享的信息管理平台。武汉市环境监控系统在保证本市内相互级联的同时，还向国家、省的环境监控系统提供监控信息。

武汉市环境监控系统方便了监管部门及时掌握环境质量现状和总体排污情况，有利于提高武汉市环境管理水平，为政府进行环境有关问题的重大决策提供真实可靠的数据支持。此外，通过“12369”和 GPS 实现快速反应，预防突发的污染事件，有利于提高环境事件应急处理能力。通过现代化网络收集和发布环保数据，充分调动了公众参与环保事业的积极性。

思考题

(1) 试述物联网在节能环保领域应用的重要意义。

(2) 试述环境监测系统的功能架构。

(3) 请考虑“感知城市”与节能环保之间的关系。

11 物联网在旅游业的应用

［学习目标］

(1) 了解物联网技术在旅游业领域的主要应用。

(2) 了解物联网在改善消费者体验方面作用。

11.1 物联网与旅游服务

11.1.1 概述

物联网技术将从感知、互动与个性服务等方面对旅游产业产生系列性的促进作用，推进的主线仍在信息服务、体验改善、业务扩展与智能化管理等方面。

2010 年上海世博会就采用相关技术推出了一系列新型服务，如在门票内加入 RFID 芯片，使其具备被感知功能；观众进入园区，注册后的手机就能收到游览路线建议图；随着参观的进行，观众能随时知道最近的公交站、餐饮点的位置。管理者也能动态探测到园区内 RFID 芯片分布情况，实时了解各场馆的观众数量与流动情况，既能及时向观众发出下一步的参观建议，开展电子预约，又能有效调动车辆，提高交通效率。同时，用户还可利用 3G 手机下载更多的三维场馆展示，上网浏览各类信息等。对植入了 3G SIM 卡的海宝机器人，能实现远程监控，让其说话、跳舞、提供各展馆信息、开展园区导游、实时发送展会新闻、多国语言介绍等，还会为游客拍照留念，并将照片通过运营商的彩信平台，发到游客手机上，等等。

对于异国、异地及文化背景和观赏对象不了解的游客，导游往往起着重要的作用。传统导游方式是口述、影视、录音、标示文字、图片展示等方式。它们的缺点一是信息量不足，或提供的内容不是游客感兴趣的；二是各国游客可能会提出形形色色不同角度、不同文化背景的问题，人工导游许多场合可能都无法找出合适的解答。因此，对传统导游的支持是要能与后台资料库动态连接，随时检索到语音、多媒体、动画等资料库，并能以互动方式表现各景点或实物的文化、历史与事件背景等资料，赋予其充分的文化内涵；三是许多大型博物馆、美术馆等，其藏品极其丰富，但公开展馆的空间有限，或出于文物保护之需要，大量珍品都在库中而不能同时展出。如台湾故宫博物院保存了故宫文物珍品 65 万件，而常规展出的只能是其中极小一部分，不免让游客产生遗憾感。信息技术应用能较好地解决上述问题，如宽带互联网环境下的高清数字多媒体技术能实现文物与场景的数字化，通过网络将展品清晰展示出来，观赏者甚至能用鼠标操控图像沿任意方向作 360°旋转或缩放，从任意角度仔细观看，比隔着玻璃橱窗看文物效果更好。因此，台湾就启动了一个规模宏大的“数字故宫典藏”工程，欲将台湾故宫博物院内珍藏的大批国宝用高清数码相机拍摄后作三维处理，使访问者能不受时间、空间与展台限制，仔细观赏每件文物。

旅游信息服务更多的场合则是为旅游者提供更好的服务。旅客出行的目的就是要亲身经历、亲身感知、亲身体验各地景点，此时，RFID 红外感应技术提供了情景感应查询服务，当游客到达景点某一特定区域时，可能并未知道一件普通器物或普通场景后蕴含的历史事件及文化背景，而系统感应到游客到达其附近时，就能自动启动导游系统进行讲解说明。

这样，在物联网技术支持下，基于对象与场景感应驱动的旅游信息服务将为数字内容创意和多样化的即时服务提供了广阔空间。在内容上，它将图像、文字、影像、语音等运用技术手法进行数字化加工和渲染，甚至以虚拟场景方式向客户提供全新体验。从价值链上看，传统的旅游教育、旅游娱乐、旅游文化与艺术等内容，经过信息技术(数字化处理技术，涉及内容制作、格式标准、数据压缩、特效处理、图像检索等)的加工，除将原始数据转换成数码格式外，还赋予了新形式数字内容产品互动与影音、图像整合的功能；再通过通信传输技术(传输与保护技术，涉及内容管理、带宽管理、版权管理、收费机制)等，各种数字内容通过传统或新兴网络媒体，传送到客户端产生价值，形成多种旅游内容产品。在多样化服务上，系统可通过对客户的识别和定位，提供即时导航与安全保障。这些都能改善客户体验，还能为经营者增加收入。

11.1.2 物联网旅游服务应用领域

从目前各国的实践进展来看，物联网在旅游领域的应用涉及以下一些方面：

(1) 实时信息服务　基于无线宽带网、RFID 与红外感应技术、二维条码等，为旅客提供场景与物件定位感应介绍。解说形式可以是录音方式，也可以是手机页面形式，通过不同景点的传感器触发检索。

(2) 移动商务　旅游者购买一些纪念品、工艺品时，可通过进入官方网站点选商品，以保障所购商品的真实性、可靠性与后续服务。

(3) 个性化内容服务　如旅客在游玩时，遇到不知道的景点或物件，而解说词中又无相应介绍时，可用手机将其拍摄下来并附上问题发送给系统，就能获得专业人士的解答。同样，当其迷路时，也可以此方式获得导航服务。

(4) 其他服务　如游客可在不同路线、不同团队间自发联系，组织团队，开展团购或其他娱乐活动等。

11.1.3 旅游服务链分析

导游作为一种服务，目标是满足消费者需求。在日趋激烈的市场竞争中，旅行社要从消费者体验服务的过程中，分析其体验服务的需求，更好地开展项目设计与包装。这些都需要围绕对旅客在旅游前、旅游中和旅游后的价值链进行分析，以其为中心深化客户服务。

(1) 旅游前　网络是目前最重要的信息源之一，旅客通过景点的官方网站、旅游社区、博客游记等获得相关信息及游客的体验与评价。作为服务供给方，通过网站开展广告宣传，或通过信息服务平台整合多种观光景点与服务信息，将便于旅客行前规划与准备。故网站信息的完备性、即时性、正确性、互动性与视听效果等，是行前信息服务的基础，也是价值链的起始端。

(2) 旅游中　通常，景点、餐饮、住宿、交通、导游、购物等服务机构的信息是分散的，而且异业信息整合涉及不同管理和运行主体时通常难于实现，且动态维护也很困难。但从整体提升旅游信息服务水平角度上看，异业资源整合又是必要的，因此，目前的做法是将服务关联度大的行业互相整合，如交通与住宿、景区与导游等。交通与住宿比较容易在互联网上，以传统的网站形式服务，如国内携程网、e 龙旅行网等；而景区与导游信息服务，则更适合在无线传感网平台上将服务深化，提供更为精细、个性、动态和互动的服务，成为目前各国快速发展的重点领域。

(3) 旅游后　网络的普及，以及旅游者信息技能的不断提升，大批旅游者都喜欢在相关社区、博客、微博等个人空间中发表旅游经历、体会与观感，上传视频和照片等与更多的人分享。无线网的普及，还能让游客在途中就随时通过手机发布旅游信息。而一位旅客的经历与述评往往对更多的旅客产生影响，出现了价值链前移现象，因此，旅游经营者应充分认识信息平台的重要性，使之成为新的服务增值点。特别是当游客有所不满，碰到麻烦而无人解决时，可能会将不良体验发到网上。对此，经营者要及时发现，及时与游客沟通，给予必要的精神或物质抚慰，消除不良影响。

总之，旅游信息服务具有无尽的内容与技术服务空间，基本架构如图 11－1 所示，价值链的构建与实现将围绕有线与无线网络、物体与人员、文化与场景、现实与历史、营销与商务、游客与各类服务提供商之间日益密切的交流与整合。

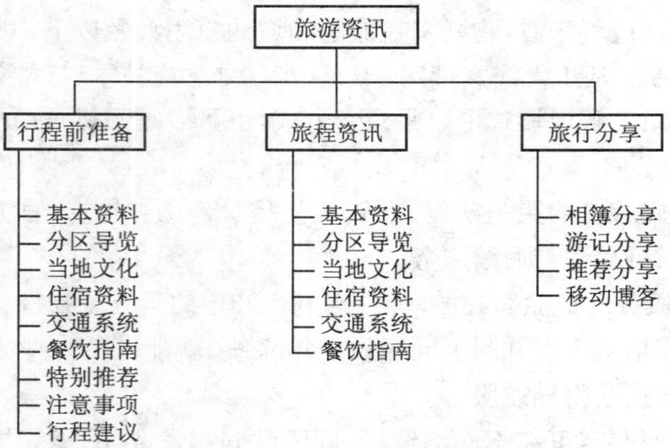

图 11－1　旅游信息服务架构

考虑 Web 时代游客需要随时开展交流，如结合某个具体旅行项目，就会产生复杂的信息需求，图 11－2 所示的是一项基于交互服务需求和巴黎旅游信息架构示意图，其他各地的旅行，也会产生类似的信息服务需求。再细的信息服务就与具体景点的观光过程相关，如图 11－3 所示。其中有许多领域涉及物联网技术的应用，各国目前正处于探索、开展与实验阶段。

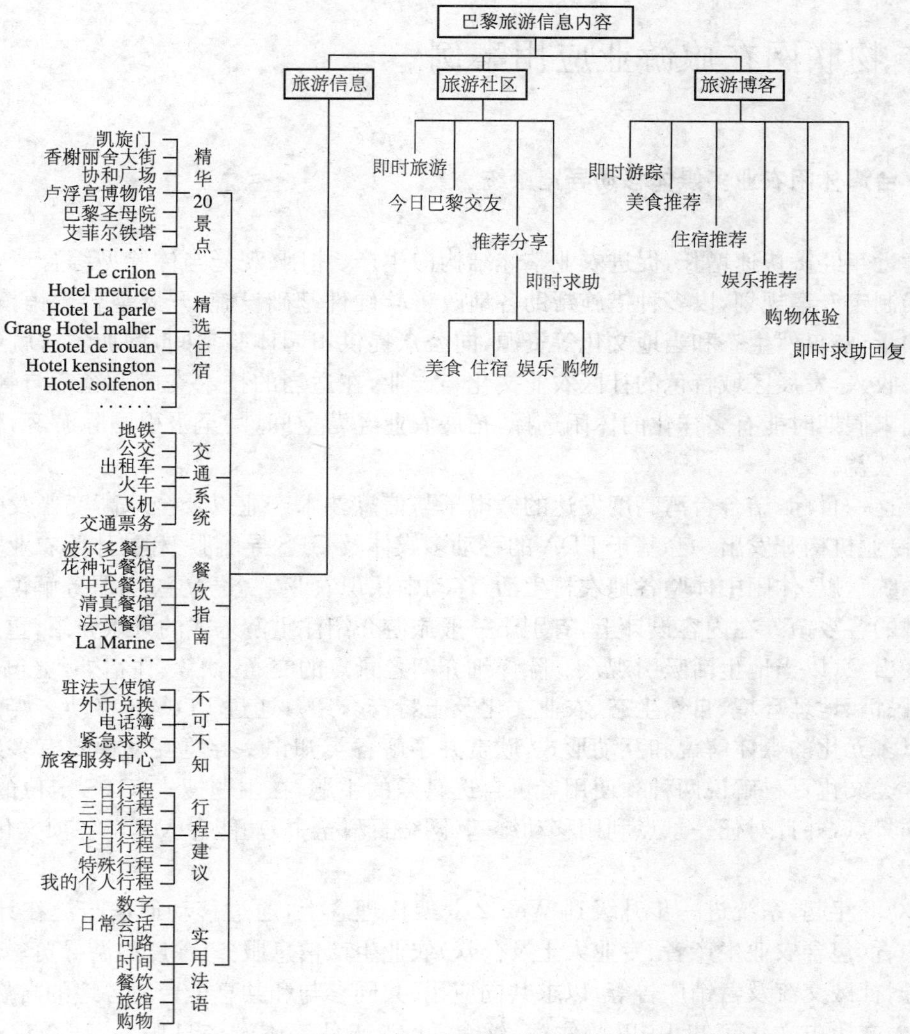

图 11－2　旅游信息选择目录

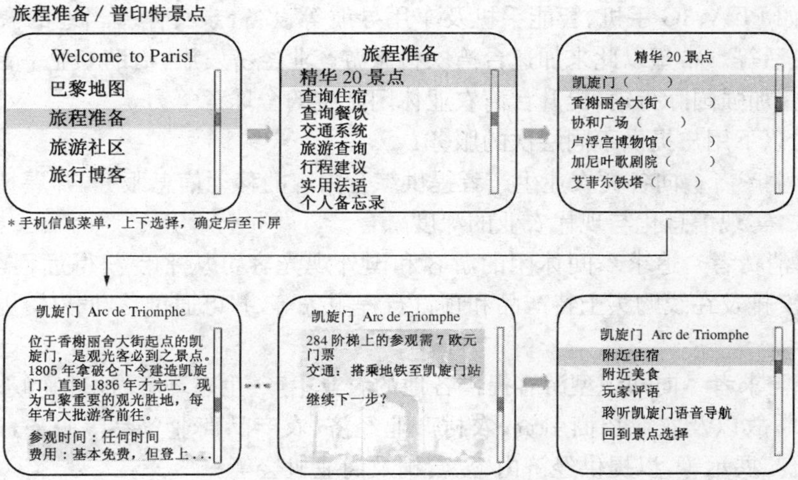

图 11－3　巴黎景点选择与行程计划推荐服务

11.2 物联网在旅游业应用案例

11.2.1 台湾休闲农业多媒体移动导览系统

台湾近年经济快速增长，促进农业整体结构向生产、休闲、观光与体验型综合产业方向发展。当局制定专案规划，以多种措施帮助各地改善软硬件基础设施，开展整合营销，辅导各地利用田园景观、自然生态和当地文化等资源，向公众提供田园体验空间，增加农村就业机会并提高农民收入，发展区域特色的社区农业文化与产业，在适当的技术支持下经营与管理，使城里人在周末假期时能有多样化的休闲选择，拓展农业经营空间，甚至吸引国际游客，整体提升台湾农业效益。

基于这一目标，结合台湾高度发达的微电子与信息技术产业以及全球高度普及的移动通信技术，专业机构开发出一套基于 PDA 的移动多媒体及 GPS 导航服务的"休闲农业多媒体移动导览系统"，以"休闲中体验各地农村生活，移动中认识农业生态"为主题，服务解说范围涵盖试点区域的各乡镇。在内容设计上，有别于一般旅游介绍注重游乐式的景点介绍，重点从文化观光角度出发，以当地生活吸引观众。除详细介绍各景点的交通、饮食、住宿外，更包含人文历史、风土民情、地理环境、自然生态、农业文化及土特产介绍。通过 PDA 的移动多媒体功能让使用者以多元化的媒体解说和互动形式，欣赏并了解各类知识。导览互动模式有多媒体影音主题和分类文化百科解说两种。使用者可自选喜爱的主题，在主题搜索、GPS 定位的协助下，参观不同景点，并针对任一景点利用移动维基(网络百科全书)功能深入了解各项文化、历史与景致等。

从 2008 年起，系统进一步升级到 Web 2.0 架构理念上，通过移动通信与泛在计算技术，提供使用者(包含农业生产者、专业人士及公众)农业生产信息服务、深度旅游导览、知识共享、移动商务、社区交流及营销广告等，以求共同应用、共同参与和共享全台湾各地的自然生态、地理环境、人文历史文化等知识，以及住宿、饮食、土特产品等旅游信息服务，结合移动信息与 GIS，使游客通过具有 GPS(AGPS)定位功能及快速响应二维条码(QR Code)解码和照相功能的移动载体，如 PDA、3G 手机、智能手机及车用导航等设备，亲身体验当地的农业活动、农村文化及农家生活等。希望以此来加速台湾农村旅游产业经济发展，借助专业平台的聚集效应，吸引公众参与，加强国际行销，提升台湾农业休闲旅游的全球竞争力。

平台将向以下用户提供不同层次的服务：

(1) 农业生产者　向各类农业生产者提供综合内容的移动信息服务，开展精致农业生产，转变生产方式，实现信息化与现代农业的深度融合。

(2) 旅游消费者　追求乡间休闲的游客和国外观光客可从平台获得远程与近端导航服务，旅游行程安排及在线购买土特产品和预订行程服务等，并可通过移动载体获得个性化的旅游与消费体验。

(3) 知识需求者　向知识型游客提供各地的农业生产、生态环境、地理物候、人文景观、历史文化、逸闻掌故以及农业招商引资、农村产业经济、农产品商业贸易等服务，进行信息的提供、分享、交流与展示等，以提供经济内容、营销及商业机会等。

(4) 内容制作商　包括多媒体导航内容制作商、旅游电子读物出版商等，通过平台集聚智力创意产品，节省时间与人力成本，加速探索可运作的商业模式与素材，包装各种旅游产品，开展网络营销等。

11.2.2 东京的泛在旅游服务

东京是世界人口密度最高的国际大都市，同时也是各类公用服务设施最完善、管理最科学的城市之一。为全面提升旅游服务水平，借助日本发达的电子信息技术和经济实力，东京市政府及国土交通省规划并实施了“东京泛在技术计划”(Tokyo Ubiquitous Technology Project)及一系列的相关子计划，于 2007 年、2009 年 2 月和 10 月先后在银座、新宿等地区实施三次东京购物区 RFID 导游与上野城移动向导试验活动。

1) 项目技术内容

“东京泛在技术计划”是一套基于传感网和泛在计算的大型城域公共服务信息系统，它采用泛在识别技术(Ubiquitous ID Technology)，赋予一批“场所”和“物体”以唯一的固定识别码(Unique Identifier Code，UCODE)，以 RFID 感应器、近域无线网、GPS 等对许多公用设施和文物与艺术品等进行标识、连接和定位，再通过公众或游客携带的智能手机及移动装置(Ubiquitous Communicator)读取“场所”和“物体”上的标识，将现实世界的信息或内容数字化后与虚拟空间景致结合，提供市民和游客内容丰富且形式多样的逛街、游览、购物、用餐甚至找厕所等在内的信息服务。

2) 东京导游系统

都市公共服务和旅游观光产业正朝着更人性化、更高效率和更流畅的服务方向发展，而信息、感应、接收、移动和数字内容等起着日益重要的作用。基础设施越完善，越能提供自动与流畅的服务。

传统的城市宣传导游手册或活页，通常是彩印纸质形式，或在各旅游地景点及古迹处设置告示牌，旅客按图索骥，但纸质印刷的内容和程式固定，且容量有限。为此，东京开始倡导在观光中运用物联网技术，以提供旅客更完善的购物与观光环境，如图 11-4 所示。

(1) 东京银座的 RFID 旅游与购物导览系统　2007 年起，东京银座开始进行 RFID 导购实验，范围涵盖地面与地下街道，整个银座区域装设约上万个 RFID 标签，将道路方向、商店折扣及餐厅菜单等信息，通过信号站(beacon)传送到观光客或消费者的手持式接收器上，提供日、繁中、简中、英、韩等文字。手持泛在通信设备(Ubiquitous Communicator，UC)配有 3.5 吋 OLED 触摸屏，其功能包括 RFID、红外扫描、429 MHz 无线传输(以便与信号站连接)、Wi-Fi及蓝牙装置，除可实时接收到相关信息外，还能用手机读取二维条形码(QR-Code)内容，获取商店信息、路径地图、观光信息、周边公用设施、地下商场导航、盲人引导甚至发生灾难时的逃生撤离引导路线信息等。

图 11-4 中表示在各景点、商场和公共设施上都有 RFID 网络、红外线网络，如网络节点都安装在路灯上，其上还有相同内容的二维条码标签，相应的接收感测设备为游客可租用并携带的多媒体信息终端以及智能手机。

游客只要携带该手持装置或智能手机，无论想找哪家餐饮店或精品专卖店，都能快速获取信息。如当游客经过某家餐馆或商店前，就能接收到其门前或路灯杆内的 RFID 标签，马上能读到眼前这家餐馆或店铺内的菜单及打折促销信息等；当游客走入一条街道或广场时，终端马上就能标示出其所在位置，并可提供邻近公交车站与路线及车辆到站等搭乘信息，享受无所不

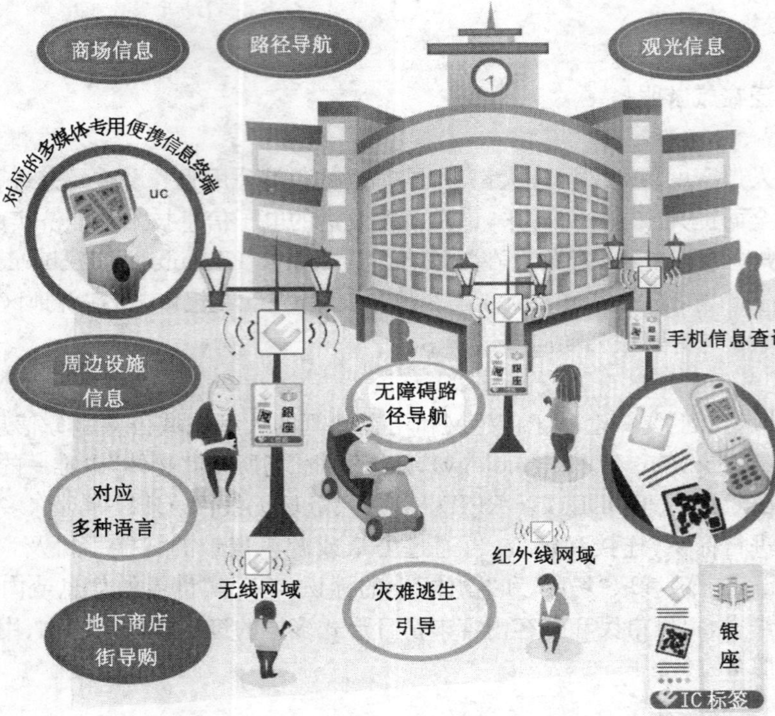

图 11-4　东京银座导游系统

图 11-5　东京上野移动导游系统终端

在的旅游观光、购物、餐饮与交通乐趣，如图 11-5 所示。

无线信号站自动发射数字导航信息到手持装置上供游客参考，游客可用屏幕触控、声控方式选择服务菜单。

二维条码的导览原理略有不同，它利用这种条码具有的大容量数据记录与可靠的编码与解码还原能力，将说明文字直接转换成条码，或将更详细的内容网址转换成二维条码，贴挂在待解说或引导的对象上，特别适合展馆物品、美食、图书、零售等任何有查询或导览需求的领域。使用时，游客只需用手机拍摄下该条码，就能立即读取相应内容，或通过无线网络连接到对象的网址，从而避免了用手机输入网址或待查条目等不方便的操作。

(2) 东京新宿和上野的 RFID 购物与导览系统　由于银座购物区试验成功，2009 年、2010 年东京进行了第二、三阶段试验，范围扩大到新宿、上野。由于新宿有京都市政厅摩天大楼瞭望台，可用其全景影像提供信息和各种公用设施与景点导览，从地铁内线至银座的道路导航以及对盲人进行无障碍通行线路导航。新宿在 200 个路灯上布置了 RFID 感应装置，最终将布满上万个路灯，覆盖全地区。

上野地区则主要在公园、动物园与秋叶原等地进行实验，游客仍然使用泛在通信终端获得各种公用设施、娱乐场所、商店与餐馆等的文字或语音信息、地图、路径方向等。移动终端包含一个兼容 UCODE 的 RFID 识读器，200 万像素的 CCD 相机镜头和指纹识别系统等。其余的固定感应识读装置则与其他两地相同。

(3) 东京中城泛在艺术导游服务系统　日本是最早提出建立泛在网系统(早在 2004 年就发布了“U - Japan”战略)的国家，并在许多领域进行了实验，东京中城的泛在艺术导游(Tokyo Midtown Ubiquitous Art Tour)系统已开始商业营运。

早先为应对今后 10 年东京的发展，东京市政府规划了 10 个地方为重点发展区域。这些地区也是旅客及外国人访问最多之地，最适于振兴旅游业和商业，发展通用服务设备(即无须特别设计就能为所有人在任何地方使用)等。因此，市政府和某泛在网实验室合作启动了东京中城区泛在艺术导游系统，作为泛在东京计划之一。

东京中城是一个多功能 CBD，由商店、餐厅、美术馆、美术建筑、公园等组成，其中，最具特色的是中城内诸多美术馆与艺术作品，如著名的三得利美术馆、著名艺术家创作的雕塑作品、绘画作品等。中城将这些艺术品规划成一个艺术导游路线，让国内外游客自由参观这些作品，并结合旅客多种使用状况，规划出 7 种游览行程，分别是“2 小时全程序导览、30 分钟重点导览、艺术品特别导览、建筑设计特别导览、庭园导览、雕塑品导览、雨天导览”等，并提供多种语言文字供使用者选择。

导览设备包括一副耳机、一只导览专用笔、一台导览器(终端)以及进出中城各栋建筑物的导览临时通行证。在导览操作上，终端从导览一开始就会通过铺设在周围的 uID 自动探测游客所在位置，并跟随游客前进或转换方向。uID 会自动探测到当下的场景，启动导览终端的语音指引并显示周围地图，甚至提供前方实物照片、罗盘式距离指引等功能，以避免游客迷路。因此，游客仅需依据导览器的指示前进，即会被引导到美术作品前，不需他人带领。当游客到达艺术作品前面时，导览器就会播放该艺术作品的图片说明及简介等，如图 11 - 6 所示。

除对城中露天开放的艺术作品导览外，在美术馆、历史遗迹、文化景观等内也可以采用相似的感应解说技术，且已相当成熟，如在法国巴黎的罗浮宫、梵尔赛宫内参观艺术品，我国长春的伪满皇宫博物院内参观历史景点等时，都有无线感应器提供的解说服务。比较而言，东京国立西洋美术馆的导览技术更先进一些。游客参观时可租用上述类型的移动导览器，当其经过展品附近时，设备中的 RFID 读取器和蓝牙装置就能自动识别展览物品上的感应信号，读取相关资料、播放相关视频或 3D 动画。视频内容为 NHK 制作的专题，3D 动画则由东京大学开发团队绘制，故内容水平较高，能让游客既面对实物，又享受到精品加工的解说艺术，确实为一种知识与视听的美好体验。不久，该项服务将扩展到 5 000 多项艺术品的信息内容，并实现每件艺术展品都有其 IP，都能连接上网，以提供更完善的服务。

从东京的诸项实验可看出，运用物联网技术提供旅游观光导览服务主要应考虑“服务体验设计”和“知识型导览服务”。从导览系统的使用经验上看，为让游客感受导览的顺畅性，事前要经过服务体验设计或最佳路径设计。同时，系统的开发要循序渐进，如上野动物园的“泛在

图 11－6　观光导览器

动物导览服务”、银座的“观光信息、紧急救援”等服务都经过不断的测试与修正，通过持续搜集使用者的导览体验，不断调整与增加 uID，开发更适当的使用接口，提供更简便的操作界面等。

11.2.3　通过二维条形码与 RFID 标签来记忆城市

从以上日本和台湾的案例可看出，一座城市、一个景点的旅游价值，必须通过丰富的人文信息内涵将其包装表达出来，让游客看到平凡中的差异，了解其中深层的历史与文化积淀，产生与众不同的体验，才能达到提升旅游文化内涵的目的。

为此，2010 年度“伦敦建筑节”的活动之一，就是邀请市民来为城市中的著名建筑物编写故事。这项称为“城市故事（Tales of the City）”的活动从 2010 年 4 月开始，主要编写伦敦 Shoreditch High Street 沿路建筑物故事，上传至专门网站后取得特制的二维条形码（QR Code）与 RFID 标签，如图 11－7 所示的就是圣列奥那德斯教堂的图像及其介绍的二维条形码。

这些条形码或 RFID 标签将放置在对应的建筑物外，国内外游客就可通过智能手机来查询与了解特定建筑物的历史与故事。这一活动就成为记录、推广城市记忆与历史的另一种途径，它的推出丰富了当地的旅游素材，同时也培育了市民参与宣传介绍其居住城市的热情，甚至能推进外地游客与本地居民的信息交流与互动，从多元化角度拉动伦敦旅游业的发展。

图 11－7　圣列奥那德斯教堂的图像及其介绍的二维条形码

“城市故事”活动由“对象故事与电子记忆(Tales of Things and Electronic Memory,TOTeM)”研究策划所主办,该所致力于推动“对象故事(Tales of Things)”,鼓励民众将生活中的物品或周围建筑物撰写成文字、声音或影像信息上传至该所网站,网站将收到内容制作成相对应的二维条形码或 RFID 标签粘贴于对象之上,同时还将相关建筑物标注在 Google. com 地图上,作为保存社会记忆的一种新方法。故事发布后除了可以随时更新外,其他人也能利用该对象专属的微博来实时响应与互动。

11.2.4 短信与条码叫车服务系统

日常生活中,一些失聪或失语者无法用电话呼叫出租车;外国旅客在没有翻译时叫车也会很困难。于是,日本岩手县的 K-Cab 就推出了手机短信或拍摄二维条码(QR-Code)的移动叫车服务。QR-Code 存储位置编码数据,当手机识别 QR-Code 时就会将客户所在位置发送到出租车公司调度中心,该中心能根据客户短信或二维码表示的位置,发短信给客户,待其确认后派车,数分钟后最近的空车就会到达叫车现场。

该项服务的关键在于位置识别条码的分布,岩手县首批在各地的 190 个自动销售机上粘贴 QR-Code 标签,使用者只要用手机扫描一处的条码并发送出去,就地等待几分钟即可坐上出租车,极大地简化了原本繁琐的要车地点输入信息过程。

思考题

(1) 试述物联网在旅游业应用的特点。

(2) 物联网对提升旅游服务水平的主要作用是什么?

12 物联网在生产监控中的应用

[学习目标]

(1) 了解物联网在生产监控中的应用。

(2) 了解智能维护系统 IMS 的基本功能。

(3) 了解物联网在井下作业安全监测中的应用。

12.1 生产监控概述

生产安全是社会稳定发展的基础，工业生产如出现波动或者安全失控，少则出现废次产品，重则导致设备故障与失效，更坏的情况是造成安全事故，给国家、企业、个人和家庭造成不可挽回的损失。此类事故在我国已屡见不鲜，因此，生产监控是物联网的重点应用领域之一。

生产监控是指对工业生产中的加工设备、重要装置、生产环境、空间结构、作业区域、相关人员等进行监测与控制，目的是保证生产的安全与稳定运行，一旦发现问题便及时报警或自动采取相应措施。

以前，生产单位多采用各种专项但彼此独立的监控系统，有的检测数据还要靠专业人员进行评估。物联网在该领域的应用，将实现对人、事、物的统一监控，建立起工程、生产的安全应用价值链，自动分析与综合评估。具体说，物联网生产监控主要体现在对象跟踪、环境感知、设备维护、传感驱动决策、自动控制等功能的应用上。

1）生产对象跟踪及程序优化

生产对象跟踪是一种应用范围极广的功能，在产、存、销各阶段上都有广泛的应用。如生产线上，在加工设备、关键零部件和产品中嵌入传感器后，系统就可跟踪物件的机械运动，甚至监测设备与仪器间的互动(M2D)。利用传感器采集的数据，可对加工进程进行控制、记录与调整；在仓库中，利用传感器跟踪安放在产品上的 RFID 标签，可改进库存管理，降低运营资金和物流成本；而当重要产品中的一些关键零部件植入 RFID 或智能芯片，特别是与网络互联后，企业或用户就能动态跟踪产品运行中的功能是否正常。

物联网在对象跟踪的同时还可改进并优化许多工艺流程。在一些行业(如化工生产)正在安装大批传感器，以实现更大范围监测。这些传感器将数据送入电脑，由电脑对其进行分析，然后向执行装置发出信号，对工艺流程进行调整，例如，改变混合物成分、温度或压力。当一个实物工件沿装配线运动时，可利用传感器和制动器来调节和改变其位置，以确保其到达机床的最佳位置(在加工中，工位的很小偏差都可能导致故障，甚至损坏设备)。在整个生产流程中，这种改进调整操作可降低损耗、能源成本和减少人工干预。

2）生产环境感知

在煤矿井下、化工厂、天然气站、危险品仓库、电焊作业场所等地，实时感知并监测环境中的有毒、有害、可燃与易爆气体等的空气含量，相关温度、湿度、气压等指标，地下巷道支撑物及建筑结构的受力变形与位移等情况，对于安全生产，确保工人、矿山与设备安全等是至关重要的。利用物联网可将各种传感器组成无所不在的监控网络，特别是在条件允许情况下，将各类传感器与先进监测技术结合，一旦任何指标异常，就能立刻感测到并自动报警，同时采取相应措施。

生产环境还包括更多的基础设施，如道路、桥梁和大型建筑物，也会涉及更大的环境范围，包括土壤湿度或天气等，可通过大量布置传感器以获得数据，增加决策者对实时事件的掌控，尤其是当这些传感器与先进的显示或可视化技术一起使用时效果更佳。

3）生产设备维护

工业生产中，设备维护具有特殊的重要性，具体表现为以下几点：

(1) 制造企业设备故障的突然发生，不仅会增加企业的维护成本，而且会严重影响企业生产效率，使企业蒙受损失。据调查，设备60%的维护费用是由突然故障停机引起的，即使在技术极为发达的美国，每年也要支付2 000亿美元来对设备进行维护，而设备停机所带来的间接生产损失则更为巨大。

(2) 进口设备维护往往更为复杂和困难，而许多企业目前采用的远距离跨国维修(Fly And Fix，FAF)的方式既费时又昂贵，在大大增加企业运作成本的同时，也严重影响了企业的生产效率。

(3) 在"客户至上"理念普及的今天，制造企业必须为客户提供产品的完整服务解决方案。由于产品出现问题的不可预知性，企业无法预先制定服务和维护计划。为了提高企业的服务效率和服务质量，制造企业必须维持一支规模更为庞大的服务队伍，其日常支出是非常巨大的。

因此，如何合理制定维护计划，防止设备和产品的故障失效，已成企业降低运作成本、提高生产效率和市场竞争力的重要手段。而要保持设备和产品的稳定性，现在企业多采用周期性检修方式，但这种方式同样给企业带来沉重的经济负担。物联网的导入就可建成智能维护系统，能动态对设备和产品性能状态进行监测、预测和评估，并按需制定维护计划，防止它们因故障而失效。比如在航空业中，导入物联网后催生出一些新型业务，如飞机制造商在建造带有网络传感器的机身，这些传感器可感测喷气发动机和机体等各重要部位的工作状态，向电脑动态发送这些机件的磨损、位移和开裂数据，主动提示维护保养，减少非计划检修时间。

12.2 生产监控应用系统架构

1）生产监控系统构成

安全生产监控系统由对象指标体系、监测工具和监测处理三大要素组成。

(1) 监控对象指标体系　判定任何被监测对象是否处于正常与安全状态，必须依照相关标准的定量与定性指标。如我国是多山国家，山体滑坡是较为常见的一种自然灾害，一旦发生会给山下的公用设施、村庄民居、公路桥梁、铁路和厂房民居等造成毁坏，故需要在关键地区对之进行监测。监测内容、监测仪器名称和监测仪器类型等如表12-1所示。

表 12-1　山体滑坡安全监测

监测内容	监测仪器名称	监测仪器类型
斜坡滑动	地面倾斜计	应变计型、气泡式
山坡面滑动驱动力	水位计	应变计型、半导体型
	雨量计	触发型(+计数器)
	加速度计	应变计型、半导体型、线性差动
泥石流监测	拦截索(+荷重计)	应变计型、振弦式
	振动计	独立输出
	地声检测器	独立输出
	简便型倾斜仪	半导体型
沉降测量	地表连续沉降计	应变计型、线性差、电阻尺
	土地沉降计	应变计型、线性差、电阻尺、磁环式
地表大范围滑动	地滑计	应变计型、译码器、电阻尺
地表位移	地表变位计(全站仪、GPS定位)	独立输出

(2) 监测工具　监测工具主要由各类理化探测分析仪组成，动态检测时，通常有几类监测对象就需用几种对应的检测仪。各种检测仪通常将检出的非电量信号转变为电信号，再经放大器、信号转换器处理后进入资料采集器，发到前端工作站，经信号传输设备发送到网络，如图12-1中左侧部分所示。显然，各种新型、低成本、高精准度、能大量部署和广泛分布的探测器才能提高安全性、降低风险和生产成本并带来效益，许多专用检测器还能在人类难以到达或高

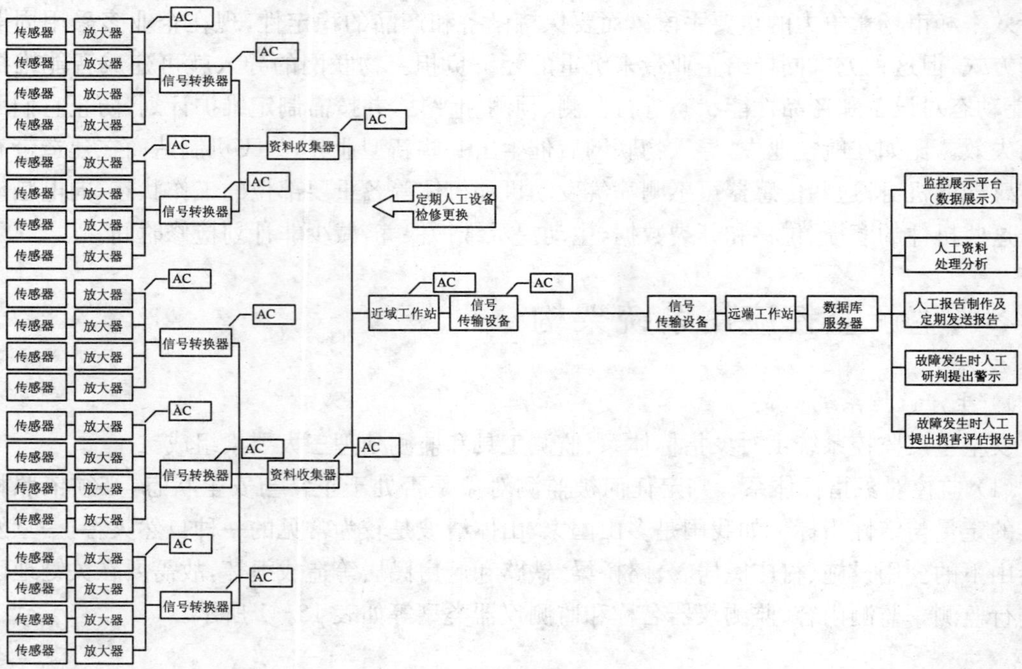

图 12-1　传统有线型自动监测系统

度危险的恶劣环境中履行监测任务。

(3) 监测处理　监测处理是指将上述监测对象的信号经接收、数据处理后变为可视信号在监测平台上显示，同时进行人工或自动资料分析、报告制作、研判警示、损害评估等，如图 12－1 中右侧部分所示。

2) 传统监测方式的缺点

传统有线式自动监测方式存在诸多缺点。如系统费用高，线路多且庞杂，人工需求大，无法大量安装，可能遗漏灾害点位置，也会因多种原因而丧失信号，耗电量大，维护、特别是线路维修较难等，如图 12－2 所示。

图 12－2　传统结构的有线传感装置连接

3) 采用物联网技术的监测系统架构

采用物联网技术的生产与安全监测系统架构如图 12－3 所示，从左至右共分为 7 个主要功能模块。

(1) 近距感测器及分散连接无线监测平台　重点场地、重点装置、重点构件、重点工位与重点受力面等均可成为传感监测对象。为保证精准性，监测对象或监测点

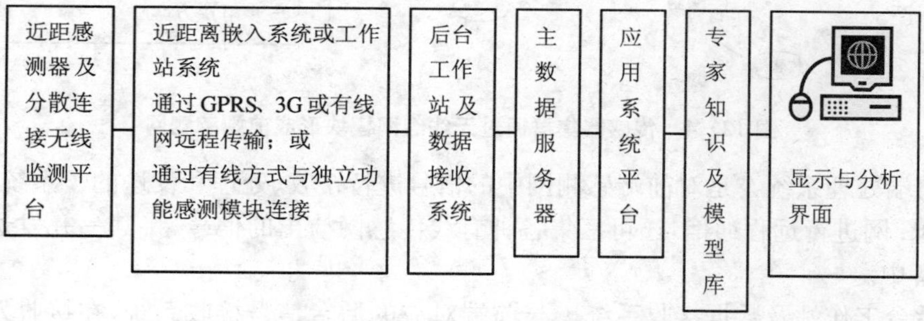

图 12－3　基于物联网的生产与安全监测系统架构

的选择均分组或分群，并按一定的数量规模分散部署传感器，组成一个近端无线传感网络。而组成近端无线网络的模块选择方式可根据表 12－2。

表 12－2　近距离无线网络模块选择

指　标	Wi－Fi	Bluetooth	UWS	ZigBee
传输标准	802.11b	802.15.1	802.15.3a	802.15.4
使用频率	2.4GHz、5GHz	2.4GHz	3.1～10.6GHz(US)	868MHz、915MHz、2.4GHz
主要运用	Web，邮件，视频	取代电缆线	多媒体流	监视与控制
消耗电源	高	中	低	极低
可连接网络规模	32	7	点对点	255 或 6 500
带宽(Kb/s)	≥11 000	720	至 480Mb/s	20～250
传输距离(m)	1～100	1～10＋	1～10＋	1～100＋
产品优势	速率高，柔性好	成本低，方便	速率高	可靠性高，能耗低，成本低

表中列举了 4 种无线组网技术及其对应的通信标准、传输频率、运用特点、能耗、组网规模、带宽、传输距离和产品优势等，供实际使用时综合考虑权衡。

图 12－4 表示采用 ZigBee 模块将分散各点的传感器在近距空间内按网状结构组成一个前端无线传感网的示意图。

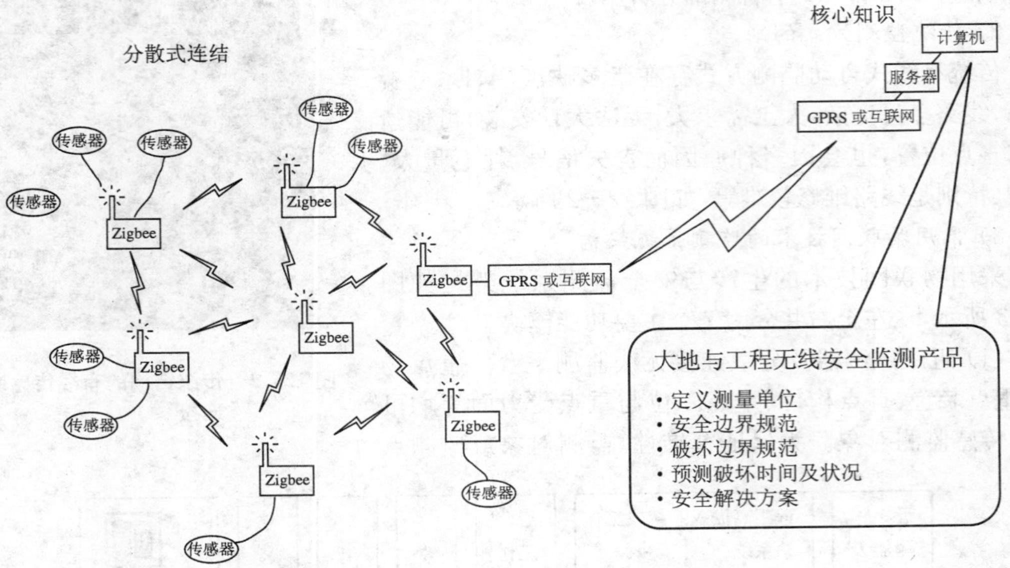

图 12－4　传感器集群通过无线组网模块形成前端感测网

（2）前端处理系统　是对前端感测网中的信号进行接收、处理和发送的子系统，它可通过 GPRS 或 3G 网进行远程通信，还可汇集各种有线传感网检出的信号，将其一并发送到后台数据采集设备中。

（3）后台工作站及数据接收系统　与前端对应的后台信号接收系统，在接收发来的各种感测信号后，可及时制作报告并与各监测点以 M2M 自动通信联系。

（4）主数据服务器　对象监控的精准度和可靠度与传感器的部署位置、数量、信号采集周期及装置间的通信（M2M）量等直接相关，同时，对异常情况的分析研判与决策的正确性以及对事故过程回溯的准确性等，也与之直接关联。在大范围传感器分布和高密度采集与通信情况下，监控总数据将急速增长，故需要后台服务器的支持。

（5）应用系统平台　监控的主要环节是发现异常的位置，锁定目标域，分析异常状况的规模和性质，结合其他分布监测点的数据，采用模型比对与专家分析软件进行研判，预测其发展趋势、实时报警，为防止问题恶化提出解决方案、其他辅助服务等，集成这些功能的系统就是应用平台。

（6）专家知识及模型库　对异常的分析和决策研判，需要多种模型的支持。模型依据专家的知识和经验来建立和积累。将这些模型集成到平台中，系统根据采集的各种异常信号的特征与各种故障与失效模型进行比对和趋势分析，就能正确报警并提出有效建议等。

（7）显示与分析界面　绝大多数情况下，生产与安全监测仍需直观数据显示与身临其境的观察支持，故将异常数据和标准值的对照以可视化形式显示在屏幕上，就可明确直观地进行警示，如基本判断可用简单的红、黄、绿色提示或报警；出现异常时对相关传感点位数据进行锁定跟踪，再结合现场视频进行研判等，这样的监控界面就能在关键时发挥重要作用。

12.3　物联网在生产监控中的应用案例

12.3.1　煤矿安全生产监控系统

1）概述

在我国煤炭行业，瓦斯爆炸、地下水渗漏、塌方等是煤矿生产的主要灾害，多数煤矿企业都已经或正在建设安全生产监测监控系统，但由于技术、规模和网络系统的局限，无法使安全生产监督管理部门都能及时动态地掌握地下各巷道内的情况，企业领导、安全责任人及作业工人许多情况下无法第一时间获得如瓦斯浓度、井下水量、井下环境等详细数据。煤矿安全监控系统的功能是随时显示在地下数百米甚至数千米的瓦斯、毒气、渗水量等是否超标，是否有明火、自燃等安全隐患，巷道内应力分布及变化等。图 12－5 是一个煤矿安全监控系统示意。

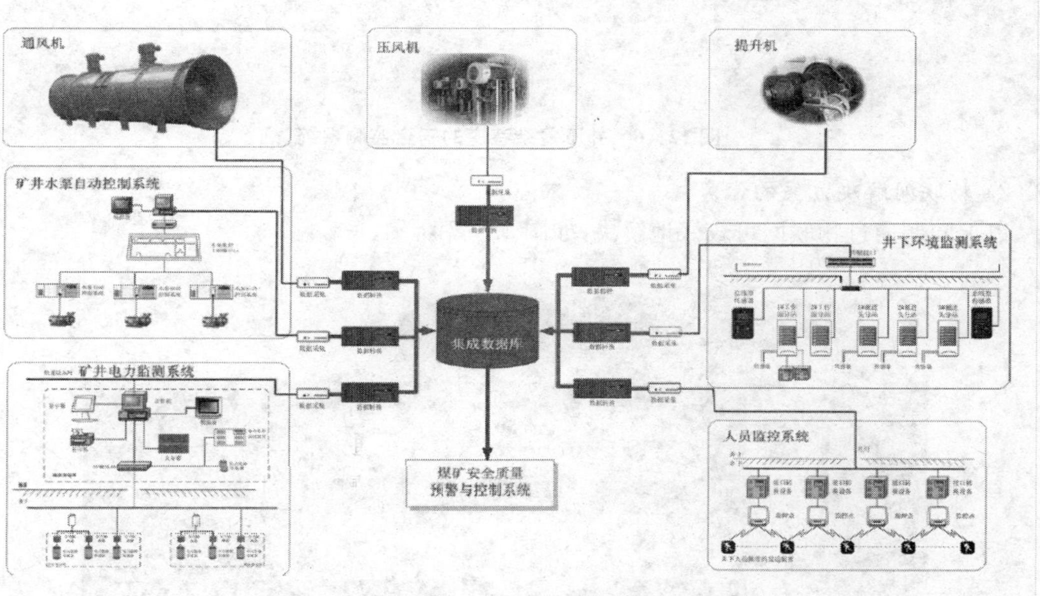

图 12－5　煤矿安全监控系统

图 12－5 中由水泵自动控制系统、电力监测系统、井下环境监测系统、人员监控系统等独立功能系统及各类机械集成后，形成典型的煤矿安全质量预警与控制系统，对井下复杂巷道内的各项参数进行动态监测，如图 12－6 所示。

但这套方案要让矿井监控室的人员及时通过检出的各项指标了解总体安全生产情况，特别是让远离一线的上级领导对此能时时了如指掌，就颇有难度，关键问题是各种信号监测与传输问题。比如将瓦斯浓度监测探头检测到的数据从井下传到井上，再从井上传到监控站进行监控和分析，最后将应对指令传回井下。由于煤矿是野外作业，点多、分散、距离长，施工现场与公司之间的信息交流长期以来没有好的解决方案，很多地方甚至连电话线都没有，更谈不上光纤接入等方式，在紧急情况下，反应速度可想而知。

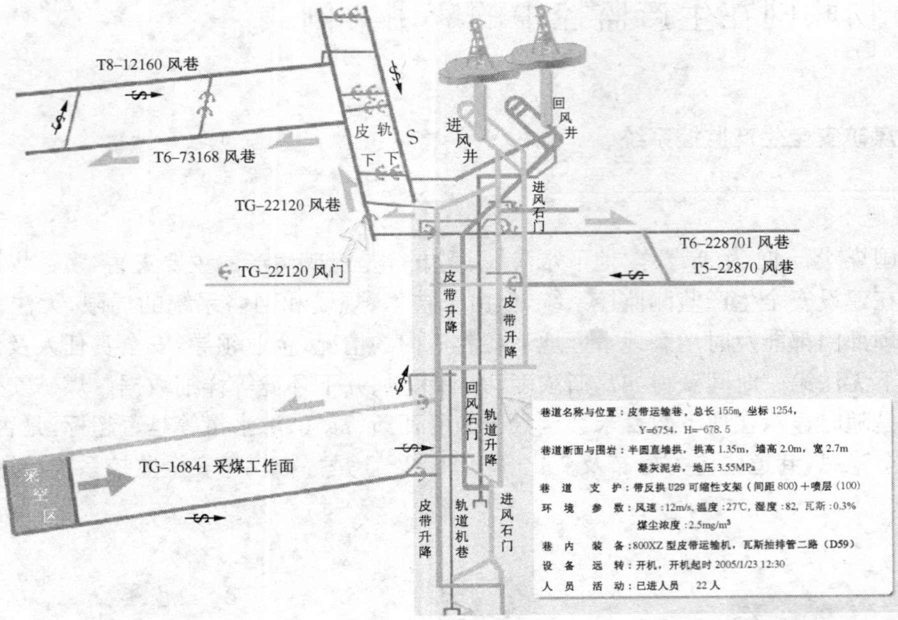

图 12－6 井下复杂巷道的安全监测系统

2）物联网解决方案的优势

以上问题通过物联网可较好地解决，如图 12－7 所示。

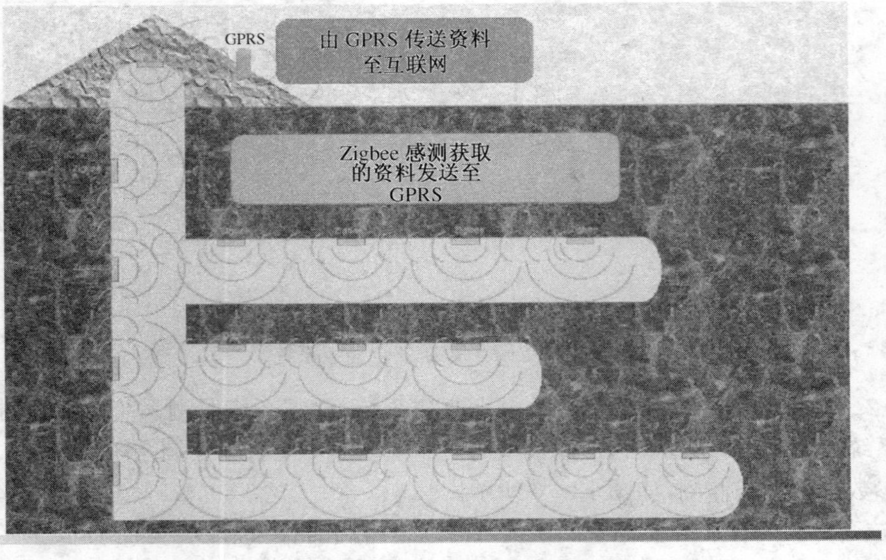

图 12－7 井下矿道安全监测及人员位置管控解决方案架构

图 12－7 中表示，在地下巷道中各监测点位上布置了各类探测传感装置，通过近距离无线通信模块如 ZigBee 组成监测网络，解决了井下几百里没有通信信号的问题；远程则通过移动通信的 GPRS 或 CDMA 网络，实现基于 TCP/IP 协议的监测数据的远程无线传输，直接与手机、计算机系统等相连，形成泛在监测计算网络，覆盖井下各点。当监控装置检测到瓦斯浓

度、风速超过限定值或主风扇开、停或运行负荷变化较大时，GPRS数据通信模块将信息传递到监控站，同时，通过短信(SMS)方式将报警信息发送到相关人员的手机上。各级领导就能及时掌握瓦斯超限情况，及时指挥协调安全生产工作。

基于上述无线传感网络平台，可为不具备有线传输条件的企业，特别是地域跨度大的煤炭企业，提供成本低、见效快、高效率的数据传输平台，为企业安全生产提供有效监测手段。

12.3.2 智能维护系统

1) 智能维护系统概述

智能维护系统(Intelligent Maintenance System，IMS)又称E-maintenance，是采用性能衰退分析和预测分析方法，结合物联网技术(具体为融合有线或无线网、非接触式传感技术、嵌入式智能电子技术等)，使产品或设备达到近乎零故障(Near Zero Breakdown)性能的一种新型维护系统。

据统计，即使在美国，其工业运转能力也只是最大能力的一半。据保守估计，基于物联网的智能维护技术每年可提升2.5%～5%的运转能力增长，这意味着：在价值2亿元的设备上应用智能维护技术，每年就可多创造500万元的价值。有关资料也表明：运用智能维护技术可减少故障率75%，降低设备维护费用25%～50%。假设国有企业固定资产总额为1万亿，每年用于大修、小修与处理故障的费用一般占3%～5%，采用智能维护系统后，每年取得的直接经济效益可达数百亿元。

正是智能维护系统对世界经济的巨大推动作用，2002年7月，它被美国《财富》杂志列为当今制造业最热门的三项技术之一。

2) 故障监测与诊断

智能维护与故障诊断密不可分，许多技术源于故障诊断，但其间又有很多区别。在传统诊断维修领域，技术开发与应用主要集中在信号及数据处理、智能算法(人工神经网络、遗传算法等)及远程监控技术(以数据传送为主)研究上。这些技术基于被动维修模式(Fail And Fix，FAF)，即维修目的是要及时修复。而智能维护技术是基于主动维护模式(Predict And Prevent，PAP)，重点在于信息分析、性能衰退过程预测、维护优化、应需式监测(以信息传送为主)的技术开发与应用，体现了预防性要求，以达到近乎于零故障及自我维护为目标，如图12-8所示。

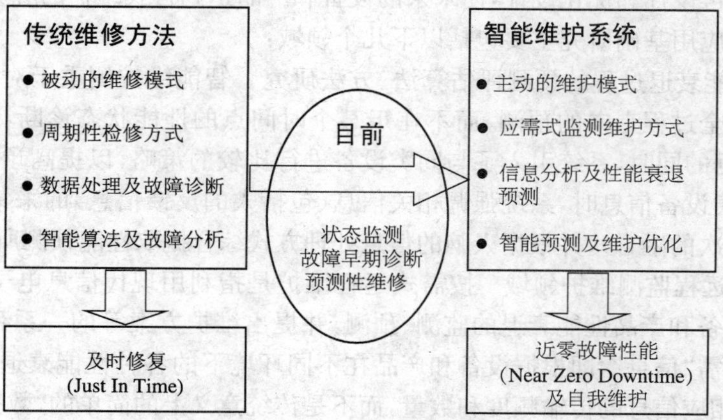

图12-8 维护技术的演变

随着目前工业界对预防性维护技术的需求，故障诊断领域的研究重点已逐步转向状态监测、预测性维修和故障早期诊断领域，其为智能维护技术的实现打下了扎实的基础。

目前，已有许多国际知名企业把智能维护技术作为企业的主要发展战略，并积极促进维护策略从平均故障间隔(Mean Time Between Failure，MTBF)向平均衰退间隔(Mean Time Between Degradation，MTBD)的转变，实现企业设备和产品在其生命周期中的近乎零的故障发生率，从而提高国际市场的竞争力。

3）系统基本架构

智能维护是一种全新理念，由美国威斯康星大学李杰(Jay Lee)教授最先提出，其基本架构如图12-9所示。

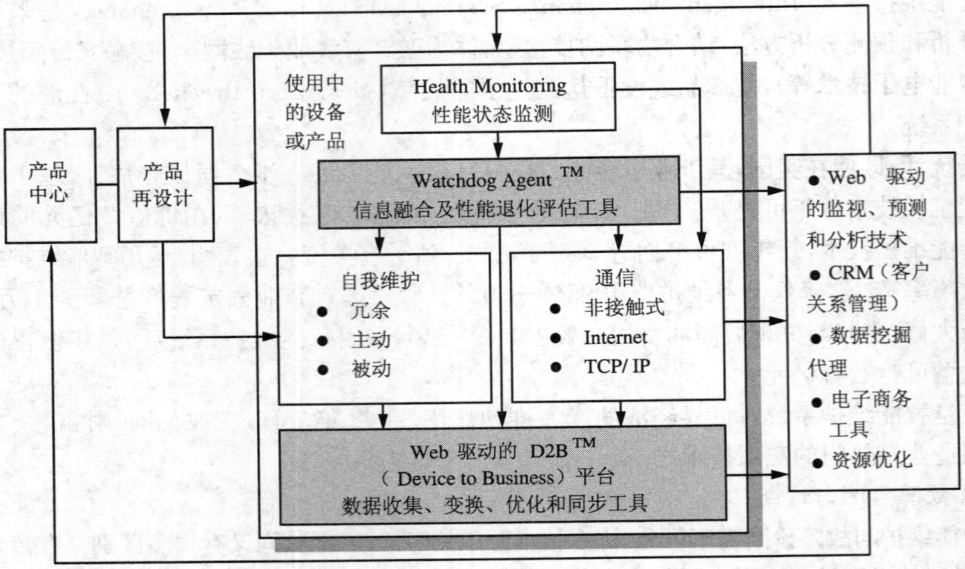

图12-9 智能维护技术架构

系统可通过Web驱动平台对设备和产品进行不间断的监测诊断和性能退化评估，并作出维护决策。同时，系统还能通过Web驱动的智能代理与电子商务工具(如客户关系管理(CRM)、供应链管理(SCM)、企业资源管理(ERP)等)进行整合。另外，系统所得的信息知识还可用于产品的再设计和优化设计，使未来的设备和产品达到自我维护的境界。

智能维护的应用基础研究主要包括以下几个领域：

(1) 设备性能衰退过程的预测评估算法、方法研究　智能维护侧重于对设备或产品未来性能衰退状态的全过程走向的预测，而不在于某个时间点的性能状态诊断，在进行预测和决策、分析历史数据的同时，系统引入了与同类设备进行比较的策略，以提高预测和决策的准确度。另外，在采集设备信息时，系统强调相关信息(包括人的反馈信息)的采集和有效融合(包括低层次和高层次的融合)，并根据人脑的信息处理方式综合提取性能预测所需的信息。

(2) 按需式远程监测维护领域　按需式远程维护是指利用现代信息电子(Infotronics)技术实现异地间设备和产品性能衰退的监测、预测，并提出维护方案等的一系列行为，强调根据实际需要传输所需“信息”，即根据设备和产品在不同环境下的各种性能衰退过程的实际快慢程度，及时调整相应信息的传输频度和数量，而不是传统意义上的简单的“数据”(采样信号等)传输。

(3) 决策的支持、数据的转换和信息的优化同步技术领域　为实现电子商务、电子制造和电子服务，本系统必须与企业其他应用系统(CRM、SCM、ERP、MES 等)进行信息交互。因此，系统强调"信息一次处理(Only Handle Information Once，OHIO)"。为此，李杰教授提出 D2B(Device to Business)平台理念，以实现设备层到商务层的直接对话，并为设备的再优化设计提供了原始数据。

在远程维护领域，利用计算机网络对设备进行远程监测诊断已成一个研究热点。在目前的远程监测诊断系统中，对数据的分析处理一般都在远程诊断中心完成。但因设备和产品动态监测的数据量极其庞大，无法利用网络实时传输，因此，应对原始数据在本地处理后，再根据实际需要传输诊断所需信息。为此，必须加强对数据到信息的转换、嵌入式智能代理和非接触式(如无线通信)等技术的应用研究工作。

在国外工业界，智能维护技术正逐步得到应用。美国普惠(Pratt & Whitney)飞机发动机公司在最近生产的发动机中加入了许多新型监测技术，集成了自我诊断系统，能产生详尽的信息配合地面分析系统使用，从而提前几个月就可预测发动机是否需要进行维护。这为各航班安排发动机的维护计划提供了方便，从而降低了检查和维护成本。而以往发生故障时，仅确定故障原因就要很长的时间。发动机的自我监测诊断系统与地面分析系统相结合，大大降低了意外事故的发生，如航班误点、航班取消和飞行中的发动机故障停机事故等。

欧洲空中客车飞机制造公司也采用了类似的技术。在运输行业，汽车制造厂商也在寻找一种利用远程通信技术为汽车提供导向和故障停靠帮助的方法。通用汽车(GM)公司 2005 年已经制定了一个利用卫星通信服务的 OnStar(安吉星)计划，给所有该公司生产的汽车装上经过改良的卫星通信设施。在电梯制造业，OTIS 作为世界上最大的电梯制造公司之一，以其所采用的 REM(Remote Elevator Maintenance)技术，每年能节省 5 亿美金的维护费用。日本东芝电梯公司也与东京大学合作，在开发类似的维护系统等，都为智能维护技术的发展提供了良好的研究和应用平台。

4) 关键技术与装置

整个系统的核心技术，依然是利用各种高精度传感器和无线网络传输模块结合，对所监测的设备进行动态监测。目前该领域正推动传感器向精细化，无线感测设备向单元化、标准化、通用化、多功能化发展。如台湾识方科技开发的 BAT mote，就是一款采用超低用电 IEEE 802.15.4、TinyOS 支持相关无线传输协议的无线传输模块，针对无线感测网络及各式监测应用而开发，并可与开放原始码的软件相结合使用。其部分应用领域为：

① 设施设备之实时监测：温度、振动、噪音、辐射等监测。

② 安全：振动、声音、移动、翻转等监测。

③ 工业控制：机械、空调、暖气等监测。

④ 居家或办公自动化：空调、灯光、电梯、门控等监测。

⑤ 建筑智能监测：大厦、桥梁、电塔等监测。

⑥ 货柜货运的安全监测：冷冻冷藏、易燃易爆物、有毒气体等监测。

⑦ 环境监测：空气、水质、泥石流等监测。

⑧ 防窥：货柜、邮件等监测。

⑨ 物流监测：仓库、供应链、生产线等监测。

BAT mote 硬件规格如下：

① 电源：2.1～3.6 V DC，2 个 AA 电池、USB 接口或 50 针扩展接口供电。

② 微处理器：使用 8MHz Texas Instruments - MSP430 微处理器（10k RAM，48k Flash）。

③ 射频：使用 250 Kb/s，2.4GHz，IEEE 802.15.4 Chipcon 无线收发器。

④ 天线：内置天线，室内范围 50 m，室外范围 125 m。

⑤ SMA 接口：可外接外部天线，工作范围取决于天线性能及调频。

⑥ 选择嵌入感测组件：可外加温度、湿度和光感测组件，嵌入模块中。

⑦ 扩展接口：50 pin 外部 I/O 扩充槽，可外接各项外设。

⑧ 内置温湿度及电压监测：MSP430 具有内置的温度和电压监测装置，量测数据可通过 ADC 接口读取。

⑨ 外壳：可安装在设计的保护外壳内，外壳性能可依根据客户的需求调整。

⑩ 电耗：MCU 开，射频 RX 21.8 23 mA。

⑪ 电耗：MCU 开，射频 TX 19.5 21 mA，MCU 等待中 5.1 21 μA。

具体产品的外观如图 12-10 所示。

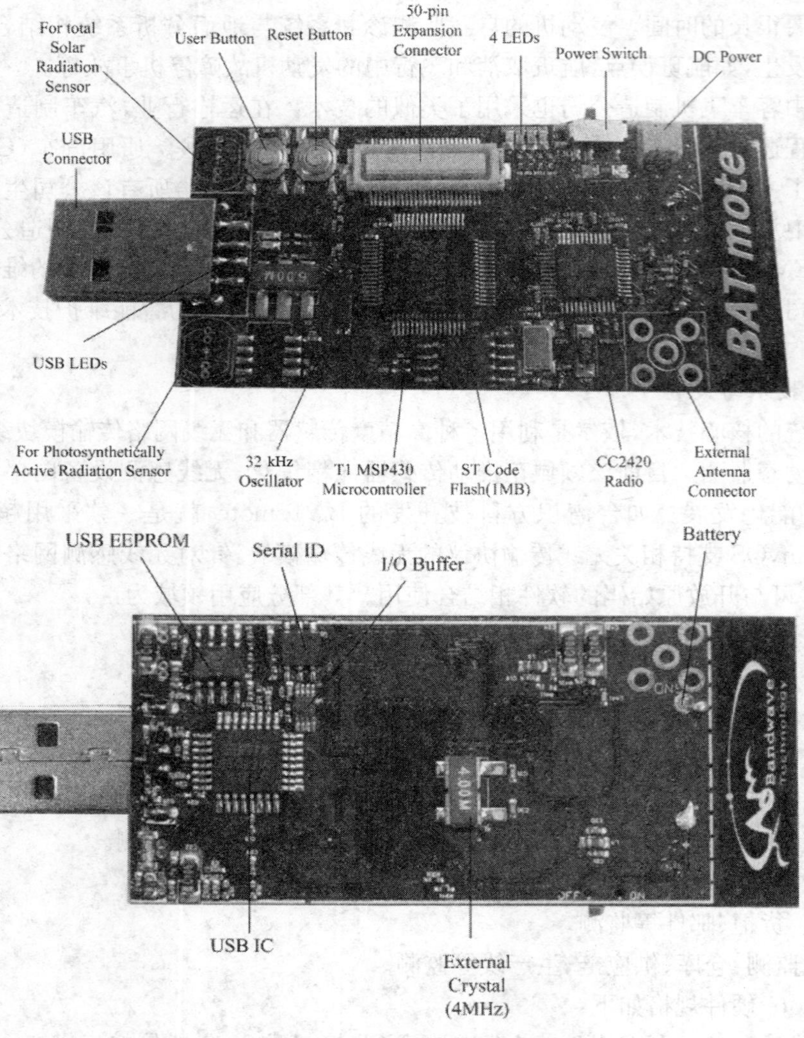

图 12-10　BAT mote 无线通信模块

12.3.3 大地、工程与结构安全监测

1）大地、工程与结构安全监测概述

我国是个地质灾害频发的国家，地震、山体滑坡、泥石流等都会危及水库大坝、桥梁、公路、铁道等的安全，故对关键区域、关键建筑的结构安全监测就显尤其重要。但传统的大地与工程的安全监测以人工测量或半自动化接线量测为主。其缺点是无法取得充分数据、无法取得关键时刻信息、耗费人力等。

采用物联网架构的新型探测仪器及无线传输技术，可改善传统大地、工程与结构建筑安全监测作业之缺点。其基本结构是传感器集群通过无线组网模块形成前端感测网。由于大地与结构工程通常面积或体积庞大（如大坝、桥梁），综合采用有线或无线方式将广泛分布的众多传感器连接成网，并定义测量单位，明确界定安全状态的边界规范，界定异常或破坏状态的边界规范，预测破坏时间及状态，提出安全的解决方案。将这些约定经具体量化、建立模型后存入系统中，供系统自动比对并采取相应报警措施。图 12－11 是对老旧桥梁的结构安全进行自动监测所输出的异常情况输出示意。图中上部为桥梁各关键结构处（如桥墩）安装的应力传感仪的布置位置；中部为定量表示从各侦测点传出的异常信号，底部以红黄绿三色代表三种状态，可直观地起到警示作用。

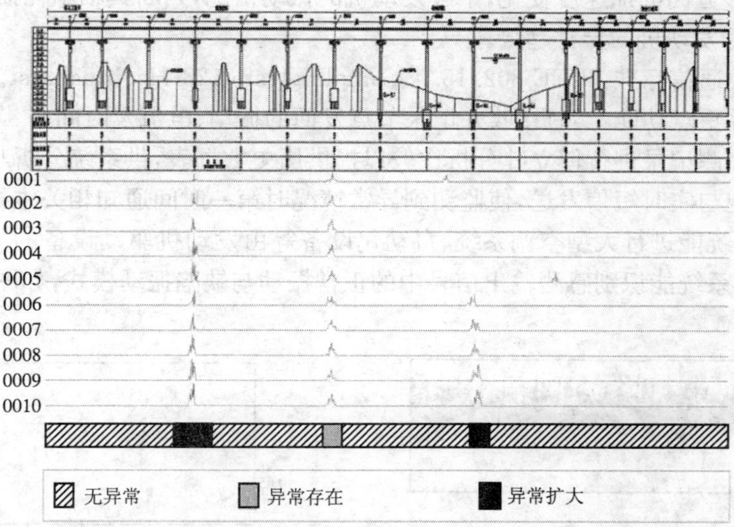

图 12－11　老旧桥梁安全性监测示例

2）感测节点

以山体或大坝等坡地监测为例，通过对原先彼此间距离相等、高度相等、均匀分布的各种传感器之间的位置与物理量进行监测，可发现哪些点位之间无变动，哪些点位之间在等速变动，哪些点位之间在加速变动，同样可按预先设定模型报警。能灵敏地感受到各点位之间变化情况的，就是以下所示的各节点感测器的技术设计：

① 采用无线感测模块（如上述 BAT mote）与水位计、电阻尺、雨量计、倾斜仪、加速规等仪器互联。

② 无线通信标准：IEEE 802.15.4、Auto-routing、Muli-Hop。

③ 远距遥测通信:GPRS、互联网。

④ 系统主要功能:实时环境参数显示,环境变化数据库,电子表格整理输出,可供数据再处理利用,绘制曲线图,提供安全标准比对参考。

⑤ 报警:可通过短信或 E-mail 进行异常报警。

⑥ 用途:坡地滑动安全监测、坡地结构安全监测、水坝安全监测、输配电塔塔基滑动安全监测、桥梁结构安全监测、建筑物结构安全监测、泥石流监测等。

12.3.4 企业动力系统监测与智能厂房维修系统

1) 动力系统监测

发动机是各种机械设备的动力来源,如大楼中央空调系统、工厂加工设备、电力与内燃机车、轮船动力机组、飞机发动机,直到民用各类家用电器设备等,在工农业生产及人们日常生活中均扮演极重要的角色。如工业用发动机可以说是制造业的核心设备,一旦发生问题往往会造成生产线停工的重大损失。而对发动机运行动态监测,实时提供维护动态数据参考,为发动机轴承更换提供依据、对其寿命进行的预测等,对提高制造业设备运转率具有重要意义。

发动机监测仍通过设计一批感测节点、安装动态传感模块为中心。以台湾识方科技的产品为例,其监测发动机运行的系统由无线网络感测模块、三维加速仪、电流计三者结合而成,通过测量转轴 XYZ 方向的加速度变化,了解发动机的振动情况,判断其轴承耗损变形程度,再通过电流流量,预测发动机的异常趋势。

① 系统无线通信标准:IEEE 802.15.4、Sampling rate 128 Hz、broadcast。

② 监控软件重点功能:实时接收并记录节点发回的振动、电流及时间。

③ 对每次侦测记录进行傅立叶分析比较以提供历史数据表,供系统分析与建立模型。

④ 警报设定与实时短信发送,使监测到异常情况时第一时间通知相关维护人员。

这类监控系统能进行大型空调系统、自动化设备等由发动机驱动设备的异常监测并提供重点维护参考。系统能识别感测输出信号中的正常振动与缺陷振动模式,如图 12-12 所示。

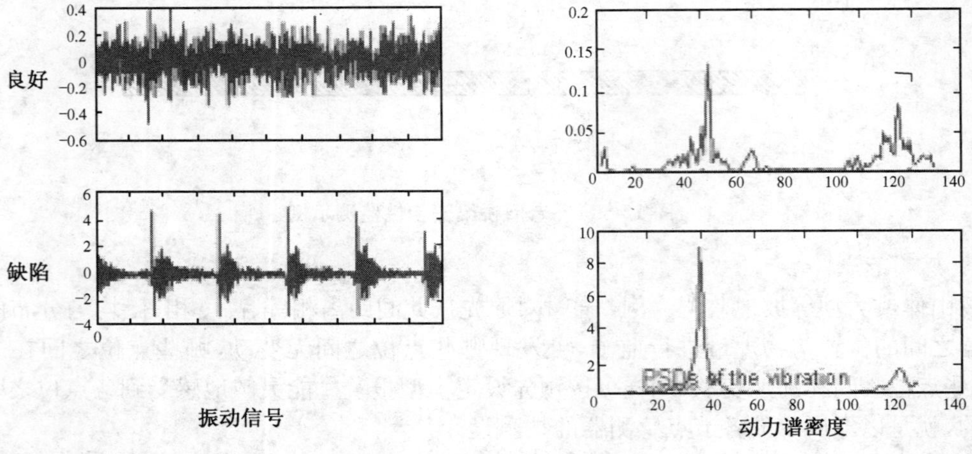

图 12-12 发动机及相关设备运行的自动感测输出信号

2）智能厂房系统

如将企业中监测对象扩展到包括发动机在内的各种装备，就是智能厂房和主动维修系统的发展趋势。系统运用物联网技术，实时自动监控发动机、压缩机、各种旋转设备的震动、不正常高温及异常电流的情况，提供给使用厂家、维修保养单位及设备制造商，通过无线感测网和中央控制计算机的人工智能、类神经网络分析，主动调节设备最佳运行效率并降低维修成本。

以台湾识方科技公司的“Smart Motor System”系统为例，它通过对发动机震动的无线自动化检测技术为中心，通过设置各个不同关键点位的感测点形成无线感测网，直接监测发动机的震动，转换成上述图形及所示的数据，供系统各方监控分析，以便于第一时间做最佳处理。该系统具体特点如下：

① 监测厂房内的发动机、压缩机、各类旋转设备的震动、不正常高温及异常电流等，实时传输到中央控制计算机系统。

② 中央控制计算机执行远程监测，分析调节并同时全程记录运行数据，将其发送给设备生产厂、维修部门等。

③ 无线感测网安装容易，不用配线，省时且不影响其他仪器的正常工作。

④ 监测系统部署时，不需改动有线管路，无灰尘困扰，也不影响生产线的正常作业。

⑤ 系统低功率，无传输线，无电源线，可直接安置在量测点上。

⑥ 适合于移动设备，如行车等的测量，可按不同需要重新部署。

⑦ 能按管理需要以邮件、短信群发、报警信号等多种形式将异常情况报知有关人员等。

“Smart Motor System”系统架构如图 12－13 所示。

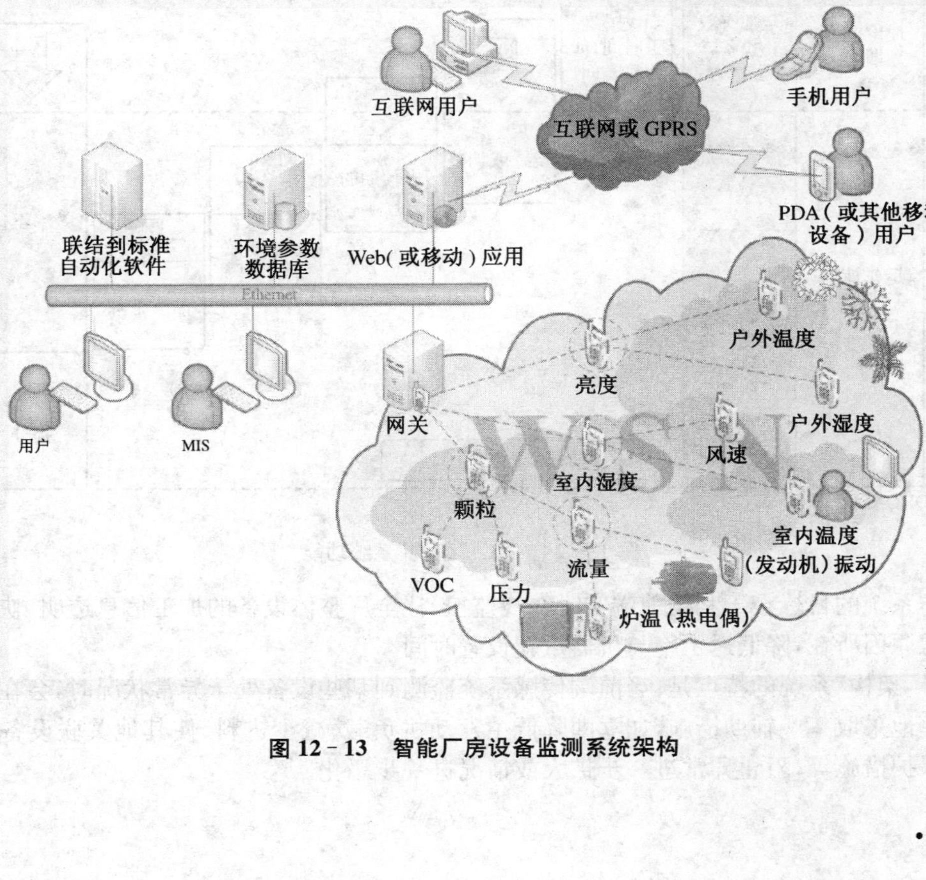

图 12－13　智能厂房设备监测系统架构

图 12-13 中右下方为一个无线传感网(WSN)覆盖并监测的各类设备的参数,如发动机温度、发动机振动、室内温度、室内湿度、机械噪声、异常气体、照明系统、风机系统、室外温度、室外湿度等,通过无线网关将数据传输到中央计算机系统,实现对各类设备设定的正常状况参数、室内正常环境参数等的自动比较,并可通过 Web 或移动界面,供远程互联网用户、手机用户、PDA 用户等实时查看,或发生异常时向他们报警。

本系统架构可有多种应用,如能推广到无尘室、无人机房、自动生产线、实验室、特殊工厂、医院监护病房等领域中的应用中。

3) 监控系统软件架构

物联网在生产监控中的应用,使企业信息量大幅增长,使企业网内人一机通信量、机一机通信量大大增加,传统的管理信息系统架构将不适应,需要更科学合理的系统架构,从而导致面向工厂生产力流程管理的系统架构——“工厂架构”(Factory Framework)的诞生。

FORCAM 是一家从事机械行业整厂监控的企业,于 2009 年 12 月推出了“工厂架构”软件,作为整厂 TEEP(整体设备绩效分析系统)的整体解决方案。

该软件的前端通过一批如上所述的部署在厂房内对各类运转设备连接的运动控制系统(Motion Control System,MCS,即类似于 Smart Motor System),将采集到的各台设备的运行数据回传,再按厂区、生产线、设备与零件各层级依序展开,全面而有序地分析整厂的设备加工效率、成本效益分析与瓶颈所在,供管理者进行绩效评估与改进方案的参考。系统功能架构如图 12-14 示意。

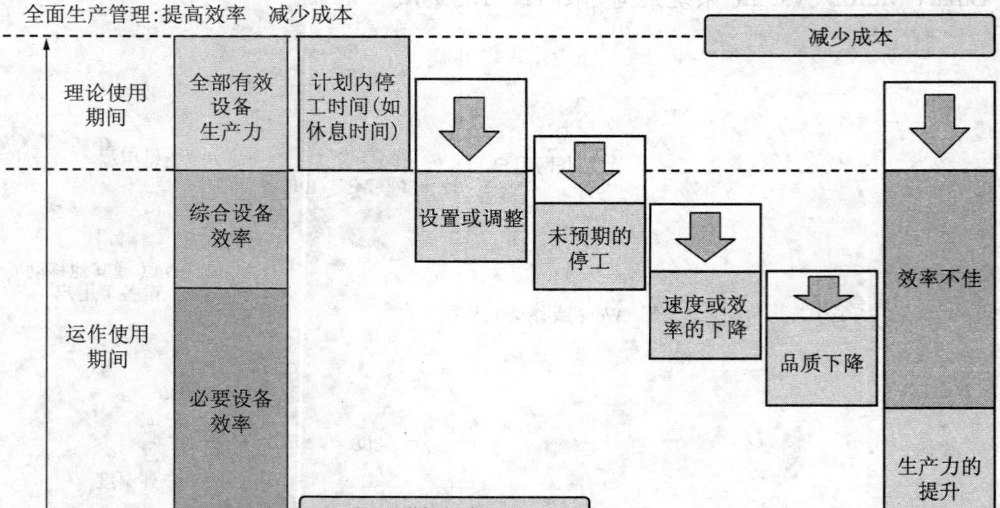

图 12-14 “工厂架构”系统功能

整体系统的目标在于利用前端实时在线监控,让全厂整体设备的加工信息透明,快速找出质量异常原因所在,降低返工率与机器重新设置时间。

“工厂架构”系统的特点是:当前端传感系统监测到某些设备处于异常状况时,会在报警的同时敏捷地采取一些辅助措施,如立即降低主发动机负载、减少进料、使其他关联设备同步采取自我保护措施等,阻止异常进一步扩大或情况进一步恶化。

工业控制(IC)、制造执行系统(MPS)、企业资源管理(ERP)系统、商业智能(BI)系统与门户网站等早已不是新兴技术，但很少有企业进行整合，而利用物联网环境进行整合的就更少。整合的效益在于整体维护全厂设备的可用性与维修性，同时可进行不同层级的效益与成本分析，并能强化厂内弹性制造的可行性以响应市场变化。因此，在物联网技术支持下，整合的主题在工业控制与工业工程管理应用领域，将会是未来制造业的信息技术应用的核心趋势。

思考题

(1) 请阐述基于物联网的生产与安全监测系统架构。

(2) 请说明基于物联网技术的生产监控与传统方式的差异。

(3) 请比较生产设备智能维护方式与传统维护方式的区别。

13 物联网商务应用

［学习目标］

(1) 了解物联网在商业领域的应用。

(2) 掌握移动商务的技术架构。

(3) 了解全球数据同步网络(GDSN)的作用。

13.1 概述

商业、特别是零售业一直是各种新技术、新理念最先导入的领域，从 POS 机(点销售机)到多功能智能 Kiosk(自助销售机)，从商品一维条形码到二维条形码和 RFID 标识，从实体商店到虚拟网店(如亚马逊、淘宝等)，从定型商品到可为消费者量身订制的商品，从现场现金结算到刷卡结算、再到手机结算，从柜台支付到统一通关、再到无通关结算，从客户逐一查看每种商品上的文字说明，到手机感应检索查询并比较多种商品，从简单的价格、保质期数据到产地、生产过程与安全溯源等相关信息，商业领域在信息技术推动下，正朝着更注重消费者体验、提供更多更全面的信息、从单源单向零售到多元多向的“Retail 2.0”趋势发展。

美国新型通信与自助销售机公司 Rivet Digital 用“4I”(即“Impact、Impression、Interaction 和 Insight”)来描述“Retail 2.0”的特征，首先，它借用了 Web 2.0 理念，自然也就以信息技术应用为主要特征，更以给消费者带来更多的影响力(Impact)，依靠多媒体手段给消费者带来更深的感官印象(Impression)，通过与商家的互动(Interaction)给消费者带来更多价值，商家能在大量采集消费者使用喜好与购买行为等的分析中洞察(Insight)消费者潜在需求，并可迅速做出调整与改进等为目标。而对整个产销供应链开展更精准的控制，对商业销售行情与利润、广告的时机、费用、价格、折扣、地点、推销效果、运输量等都做出更精细的拆分，每一环节上都导入新技术与新理念进行细节优化与改进等，都酝酿着由物联网技术引发的新一轮商业变革。

对此，麦肯锡等许多知名研究机构均对物联网在商业应用引发的变革进行了详细研究和预测，而行业巨头如沃尔玛、家乐福、麦德隆和其他各类专业店，早已蓄劲待发，从商品智能标签、智能选购车、无碍通关、手机结算、商品数据提供、虚拟场景等各方面入手，为消费者提供更细致周到的服务。故从消费者而言，通过物联网可获得更多的商品信息，提高消费安全感，享受新型的消费体验，找到更具个性化、更适宜的商品；对商家而言，在竞争日趋激烈、利润越来越薄、价格越来越透明的市场环境中，依靠全方位整合产销供应链，打造新型服务链，强化前端的产品与服务设计能力，创新与提升售中与售后服务水平，向微笑曲线两头寻找利润，将成为其借助物联网发展求存的主要需求。

显然，商家引进物联网需要巨额投入，需要相当的人力与物力成本，如大批生产企业需要在每种商品上添加 RFID 标签，许多牲畜幼禽要在身体上挂上电子生物数据标签环或植入标识芯片；货物流通的每个环节上都要增加数据传输与接收作业；而采用物联网技术的连锁店中电子手推车、智能货架、感应式通关设备、手机电子钱包识读与结算装置等软硬件的添置与改造等，也是一笔庞大的开支。如沃尔玛是全球最大的零售企业，麦德龙是欧洲最重要的零售商，它们几年前就斥巨资进行 RFID 技术的引进，并成为全球 RFID 革命的推动引擎，因为它们已洞察到 RFID 技术将带来全球零售业深远的革命，就像当年条形码的出现，让流通环节上的主导权从制造商向零售商转移一样。当年条形码应用后，零售商对商业销售情况一目了然，如利润空间、广告开支与效果、价格、折扣等。

而 RFID 等技术引进后，带来的应用与关联效益远远超过这些。据 IBM 的研究，如今全球零售订货时间为 6～10 个月，造成供应商在库存、消费趋势预测和物流需求上存在相当大的风险，在整个供应链上的商品库存积压价值为 1.2 万亿美元。同时，零售商每年因错失交易蒙受的损失高达 930 亿美元，原因就是没有合适的库存产品能满足消费者的需求，而货品一旦积压在库存环节上，往往就会迅速贬值——货品越积压，就越难于销售出去，最后只能以更低价值出手，生产厂的损失更大。这就是沃尔玛、麦德龙等大型综合零售店、Home Deport（全球最大的家具与建材供应商）、百思买（Best Buy，美洲最大的电子产品销售商）等专业商场大力采用相关系统的主要原因。再如世界顶级服装设计商 Elie Tahari 也引进相关技术构建了库存监控平台，以更好地满足客户的需求——其高档服装以款式少、设计豪华且少量缝制为特色，上架产品既不能脱销断档，又不能在库中多件积压，还要能满足全球市场之需，故精细、动态、敏捷地管理其供应链，就成为利润营收的核心。

另一个重要的特点是，在信息时代，消费者的购买行为已经信息化，商家如不采用更先进的信息技术提供新的客户体验，其损失将更大——因为消费者要求比过去越来越苛刻。据统计，美国有 92%以上的成年人在实际购物前会先上网询问其他消费者的意见；同样，国内淘宝网的卖家几乎无一不重视每位买家给出的等级评判。

还有一个因素，以前超市是用条形码与磁条来加快收费速度与防盗的，当消费者在收银台付账后，商品条形码与磁条就失去效用了，且标准的通用商品条形码只能识别到产品品种，最多到其不同型号规格，连批次都无法识别。而与这两者不同的是，RFID 和二维条形码可识别到每一件产品，真正实现一货一号，而且标签在视线范围之外还能被客户或其他服务商继续识别，甚至能据此产生互动交流。制造厂、商家和银行就可联合起来勾画出消费者的个人消费方式，行动路线图，以此作出商业决策。

可见，为吸引信息化的消费者，零售商和制造商都需要一个更加智能的系统。既需要全球零售供应链能跟上这些新的发展，又需要内部链接，从设计到物流再到后续客户服务，使系统能够在流程的每一环节上获得客户反馈；又要求全程量化的，以便能跟踪和统计每个库存项，为一切后续数据加工提供资源；还需要智能化，从而可以实时分析海量客户与商品数据并将其转化成实际价值，最终将全面改变消费者的购物习惯。

13.2 物联网商业应用领域

物联网在商业领域的应用，是一种将技术转化为交易与管理模式的过程。技术角度主要从移动销售、物品感知、过程数据采集、信息分析、自动控制和客户体验等应用上考虑，系统上则需建立成套的数据感知、接收和分析链，覆盖生产过程溯源、安全与合格证据、同类商品选择、购物提醒、虚拟效果模拟、电子钱包、自动结算、会员打折、缩短结算时间等方面上。具体如图 13-1 所示，图中以消费者为中心，通过智能终端（图中为手机，也可以是掌上电脑、平板计算机，如 iPad 甚至能联网的智能手推车等）消费。

图 13－1　物联网在零售业的应用

（1）扩展商品包装　传统包装具有保护、装饰和宣传商品，提供其基本消费特征数据等功能，而带有智能标签或二维条形码的包装，还能与手机等移动通信装置配合，将商品数据读入用户端，为其今后远程选货、移动购物提供方便。

（2）智能会员卡　手机早已是人人随身携带之物，不可或缺，而现代人早已为各种银行卡、会员卡、贵宾卡、单位卡、社区卡及其他功能卡等拖累，因此，商店会员卡的最终发展方向是通过向手机内置程序来取代实体卡。这不仅可减少卡片数量，而且还能提供其他多种服务。

（3）广告促销　商家的商品广告可直接发送到客户手机上，客户也可通过移动电子目录主动搜索商品信息。

（4）自动扫描与结算　消费者在超市购物时，用手机扫描商品后，就无需经过通关区人工结算了，结算通过手机电子钱包自动进行。

（5）货品目录　用户可直接在手机上建购物目录、预存商品信息，购物时就不会遗漏，且选货时会很方便。

（6）商场定位　现代都市面积在日益扩大，人口流动性增加，经济发展使各类商铺越开越多，客户购物时往往难于找到合适的购物之地。带有 GPS 导航功能的手机就能帮客户解决这一难题。

（7）店内导航　大型商场不仅面积庞大，场内各区货架林立，数以万计商品摆设后更如同迷宫，因此更需开展店内商品导航。一些新型手机厂商和商场都结合电子标签识读功能开发相关软件，使许多手机具备了商品货架导航服务功能。

（8）移动商务　消费者能通过手机直接在任何时间、任何地点浏览、查询、订货和支付货款。

(9) 支付　一些移动运营商已开通了电子钱包业务，能通过手机支付所购商品费用。

(10) 兑奖　智能手机可以实现电子兑奖、自动打折和促销等。

以上诸应用仅是目前初见端倪的几种，还有无尽想象的服务形式将出现，惠及企业、商家与消费者。这些应用中，商家的主要目标如下：

(1) 增加销售额　通过自动采集系统建立诸制造企业、商家和消费者之间数据链，为企业特别是零售商家决策提供支持，同时也为消费者提供更多的商品促销、打折、定制与增值服务等方面信息。

(2) 提高客户满意度和忠诚度　通过手机跟踪消费者可让消费者直接获得企业、商品、商场和品牌等信息，并体验到亲和服务，增加个性化服务空间。

(3) 新增价值　在传统实体商品销售上，增加数字化体验服务。由于消费者花费越来越多的时间在网上，手机和电脑就可成为商家维系消费者的"黏合剂"。

13.3　移动商务架构

上述分析可看出，当前在零售业中起主导推动作用的技术是RFID智能标签、二维条形码和移动商务等。RFID已在全球普及中，二维条形码也可通过软件在店内专用打印机上方便地打印出来。全世界已有数十亿人在使用手机，手机早已在通信的基础上提供强大的运算、存储、上网功能，特别以苹果iPhone为代表的手机，拥有近10万种应用程序，从而使手机成为最为普及的商务工具，故众多手机生产厂、移动运营商和各大连锁店等都千方百计地开发各种商业应用并移植到手机上，实现移动商务。据调查，2009年已有30%的零售商制定了自己的移动电子商务战略。

具体而言，移动商务将解决以下三个基本问题：

(1) 购物中消费者需要识别什么？如何在相关环节上使用移动通信？

(2) 如何用手机实现更丰富、更愉快、更有效的购物体验？

(3) 零售商店需要进行哪些改造？

本节主要围绕这三个问题说明。

1) 商品数据识别

商品数据识别是包括数据识读、存储与通信等基本功能在零售中的应用。它既可用于消费者对商品的识别，也可用于商店对消费者的识别。消费者对商品的识别用于建立采购目录、网上商品比较、直接选购交易等。图13-2为一个简单的商品数据识别示意图。图中涉及如下4种应用：

(1) 建立购物目录　现代人生活节奏加快，周末去一次超市往往购买许多物品。用手机扫描商品上的RFID或条形码标识并将其记录到手机中，就可方便建立采购目录，使购物时不至遗忘任何所需物品。

(2) 无线网采购　图中显示的牛奶、麦片等均是家中不可缺少的食品，每天要用，又因食品保质期有限，不宜一次采购量过大，故只能经常购买。此时，用户可将产品包装上的二维条形码拍摄在手机中，需要时将其发给商家，就能在线订购。商家将用户请购的商品品种、数量和价格及送货时间等信息回复订户，订户确认后就成交。整个购物过程只要按几次手机键就可，是最便捷的购物过程。

图 13－2　商品数据识别

(3) 查询比货　商家在了解到消费者的消费品种、数量与周期后,可在商业智能(BI)平台支持下,计算出用户何时将消费完产品,主动发送询订短信,提醒其采购。

(4) 广告导购　商家在对消费者采购商品类别、数量与频率等的分析基础上,可将同类新产品广告及优惠打折消息等发到其手机中。

2) 消费者识别

传统零售店是将消费者当做无差异化群体来看待的,即任何人出标价牌上的价钱都能买到一样的产品或服务。而电子商务却越来越重视客户之间的差异,并能由此产生一系列更能激励消费者购买的不同价格、优惠与折扣策略。而近年来全球商务倡议的"与消费者对话"的践行,更需要精确地识别与对待不同的消费者。所以,识别消费者是开展体验消费的基础,也是商业智能的中心。

消费者识别如图 13－3 所示。图中示意,当客户经过商场电子门禁系统时,可用手机刷会员卡,将消费者信息传到店内系统,同时,店方也可向客户发送相关广告、优惠商品等信息,涉及以下应用:

(1) 电子会员卡　许多超市都发行客户会员卡,登记客户姓名、性别、年龄、家庭住址、联系电话等信息。客户通关结算时刷会员卡,可统计客户来店次数、购买物品、货值等数据,是商店改善服务、引进商业智能系统的基础。但因现代人随身携带的各种卡过多而造成诸多不便,将其以电子记录存储在用户手机中,就可省去这些麻烦。

(2) 客流与门禁　客流量与销售额直接相关,通过店门的手机感应识读器,可统计出客流。还可看出一段时期内、一天内客流的波动情况。一些便利店由于营业时间长,可在夜晚关闭一些照明设备。当客户刷手机时,这些门禁、照明与店内各种智能装置就可开启,实现低碳环保式经营。

(3) 场内导购　现代商场面积庞大,场内货架林立、商品排放密集,且各路商品花色品种日益翻新,客户要找到每种所需商品位置越来越费周折。因此,将用户手机与场内各种传感装

图 13－3 手机识别消费者

置和近程无线网结合，可实现消费者购物导航，大幅节省客户时间，改善其购物体验。

消费者可先在手机内建好购物目录，进入商场时与智能门禁交换数据后，商场信息系统就能将其目录中待购商品所在的位置数据，如何种商品在商场的第几层楼面、第几排货柜、货柜第几层上的信息配以场内分区图发到用户手机上，这样，用户就可直接、方便地找到所需商品(如图 13－3 中左侧手机示意)。

(4) 促销宣传　当客户用手机与商场门口感应交换购物目录后，系统可将店内与客户采购目录相关商品信息、促销券、优惠打折品目录等发给客户(如图 13－3 中右侧手机示意)；同时，当客户接收了某件优惠商品信息后，销售时就会自动优惠结算。

一些商场正在采用装有传感装置和近程无线通信功能的货架，当用户进入货架感应区范围时，就可用手机查看该架上的货品信息。

(5) 商家管理　对商场而言，入场客户的信息与商品目录、货物销售数据及后台分析系统对接才是最重要的应用，具体为以下几个方面：

① 通关时自动扫描与结算用户所购商品。

② 对客户类型与其所购商品品种与数量、消费者购物周期等进行统计分析。

③ 在线观测商品打折与优惠宣传的实效。

④ 当库存商品达到预设警戒线时，发出缺货提示，提醒商场进行订货。

⑤ 统计并排序各类商品的销售节奏，分析客户的购货目录，进行销售关联性分析等。

⑥ 通过店内外的互动式数字标牌与客户进行互动。

(6) 其他应用　在店内传感网和计算中心的支持下，商家可从售前与售后上延伸其服务链，进一步改善客户购物体验。如商场可将传感网的覆盖范围扩展到停车场，将车位管理纳入购物服务中。驾车用户到达停车场区域时，商场可将可用车位信息发送至用户手机，甚至可开展车位自动预约服务，以解决城市中停车难的问题。

服务后延领域，许多商家均在商业智能系统支持下开展客户购物提醒服务，即商场通过对消费者的购物数量、品种、频率统计的基础上，可分析出消费者家庭的大致消费结构与节奏。

3）客户信息交流

客户购物时最需要的是消除商品信息不对称。由于包装受到商品自身体积、外观设计、印刷面积等的限制，不可能将更详细信息印在包装上，加之许多新型科技产品的功能日趋复杂，各种技术参量、规格型号难于理解，一般客户无从了解其内部性能与品质间的区别，而产品说明又包装在商品盒内，购买前无法查阅；加之许多高科技产品的说明书都是颇厚一册，根本无法在购物现场研究。

为此，客户可通过扫描物品上的条形码或 RFID 标签后联网阅读该产品生产、质保、防伪及相关信息，如图 13－4 所示。必要时可访问厂家网站直接与其客户服务部互动交流。

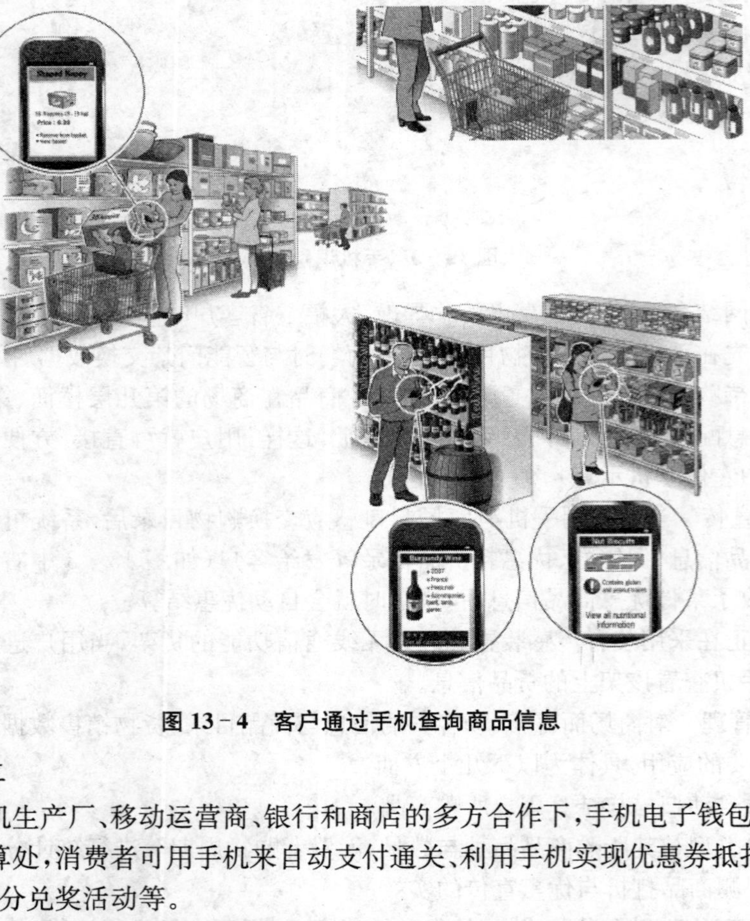

图 13－4　客户通过手机查询商品信息

4）通关结算

目前，在手机生产厂、移动运营商、银行和商店的多方合作下，手机电子钱包功能已开始普及。于是，在结算处，消费者可用手机来自动支付通关、利用手机实现优惠券抵扣、参与定额消费奖励活动与积分兑奖活动等。

其技术实现也很简单，消费者所购物品都有电子标签，客户进店时已将手机号扫读到店内系统中，当其出店时，感应结算装置将每件商品的标签与客户手机号及其扫读的标签信息相关联，再调出各种优惠、折扣、用户积分奖励等的计算模式，计算后将结果显示在用户手机及通关屏幕上，客户确认后即可。

5）不动产营销

随零售业外，移动商务还进入到最难在线营销的行业——不动产买卖领域中。2008 年金融危机到来，美国房地产泡沫破裂，大量次贷抵押房被抛售上市，由于时间和距离的不便，选房者不能一次看到多套房源。此时，房地产商就将房源资料上传到网络上，并给每套房源一个二维条形码目录。客户选房时，只需通过手机点击目录中的二维条形码图像就能查阅对应的房屋图片和文字信息，如图 13-5 所示。

图 13-5　手机查询房产信息

13.4　移动商务的实现

移动商务的实现需要商品制造企业、零售商、移动运营商、手机制造商、软件开发商、系统集成商和消费者等多方组成一个共赢的利益体。针对自动感应式结算系统，涉及 RFID 标签及其与手机识读功能、智能货架系统、店内无线网及定位导航应用、新型手机、商品标识系统、开放标准等、只有各方相互间通力合作才能实现。

1）全球数据同步网络

全球数据同步网络（Global Data Synchronization Network，GDSN）是全球标准商品标识代码系统，是一个全球联网的，包括商品目录全球注册、标准分类以及标准认证的入口数据池（Data Pool），目的在于支持各交易伙伴间商品数据变动的全球同步化，是由国际物品编码协会（GS1）管理运行的分布式商品数据资源中心。

GS1 提供全球条形码、RFID、数据交换、数据结构与识别索引码（Keys）等领域的标准，为每个产品配置唯一编号的条形码。条形码包含全球交易品项码（GTIN）、附加序号、全球地址码（GLN）、附加信息条形码（GS1-128）等。GS1 具有 30 年以上研发供应链识别标准的经验，标准为全球采用，因此在移动商务领域起日益重要的作用。各国企业唯有执行 GS1 全球开放标准，具体即 GDSN 体系，其电子商务活动才能不受企业、行业与地域限制，通行世界。

GDSN 使全球供应链上的贸易伙伴能在同一时间，对每种商品使用全球唯一的数据代码标识，这一标识在形式上，可用一维的通用商品条形码（即传统的 EAN/UCC-13 码与 EAN-128 码）。在全球经济一体化的形势下，一种商品可能在世界各国的各家商店中销售，只有所有商店均使用标准、唯一的商品代码，对跨国零售企业和制造商的经营管理系统才有实际意义。因此，零售企业除非对于无法进行规范化包装的商品，如只能按计量零称销售的商品（蔬菜、瓜果等），需要店内现场制作条形码外，其他规范包装的商品均要按国际物品编码协会的标准统一印载条形码标志及其对应的全球唯一的商品品种号。统一管理并维护这一系统，并以此作为各种应用系统主识别数据的，就是 GDSN，它动态提供给消费者全球每种规范包装产品的标识数据。

因此,制造商需要及时将其按规范编制并印刷在包装上的商品数据发送到 GDSN 库中。零售商则应加入这一体系,采用该体系来进行供应与销售链的管理,并在必要时增加相应的内部管理数据项等。

2) *零售商移动商务的实现*

零售商需要对传统通关扫描设备进行升级改造,增加能感应识读 RFID 和开展移动交易的设备。要求制造企业在其产品包装中增加 RFID 标签,使用 GS1 的 GDSN 的数据。GS1 标准大致分为编码体系、数据载体与电子数据交换信息标准三大类,通常以 13 位的商品条形码为这一编码体系的载体。目前除传统的线性条形码(一维条形码)外,又有二维条形码如 QR Code(即快速响应码),RFID 标签则以芯片为存储的无线射频识别载体,从技术应用角度来说,通称这些 GS1 标准为"自动识别数据获取"(Auto Identification Data Capture)技术标准;GS1 有关电子商务标准(e-Com)有 EDI 和 XML 信息标准,因此,从零售商的需求出发,应要求供应商积极采用 GS1 的 GDSN 标准数据。

零售商的其他功能要求是:

(1) 扩展包装　即通过产品扫描后,能使用户阅读到更多的、有助其购物的资料。

(2) 移动优惠券服务　能支持各种打折优惠模式,将消费者在本店的当次消费和历史情况相结合进行促销,使其更具个性化。

(3) 移动支付　提升交易效率,完善购物体验。

(4) 客户服务　与消费者建立进一步的关联,提供额外的服务与价值。

3) *产品制造商移动商务的实现*

产品制造商应采用 GDSN 代码来标识其产品和服务,包装印刷上应符合通用商品条形码规格标准。在企业信息系统中,应尽量利用现有产品条形码作为产品信息管理的切入点,以保证在生产和供应中都能遵守 GS1 标准,需要增加新产品标识数据时,应尽量将其报送给 GDSN 并加入其中。

随着全球零售业巨头沃尔玛、家乐福和麦德隆等力推 RFID 标签,产品制造商也必须在产品包装上加上 RFID 标签。RFID 标签以芯片记录产品信息,理论上可比条形码容纳更多数据,但其容量越大成本就越高。为让其被普遍应用,全球电子产品编码协会(EPCglobal)主张使用 96 位 EPC 标准码,仍采用条形码识别 ID 结构,以一串编码为检索存储于系统中信息的主数据项。该 96 位的产品电子码(EPC),其容量足够涵盖全球对象唯一性编码。

在代码使用上,除用于零售商扫描结算外,制造商同样也能从其中受益。主要体现在前端向采购与供应链、后端向数字化营销方向延伸。

早期企业间的商务电子化采用电子数据交换(EDI),随着互联网商业应用的深入,业界倾向使用 XML 发展 Lite EDI 或 Web EDI。目前 GS1 倾向于使用 UN/CEFACT(即联合国与欧洲经济委员会联合发布的 EDI 贸易数据标准)来发展商业 XML 标准,即 eCOM。据 GS1 统计,2007—2008 年全球使用 GS1 eCOM 标准的企业超过 10 万家。该标准最大特色与优势是采用 GS1 的唯一性编码作为企业间信息交换索引键(ID Key),让全球各国供应链伙伴均使用共通语言,可大大节省信息系统运行与管理成本。

在数字化营销方面,主要是通过引入"虚拟包装"或"数字包装"的概念,将每件商品变为一个直接与消费者精确沟通的窗口。当消费者选购商品、用手机识读商品上的 RFID 或条形码时,就可连到企业网站上,一是能直接验证该产品的真伪性;二是能获得比包装上更多、更详细的商品产销履历,增强消费者的购物信心;三是获得更多更详细的产品信息;四是开展电子营销。

(1) 验证防伪　RFID 标签可隐匿在商品包装内，使其具有较高的防假冒性。用手机感应识读时才能获取其中的数据，还可到企业网上作进一步验证，大大提高了不法分子的造假难度。

(2) 提供商品产销履历　许多产品，特别是食物、农产品、药品等均与消费者人身安全相关，各国对这方面的要求日益重视，相关规定日益严格，其中最重要的发展就是产品“可追踪性”(Traceability)制度的建立与推广，管理上将从农场到餐桌之间的全程记录称为“产销履历”。

(3) 获得更多的商品信息　许多产品，虽不存在真伪问题，但其是否适合于具体消费者使用却可能因人而异。如许多快餐被称为“垃圾食品”，并非指其清洁层面上卫生与否，而是指其在营养结构上的卫生与否。于是，一些快餐店就辩解称，世界上没有“垃圾食品”，只有“垃圾吃法”，即部分消费者不适当地经常或大量食用某种快餐的做法。为让消费者更科学地食用快餐，他们就将每种食品中的热量数据以二维条码印刷在包装上，消费者用带有条形码识读功能的手机拍摄二维条码时就可读出，由此判定其是否适合食用。

(4) 电子营销　电子营销可视为网络营销的一种，用手机与企业网站相连，可直接进入待购商品页面查到更精准、更详细的信息。同时，由于零售店未必会购进全企业的所有款式产品，故通过检索客户可能会找到比店内更为合适的产品。

4) 手机技术要求

能支持移动商务和条形码及 RFID 识读的手机，除在硬件上有一定的要求外，还需相应的软件支持。由于移动商务是物联网时代的主导应用之一，故许多手机生产商都应在以下几个主要功能上满足要求：

(1) 应该有一定的光学识读、处理和存储能力，能读取并显示 GS1 的标准一维、二维条形码和 RFID 标识数据，并能解码还原和显示其代表的含义。

(2) 具备本地互联网连接功能，支持通过标准的一维、二维条形码和 RFID 标识来查询相关内容。条形码可以是代表产品、货架、显示牌、会员卡、优惠券，以及其他形式的数据载体。

(3) 支持多种近程无线网络通信标准(如蓝牙等)，以确保内容的准确传输和显示。

(4) 支持位置服务(LBS)，即通过对手机的定位为消费者提供店内购物导航服务等。

(5) 支持电子钱包功能，用户可通过手机进行结算。

13.5　物联网商务应用案例

13.5.1　国际企业导入 GDSN 系统

全球电子商务的普及，促成对世界范围内唯一标识一种产品数据的标准化需求日益增长，而统一商品标识数据系统的建设、管理与维护是一项世界级工程，特别是全球每天都在产生大量新的产品，其标识数据将不断进入该系统。所以，全球生产商和零售商采用 GDSN 开发各类应用是一个总趋势，否则就难于融入世界电子商务体系中。

本节介绍的几家跨国企业，都因导入 GDSN 获得效益。但它们在导入过程中都经历了作业流程再造。因为，GDSN 并非只是一种可“即插即用”(Plug in and Play)的工具，需要企业重新审视其作业方式，从国际经营角度，是对企业及其关联的生产数据链进行更有效的改造与运作。

1）宝洁公司全面导入GDSN

宝洁(P&G)公司是全球最大的日用化工品生产企业之一，旗下拥有200多个知名品牌。为布局其全球电子商务系统，已在各国导入GDSN。其任务是：第一，创造可以进行数据同步化的能力；第二，提高传递数据质量；第三，将导入GDSN的效益与消费者关联，创造更大的消费者利益。

宝洁已经有一套完整的企业对企业(Enterprise to Enterprise，E2E)电子商务系统，现逐步采用GS1的全球商品统一标识数据为其主文件数据，以此对各上下游原料供应商和零售店供货进行管理，这将改变原先的“重量与尺寸”(Weights and Dimensions，W&D)为特征的管理准则。系统目标是：在一定容错范围内，“重量与尺寸”系统内的数据，必须等同客户实际拿到的货品重量与尺寸。宝洁认为，与零售商之间共享正确的商品重量及商品尺寸的数据，能够为买卖双方带来效益。这一主数据转换后，给宝洁公司带来的效益如下：

① 减少重复的计量流程。

② 提高货运效益。

③ 不再需要第三方提供的计量服务，节省成本。

导入GDSN给各国批发商与零售商带来的效益为：

① 减少测量过程与其衍生的成本。

② 提升货品配送效能。例如，Wegmans公司因与宝洁合作，使用正确的重量和尺寸数据，运送货品的能力提升了18%。

2）可口可乐以GDSN重组产销数据链

可口可乐是全球最大的碳酸饮料生产企业，产品供应世界各国。公司近年来致力追求与各类企业建立新合作模式，而导入GDSN就被视为其中核心环节。实施的重点，是美国境内各区店铺的直接配送(Direct Store Delivery，DSD)，因其各产品的品类数据同步化作业尚落后于各仓库与零售点，造成管理系统中的不便。

为此，可口可乐与GS1共同合作，建立了数据质量架构(Data Quality Framework)。2008年已对60%的商品数据进行过维护与整合，2010年将全部完成。其全球策略是主导全公司的数据质量流程，对其覆盖全球的批发商、零售商、消费站点等的销售与供货数据进行全面的符合GDSN要求的运行。

3）家乐福全面导入GDSN与GPC体系

家乐福是总部在法国的全球第二大零售连锁店。为应对电子商务时代的挑战，家乐福需要全面提升其经营管理水平，要求供货商以以下三种指定方式，将交易商品的所有相关数据传输到家乐福：

(1) 网络平台　从指定的网络接口平台输入数据。

(2) 点对点数据传输　是指供货商将数据直接从内部系统传输到家乐福系统，中间不经过其他的平台或界面。

(3) 全球资料同步　供货商将商品数据输入到GDSN认证资料库中并发布。

家乐福法国总部要求，2008年底前所有食品制造商均实现GDSN在线作业，非食品供货商则在2009年二季度完成上线作业。西班牙与比利时等也将随法国脚步导入GDSN系统。

全球产品分类码(Global Products Classification，GPC)也是当前一种重要的国际分类标准。此前许多国际标准均以产品为对象，或以行业为对象进行分类，随着现代服务业的兴起，各种服务交易也成电子商务和现代供应链管理的重要对象。GPC 就是以联合国标准产品与服务分类体系(Universal Standard Products and Services Classification, UNSPSC)为分层架构,产生不同产品与服务项目区块(Brick),再进一步导入其多种特征(Attribute)与属性值(Value),从而能更精细地描述产品与服务项目。

4) 百思买实行内部管理标准化

百思买(Best Buy)也是名列《财富》500 强的全球消费电子零售商。主营消费电子、家居办公用品、电器、娱乐软件及其相关服务等。近年来,企业开始要求其供货商使用 GDSN 与全球产品分类码 GPC 系统,要求供货企业提供给 Best Buy 的商品资料均以 GPC 为分类标准,以满足其内部管理的数据标准化与统一化。

百思买在采用 GPC 体系时针对其实际需要进行了一些兼容性改革,如对 GPC 的标准分类区(Bricks)进行调整,将其作为产品品种分类层(Category)。进一步,百思买在销售渠道中将各店家的 GPC 商品分类层级架构应用于税务系统,以提升数据的正确性。此外,GPC 最重要的应用是供货商的新商品数据,被正确地传送到百思买内部的产品信息系统(Product Information Manager, PIM)系统。这是因其经营的电子类产品具有品种规格极其庞杂的特性,如仅以简单的 U 盘为例,其存储规格就有许多种,加上许多电子品厂商都生产,且一家企业又可能有多系列产品名称,故数据量就会很大;加之电子类产品的市场周期都相对较短,更新率高,数据变化自然就快。如所有产品的数据均由一家企业来建立与维护,必然投入巨大,且其他上下游企业的系统未必接受。因此,最好的解决方案就是通过第三方权威数据中心来管理与辅助维护,各家企业均直接采用其标准数据或在其基础上进行适当兼容性修改,才能建立起覆盖产、供、销一体的数据链系统,所有相关企业均能由此受益。

例如,百思买的供货商通过 GDSN 系统,将商品数据与百思买同步;除了直接能吻合百思买内部的商品分类层级之外,百思买的商品数据能根据 GPC 的分类区来定义。于是对供应商而言,其数据上传到 GDSN 系统后,就能满足包括百思买在内的各大专业与综合零售商的需要,对其商业经营是极其有利的;而包括百思买在内的各类专业与综合零售商也能直接从 GDSN 系统获得动态维护的标准商品基础数据,使各方产生明显的经济效益。

2008 年,百思买已在 PIM 系统内完成 333 项产品品类分类层级的定义,吻合 GPC 中的 329 项区块分类,实现了与全球商品数据的国际接轨。

13.5.2 沃尔玛建立基于互联网的交易系统

1) 需求背景

沃尔玛是全球最大的零售连锁超市,为应对互联网时代的挑战,沃尔玛在 2002 年决定将其新管理系统建在互联网上,以求交易运行速度更快、成本更低、可靠性更大、安全性更高,并以更低的成本交换关键数据,如采购单、发票和预先发货通知。

尽管沃尔玛此前拥有自己覆盖全球的卫星通信系统,可管理到旗下的每个分店和物流车队,并采用了电子数据交换(EDI)系统,但在网络时代,要具备更强的竞争力,就必须与更多的供货商系统建立动态联系,并能进一步适应电子商务时代的购物管理需求。

2) 系统升级内容

由于此前沃尔玛已有完整的商务管理系统,尽管这些技术有些供货企业尚未采用,但因这些技术成熟稳定,且沃尔玛在此系统上已沉积了大量的数据和运行经验,故只能采用渐进改良方式。沃尔玛要求新系统利用互联网传输传统 EDI 信息,并希望将其变为零售业提供供货商和分销商之间企业对企业(B2B)信息交流的主要方式,还希望供货商转变以往使用的电话网和增值网(VAN)信息交换方式,鼓励其采用基于互联网的 EDI(EDIINT)方式。

由于 EDI 采用结构化形式记录与交换商务信息,故在移动商务和物联网环境中,它能较好地支持各种销售、管理与客户服务业务。

沃尔玛选择了 EDIINT AS2 标准来管理自己的互联网 EDI 系统。这是一个基于互联网标准的协议,以有保障的、安全可靠的形式通过 HTTP 交换大量信息。AS2 提供"已确认的信息交付",还有带加密的数字签名的安全性保障,加之互联网更快的速度和更低运行成本,自动传送供货商和分销商之间的信息,能改进业务合作伙伴传递信息的及时性。

AS2 标准在零售业和消费品制造业被广泛采用,用来传输传统的 EDI 信息和 XML 信息。沃尔玛采用了 IBM 的解决方案,通过使用 IBM 的 Websphere Business Integration Connect,沃尔玛的供货商能通过 GDSN 与自己的数据中心及所有贸易伙伴进行数据交换。

3) 导入 RFID 应用

在上述系统建成并稳定运行后,沃尔玛从 2005 年开始,要求其供货商在货物上加入 RFID 标签,结果在其仓储管理和各销售店的后场管理和货品上架业务等方面取得了良好的效益。据沃尔玛粗估,由于 RFID 系统的应用所节省的成本约为 83.5 亿美元,其中因 RFID 通关和后台统计取代了传统条形码扫描所节省的人力成本就将近 70 亿美元。

传统商品进货时,由供应商将商品送抵仓库后,由仓库保管员一件件地清点品种、数量、等级甚至制造日期等细节,所需人工较大,且容易出错造成双方损失。RFID 应用后,商品收货就十分简便,因为每件商品上都附有 RFID 芯片,且数据容量比传统的商品条形码要大,故当整批货物通过识读器时,能自动将各芯片记录的商品名称、数量、制造日期、产地、品级等数据采集到系统中,不但能加快收货速度,也提高了正确率。

13.5.3 智能型收银系统、智能购物车、电子货架和智能结账台

物联网技术导入零售商场带来了消费者购物的变革,店内的许多商用设备也将增加许多新的功能,一些公司为此进行了研发,推出了一些新型的商用智能设备。

1) 能对使用期限进行把关的收银机

信息技术的普及不仅带来销售的便利,更能提升其安全性保障。

"纪ノ国屋"是日本第一家以超市形态提供服务的商店,其后更有许多日本第一的服务产生,诸如日本第一台果汁贩卖机、高级冰淇淋销售等,它在东京各黄金商区皆设有分店,定位为高级精致的超市。在发生了多起食品安全问题之后,"纪ノ国屋"不仅在销售产品的第一线上开展最严密的把关,还在 2009 年导入新一代的 POS 系统,消费者在付费购买时,商家不但能通过触控面板与后台通信,掌握存货状况,系统还能自动找零,有效减少了找零的错误并提高了结账的速度。

系统采用 NEC 开发的 DCMSTORE - POS 机,除了自动找零、纸钞兑换等功能外,还具备自动感知产品信息的把关功能,能在结账时辨认出已超过有效期限的商品并立即告知收银员中止结算,为消费者权益提供多一分保障。

2) 智能购物车

近期,Mediacart 公司推出了一种智能购物车,其上有平板计算机,能通过无线网络与店内

系统联结。其功能是向消费者提供查询价格、商品位置、商品信息、促销售信息等。再配合会员数据的输入，能查询会员消费状况、购物清单、规划店内的购物最佳路径，甚至能根据过去的消费记录建立优惠打折模式。

同时，这种智能购物车也可以和电子货架联结，在消费者经过货架时向其发送个性化的广告与促销信息，还可对客户购买的货品进行自动通关结算。

3）电子货架

电子货架是在普通货架上加上 RFID 接收器，它首先有助于商店库存管理。通过该接收器感测本货架上所陈放商品中的 RFID 标签，后台系统可动态了解货架上陈列商品为何物，数量多少，甚至连保存期限都可知道，故对商品库存管理与盘点都有极大的帮助。商品被取下、放回的信息随时可知，也可感知目前在货架上的商品是不是被消费者错放了，提醒店员将其放回到正确的货位处。

电子货架除了帮助库存管理以外，也能够与智能购物车结合，让管理者分析每一位消费者的购物情况，识别目前站在货架前的消费者，分析其最常停留在哪些货架前，是否采购并购买了多少该货架上的商品，从而可对每位消费者的购物行为进行商业分析，甚至结合手机短信开展店内个性广告服务等。

4）智能结账台

智能结账台使用长距离 RFID 接收器，能直接读取所有商品中装设的 RFID 标签，快速完成交易结账。该方式有别于传统超市以产品条形码扫描读取通关的技术，条形码扫描通关需要一批实体 POS 通关障碍台，要一件件地扫描条形码才能够进行交易金额计算，常常在这一环节形成人流拥堵，特别对刚下班购物后亟待回家做饭的上班族来说，排队结算现金支付简直就是一场梦魇。

而智能结账台可以不设任何有形的通关障碍通道，消费者走过结账区时，RFID 接收器感测并读取每个购物车上或客户以其他方式携带的商品上的 RFID，立即将其购物清单显示在出口屏幕上，帮助消费者确认购买产品的数量和金额，避免误会的发生。客户只需确认、完成支付就可，而这一过程中客户甚至可以无需任何停留，从而大大改善了购买消费体验。

13.5.4 麦德隆未来商店，用物联网技术打造体验式购物环境

麦德隆是德国零售业巨头，在全球零售业排名第四，目前在世界有约 2 200 家门店。2003 年，麦德隆启动了未来商店试验计划，其主要内容是通过 RFID 的应用来提升供应链效率、员工生产力以及个人购物助理（Personal Shopping Assistant，PSA）系统，以提升客户服务水平。后来又推出移动购物助理（Mobile Shopping Assistant，MSA）系统，从建立购物清单、查询商品信息、搜索商品位置、即时消费金额计算，直到结账付款等，均能一机完成。同时还新增了许多体验式销售服务，如护肤信息终端机能提供肤质检测、合适化妆品推荐，现场人脸摄影即时彩妆造型；自助品酒柜台，可自动验证饮酒者的年龄，先尝后买；独立的运动器材体验空间，提供虚拟现场的运动环境背景音效和为消费者量身订制的健身方案；全程透明化的肉品生产区，让消费者了解肉类加工处理的整个过程，使其购买安心，食用放心。

麦德隆未来商店内提供的商品与一般的连锁商店并无特别的差异，主要是从体验式购物的角度切入，通过新概念和新技术，寻求以个人化与互动性的新型界面建立与客户间的独特购物体验，提供客户更方便、更贴心的服务。

如麦德隆旗下的 Galeria Kaufhof 百货公司提供“聪明的魔镜”，让消费者购买服饰变得更轻松容易。该公司于 2008 年推出一项崭新的服饰消费科技化体验，通过 RFID 技术来改变消费者以往需要多次试穿和自行搭配服装及饰品的购买模式。公司将 RFID 标签置于店内的每件服饰上，随时取得店内服饰被消费者取走的记录，并可实时掌握现场服饰的库存与销售数量。不仅如此，还有一面“聪明的魔镜”，如某男士在镜前试穿一款最新裤装，“聪明的魔镜”就感应到裤子上的 RFID 传来的信息，就可进行后端数据库搜寻，自动从镜中跳出该男士最佳的上衣及配件搭配效果建议，帮助消费者进行挑选，同时也显示该上衣与配件的当前现场的数量。客户可思考家中衣柜内有无类似的款式，并可再选择其他的搭配，从镜中看到模拟后的效果，极大地改善了客户购衣体验。

13.5.5 移动打折优惠信息服务

1) 需求背景

Honeywell 于 2009 年 12 月开展了一项调查，结果表明，北美地区只有 4%的网友曾经兑换过移动优惠券，相较于 86%使用实体优惠券和 65%从网络或 E-mail 下载优惠券的比例，移动优惠券的实际兑换率还是很低。同时也显示，年轻人群显然对此较有兴趣，66%的年轻人表示愿意尝试使用各种移动优惠券。

有 10%的网友认为，用手机储存优惠券比起印出来更方便，5%的网友希望商家通过短信告诉他们相关信息。在愿意提供手机号码给商家以获得优惠券的网友中，18%希望能先上网查看优惠券的相关信息，再选择希望收到哪些活动优惠券。很少人对于被动接收到的优惠券感兴趣，这说明消费者主动寻找打折信息的时代已来临，这是各行业必须思考的。

2) ChaCha 行动折价券服务让消费者不再错过任何优惠

美国知名的手机实时问答服务公司 ChaCha，于 2009 年 10 月成立了在线的折价券平台，提供手机用户下载各式各样的折价券，到店家消费享受折扣。这个在线平台同时提供许多非常人性化的设计，除了可以按店家名称搜寻，也可以按产品分类搜寻，更可利用地图来寻找店家，对尚未加入活动的店家，消费者也可以直接提出折扣建议，ChaCha 会主动和该店家联系寻求合作，而每个折价券除了有详细的优惠项目，也会提供店家详细的地址和如何到达店家的信息，让消费者在使用的每个环节都获得最简便贴心的服务。

由于 ChaCha 拥有全美超过千万数量的会员，故许多商家都有兴趣加入这个折价券服务平台，很快就有 200 家以上的厂商加入，折价券的种类分成 13 大类，包括居家服务、宠物、美容美发、餐厅、娱乐和汽车等，这个行动折价券的服务吸引了消费者的加入，也因此带动一批店家的业绩。在经济不景气的年代，消费者务实购物，这样的服务内容切中了消费者的需求。根据估计，全美 2010 年上半年以来，折价券兑换的比例比 2009 年同期增长了 23%，一共有超过 16 亿的兑换次数，预计全年将会有超过 30 亿次的折价券兑换。

ChaCha 的 CEO 指出，他观察到虽然几乎每个消费者对于折价券都很喜欢，但实际上使用的却不多，主要的原因是总会将其搞丢或是忘了带在身上。而一旦忘了带折价券时就有很高比例的客户会打消购买念头。为解决该问题，ChaCha 甚至向商店提供打印机，在消费者进店时通过感应方式向其发短信提醒，使忘带折价券的人可以用打印机现场印出其想要的折价券。许多店家加入这个店内打印＋短信提醒折扣营销行列，更加快了这项服务的扩展速度。

折价券服务后续增加了多项内容，包括主动和被动模式。如新的C3服务，就是让消费者主动索取的服务方式。消费者在任何时刻，只要编辑发送“C3＋产品名称”的短信，就会获得当地所有店家相关产品的促销活动信息。如发送“C3SPA”，就会收到当地所有美容保养SPA的优惠信息。这项服务抓住了喜欢买便宜产品与服务却又常搞丢折价券的年轻人群体，也让广告商更精准地接触年轻的目标消费群，并在第一时间刺激其购买欲望，通过年轻人喜欢分享的个性，加强传播的力道，增加扩散的宣传效果。此外，ChaCha也提供店家名单，只要发送“BIZ＋产品类别或产业”的短信给ChaCha，就可以收到当地相关店家的名称、电话和地址等信息。

在被动服务模式方面，消费者可在Chacha上注册成VIP，选定喜欢的店家，ChaCha就会定期发送该店家最新信息、活动或优惠项目给消费者，这种自愿加入名单的方式，不但免去垃圾短信的困扰，也大大提高了折价券的兑换率。这一服务确实能拉近消费者与广告主之间的距离，实时化的服务在这年代将更能掳获消费者的心。

13.5.6 英国TESCO的客户忠诚卡营销

TESCO是全球第三、英国第一的连锁超市。据统计，全英有90％的人常到TESCO消费，英国每100英镑的花费开支中，就有25英镑是花在TESCO的，说明该店经营额已达全英消费支出的1/4。这与该店采用先进IT技术，以“我只在乎你”为口号，重点打造能针对每位客户开展精准营销的CRM系统密切相关。

1）客户忠诚卡体系

TESCO的长期研究表明，从顾客消费额来看，忠诚度最高的前100名客户和忠诚度最低的4 000名客户，这两个层次客户所积累的消费收益对店方是相等的。所以，TESCO从1995年就推出俱乐部卡，并重视每一位客户。TESCO通过俱乐部卡记录客户的消费行为，客户每次购物均可积累点数，系统再统计分析出其个人消费习性，有针对性地发放商品兑换券，以此来精准地创造并维系客户忠诚度。

举例来说，夫妇二人都是TESCO会员，他们每月会收到会员专刊，其中都有优惠券，但先生与太太两人收到的优惠对象不同。如太太常常收到儿童营养品优惠券，先生则收到啤酒、碳酸饮料等食品优惠券。如太太两个月连续购买洗手液，但第三个月未再购买，TESCO就能察觉到，就会给她寄上一张洗手液积点兑换优惠券，提醒其购买。

这说明，TESCO强大的会员关系管理系统已能做到一对一的营销，能分析每位客户的消费习惯，针对不同客户提供不同的商品信息，提供不同的优惠策略，实现精准营销。TESCO还将营销活动费用节省下的成本反映在商品价格上，回馈给忠诚度高的客户。另外，其俱乐部卡无时间限制，能使消费者无限期地积累对TESCO的忠诚点数，直到这些点数足以兑换其想要的商品或服务优惠，包括提供贷款、保险、汽车、信用卡和加油等项目。

2）系统支持

TESCO通过客户关系管理系统将“我只在乎你”的精神发挥到极致，成为其站稳全球第三大超市脚跟的基础。其精准营销系统运行后，为企业提供了长期、稳定、不断扩展的收益，成为商界以注重长远价值的客户满意度和持续回头率的客户忠诚为经营理念的典范。当然，其后台营销管理功能的强大，是建立在前台高效率、高灵敏度支撑的商品销售感知与分析系统上的。

13.5.7 手机支付方式渐成主流

1）手机取代刷卡机

自从信用卡问世以后，很多人就不再用现金结算了。信用卡带给消费者延迟付费、便利分期付款以及安全等多项好处，但还是有许多店家不方便提供刷卡服务，给消费者带来不便。著名微博 Twitter 的创办人 Jack Dorsey 在 iPhone 上开发了一个名为"Square"的程序，商家只要外接一个小工具，就能让 iPhone 成为一台刷卡机，商家除了利用 iPhone 进行刷卡外，还可以让消费者直接在 iPhone 上以指纹签名代替以往的纸本签账。消费的收据通过电子邮件发送到消费者的信箱或是以短信传送到手机里，取代纸本签账单。

通过这项服务，店家不再需要刷卡机，只要有 iPhone 手机，即使路边摊点都能开展刷卡消费，大大提升了消费的便利性。在提供给消费者的电子收据上还会显示此项消费的时间、地点与金额等信息，方便消费者进行记账管理。

利用手机付费一直都是智能型手机重要的应用之一，目前常见的技术大多是利用近域通信(NFC)技术进行小额电子钱包扣款。随着"Square"的出现，让手机支付方式又多了一种选择。

2）从"西瓜卡"到手机钱包

从 1985 年日本 NTT Docomo 首先推出手机服务以来，到 2008 年 10 月，日本已使用 1.05 亿部手机，在日本约 1.28 亿人口(日本总务省统计)中，扣除 9 岁以下 70 岁以上的人口，平均每人有 1.1 部手机。除用手机通话、发邮件、上网、聊天、看电视、看动画、玩游戏等外，越来越多的日本人将手机作为电子钱包使用。如刷手机购买电影票并以其为凭证进入影院，手机电子车票，刷手机乘地铁，用手机存储各类俱乐部会员卡，用手机进行优惠积点，手机存储和使用虚拟货币，手机在线购物，手机超市购物通关支付，用手机拍摄自动售货机上的二维码购买食品饮料并自动结算，等等。

日本的 RFID 应用发展历程是从一种被中国人称为"西瓜卡"的 RFID 月票卡开始的。2001 年，以 JR 东日本铁路为先导，在地铁车月票上采用 RFID 技术，推广使用 Suica 作为车月票。Suica 由"Super Urban Intelligent Card"(超级都市智慧卡)的首字母组成，直译为"超级都市智能卡"，在日语中以 SUISUI 发音的单词含有"通畅"、"快捷"之含义，故又称"城市快捷卡"，但中国话发音似"西瓜"，故被台港戏称为"西瓜卡"。2008 年 7 月底已发行约 2 562 万张，采用索尼公司的 FeliCa 技术。

FeliCa 是使用 13.56MHz 的非接触式无线 RFID 技术，在感应范围内同时可以有复数的 FeliCa 装置通信。它与日本 Edy 电子货币、香港八达通及新加坡 ezlink 卡采用同一技术。

Suica 卡内有 RFID 标签，与我国许多城市用的公交月票卡一样，通过车站进出口检票机内的 RFID 感应读写器互通信息和储存数据来实现计费。它也是利用卡内的 RFID 标签与充值机中的读写器交换信息和向卡内充一定数额的可供消费的金额。将 RFID 用在这类系统中有如下一些好处：

① 卡片和读写器之间的数据传送为非接触式，持卡人使用方便，读写器不存在像磁卡读写器那样磁头易污染和磨损的问题。

② RFID 联网后很容易实现数据查询与后台交换。

③ 容易开拓其他服务业务。

④ 卡片可反复使用，寿命几乎无限，故成本较低，易为发行方和乘客双方所接受。

我国上海、北京等地的地铁先后导入了 RFID 收费系统，且上海市 RFID 计价收费的“一卡通”不仅可用于地铁，还用于公交车、出租车。但日本的 Suica 卡比较而言是最先进的，其特点如下：

① 完全实现了无人售票和充值。

② 还可以作为其他支付手段，从 JR 车站内或附近的一些加盟店铺可刷卡购物，后扩展到遍布各个大学的“大学生协同组合”便利店和很多餐馆，现普及到许多店铺内。

③ 在自动售票机上可打出使用明细，包括每次消费的车站入口和出口站名、时间、金额以及其他消费信息。

④ 当乘客需要发票时，可在自动售票机上打印发票。

2006 年，日本最大移动运营公司 NTT DoCoMo 与东日本铁路公司 JR East 合作，推出移动服务 Mobile Suica，即在手机中内置 Felicia 芯片，以手机取代原来的 Suica 卡，让使用者能随时随地用手机储值与消费，相关金额也可显示在手机上，成为手机电子钱包，取代车票与储值卡，并扩展到手机在线购物等应用上。

内置 FeliCa 智能芯片的手机在香港、中国内地以及新加坡等地已上市。日本在 2006 年 FeliCa 手机销售量就超过 1 000 万部，目前在全球的销售量已经达数亿部。

在日本，7—11、am/pm、Y’s mart、Family Mart、LAWSON、Circle K Sunkus 等许多便利店都支持手机付款服务。手机电子钱包结算，通过感应器只需 4 s 就能完成结账手续。同时还能参加各家商店的营销活动，如消费者只需用手机完成 500 日元以上的交易，就可用手机参加在线抽奖等。因此，手机电子钱包正日益成为大多数消费者不可或缺的购物工具。图 13－6 为消费者在便利店中刷手机结算支付。

图 13－6　刷手机结算

Inter WIRED 2008 年对日本民众对电子钱包的知晓度、各家厂商的使用率、使用地点等进行了调查，结果显示，有 56.4％的日本人使用电子钱包，比 2007 年增长 10.5％。关于日本民众对各家电子钱包厂商的知晓度，知道“Suica”的达 82.8％，其次为“PASMO”达 71.2％、“Edy”为 65.5％、“nanaco”为 60.8％、“WAON”为 50.6％，完全不知道电子钱包的仅有 4.8％。

在各类电子钱包的使用率上，“Suica”的使用率最高，达 26.1％，其他依序为“Edy”21.4％、“PASMO”12.8％、“nanaco”10.7％、“WAON”7.1％，完全没有使用电子钱包者仅占

1.4%。

在电子钱包的前三大使用地点上，以在"便利商店"的使用频率最高，达46%，其他依序为"地铁商店"32%、"自动售货机"26.1%。

由以上调查可知，日本电子钱包的使用已经相当普及且逐渐增长，且有将近五成(46%)的民众最常在便利商店里使用电子钱包进行交易。故从趋势上看，电子钱包能为便利商店的消费者带来更便利且迅速的购物体验。进一步的发展，带RFID芯片的手机将参与越来越多的购物应用，从预订飞机票、超市物品寄存、购物搜索与导引、产品数字验证、电子货币结算等，如图13-7所示。

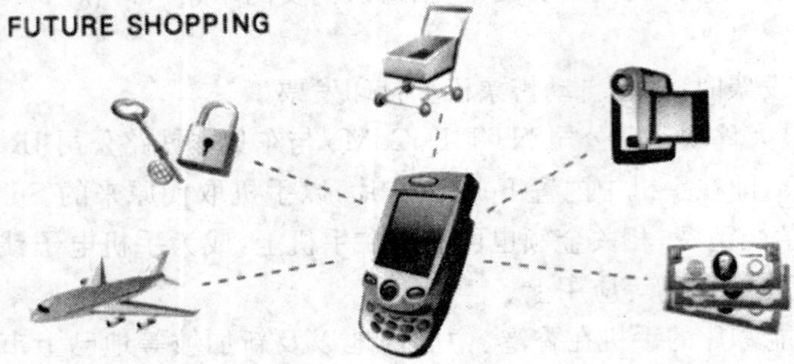

图13-7 手机在未来的购物中的应用

思考题

(1) 试述物联网在商业应用的特点。
(2) 试述物联网对零售方式带来的变革。
(3) 试述移动商务的优越性。
(4) 试述物联网时代的电子商务与当前电子商务的异同。

14 物联网在医疗保健领域的应用

［学习目标］

（1）了解远程健康护理的特点。

（2）了解远程健康护理涉及的相关技术。

14.1 概述

1）健康产业发展趋势

健康产业是又一个千亿级的大产业。据美国研究机构 Battelle 预测：健康产业高居 21 世纪全球 10 大产业机会之首，人们不仅重视疾病医疗，且越来越注重保健护理，越来越注重科学生活方式，积极改善生存环境，并将各种高科技手段应用于这一领域。物联网及相关信息技术将在该领域发挥日益重要的作用。

这一趋势首先体现在人们不仅健康意识日益增强，而且越来越多地将移动信息设备用于随时获取保健信息以及身体适应性的各种应用上。据美国相关机构调查，约半数 iPhone 用户及 3 成 iPod touch 用户曾用其来检索相关保健信息，并下载安装保健应用程序，其中以保健适应性程序下载最多，30％的 iPhone 用户使用健康饮食保健程序及其他相关应用程序，其中 10％下载专门针对特定身体状况进行保健的应用程序，如表 14－1 所示。

表 14－1　保健程序下载情况

程序	iPhone 用户	iPod touch 用户
保健应用程序	43％	32％
健康饮食应用程序	30％	24％
特定体况监测程序	10％	9％
其他医护辅助程序	30％	23％

将移动通信设备用于医患沟通的也越来越多。美国某研究机构的调查发现，超过半数的受访者愿意使用 e-mail 与家庭医师互动，并认为这样能减少与医师约诊面谈的耗时与不便。再进一步的应用，就是将各种新型传感装置用于远程健康监测与护理上，特别是针对老年人的各项生理参数感测、构建无所不在的保健网络上，这将是物联网应用的一大领域。

2）远程健康护理需求

纵观全球，欧洲、美国、日本及我国等均已先后步入老龄化社会（按联合国的传统标准，当一个地区 60 岁以上老人达到总人口的 10％；或新标准 65 岁以上老人占总人口的 7％时，该地区即视为进入老龄化社会）。据新华社报道，1999 年我国就进入国际公认的老龄化社会，60 岁以上老年人口占全国总人口的 10％，统计显示，截至 2008 年年底，我国 65 岁以上人口 10 956

万人，占全国总人口的 8.3%；统计数据还显示：随着我国人口老龄化的加速，到本世纪中叶，老年人将从现在每 9 个人中有一个发展到每 3 个人中就有一个。因此，和世界老龄化国家一样，“银发族”健康护理服务产业将在我国迅速发展起来，而老年人护理有其特殊性，在此趋势下，以实时化、全天候、便捷化和动态化响应为特点的健康护理产业必然向自动化、信息化和网络化方向发展。

为此，许多国家推出了老年人护理总体推进战略，如欧盟拟订了“银发经济与移动健康护理计划”的总体方略，芬兰国家技术创新局和芬兰健康福利中心提出“国家智能护理计划”；美国新罕布什尔州推出“电子医疗处方签”、佛蒙特州出台了“慢性病数字化护理系统”，日本则推进“Sukoyaka Family 21”计划等。

这些计划共同反映了一种趋势，即老年人的健康护理已从住院治疗转向居家照料。早期的护理由护士对居家病人作定期巡视，上门测量其各种生理数据，如血压、血糖、体重等。物联网在远程健康护理的发展，各国健康战略内容中都包括了老年人远程生理参数监控，多种生理参数收集、储存、分析与交换等远程监测与远程医疗（Telemonitoring、Telemedicine）内容，利用信息化无所不在的特点，将医护资源从医院和专业护理机构扩展到各个社区、家庭住所甚至办公场所，整合成覆盖社会的护理保健网络，形成以个人护理为中心的泛在健康管理（U-Health Management）体系。该需求将产生融合信息服务与健康管理为一体的新型产业，创造各类新型监护功能的家庭设备，也将开创物联网的最大应用领域之一。

对这一领域的认识，是应用普及的基础。美国的一项移动保健调查结果如表 14－2 所示。

表 14－2　美国消费者移动保健兴趣调查

项　目	指数值(相对吸引指数基准值为 100)
移动诊疗或咨询	144
移动式全程照护	137
移动式监测	113
移动式老年人监测	112
移动医嘱咨询服务	100
移动用药系统	88
偏远地区移动医疗	87
移动式皮肤检测	68
婴幼儿监测	52

物联网在这一领域的兴起将拉动一个庞大的产业。据日本通产省调查，全球老龄服务市场在 2025 年将达到 37 380 亿美元；台湾有关机构预测，台湾的老龄服务市场规模在 2025 年将达 1 089 亿美元，比 2001 年的 246 亿美元增长 3.4 倍，从事远程健康护理产业的规模企业 7 年内将成长到 50 家，投资额估计可达新台币 3 500 亿元，形成庞大的产业集群。同时，这一需求也将以多种新型应用，通过产业链形式拉动物联网的发展，涉及家庭护理端的新型监测与传感设备、运营端的新型服务支撑模式、系统集成端、医护数据中心、通信平台以及远程建康教育等。

除老年人外，伴随着社会竞争的日趋激烈，中年人的生存压力也在增加。大众疾病以慢性病居多，医疗需求也由治疗为主转为治疗与护理并重，由短期诊疗扩展到长效养护。慢性疾病多以周密监测、早期症状发现、积极防护、遵从医嘱定期服药控制等手段为主。而信息技术的进步，使各种监测仪器微型化、数字化、无线化，可以使各类人群的生理感知与生活质量得到极大改善，也减轻了医院和医疗保险机构的床位与财务压力，患者的开支也得以节省。以全球最大的美国远程监测护理市场为例，其年平均营业收入增长率高达 20%，说明该领域的发展迅速。进一步的发展，是使慢性病患者在旅行中也可通过互联网在当地获得类似的监测护理或指导服务。

传感器的普及和数据联网提供了以相对低廉的成本实时监测患者行为和症状的可能性，使医生能更好地诊断疾病，制定专门治疗方案。例如，各国当前进行的远程医疗试验中，多通过不同的传感器持续监测患者的日常身体状况，出现异常时可向医务人员和患者家属发出早期预警，否则，因未能及时发现病情变化而导致的住院治疗和急诊抢救，不仅费用昂贵，而且往往危及患者生命。在美国，仅仅通过对充血性心力衰竭患者进行监测管理，每年就能减少10亿美元的住院治疗和急诊费用。

3）远程护理应用

物联网技术和医护人员的专业知识结合将生成各类应用，在远程护理、疑难杂症的诊断与保健康复中发挥重要作用，主导功能是各类生理状况实时监测、异常提示、风险报警、远程指导和康复教育，并能支持偏远区域和医护资源缺乏地区的医护服务，减小医护资源鸿沟，形成远程医疗(Telemedicine)的新模式。

早期的远程医疗是医护人员通过电话进行病情的沟通和医疗咨询指导的，但具有多样化特性的巨量医疗信息，包含图片与影像等无法以电话沟通和描述。在物联网时代，远程医疗能改变医疗信息不对称的情况，达到提升医疗服务质量、信息共享、节省成本的目标。

在技术上，则以开发简单友好的人机界面，建立无所不在的监测环境，提供保健护理所需的专业信息资源，建立交互式电子病历，根据患者体质和心理情况等提供多种不同的监测与护理模式，使其获得连续、动态和高效的服务，逐步形成以集中机构服务型、“社区-居家型”和分散居家型的三种远程护理模式。

14.2 物联网在医疗保健领域应用案例

14.2.1 普通老年人看护与慢性病医护领域的应用

1）基本需求

在老年和慢性病患者群体中，医疗护理服务的特点是慢性病康复与护理为主，这一群体中常见的慢性病主要为糖尿病、心血管系统疾病、高血压病、高脂血症、呼吸系统疾病、精神性与心理性疾病等。根据著名的研究机构弗若斯特沙利文公司调查，高龄者中，高血压病患者数量最多，其次是哮喘与慢性阻塞性肺病(COPD)与慢性支气管炎，再次是糖尿病和心脏病。这些多发病的控制最好是定时甚至动态地对病员进行监测，以便在发病初期能及时采取正确的对应措施，达到早期发现、及时治疗，降低发病风险，提升老人生活质量，降低社会整体治疗成本之目标。

2）远程健康护理系统应用

远程健康护理系统，目前以美国加州的“健康英雄网(Health Hero Network)”的“健康伴侣服务系统(Health Buddy System)”为典型。

(1) 系统功能　健康伴侣服务系统是在广泛采用人体生物指标动态监测传感设备的基础上，以无线组网方式构成网络，实时与医院及护理中心相连，对患者病情进行实时监测。可监测项目及疾病超过45种，包括高血压病、心脏病、慢性阻塞性肺病、糖尿病、艾滋病、哮喘、慢性疼痛、睡眠呼吸暂停综合征、抑郁症、癌症、老年日常生活提醒、老年痴呆症活动监护、小儿哮喘、骨伤康复、术后监控、孕期看护、心理疾病、精神性疾病、情绪监测、行为监测、体重控制、防止滥用药物、综合健康管理、公共健康监控等。

健康伴侣目前能以标准护理内容为基础，提供交互式脚本编制监测规程和综合护理内容。通过传感监控技术，以医疗知识为内容，辅导患者，加强和改善其康复效果。系统在提高对病员护理水平的同时，又能从疾病管理、人体康复的角度为各类专科和综合医院、健康中心、政府卫生机构、疾病管理部门、制药公司和大学提供临床试验或研究资料。

（2）系统技术架构　远程健康监测技术主要由患者、传感监测仪、远程监测数据接口、后台数据中心和临床资料数据库以及医护决策支持系统等 5 部分组成。具体系统技术架构如图 14－1 所示。

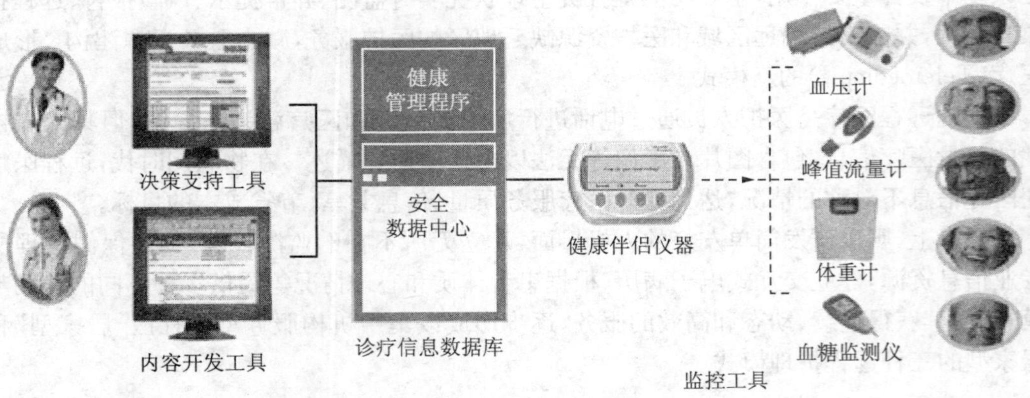

图 14－1　健康伴侣系统架构

图 14－1 表明，系统由决策支持工具、内容开发工具、健康管理程序、安全数据中心、诊疗信息数据库、监测工具等子系统组成，构成完整的患者家庭护理系统，对患者进行慢性病监测护理，同时开展相关的远程保健教育与咨询等服务。该系统组成一个泛在诊疗网络，将医护人员和各地患者动态联系起来。各部分功能如下：

① 诊疗信息数据库：是系统的核心，它在严格的数据安全和个人隐私保密前提下，管理内容庞大的电子病历及动态增长的监测数据，出具各类诊疗和相关研究报告，极大地方便了医疗护理工作。在更广泛的应用上，该数据库还能按疾病种类、分布地区、年龄状况、家族分支等进行疾病统计，观察用药依从性、膳食营养、起居习惯、运动和体重，进行护理满意度调查等。

② 决策支持工具：面向远端医护专业人员，借助物联网安全接收其护理区域中患者的生理监测数据，对患者进行实时健康分析和风险评估，产生护理群体的一系列监护数据，供专业人员参考。该系统可设定多种监测频率和巡护模式，在保证监测质量前提下进行无纸化数据收集和疾病管理。

③ 内容开发工具：从系统后台来看，医护数据的特点是多样性、交互性与增长性，且个体性和群体性数据总量庞大，加上病历病案等历史资料迅速累积，对数据管理有极高的要求，需用专业性很强的内容开发软件提供支持。同时，从患者前端来看，要能实现灵活性选择、个性化管理、简单化操作、及时化反应。前端仪器与后台数据库通过物联网通信，使临床医生能编辑现有的卫生管理程序，或针对患者需求提交新监测方案，以满足他们护理的患者个体和群体

的特殊性与一般性需要。

系统面向临床医生、护士和患者，操作简单且所选问题的类型丰富。例如：

- 多项选择，允许使用者从一系列可监测数据表中进行指标选择；
- 开关式选择，可让患者简单地以“是或否”或“真或假”进行响应；
- 数字输入，可让医生或患者输入数字；
- 范围，允许患者选择特定范围内的等级或数字，如一些计量表；
- 提示，让患者按接到的指令作业，并反馈患者的后续反应；
- 呼叫，可产生即时呼叫信号发送到数据中心，提请医生进行会诊；
- 读数，患者可读取各种医疗设备（如血糖仪、血压计或体重计）等的计数。

各子系统选项以护理为中心，包括了各种情况下可能的病症问题和参考答案，针对症状、护理知识进行辅助教育和提醒，以帮助患者更好地掌握自我护理知识并采用最适当的措施。

监测信号和数据均存入后台电子病历中，常规的标准化处理工具也被输入程序中，以跟踪患者的生理状况和临床医疗护理效果。

(3) 前端传感器　图 14－1 中系统的关键是右侧的监测仪器群，它以“健康伴侣”为中心，由多种专用生理指标传感监测仪组网而成，如图 14－2 所示。

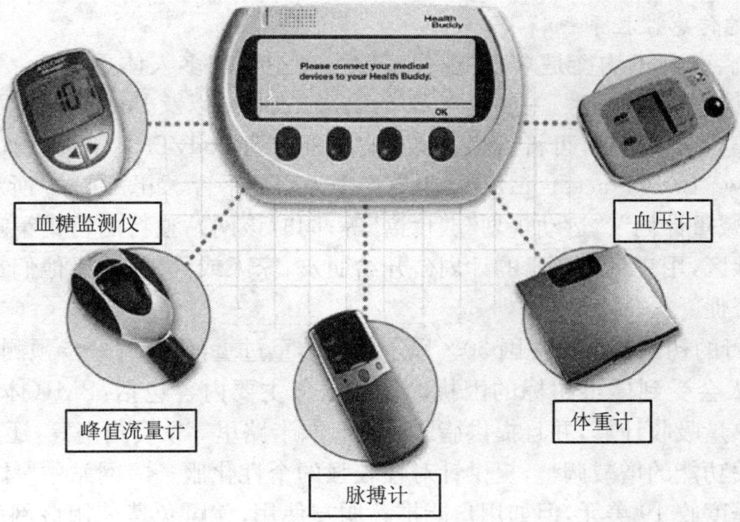

图 14－2　各种前端生理指标感测仪器组成的无线网

图 14－2 显示了各种部分前端生理测量传感仪，如血糖监测仪、峰值流量计、脉搏计、数字体重仪、血压计等。显然，对老年人及患者来说，各式监测仪器通过无线方式与图中央的“健康伴侣”相连，再由其发送到远端医疗中心是建立家庭监护环境的最好技术方案，健康伴侣是连接患者与医护人员间的数据界面，医护人员可根据患者的具体慢性病情况，选择图中相应的仪器供患者使用，帮助监测和评估患者的病情动态，可按具体病情设定个性化的监测程序，采集到的患者数据随即送回服务器进行处理。健康伴侣在收到各前端仪器的数据后，通过网络发送到医疗机构的安全数据中心，应用程序对其进行快速参数分析以评估风险。病况的危急程度可通过颜色等级来反映，如高危级别为红色，中等为黄色，低危为绿色等。监护人员可根据颜色判断危险程度以及是否需要通知医生前往处理等。

系统根据监测数据可提供趋势图和监测报告，向患者和医护专业人员提供实时数据。后台管理员可以创建基于个性化的或常规监测报告、病况趋势和康复结果，也可针对某几种指标进行详细跟踪描述，出具相关报告等。

14.2.2 专用护理感测系统

除上述较全面的生理指标传感监测系统外，还有一些针对中年人的专项传感监测系统，如睡眠、体重与智能提醒服药的系统等，这些专项应用也正日益普及。

1）睡眠传感监测系统

失眠是困扰许多繁忙都市中年人的疾病。美国 Fitbit 公司开发出一种微型健康监控系统，通过微型传感器来监控使用者每日的活动及睡眠质量，数据通过无线网上传至远端管理平台，并将其处理后转换为一般人可判读的数据，传输范围 7.5～15 m，使用者可每日上网了解自己的情况，并可与标准值进行比较。

由于传感器较小，可穿戴在任何衣物上，放入口袋、女性文胸或睡觉时夹在袖口等都很方便，电池可维持约 10 天。所有量测数据均可通过 Web 自动转换成使用者容易了解的形式，对于自我健康监控相当有帮助。

2）体重跟踪传感监控系统

饮食不节制、营养不均衡是众多"现代病"之一，造成许多人体重超标。美国 BodyTrace 公司推出"个人体重追踪服务"，主要包含 BodyTrace eScale 以及 BodyTrace WebSite 两部分。前者是一台无线数字体重秤，可将量测的体重自动上传至 BodyTrace 网站。而"个人体重追踪服务"网站（www. BodyTrace. com）设计为专用个人服务平台，如图 14－3 所示。用户可在专业指导下制定"减重计划"、"运动规划"、"食谱"等；同时该网站独特的营销策略又使其很容易形成一个减肥社区，用户可将自己的计划公开给朋友、家人或同事，希望他们加入自己的计划并提供交流与督促。

该服务推行的初因是由于美国 30％以上的人体重过重，研究进一步预测，2015 年将有超过 70％的美国人会受到体重超标的困扰。目前服务主要内容包括：BMI（体重测量指数）图表、饮食日志、热量吸收计算，并且提供脂肪、蛋白质、卡路里等饮食指南等，还可进一步视客户需求而进行相关功能的增减调整，提供针对性较强的个性化服务。网站中"体重追踪服务"的营销策略是每季度收 19 美元，但如用户能推荐朋友使用，就可免费使用该网站服务。故在此优惠策略鼓励下，很容易形成网上减肥社区，能较快发展用户群。

3）智能药罐、智能水瓶与智能手杖

工作和生活的繁忙，会使许多人忘记按时服药，而一些老年人也往往忘记吃药而令家人挂牵。美国的 VITALITY 公司和日本象印公司分别开发出智能药罐和智能水瓶，从不同角度解决这一问题。

（1）智能药罐　美国波士顿的 VITALITY 公司在 2009 年开发出一款可提醒患者吃药的"智慧型药罐—GlowCap Solo ＋ Connect"，其盖子会通过闪灯、播放音乐、拨打家庭电话等方式来提醒患者按时吃药，并每周发电子邮件给护理师、保姆或家庭成员，还能出据一份经医师确认的服药报告，且自动生成添加药物的处方签传送给药房。

该药罐有一套"GlowCaps Connect"的通知无线通信系统，可向相关个人、医药公司、零售药店、医院等提供简单报告。主要目的是为了一些慢性疾病如高血压、糖尿病、高胆固醇，或忧

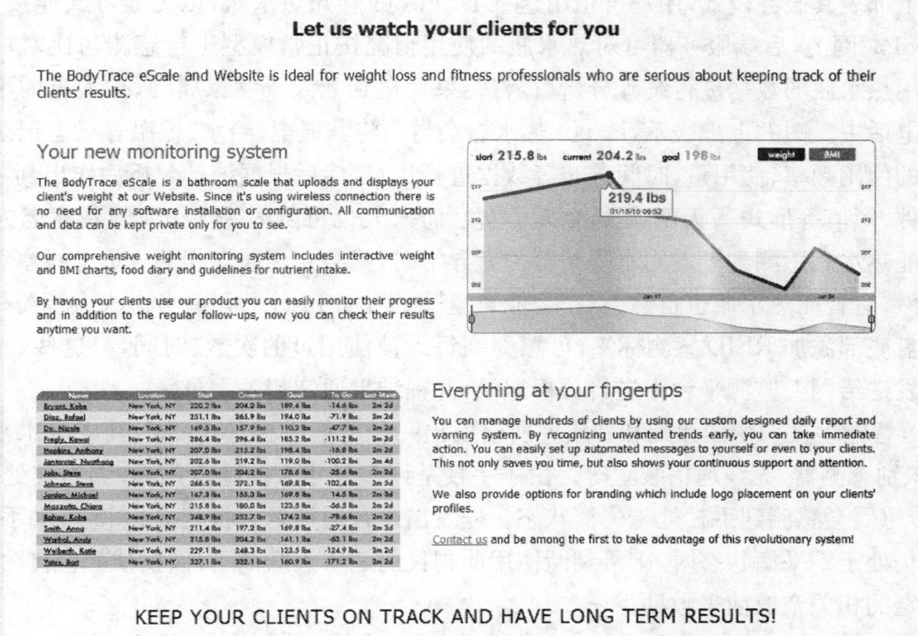

图 14-3 "个人体重追踪服务"网站

郁症等的药物的控制管理,这套整合在线护理功能的服药通知装置,既可以帮助挽救生命、降低医疗成本,也能提升药品经营成效。

(2) 智能热水瓶　日本象印公司出于感知独居老人活动是否正常的目的,考虑到他们饮食、服药等都要用水,于是通过对老年人一日用水情况的感测,就可大致知其起居活动是否正常。于是,开发出一种无线联网的传感热水瓶(i-Pot),其服务模式与内容如图 14-4 所示。

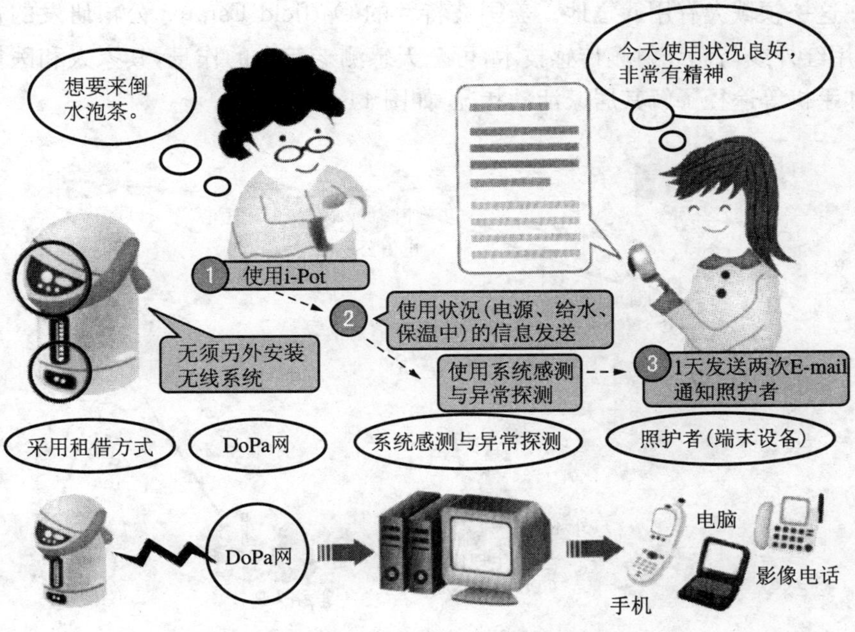

图 14-4 智能热水瓶使用服务模式

图下部表其服务模式，用户可租用这种 i－Pot 的感知热水瓶，以无线方式连接到一个虚拟的“DoPa”网上，后端服务器可对热水瓶的使用情况按正常模型进行感测与比对，并对感受到的使用热水瓶的数据进行统计分析后，将结果发送到老人子女家属、医护人员的手机、电脑或影像电话中。图的上部表示，i－pot 热水瓶会自动将其通电、给水、保温等状态记录下来，并与正常的使用频率、使用量、时间分布等数据进行比对，然后根据统计分析后作出判断，并将结果以邮件、短信等形式一天两次发给其子女。而家人也可随时上 DoPa 网观察老人的状况。而当智能热水瓶感测到老人用水喝茶行为有异常时，就会立刻通知相关人员上线察看。

当然，有智能热水瓶也自然会有“智能餐盘”之类，如 Intel 公司就考虑人人皆需每日进餐，就在餐盘底部添加 RFID 感测标签，可感测到每天被使用过的次数、时间，将这些数据通过无线网络发送给网上监测平台中进行分析记录，并视结果通知相关人员。

(3) 智能手杖　德国弗朗和费研究所研发出一种智能手杖“i-Stick”，其中有水平传感器、RFID 识别感测器、无线通信装置等。由于手杖是许多老年人的随身用品，如当其处于倾倒状态时，传感器会感测到手杖处于失衡状态。先发出声音通知老人将其捡起来，但如手杖超过一定时间仍处于不平衡状态时，则可判断使用此拐杖的老年人跌倒了，该拐杖就会自动通知救护车或指定的相关亲戚前来救助。

该手杖还可记录老年人的生活习惯，并通过学习了解其固定生活模式，能针对异常行为通知相关机构提供就近照顾。手杖还可与 GPS 结合，帮助老年人定位，减少其走失可能性。

进一步，该手杖还可与搭配有蓝牙的、能动态监测上述各项生理参数的智能衣(即有生理指标传感器的特殊衣服)相组合，在动态监测老年人各项生理参数是否正常的同时，判断其行为是否正常，提供定位以判定其路途是否正常等，以便在其碰到不适或走失时能被迅速找到。

4) *居家老年人起居感测系统*

在美国，子女普遍与老人分居。高龄老人不仅饮食需要关注，且其生活起居也多需照顾，而物联网在这一领域大有用武之地。美国波特兰的 Oatfield Estates 公司研发的智能护理环境系统，运用红外线与无线射频传感技术，可全天感测老年人的作息，其家人和医护人员也能通过网页和手机等途径了解其居家活动状况，如图 14－5 所示。

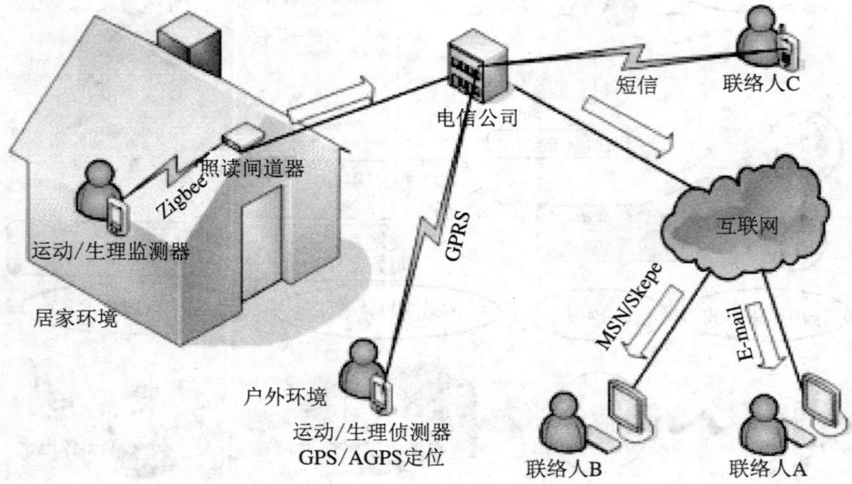

图 14－5　居家起居感测系统

在老人的枕边、起居室、衣服等处安装无线感应器，就在家中形成一个感测环境。当老人行动时，这些传感器就能感测到相关信号，系统就可得知老人的活动状态。通过这一智能护理环境的跟踪，可分析老人的社交行为、进出房间频率、独居时间、体重状态，是否处于不安状态等。一旦系统感知并分析比对到老人的生活起居有异常时，就能自动报警并通知其家属和医护人员。

14.2.3 身域网的概念与技术要求

1) 身域网概念

14.2.1 节介绍的系统，其前端仍为各种探测分析仪器，尽管其已在微型化上作了很大改良，但仍呈一定的形状和体积，使用时、特别是如需全天监测时就有多种不便。进一步的改进朝着将各种前端传感设备柔软化、贴身化、一体化方向发展，形成能穿戴的“身体传感器网络”或“无线身域网”(Wireless Body Area Network，WBAN)。

无线身域网通过近程无线网络，将一批小型移动式传感器互相连接起来，这些装置可穿戴在人体上，持续将监测到的生理参数和运动数据发送出去，如图 14－6 所示。

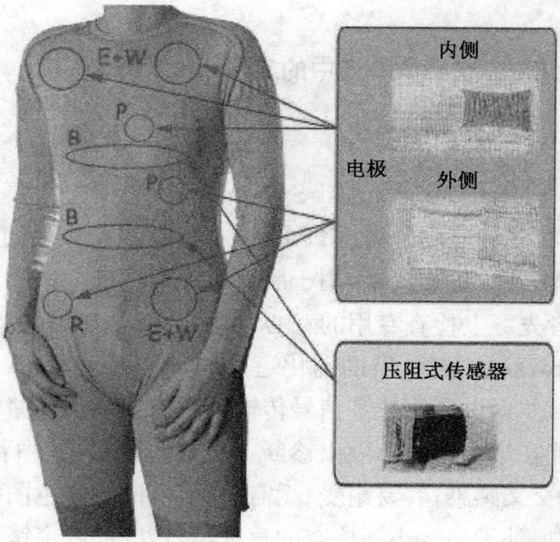

图 14－6 身域网示意图

图 14－6 中，E＋W 代表三维心电图仪、P 为胸导联心电图仪、B 为呼吸传感仪器、R 为参照传感点。呼吸通过压阻式传感器监测，心跳通过内外侧电极探测。这些设备，通过无线通信将数据从身体传送到家庭基站，再转发到医院、护理中心、诊所或其他地方。

身域网技术目前正处于起步阶段，各国正在广泛研究，一旦被接受并普及后将在医疗护理领域产生突破，特别对如糖尿病、哮喘和心脏病患者的护理能起重要作用。并且该项技术还可应用于体育、军事、安全等许多领域。

2) 身域网技术要求

身域网的实现，需要一系列的相关技术支持。

(1) 互操作性　WBAN 系统将确保蓝牙、ZigBee 等标准间无缝数据传输，以实现信息交流、即插即用设备的互动。系统必须具备可扩展性，确保网络能有效迁移，并提供不间断的连接。

(2) 支持 GPRS 等移动通信网络　以实现对感知对象的位置监测，无论其在家中、工作场所，还是外出状态中。

(3) 系统设备　传感器在身域网使用时必须具有复杂性低、外形小、重量轻、功耗小、易于使用和可重构。同时，存储设备需要支持远程存储和查阅患者数据以及通过无线网获取信号并进行处理和分析。

(4) 系统和设备访问级的安全　应确保身域网感测与传输的数据专用、安全、准确、可靠，并在使用上有严格有限的访问权限，同时还要确保患者的隐私权。

(5) 传感器验证　普适性传感装置因受通信和硬件的限制，可能会有不可靠的有线或无线网络链接，抗干扰性和储备性均有限，就可能导致错误数据产生并传至系统，这将给医疗保健带来极大的风险，因此，传感器的数据感测和验证是最重要的，这将有助于减少假报警或漏报警情况的发生。

(6) 数据一致性　由于多种专用传感器组成无线网络，患者的重要数据可能支离破碎地分布在几个感知节点或一批联网的计算机中，必须保证这些数据的一致性。

14.2.4　微机电系统(MEMS)在身体检查中的应用

1) 微机电系统(MEMS)工作原理

微机电系统(Micro Electro Mechanical Systems，MEMS)的主要特点是体积小、重量轻、能耗少、响应快等，它可有多种应用。而 MEMS 技术在医疗器械上的应用是国际研究的前沿之一，其成果之一就是 MEMS 检查胶囊，用于肠胃道疾病检查。

其工作原理是：患者先穿上检查专用的背心，然后口服如感冒胶囊大小的智能胶囊，其尺寸仅为 $\phi 13.0 \times 27.9$ mm，吞服方便，借助消化道的蠕动使之运动，其中的微型摄像机透过胶囊对消化道壁进行摄像，并通过无线数字信号传输给图像记录仪存储，医生通过影像工作站来观察患者消化道情况，能在半个小时内做出诊断。智能胶囊最后自行排出体外，整个过程中，患者无创伤、无痛苦、无交叉感染，容易耐受、无需镇静剂，同时彩色图像清晰。

这种“胶囊内窥镜”填补了当今小肠检查的盲区，与传统的内窥镜比较，能将小肠疾病的检出率从 30%提高到 70%以上。它克服了传统推进式内窥镜体积大、患者痛苦等缺陷。

2) 微机电系统应用特点

医疗设备的发展方向有 4 个特点：一是微创，使设备对人体的损伤尽可能小；二是智能化，将感测、计算机与通信技术等综合应用；三是一次性使用，减少交叉感染的风险；四是医疗设备要高精度，测试结果准确，使医生容易确诊。以 MEMS 技术为核心的医疗设备能够很好地满足这 4 个要求，具有广泛的应用前景。

在这样的要求下，必然要将检验系统尽量可能地做小，增强前端传感、采集与观察系统的精度，并辅以强大的通信与后端处理系统支持。

胶囊内窥镜结构由 7 部分组成：透明外壳、光源、成像元件、传感器、电池、发射模块和天线。电路系统又包含了传感器检测部件、信号处理部件和无线发射部件。图像、温度、pH 值等传感器检测部件检测消化道内信息，该信息经过信号处理部件的处理经无线发射部件发送至体外。体外接收机接收信号，经过体外处理单元的处理，在终端显示出来。另外，随着功能拓展的需要，胶囊内窥镜还可以包含释药部件、用于微型手术的机械部件等。

这种内窥镜检查主要是通过数字摄影进行的，故每一次检查都会产生大量的图像数据。如国内重庆金山科技集团生产的内窥镜可在肠胃连续工作 8 h，产生 5 万多张图片，更先进的系统可产生数十万帧照片。如此巨大数量的照片，只有采用功能强大的图像数据库系统进行管理与分析才行。重庆金山科技集团的胶囊内窥镜后台，就采用了 IBM DB2 数据库平台，对采集到的数据进行管理，实现更快、更便捷的照片数据查询、筛选和精确可靠的分析。最后，这些数据还将与医院的总信息系统联网，实现患者从胶囊内镜检查提升到对患者的医护管理。

MEMS 胶囊虽小，但充分体现了智慧医疗为传统医疗模式带来的革命性意义。IBM 认为，智慧医疗应该具备 6 个特征，即互联互通、协作、预防、普及、可靠和创新。在互联网与物联网的融合下，这颗集传感器、执行器和处理器于一身的胶囊内窥镜在经过信息化的改造后，不但具备互联互通特性，借助不同 IT 设备的支持与数据共享，大大提升了体检的精确度，并能在还没有发生肠胃疾病的早期就提出预警来预防疾病的发生。

14.2.5 欧盟家庭护理创新应用计划

1) 欧盟家庭护理计划背景

物联网代表的许多新型信息技术将在公众生活中迅速普及，家庭护理又是其中最为重要的应用领域之一。这不仅是一个技术问题，还涉及众多前所未有的社会管理、法律规章、道德伦理、个人隐私保护、信息安全等问题，对此必须及早规划，提出方向，统筹资源，制定标准。

为应对这一发展，欧盟于 2004 年提出名为“Ten－Care”的家庭护理示范信息应用计划，旨在整合信息技术，使其与公众生活结合，使全欧共享信息科技的效益。该计划以用户为导向，目标锁定在老年人、慢性病患者、社会急救服务、偏远地区居民、医疗知识需求者、罕见病患者等。

2) 欧盟家庭护理计划实施流程

(1) 需求界定　了解用户对家庭护理的需求，通过调查找出信息应用群体以及相关信息应用技术与服务。通过调查患者、医护人员、家庭护理服务等各方的需求，找出具有可用性(Usability)、可接近性(Accessibility)以及可实施性(Implementation)的应用领域。

(2) 市场调查　通过市场分析调查，了解家庭护理服务市场的供给情况，评估现有产品与服务，研究弥补市场缺口的应用内容。

(3) 制定研发架构　针对需求与市场调查结果，提出研究架构，并建立可运营的家庭护理仿真情境，对多种不同模块开展实际验证。

(4) 建立应用原型　根据第(1)和第(2)步的调查结果，找出几项可行的应用主题，列出明确的工作项目，并选出几个特定的示范性应用地区，为下一阶段应用导入做先期规划。

(5) 启动应用综合实验　本步骤主要评测前几项流程筛选出的应用主题，再根据评估所得的结果，重新检查并调整原先的应用内容。所用评量指标包括可靠性(Reliability)、可用性(Usability)、效率(Effectiveness)、需求与规范一致性(Conformance with Requirements and Specification)、用户接受度与满意度(User Acceptance and Satisfaction)等。

(6) 扩展应用综合原型　本步骤主要根据第(4)、(5)步骤评估的结果，扩展应用内容的实证范围。

(7) 扩展应用综合实验　本阶段进入应用导入阶段，主要任务是将筛选出的应用内容进行实用性综合测试，使其能切实落实在公众生活中，同时发掘未来的应用主题。

(8) 应用推广　本步骤是将导入测试的成功经验，复制到"Ten - Care"规划中的其他家庭护理计划中，将成功的项目推广到各领域。

(9) 商务规划　本步骤是在以上基础上进一步规划新型家庭护理应用模式，提取以往的成功经验，转化为市场应用机制。

(10) 项目管理　本阶段主要管理项目计划进度与质量，根据相关测评标准进行成效评估，作为下一计划执行的参考依据。

3) 实验与评估

上述规划内容的实现，实为一项规模宏大的技术工程与社会工程，需要先进行实验论证。加之欧盟包括许多国家，各国的信息化程度、经济状况与产业基础及社会福利等均不尽相同，更需将经过技术与管理验证后的项目进行推广。

(1) 实施试点　德国以"德国家庭护理示范性信息应用计划"作为其中的一项子应用参与实验，地区为伊谢尔伦(Iserlohn)的农村。实验目标是整合信息技术与护理服务，并为欧洲的健康护理市场创造新型服务模式。由于该地区缺乏医疗资源，尚无足够的医护能力与资源来支持紧急救援与医疗照护，故为缩短城乡医疗医护差距，便在该地区导入以通信为基础的家庭护理服务、移动护理、汽车就餐(Meals on Wheels)、家庭应急系统以及实时运送患者等应用服务。

预计完成的目标有两个：一是改善各个护理中心、门诊机构、社会服务部门中工作者之间的移动通信与信息传输；二是提升当地居民医疗服务质量，进而提供个性化服务。具体分为两项子系统：

① 移动护理工作者系统(Mobile Care Workers，MCW)：该系统主要建立信息互通平台以帮助从事门诊或巡诊工作等具有较高移动性的医疗人员，使他们能方便地获取与管理相关的医疗信息(如病历数据、设备调度、门诊安排等)，让患者可随时随地并持续地接受专业人员的护理与治疗，而不会因寻找病例数据或是寻求相关医护支持而耽误诊疗时间。

② 家庭应急系统(Home Emergency System，HES)：该系统通过 GPS 导航，形成小区护理网络，让每户家庭能在危急之际(如突发病症、意外伤害)发出求援信息，实时传递到医护服务中心，由救护中心派遣距离最近的专业人员就近前往救援。该系统不仅要建立起移动救援网络，还要结合许多便携式信息设备，让移动救援工作者能通过信息科技开展救援。如以手机、笔记本电脑等连接到移动通信网，通过该网与各救护机构连接并传输救援信息，开展实际援助工作。

(2) 效果评估　所有实验均需按"Ten - Care"规划拟订的标准来进行效果评估。总体分为技术性、使用性、成本效益、产品完备性及风险评估等 5 方面内容进行，具体内容如表 14 - 3 所示。总体而言，德国伊谢尔伦的家庭护理信息应用计划获得了成功，不仅提升了当地家庭护理服务质量，更通过信息科技产品与应用，让护理服务更加贴近用户需求，达到了将远程和移动医护等相关高技术变成"日常科技(every-day technology)"的应用目标。

表 14-3 家庭护理信息应用项目成效评估指标

内容	指标	说明
技术性	成果需求度	评估系统服务应用程度
	系统性能	评估系统总体效能
	数据传输	评估传输效益(如 GSM 数据传输速度与成本)
使用性	使用者反应	评估使用者对应用服务的满意度与接受度
	检查服务缺失项	评估使用者的其他信息应用需求
	应用环境意见	评估使用者对应用基础环境的看法
成本效益	经济效益	评估本计划带来的收益(质和量)
	营运成本	评估本计划相关支出(如电信月租费、设备采购费、维修费、培训费、系统建设费等)
	利益关系人的评价	评估利益关系人对于计划成果的看法
产品完备性	软硬件设施	评估信息与通信产品
	通信基础建设	评估各连接端(如用户、通信设施、护理单位)之间的通信基础设施联机效率
风险评估	科技水平	评估目前应用技术的先进程度
	外部依赖程度	评估相关设备、服务商以及使用者彼此间的相依度
	法规制定	评估本计划是否适用于相关法令政策等

除欧盟外,亚洲的日本、韩国、新加坡、台湾、香港等国家和地区都致力于本领域的技术研发、资源集成、测试环境建立、产业协同、异业整合、业务创新和服务模式探索等。国内在物联网技术起步上并不比先进国家和地区落后,但如果要形成产业、融合到百姓日常生活中去,还要在需求发掘、服务创新、市场扩展、价值链构造、面向公众生活、提升就业、法治建设、产业培训与普及等方面综合努力,才能将物联网家庭护理应用培育成一个规模宏大的产业。

思考题

(1) 试述全球远程健康护理产业的发展趋势。

(2) 试述物联网技术在远程健康护理领域的应用。

(3) 简述“身域网”系统的技术特点。

参考文献

1. IBM 商业价值研究院. 智慧地球. 北京:东方出版社,2009.
2. 张福生. 物联网——开辟全新生活的智能时代. 太原:山西人民出版社,2010.
3. 张成海,张铎. 物联网与产品电子代码(EPC). 武汉:武汉大学出版社,2010.
4. 陈新河. 无线射频识别(RFID)技术发展综述[J]. 集成电路,2005.
5. 王俊峰,孟令启. 现代传感器应用技术[M]. 北京:机械工业出版社,2007.
6. 成圣林,侯成晶. 图解传感器技术及应用电路[M]. 北京:中国电力出版社,2009.
7. 刘筱霞,陈春霞. 现代电子标签及其印刷技术[J]. 包装工程,2008,(05).
8. 石蕾,陈敏雅. RFID 系统中阅读器的设计与实现[J]. 电脑开发与应用,2008,(07).
9. 朱成,陈明,刘成智. ZigBee 与 RFID 技术在医院信息化建设中的应用[J]. 华夏医学,2008,(03).
10. 蔡志刚. 集装箱无线射频识别技术应用研究[J]. 港口装卸,2005,(05).
11. 张西红. 无线传感网技术及其军事应用[M]. 北京: 国防工业出版社,2010.
12. 顾瑞红,张宏科. 基于 ZigBee 的无线网络技术及应用[J]. 电子技术应用,2005,(6).
13. 韩旭东,张春业,李鹏. 传感器无线互联标准及实现[J]. 电子技术应用,2004,(11).
14. 孙利民,李健中,等. 无线传感器网络. 北京:清华大学出版社,2005.
15. 郁有文,常健,程继红. 传感器原理及工程应用. 西安:电子科技大学出版社,2008.
16. 洪毓祥,等. 装置新蓝海,服务新商机 Service-Oriented Devices. (台)"经济部"技术处,财团法人资讯工业策进会,台北市松山区民生东路四段 133 号 8 楼,2009.
17. 林玉凡,徐毓良,等. Ubiquitous 优化城市·优质生活——科技化服务新趋势. (台)"经济部"技术处科技专案成果 财团法人资讯工业策进会,台北市和平东路二段 106 号 11 楼,2007.
18. 杨惠雯,苏振升,等. Retail 2.0 窥探 2012 服务新视界. (台)财团法人资讯工业策进会,台北市民生东路四段 133 号 8 楼,2009. 5.
19. 郑贤琪. 产销履历的下一个趋势——用行动手持装置查询产品资讯. (台)电子商务,2008,(6).
20. 符新峰,等. 南京秦淮河水系远程集中监控系统设计. 水电厂自动化,2007,(4).
21. 常建. 奥运期间空气质量自动监测系统,电子技术应用,2008,(9).
22. 钱建平. 苏州市环境噪声自动监测系统简介. 污染防治技术,2007,20(4).
23. 梁珊珊,殷健. 污染源废水在线监控系统在上海的应用. 中国给水排水,2009,25(20).
24. 程媛媛,杨嘉谟. 武汉市环境监控系统的设计. 武汉工程大学学报,2010,32(1).
25. 余家燕,等. 重庆市环境质量自动监测(控)系统网络集成设计. 中国环境监测,2009,25(1).
26. 赵睿. I-bus 控制系统在布达拉宫景观照明中的应用. 建筑电气,2008,(8).
27. 吴朝晖. 建筑智能技术在电力调度大楼中的应用. 科技信息,2009,(29).

28. 韩继红，等. 沪上·生态家绿色建筑实践. 建设科技，2009.6.

29. 段昀. AnimeoLON 智能遮阳系统在三星总部大厦中的应用. 仪器仪表标准化与测量，2009，(2).

30. 黄庆南. 静脉识别在门禁系统中的应用. 微计算机信息，2007，(1).

31. 张志霞，黄浩，等. 指静脉认证技术及应用. 智能建筑电气技术，2007，(5).

32. 董秀峰. 智能大厦 3A 系统的基本体系结构. 电信科学，1997，13(7).

33. 陈凯. 欧盟引领物联网"加速跑"12 项行动严保发展. 通信信息报，2010.3.10

34. 周洪波. 物联网三大应用架构. 计算机世界，2010.3.9.

35. IBM 智能城市白皮书——智慧城市在中国.（2010.3.12）. http://www.ibm.com.cn.

36. 李国鼎. 南韩首尔市透过 U-street 提升都会科技化形象.（台）"资策会"研究所，创新应用服务研究所，台北市 105 松山区民生东路四段 133 号 8 楼，2008.12.12.

37. IBM 白皮书——商业智能的全方位承诺.（2009.5）. http://www.ibm.com.cn.

38. 赖怡睿. 自动把关有效期限的智能型收银系统.（台）"资策会"FIND，2009.3.4.

39. 杨曜荣. 无线感测网路概述与应用案例分析.（台）识方科技，台北市忠孝东路三段 54 号 4 楼，2007. http://www.bandwavetech.com.